# 珠海市物流发展蓝皮书

## 2017

ZHUHAI LOGISTICS DEVELOPMENT
BLUE BOOK 2017

杨 蓉 童年成◎主编

中国经济出版社
CHINA ECONOMIC PUBLISHING HOUSE
·北 京·

**图书在版编目（CIP）数据**

珠海市物流发展蓝皮书.2017/杨蓉，童年成编著.
北京：中国经济出版社，2018.4
ISBN 978-7-5136-2347-6

Ⅰ.①珠… Ⅱ.①杨… ②童… Ⅲ.①物流—经济发展—研究报告—珠海 Ⅳ.①F259.27

**中国版本图书馆 CIP 数据核字（2017）第 329645 号**

策划编辑 崔姜薇
责任编辑 张 博
责任印制 马小宾
封面设计 任燕飞工作室

**出版发行** 中国经济出版社
**印 刷 者** 北京建宏印刷有限公司
**经 销 者** 各地新华书店
**开 本** 787mm×1092mm 1/16
**印 张** 22
**字 数** 522 千字
**版 次** 2018 年 4 月第 1 版
**印 次** 2018 年 4 月第 1 次
**定 价** 88.00 元
**广告经营许可证** 京西工商广字第 8179 号

**中国经济出版社** **网址** www.economyph.com **社址** 北京市西城区百万庄北街 3 号 **邮编** 100037
本版图书如存在印装质量问题，请与本社发行中心联系调换（联系电话：010-68330607）

# 编 写 委 员 会

**编委会主任：** 杨　蓉

**编委会副主任：** 杜志峰　童年成

**编委会成员：** 燕　珍　陈利民　周知宇　朱　江　罗凌妍　赵　卓　王小磊　王冬良　张永幸　李　良　欧雅怡

**主　编：** 杨　蓉　童年成

**副主编：** 燕　珍　孙晓波

**编写组**（按姓氏笔画排序）：

丁　泽　于　成　王小磊　王冬良　朱　江　孙晓波
沈　凯　陈利民　陈智恒　杨　蓉　杨彩梅　杨喜瑞
杜金涛　吴映雄　余振宁　李屿灼　林　纯　郑　晗
罗凌妍　周知宇　赵　卓　欧雅怡　姚永松　逯登宇
童年成　彭　磊　赖曼莎　廖　珣　蔡晓丽　燕　珍

# 前言

物流业是融合运输、仓储、货运代理、信息等产业的复合型服务业，是支撑国民经济发展的基础性、战略性产业之一。当前，随着国家“一带一路”倡议深入实施、港珠澳大桥即将建成通车、粤港澳大湾区加快建设、横琴自贸试验片区和国家自主创新示范区加快发展，珠海迎来了前所未有的发展机遇，物流业发展优势日益凸显，发展环境更加优越。

珠海依托港澳进一步拓展国际经贸和物流合作，依托作为华南沿海主枢纽港的高栏港开辟南亚物流大通道，依托横琴新区加强与葡语系国家和南美国家的联系，珠海将逐步成为“一带一路”的战略支点和中国与南美合作的重要平台。

珠海具有独特的区位优势，港珠澳大桥建成通车后，珠海将成为内地唯一与港澳陆路相连的城市，有利于珠海对接国际要素资源、承接港澳产业辐射，打造珠江西岸乃至西南各省对外贸易和中转的重要枢纽。

珠海具有突出的政策优势。2017 年以来，珠海相继出台了扶持实体经济发展系列政策措施，从降低企业成本、培育壮大企业主体、招商引资、产业园区建设、产业基金、人才引进等方面给予企业扶持奖励，形成了立体化的产业扶持政策体系。同时，珠海横琴自贸片区实行“国家级新区 + 自贸试验区”双政策驱动模式，加快推进自贸区、自创区“双自联动”发展和横琴、保税、洪湾片区一体化发展，加快申报高栏港综合保税区，逐步形成了国家级新区、自贸区、自创区、保税区等多重政策叠加效应。

同时，珠海物流业发展也面临挑战。从外部环境来看，与周边城市竞争激烈，深圳、广州等地物流需求量大，规模效益好，物流总体运营成本较低，且物流服务规范化、国际化水平较高，在一定程度上分流了珠海的物流需求量。从自身发展来看，缺乏专业化、规模化的物流园区和集聚地，物流信息化水平和专业化水平不高，物流成本较高等问题，也制约了珠海物流业的发展。

因此，珠海抢抓发展机遇，深挖发展潜力，探索物流发展新举措，拓展物流经济发展新空间，是全市广大从事物流业工作同仁责无旁贷的使命。

# 第一篇 综 合

**第一章 珠海市物流业发展状况及趋势** …… 3
第一节 珠海市物流业发展状况 …… 3
第二节 珠海市物流业发展的政策环境 …… 8
第三节 珠海市物流业发展趋势及对策建议 …… 10
**第二章 珠海市物流业竞争力分析与发展战略** …… 15
第一节 珠海市物流业竞争力 …… 16
第二节 珠海市物流业发展战略 …… 21

# 第二篇 物流基础

**第三章 运输基础设施** …… 31
第一节 运输基础设施现状 …… 31
第二节 进一步完善运输基础设施的对策建议 …… 38
**第四章 仓储基础设施** …… 44
第一节 仓储基础设施现状 …… 44
第二节 进一步促进仓储业发展的对策建议 …… 49
**第五章 物流园区** …… 52
第一节 物流园区现状 …… 52
第二节 物流园区建设存在问题及对策建议 …… 57
**第六章 物流信息化** …… 61
第一节 物流信息化概念、动因和应用层级 …… 61

第二节　珠海市物流信息化在企业中的应用 …… 62
第三节　珠海市政府公共物流信息平台建设状况 …… 67
**第七章　物流教育与物流社团** …… 70
第一节　物流人才培育现状 …… 70
第二节　物流人才需求分析与物流人才培养创新 …… 73
第三节　物流社团 …… 79

## 第三篇　专业物流

**第八章　港口物流** …… 83
第一节　港口物流现状 …… 83
第二节　港口物流发展趋势 …… 89
第三节　港口物流发展对策建议 …… 90
**第九章　口岸物流** …… 96
第一节　口岸物流现状 …… 96
第二节　口岸物流运营模式 …… 97
第三节　口岸物流发展趋势及对策建议 …… 102
**第十章　空港物流和铁路物流** …… 109
第一节　空港物流现状 …… 109
第二节　空港物流发展趋势及对策建议 …… 111
第三节　铁路物流现状 …… 112
第四节　铁路物流发展趋势及建议 …… 113
**第十一章　制造业物流** …… 115
第一节　制造业物流现状 …… 115
第二节　制造业物流运营模式 …… 118
第三节　制造业物流发展趋势及对策建议 …… 124
**第十二章　商贸物流** …… 127
第一节　商贸物流现状 …… 127

第二节 商贸物流运营模式 …… 131
第三节 商贸物流发展趋势及对策建议 …… 133
**第十三章 农产品及冷链物流** …… 140
第一节 农产品及冷链物流现状 …… 141
第二节 农产品及冷链物流运营模式 …… 143
第三节 农产品冷链物流发展趋势及对策建议 …… 147
**第十四章 电商与快递物流** …… 154
第一节 电商及跨境电商发展现状 …… 154
第二节 电商及跨境电商发展建议 …… 160
第三节 快递物流现状 …… 162
第四节 快递物流运营模式 …… 168
第五节 快递物流发展对策建议 …… 171
**第十五章 应急物流** …… 173
第一节 应急物资及应急物流概述 …… 173
第二节 应急物流体系现状 …… 182
第三节 提高应急物流管理水平的对策建议 …… 191

**第四篇 物流创新**

**第十六章 物流技术创新** …… 195
第一节 物流设施设备 …… 195
第二节 物流信息技术 …… 201
**第十七章 物流管理创新** …… 210
第一节 物流联盟 …… 210
第二节 物流金融 …… 217
**第十八章 物流体制机制创新** …… 223
第一节 物流业“供给侧”改革 …… 223
第二节 物流业降本增效问题 …… 227

## 第五篇　他山之石

**第十九章　欧盟及其主要国家的物流体制与物流政策** …………………… 235
第一节　欧盟物流体制和物流政策 …………………… 235
第二节　欧盟主要国家物流体制和物流政策 …………………… 239
**第二十章　中国香港物流发展与物流政策** …………………… 244
第一节　中国香港贸易与物流发展 …………………… 244
第二节　中国香港物流设施与物流政策 …………………… 249
**第二十一章　广州市、深圳市物流发展与物流政策** …………………… 254
第一节　广州市物流发展与物流政策 …………………… 254
第二节　深圳市物流发展与物流政策 …………………… 263

## 附　录

**附录一　国家、广东省重要物流（相关）政策** …………………… 275
**附录二　2008—2016 年珠海市物流相关统计数据** …………………… 322
**附录三　珠海市 5A、4A 级物流企业介绍** …………………… 335

**参考文献** …………………… 339
**后　记** …………………… 342

# 第一篇
# 综　合

# 第一章　珠海市物流业发展状况及趋势

## 第一节　珠海市物流业发展状况

物流业是融合运输、仓储、货代、信息等产业的复合型服务业，是支撑国民经济发展的基础性、战略性产业。加快发展现代物流业，对于促进产业结构调整、转变发展方式、提高国民经济竞争力和建设生态文明具有重要意义。

“十二五”时期，特别是国务院关于印发《物流业发展中长期规划（2014—2020年)》实施以来，珠海市物流业发展环境不断优化、产业规模持续增长、物流基础设施日趋完善、物流服务能力逐步提升，为进一步加快发展奠定了坚实基础。

### 一、物流产业规模不断扩大

2016 年，珠海市实现地区生产总值（GDP）2226.37 亿元，其中第三产业增加值1118.39 亿元，第三产业比重首次突破 50%。在第三产业增加值中，交通运输、仓储和邮政业实现增加值 46.40 亿元，占第三产业比重的 4.15%，如表 1－1 所示，显示出近年来珠海市物流产业规模随着第三产业增长保持平稳发展。

**表 1－1　2012—2016 年珠海市第三产业与交通运输、仓储和邮政增加值**　　单位：亿元

| 年份 | 第三产业增加值 | 交通运输、仓储和邮政增加值 | 占第三产业增加值的比重% |
|---|---|---|---|
| 2012 | 668.7 | 29.83 | 4.46 |
| 2013 | 770.21 | 30.35 | 3.94 |
| 2014 | 869.49 | 35.19 | 4.40 |
| 2015 | 972.34 | 39.05 | 4.02 |
| 2016 | 1118.39 | 46.40 | 4.15 |

资料来源：根据《珠海市国民经济和社会发展统计公报》（2012—2016）相关数据整理。

2016 年，货物运输总量达到 11395.2 万吨，相对 2012 年增长了 50.3%，平均年增长10.7%。其中公路货运量达到 9244 万吨，占总货运量的 81.1%，相对 2012 年货运量增长44.0%；水路货运量达到 1625 万吨，占总货运量的 14.2%，相对 2012 年货运量增长39.7%；航空货运量为 1.5 万吨，占总货运量的 0.1%，相对 2012 年货运量增长 26.1%；铁路（2013 年开始运营）货运量为 524.7 万吨，占总货运量的 4.6%，处于快速增长中，

年平均增长68.5%。（如表1－2所示）

**表1－2　2012—2016年珠海市各种运输方式货物运输量**　　单位：万吨

| 指标＼年份 | 2012 | 2013 | 2014 | 2015 | 2016 |
|---|---|---|---|---|---|
| 货物运输总量 | 7582.19 | 8567.95 | 11175.2 | 11925.6 | 11395.2 |
| 铁路 | — | 109.73 | 300.2 | 298 | 524.7 |
| 公路 | 6418 | 7049 | 9241 | 9917.8 | 9244 |
| 水路 | 1163 | 1408 | 1633 | 1708.5 | 1625 |
| 航空 | 1.19 | 1.22 | 1 | 1.2 | 1.5 |

资料来源：根据《珠海市国民经济和社会发展统计公报》（2012—2016）相关数据整理。

2016年，货运周转量达到159.13亿吨公里，相对2012年增长了37.98%，平均年增长8.35%。其中水路货运周转量为98.56亿吨公里，占总货运周转量的61.94%，相对2012年货运周转量增长26.27%；公路货运周转量为50.82亿吨公里，占总货运周转量的31.93%，相对2012年增长36.94%；航空货运周转量占总货运周转量的0.15%，相对2012年增长47.05%；铁路货运周转量为9.5亿吨公里，占总货运周转量的5.97%，年平均增长66.72%。如表1－3所示。

**表1－3　2012—2016年珠海市货物周转量**　　单位：亿吨公里

| 指标＼年份 | 2012 | 2013 | 2014 | 2015 | 2016 |
|---|---|---|---|---|---|
| 货物运输周转量 | 115.33 | 135.62 | 161.78 | 172.81 | 159.13 |
| 铁路 | — | 2.05 | 5.63 | 5.6 | 9.5 |
| 公路 | 37.11 | 42.11 | 50.5 | 55.9 | 50.82 |
| 水路 | 78.05 | 91.28 | 105.45 | 111.11 | 98.56 |
| 航空 | 0.17 | 0.18 | 0.2 | 0.2 | 0.25 |

资料来源：根据《珠海市国民经济和社会发展统计公报》（2012—2016）相关数据整理。

综合表1－2和表1－3，可以看出珠海市货运以公路和水路运输为主；铁路所占比重小，增长速度快；民航所占比重最小，运量持续平稳增加。

2016年，机场货邮吞吐量达到31512吨，较上年度增长22.0%，相对2012年增长93.6 %，平均年增长率为17.9%；港口货物吞吐量达到11778万吨，较上年度增长5.1%，相对2012年增长52.1 %，平均年增长率为11.0%，其中2016外贸货物吞吐量2523万吨，较上年度增长21.6%，相对2012年增长46.3 %，平均年增长率为10.0%；港口集装箱吞吐量达到165万标准箱（TEU），较上年度增长23.6%，相对2012年增长103.7%，年平均增长率为19.5%。（如表1－4所示）

表 1-4 2012—2016 年珠海市港口与机场吞吐量情况

| 指标＼年份 | 2012 | 2013 | 2014 | 2015 | 2016 |
| --- | --- | --- | --- | --- | --- |
| 机场货邮吞吐量（吨） | 16274 | 22667 | 22128 | 25828.1 | 31512 |
| 港口货物吞吐量（万吨） | 7745 | 10024 | 10693 | 11208.8 | 11778 |
| 其中：外贸货物吞吐量 | 1724 | 2036 | 2410 | 2075.2 | 2523 |
| 港口集装箱吞吐量（万 TEU） | 81 | 87.26 | 117.01 | 133.77 | 165 |

资料来源：根据《珠海市国民经济和社会发展统计公报》（2012—2016）相关数据整理。

## 二、物流基础设施日趋完善

近年来，珠海市加强交通基础设施和城市物流服务体系建设，取得很大成就。

### （一）交通设施持续改善

近年来，珠海市大力推进“一桥双港”综合交通运输体系建设，已基本形成贯通口岸、港口、机场、铁路货站四大节点的道路干线交通网络，具备发展现代物流业的基础条件。

1. 港珠澳大桥

港珠澳大桥改变了珠江三角洲地区交通格局，提升珠海的交通枢纽地位。大桥的建成不仅缩短了珠海和中国香港的距离，也使珠海成为珠江三角洲地区唯一连接两个特别行政区——中国香港和中国澳门的城市，珠海实现了从交通末端城市到区域性中心枢纽城市的转变。大桥通车后，珠海乃至整个珠江口西岸地区的区位优势得到提升，该区域一直所具备的劳动力资源和土地资源等优势将更为凸显，尤其是珠海的机场、港口、口岸等优势资源将更好发挥作用，会极大地带动和促进珠海物流业的发展。

2. 珠海口岸

珠海市现有拱北口岸、九洲港口岸、湾仔港轮渡客运口岸、斗门港客运口岸、万山港口岸、横琴口岸、珠海港口岸、珠澳跨境工业区专用口岸 8 个国家一类口岸和香洲装卸点、桂山装卸点、湾仔装卸点、平沙新码头装卸点、保税区装卸点、新环装卸点、井岸装卸点等 7 个二类口岸，开设了旅客查验通道 236 条，车辆通道 36 条，涉外码头和泊位 53 个。已初步形成了一、二类口岸相互补充，东、西部口岸相互兼顾，大陆和海岛口岸相互依托的口岸布局。

3. 珠海港

珠海港是国家沿海主枢纽港。以高栏港为龙头，形成包括洪湾港、斗门港、万山港等在内的组合港。2016 年，珠海市共有生产性泊位 152 个，万吨级以上生产性泊位 27 个，设计年通过能力 1.55 亿吨，集装箱吞吐能力 198 万 TEU。全年规模以上港口完成货物吞吐量 11778 万吨，其中外贸货物吞吐量 2523 万吨，内贸货物吞吐量 9255 万吨，港口集装箱吞吐量 165 万 TEU。

4. 珠海机场

珠海机场按照ICAO 4E级标准建设，可执行4F级起降。近年来与中国香港机场合作，取得了新的突破。2016年，运输飞行起降约5万架次，货邮吞吐量31512吨，旅客吞吐量6.3百万人次，航线通达44个城市，已成为国内干线机场。

5. 铁路货站

广珠铁路于2012年建成通车，从广州直达珠海高栏港南水作业区，珠海与内陆腹地的交通联系得到加强。广珠铁路珠海西站货场以服务珠海西江装备制造区及大型工程建设为契机，整合上游厂家及公、铁、海运资源，具备多式联运条件。

6. 干线公路

2016年，全公路通车里程1461.66公里，其中高速公路通车里程136.29公里，基本形成贯通港口、机场、口岸三大节点的道路干线交通网络。纵向通道中，已建成高栏港高速、机场高速、广珠西线，部分建成机场北路、江珠高速；横向通道中，已建成粤西沿海高速、珠海大道，港珠澳大桥延长线预计2017年底建成。

### （二）物流服务体系逐步完备

现有专业物流服务设施基本形成物流中心、配送中心、专业市场三级服务体系。其中，包括高栏港物流中心、伟创力物流中心、格力物流中心等物流中心；珠澳跨境工业区、珠海保税区、上冲邮件处理中心等配送中心；上冲汽车城、前山家具建材市场、白藤水产批发市场等11个专业市场。目前，珠海市正在大力推进洪湾通关综合服务中心、高栏港疏港铁路专用线二期工程、空港保税物流园区等重点项目建设。

图1－1和图1－2分别显示了珠海市综合交通现状和专业物流设施现状。

**图1－1　珠海市综合交通现状**

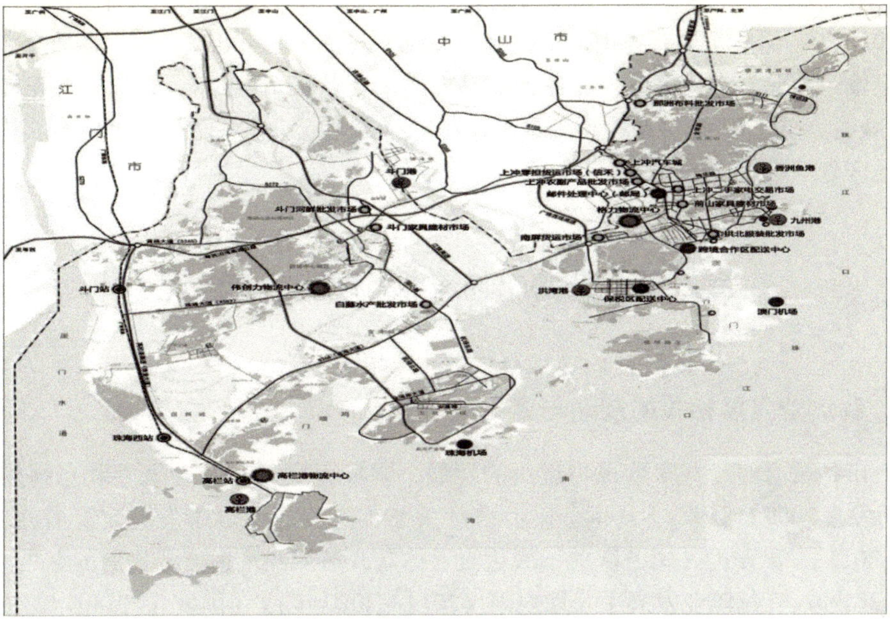


**图 1－2　珠海市专业物流设施现状**

资料来源：《珠海市现代物流业发展规划（2015—2020 年）》。

## 三、发展环境不断优化

2014 年 10 月，国务院印发《物流业发展中长期规划（2014—2020 年）》，指导和规范全国各地物流业中长期发展。为了深入贯彻国家部署，加快现代物流业发展，2016 年 7 月，珠海市委常务会议审议通过《珠海市现代物流业发展规划（2015—2020 年）》，该规划明确珠海市现代物流业，是支撑和引领珠海市产业升级壮大、服务粤港澳大湾区乃至大西南经济区的战略性产业，到 2020 年将珠海建设成为珠江口西岸乃至华南地区现代国际物流中心。成立了珠海市现代物流业领导小组，领导小组办公室设在市商务局，明确由市商务局负责统筹协调全市物流业发展工作。

## 四、物流需求相对不足

基于经济总量相对偏低以及区域辐射力不强、珠海市物流有效需求相对不足、对物流业发展造成了较大制约。2016 年，珠海市货运量为 11395. 2 万吨，位于珠江三角洲地区倒数第 2 位；货运量与 GDP 的比值为 5. 12 吨/万元，高于珠江三角洲地区平均水平。这反映出，一方面，较低的货运量说明珠海市物流需求总量规模在珠江三角洲地区和广东省均处于较低的水平；另一方面，较高的货运量与 GDP 比值说明，珠海市物流需求多由中转货物产生，而本市经济产生的物流需求相对较少。

## 五、物流服务水平不高

珠海市物流业虽然经过近年来的发展取得了一定成效，但物流市场环境不尽理想、服务差异化程度弱、利润水平低、竞争力较弱。物流服务水平与广州、深圳相比，存在很大差距。2016 年，珠海市虽有各类从事物流相关业务的企业近 800 家，但大多数企业仅从事传统的运输、仓储、货代等单一业务，第三方物流企业仅 70 余家，且规模普遍较小。目前，5A 级物流企业 2 家，4A 级物流企业 2 家，3A 级物流企业 4 家，企业综合实力在珠江三角洲地区处于第 6 位。

## 第二节 珠海市物流业发展的政策环境

### 一、物流业发展相关的规划与意见

珠海市各政府部门高度重视物流业的发展，积极落实《物流业调整和振兴规划的通知》（国发〔2009〕8 号）、《国务院办公厅关于促进物流业健康发展政策措施的意见》（国发〔2011〕38 号）、《国务院关于深化流通体制改革加快流通产业发展的意见》（国发〔2012〕39 号）、《物流业发展中长期规划（2014—2020 年）》（国发〔2014〕42 号）、《关于开展物流园区示范工作的通知》（发改经贸〔2015〕1115 号）、《全国电子商务物流发展专项规划（2016—2020 年）》（商流通发〔2016〕85 号）、《关于加快发展冷链物流保障食品安全促进消费升级的意见》（国办发〔2017〕29 号）等一系列物流业相关政策，并结合实际研究制定适合珠海现代物流发展的政策。据不完全统计，自“十二五”规划以来，珠海市相关政府部门相继出台了以下与物流业相关的文件和规划：

2011 年 4 月初，珠海市政府常务会议通过《珠港澳合作发展“十二五”规划》。此项规划以横琴新区开发和港珠澳大桥建设为动力，以产业合作为重点，阐述了“十二五”期间珠港澳合作的重点项目。其中，现代物流服务行业间的合作被重点提了出来。

2011 年 10 月 21 日，珠海市政府向横琴新区管委会和各区政府印发《珠海市现代服务业功能区发展规划（2011—2020 年）》（珠府〔2011〕124 号），号召各区政府充分利用珠江三角洲地区产业一体化发展和高栏港、广珠铁路、港珠澳大桥等一批重大交通基础设施加快建设带来的良好机遇，发挥海港和机场优势，努力将珠海建设成为粤港澳物流合作示范区。

2012 年 12 月 10 日，珠海市对《珠海市市区邮政快递送水送气行业交通工具扶持管理办法》进行修订。修订后的《办法》进一步加大了对邮政业交通工具的扶持力度，明确提出邮政、快递企业车辆补贴从之前的每辆 5000 元增至每辆 10000 元。此项举措引导规范了交通工具，提高了邮政快递等行业经营服务水平，有利于物流行业的集约化发展。

2013 年 4 月 25 日，珠海市人民政府颁发了《珠海市人民政府关于加快产业转型升级打造“三高一特”现代产业体系的意见》（珠府〔2013〕58 号），提出优化物流发展环境、积极培育优秀物流科技人才和加快商贸物流产业链建设，以促进高端服务业的发展等实施意见。

2014 年 12 月 3 日，珠海市人民政府印发关于《珠海市民营经济发展规划（2014—2018 年）》（珠府函〔2014〕315 号）的通知，该规划提出了珠海市今后 5 年民营经济的发展道路、发展目标、重点载体、产业选择及具体措施。并且鼓励民营企业发展综合物流、专业物流和供应链管理等物流业务，完善提升物流园区功能。

2016 年 7 月 22 日，珠海市人民政府召开市政府常务会议，审议并通过《珠海市现代物流业发展规划（2015—2020 年）（送审稿）》。该规划提出，珠海积极参与“一带一路”建设，深化区域合作，构建现代物流体系，到 2020 年打造成为华南地区重要的国际物流中心。

2016 年 8 月 19 日，珠海市政府常务会议审议并通过《珠海港口发展“十三五”规划》，该规划指出未来 5 年内，珠海市将加快发展高端服务业、整合口岸资源、优化提升保税区功能、积极建设港珠澳大桥国家级产业物流园；大力发展港口航运、保税物流和跨境电商，争取成为国家跨境电子商务综合试验区。

## 二、促进物流业发展政策措施

在创新物流管理体制方面，成立了珠海市现代物流业领导小组，加强对全市物流业发展的统筹、协调和管理工作，着力解决突出问题和困难，为珠海市物流业提供良好的发展环境。

在物流园区规划方面，强化城市集聚辐射功能，建设对接港澳、辐射大西南的航运中心、物流中心和科技创新中心；加快香洲区产业转型升级步伐，打造一批现代服务业集聚区，重点发展研发设计、信息、物流、商务、金融等现代服务业；整合湾仔、拱北和横琴口岸资源，优化提升保税区功能，规划建设港珠澳大桥国家级产业物流园。

在落实税收政策方面，积极落实国务院要求对 2016 年底到期的物流企业自有的大宗商品仓储设施用地减半计征城镇土地使用税优惠政策，延长至 2019 年底。此项举措有利于降低整体物流成本、减轻物流企业的负担、推动珠海市现代物流产业的发展。

在物流产业资金支持方面引导金融机构在风险可控、商业可持续的前提下，加大对物流企业特别是小微物流企业的信贷支持力度，对列入珠海市物流业重点建设项目给予贷款贴息支持。

在物流用地方面，加大对物流用地的保障力度，把物流业基础设施建设纳入珠海市城市总体规划、土地利用总体规划和综合交通设施建设规划。对于符合土地利用总体规划要求的物流设施建设项目，加快用地审批进度，保障物流设施建设项目的依法用地。

在物流人才培养和引进方面，按程序纳入市人才队伍管理系统，对引进且聘用的优秀人才在薪金待遇、个税缴纳、社会保障、购房安家、子女教育等方面给予一定的优惠，以吸引相关人才到珠海市工作，充实、加强和带动珠海市物流人才队伍的建设。

另外，横琴自贸区的分线管理制度有利于降低跨境物流成本，有利于珠港澳跨境贸易合作，有利于营商环境的国际化、法治化。因此，在横琴自贸区发展跨境电商物流、跨境保税物流、物流金融等新兴物流服务业方面具有极大的便利。跨境电子商务综合试验区和高栏港综合保税区申报等工作进展顺利，也将为珠海市物流产业发展提供更多的政策支持。

# 第三节　珠海市物流业发展趋势及对策建议

## 一、珠海市物流业发展趋势

### （一）物流需求存量增速趋稳与增量增速加快

“十三五”时期，中国的GDP处于“中速增长”阶段，由于物流业主要为经济发展服务，具有生产性服务业特征，明显会受到中国经济发展速度放缓的影响。近年来，珠海市整体经济保持平稳增长，意味着由珠海市产业所派生的本市物流存量将保持平稳发展；同时，随着珠海市物流发展体系的完善，物流业与制造业联动发展、物流业与商贸业融合发展，尤其是港珠澳大桥建成通车，势必拓宽珠海市物流业服务的空间范围。通过更广区域层面物流资源与要素的聚集，吸引珠江三角洲地区西岸城市乃至更广范围的物流需求，将引发物流需求增量增速加快，全面支撑并引领珠海市物流产业的升级与壮大。

### （二）物流社会化与专业化水平进一步提升

物流社会化是指将原先由企业内部完成的物流过程通过合约的方式外部化，即企业将分销、生产、供应等过程需要的运输、装卸、保管等职能交由专业化的物流公司完成，从而形成企业间紧密的联系。在市场激烈竞争压力下，珠海市规模以上企业的经营模式更多地会从“纵向一体化”向“横向一体化”转变，将从战略上高度重视物流功能的整合和物流业务的分离外包。同时，企业物流的专业化趋势也相当明显，不少大中型企业都在力图优化自己的专业供应链，它们对第三方物流提出的面向高端物流服务的需求，要求物流企业能够提供专业化与定制化的解决方案和运作模式。

### （三）物流新技术与新业态不断涌现

2015年，国务院出台的《关于积极推进“互联网+”行动的指导意见》提出了“互联网+高效物流”具体行动实施意见，进一步促进了互联网与物流业的深度融合。随着物联网、云计算、大数据、移动互联等先进信息技术在物流领域广泛应用，仓储、运输、配送等环节智能化水平显著提升，将形成以互联网为依托，开放共享、合作共赢、高效便捷、绿色安全的智慧物流生态体系；同时，随着城乡居民消费能力增强和消费方式转变，全社会物流服务能力和效率持续提升，物流业市场竞争加剧，必将推动物流业在新的起点上加速发展和转型升级，物流新业态不断涌现，经营模式跨界延伸，物流企业开始介入代理采购及分销业务中去；生产企业分离物流公司、分离物流业务；物流公司开始进入到车间、生产线；传统仓库在向物流中心和体验中心转变；批发市场向物流中心、产业链枢纽转型；货运场站、机场、码头向物流中心转换；电子商务企业“往下走”，进入物流、快递领域；物流、快递企业“往上走”，增加电子商务功能。

### （四）物流基础设施建设与整合的趋势明显

一方面，珠海市将大力推进以“一桥双港”综合运输体系建设，充分发挥港口、机场、口岸等优势，构建与珠江三角洲地区东岸以及珠中江、甚至辐射整个粤西地区的更为便捷的区域交通联系，从区域交通末梢转化为区域交通枢纽；另一方面，珠海市物流园区网络体系布局更加合理，多式联运、甩挂运输、共同配送等现代物流运作方式保持较快发展，物流设施的系统性、兼容性将大大提高。市场机制在资源的整合、功能的拓展和服务的提升上将发挥作用，物流集聚发展的效益进一步显现，物流业对国民经济的支撑和保障能力进一步增强。

### （五）国际物流和跨境物流发展加快

珠海市作为经济特区，具有多年外向经济发展的优势和经验。随着中国“一带一路”倡议的实施，主动承载国家主抓的中巴经济走廊建设，依托珠海港开辟珠海至巴基斯坦瓜达尔港及中东地区新的国际物流通道，利用中国—巴西跨境专属电子商务平台，开通巴西维多利亚港和珠海港直航，两港互为对方货物集散港，推动珠海成为中巴贸易的中转地，促进高栏港开辟更多国际航线，极大地提升港口的规模和吞吐量。横琴自贸区分线管理制度将横琴与中国澳门间的口岸设定为“一线”管理，横琴与内地之间设定为“二线”管理，按照“一线放宽、二线管住”的原则，实施“分线管理”，有利于降低跨境物流成本，在横琴自贸区发展跨境电商物流、跨境保税物流等新兴物流服务业方面具有极大的便利。另外随着珠海机场航空口岸的对外开放和港珠澳大桥建成通车，也会极大促进国际物流和跨境物流的发展。

### （六）物流枢纽作用进一步凸显

《珠江三角洲地区改革发展规划纲要（2008—2020年）》将珠海市定位为珠江口西岸核心城市，提出珠海要尽快形成珠江口西岸交通枢纽。2014年11月，广东省人民政府办公厅印发的《珠江三角洲地区物流一体化行动计划（2014—2020年）》明确提出，推进珠江三角洲地区物流市场一体化、物流网络一体化、物流产业一体化、物流信息一体化、物流标准一体化、物流营商环境一体化发展。2017年7月公布的《深化粤港澳合作推进大湾区建设框架协议》，将进一步促进推动粤港澳间的合作，促进珠江三角洲地区的物流基础设施互联互通和信息资源共享。目前，珠海市正处在“一带一路”建设、中国（广东）自由贸易试验区、粤港澳大湾区建设和珠江三角洲地区国家自主创新示范区等国家战略的交汇点，尤其是港珠澳大桥建成通车，使珠海的区位优势进一步提升，珠海市将作为珠江三角洲地区西岸的核心城市，物流枢纽作用进一步凸显。

## 二、珠海市物流业发展对策建议

### （一）完善物流基础配套设施

加快推进港珠澳国际物流园、空港国际物流园和高栏港国际物流园等重点物流园区的建设，吸引更多物流企业进驻，发挥产业集聚的规模效益。引导和支持各类投资主体按照现代物流理念、管理模式和技术规范，开发建设重点物流园区、物流中心、物流基地和生产资料交易市场等物流基础设施。进一步加强港口、铁路、公路一体化建设，促进各种物流方式的衔接和配套，提高物流设施的系统性、兼容性，实现铁路、港口码头、公路无缝对接，加快促进多式联运发展；加快完善物流基地、分拨中心、公共配送中心、末端配送网点四级城市物流配送体系，推进快递与综合交通运输系统的顺畅对接，切实解决物流配送“最后一公里”问题。同时，珠海作为珠江三角洲地区西岸的核心城市和交通枢纽，应积极主动谋划和引领西岸区域物流协调发展，加强协调区域物流基础设施互联互通建设和物流信息资源共享。

### （二）提升物流服务水平

物流服务水平的高低在很大程度上决定了物流业的竞争能力的高低，提高珠海市物流业的服务水平，应重点做好以下几方面工作：一是加快传统物流业转型升级，建立和完善社会化、专业化的物流服务体系，大力发展第三方物流，形成一批具有较强竞争力的现代物流企业，扭转“小、散、弱”的发展格局，提升产业规模和发展水平。二是加快关键技术装备的研发应用，推动物流业技术标准体系建设，加强一体化运作，实现物流作业各环节、各种物流设施设备以及物流信息的衔接配套，促进物流服务体系高效运转。三是提升口岸通关便利化水平，大力推动以“信息互换、监管互认、执法互助”为核心的通关监管制度改革和区域通关协作，积极协调海关、国检等联检部门，争取在通关时间、精简工作流程等方面的支持。四是提升港口、机场、铁路等服务水平，提升港口调度指挥效率，实现24小时“全天候”引航，更好地满足港口发展的生产需求。五是加快推动珠海机场国际口岸开放，推进珠海机场东指廊及相关配套设施建设，大力发展国际货运；协调铁路等相关部门，推动铁路运价下浮，加快运价下浮申请审批速度，进一步降低物流成本。

### （三）积极培育物流需求增量

要实现珠海市未来城市物流产业的整体提升，除了要强化物流需求既有存量的整合与优化外，更为关键的是积极培育和拓展物流增量需求。一是结合珠海市产业布局，统筹规划和发展制造与商贸等相关产业物流服务体系，积极引导企业将物流业务外包，扩大物流需求。二是抢抓港珠澳大桥建设发展机遇，充分发挥珠海市物流成本、发展空间和区位等优势，加强与中国香港、中国澳门港口和航空物流领域的合作，不断扩大对珠西及粤西地区的辐射，确立和巩固珠海市作为区域物流中心的枢纽地位。三是以珠海港为龙头（包括相关重要物流园区），发挥海铁、水铁联运的优势，对内推动西江战略、港铁联运战略等腹地经济战略，大力支持无水港建设；对外抓住“一带一路”战略机遇，把珠海港建成“一带一路”上的重要枢纽港，做大做强港口物流需求增量。四是充分利用珠海市区位优势，大力协调解决制约珠海市跨境电商发展的政策、通关等问题，做大做强跨境电子商务，发展跨境电商物流。五是打造大型商贸中心，大幅提高物流增量。

### （四）深化港珠澳物流合作

港珠澳大桥建成通车，使珠海的区位优势得以提升，珠海市由原来的交通末梢城市成为一个区域性的交通枢纽城市和内地唯一一座与港澳陆路相连的城市，为珠港澳物流业的区域协调发展提供了更好的支撑条件。在国家“一带一路”倡议背景下，珠海承载着“一带一路”的门户功能，与港澳不是简单的“三地”合作，而是共同参与“一带一路”建设，全面对接“川贵广—南亚国际物流大通道”、拉美和瓜达尔港的庞大贸易合作市场。

因此，珠海应充分发挥桥头堡的地理优势、口岸优势和政策优势，集聚区域物流资源，深化港珠澳合作，联手发展跨境商贸物流，弥补中国香港物流成本居高不下的短板，并强化供港、供澳农产品物流服务，在区域物流合作中实现共赢。基于“一国两制”的背景，横琴自贸区是第一个由国家批准的粤港澳合作示范区，是粤港澳合作的重中之重。珠海保税区、珠澳跨境工业区、港珠澳大桥人工岛等具有特殊优惠政策的地区，也应该成为深化港珠澳合作的重要载体。深化港珠澳物流业合作，不仅要在跨境基础设施对接上实现突破，更应看到制度环境仍然是珠港澳三地物流业合作的主要“瓶颈”，只有通过制度创新，建立和健全适应现代物流业发展的制度环境，才能极大地促进珠港澳物流业的合作。2017 年 7 月 1 日，粤港澳三地签署的《深化粤港澳合作推进大湾区建设框架协议》相关内容与海关目前推行的全国区域通关一体化的改革趋势，为珠海市对跨境物流实行“一地三检”，充分发挥港珠澳大桥的作用创造了良好的政策实施环境。珠海市可利用珠港澳国际物流园首期项目洪湾通关中心进行实践探索，为粤港澳跨境通关合作创新机制，积累经验。

**（五）支持智慧物流和绿色物流发展**

随着物联网、大数据、云计算、移动互联网技术等一批新兴技术的发展，智慧物流也从理念走向了实际应用。信息平台建设是珠海市智慧物流建设工程的核心，也是当前珠海市物流体系建设的紧迫任务。推动建设全市公共物流服务信息平台，整合港口、口岸等物流相关信息资源，推进与物流相关的政务信息系统的协调与开放。支持重点行业、物流园区公共信息平台建设，实现资源共享、数据共用、信息互通。加强物流领域的绿色环保和节能减排对生态文明建设具有重要意义，鼓励和支持发展绿色物流，引导物流企业增强节能环保意识；广泛应用绿色环保的新型物流技术、装备，推进“绿色物流”体系建设，推进物流包装、仓储、配送绿色发展；推广可多次利用的周转包装，加强对废弃包装物的回收和再生利用，构建低环境负荷的循环物流系统。

**（六）加大政策扶持力度**

一是把握产业发展方向，积极组织企业申报国家、省级相关支持项目，争取更多资金支持珠海市物流企业发展。二是设立物流发展专项资金，制定管理办法，对经市物流办组织专家委员会认定具有示范带动作用的物流重点建设项目、物流信息化和标准化建设、物流骨干企业等予以资金补助、贷款贴息或奖励。三是确保重点项目用地，满足珠海市物流业发展规划的物流园区、项目和重点企业的用地需求。四是制定城市配送车辆相关标准，调整完善城区货运车辆交通管制办法，对为专业市场、商场、超市等市内商业网点服务的城市配送车辆，在城市道路行驶与车辆停靠方面提供便利条件。五是调整完善物流企业申请高新技术企业的认定标准，具备条件的企业可以享受高新技术企业的相关优惠政策，为吸引和引进高水平物流企业进入珠海开展业务创造条件。

**（七）加强物流业统计工作**

提高物流业统计工作水平，促进物流统计台账和会计核算科目建设，做好社会物流总额、社会物流总费用、物流业增加值等指标的调查统计工作，及时准确反映物流业的发展规模和运行效率，加强物流统计信息的预测和分析，为珠海市政府宏观管理和企业经营决策提供参考依据。

**（八）强化物流人才培养**

鼓励物流企业与高等院校、中职学校（含技工院校）等合作建立产学研基地、实习实训基地，探索现代学徒制、订单培养等校企联合人才培养模式。积极推动现代物流领域产学研用结合，加强供应链管理、冷链物流、国际物流、跨境电商物流、金融物流等新业态专业人才的培养。加强与港澳台物流人才交流，完善物流人才引进政策，全方位引进高端物流人才。完善在职人员培训体系，鼓励培养物流业高层次经营管理人才，积极开展职业培训，提高物流业从业人员业务素质。

**（九）发挥行业协会作用**

物流活动涉及生产、流通、运输、信息等诸多领域，具有跨行业服务与经营的显著特点，需要更好地发挥行业协会的桥梁和纽带作用。加强珠海市物流行业协会建设，协助做好物流行业战略和专业课题的研究，配合制定、推广物流行业标准；加强物流技术交流和物流咨询服务等方面的工作；积极开展物流企业认证、项目评估、人才培养、行业交流、招商引资、国际合作等活动；积极推动物流行业规范自律和诚信体系建设，推动行业健康发展。

# 第二章　珠海市物流业竞争力分析与发展战略

物流业是国民经济产业体系中重要的基础性、纽带性、引导性行业，是城市经济发展的战略性核心行业，物流业竞争力的培育与核心竞争力的构建，是产业结构调整与优化的关键战略着眼点。珠海市作为珠江口西岸核心城市，顺应现代产业体系的发展方向，积极发展高端产业，已形成“三高一特”（高端制造业、高端服务业、高新技术产业、特色海洋经济与特色农业）五大产业、六大基础产业（家用电器、电子信息、石油化工、电力能源、精密机械制造、生物医药），以及打印耗材和游艇制造两大特色产业，产业结构合理，物流业发展具有良好的相关产业基础。粤港澳大湾区建设、“一带一路”建设与“南海战略”的实施、港珠澳大桥建成通车、深中通道建设等，使珠海市及周边区域的物流资源得以重新整合，珠海市物流业的发展将迎来前所未有的契机。珠海市物流竞争力发展战略分析。（见图 2－1）

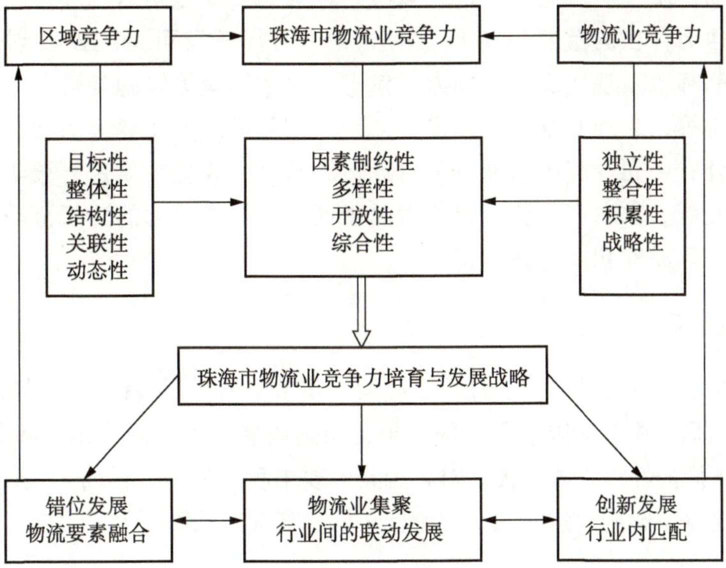


**图 2－1　珠海市物流业竞争力发展战略分析**

## 第一节　珠海市物流业竞争力

竞争力从不同角度可以分为多种类型，根据竞争层次的不同，可以将竞争力分为企业竞争力、产业竞争力和区域竞争力，分别代表微观、中观和宏观层次的竞争力。区域竞争力是以区域作为一个整体，通过各组成要素之间的协同作用、相互配合而形成的，且能为区域的整体绩效带来实质性效应的竞争优势。区域作为一个非平衡、非线性的开放系统，是以经济活动为中心，由社会制度、基础设施、科学技术、文化教育、生态环境等构成的有机整体；是经济上存在内在较为紧密的联系，具有比较完善的经济结构，按照一定机制运行，并与外部环境进行物质、能量和信息等要素交换的区域经济系统。区域竞争力系统是由区域系统的各要素相互联系、相互作用而形成的具有一定运行规律和显著结构特征的系统，其大小既取决于各要素的多少和质量，又取决于各要素间的有机结合程度和结构比例。区域竞争力系统不是构成要素的简单加总，而是决定于构成要素的结构。若系统结构合理，区域竞争力水平则大于构成竞争力各要素之和。区域竞争力系统具有目标性、整体性、结构性、关联性、动态性等特性。物流业属于生产性服务业，物流业的核心竞争力是作为竞争性的物流行业，在长期培育营造中形成的独特的、动态的能力资源，支持着物流业在现在及未来的市场中可持续竞争优势的发展，它是物流产业整合各种优势资源和各方面能力的综合体现，具有独立性、整合性、积累性和战略性的特点。区域竞争力和产业竞争力存在包容性与互动性，具有互相支持、互相推动、共同实现的性质，区域竞争力最终取决于地区的产业竞争力。在市场经济基础和原则上，区域竞争力存在的重要价值是为产业竞争力提升及可持续发展创造新型政府职能、竞争的法制环境、现代交通、动力、信息、生活环境等设施基础，以及人力资源培育与开发的基础等，为产业竞争力的提升创造基础环境。产业竞争力除了提升自己内部系统的竞争力外，要充分利用区域竞争力创造的基础、环境和条件，聚集竞争能量，实现最优的持续发展。珠海市物流业竞争力属于区域产业竞争力的分析范畴，具有因素制约性、多样性、开放性和综合性等特征。

### 一、要素分析

区域产业竞争力深受其区位、经济、政策、技术与创新等多种影响因素的制约，而且竞争力的形成不是上述单项因素作用的结果，而是诸多因素共同作用、综合影响的产物。从时间来看，不同的经济发展阶段，对各因素的要求程度是不一样的。从空间来看，区域不同，其产业竞争力影响因素的综合作用就不同，产业结构类型及产业的优化途径就有所差异。

#### （一）区位因素

区位因素对产业竞争力的影响主要是通过位置、交通、通信等综合作用而体现出来，是影响物流产业发展路径的重要因素，区位所拥有的自然资源禀赋是物流产业核心竞争力形成的关键。从物流产业角度来看，珠海市的区位因素具有区位竞争力强、交通支撑良好等主要特点。

区位竞争力强。珠海市位于中国城镇体系中五个核心区域中的珠江三角洲大都市连绵区，这是中国东部沿海区位条件最好的区域之一，环珠江口区域（湾区）又是珠江三角洲区位条件最好的区域，拥有联通国内和世界各地的机场群和港口群，铁路枢纽联通长江三角洲和泛珠江三角洲地区；珠海市位于珠江三角洲地区的“一脊、三带、五轴”城镇群体系中的“一脊”（湾区）、珠江口西岸，毗邻中国澳门，东距中国香港36海里，北距广州138公里，临近国际航道（大西水道）。在广东省范围内，珠海市位于广东省“一主、三副、六轴、六核”的城镇空间布局中的“一主”，即珠江三角洲地区，这是广东省区位条件最好的地区。珠海市不仅在区域，而且在国内、国际的位置均十分优越，具备成为区域物流中心的有利区位条件。

交通支撑良好。珠海港是国家沿海主枢纽港，拥有生产性泊位155个，其中万吨级以上生产性泊位27个，设计年通过能力1.52亿吨。珠江水系的崖门、虎跳门、鸡啼门和磨刀门水道均穿过珠海市入海，珠海港通过内河航运可与桂、黔、滇广大腹地相连；广珠铁路于2012年建成通车，直达高栏港南水作业区，并与京广铁路连接；珠海机场按照ICAO 4E级标准建设，可执行4F级起降，航线通达44个城市，已成为国内干线机场；珠海已基本形成贯通口岸、港口、机场、铁路货站四大节点的道路干线交通网络，经沿海高速、广珠西线高速、京珠高速等与全国公路网相连。港珠澳大桥的建设进一步加强珠海与港澳地区的联系，使珠海通过港澳参与国际经济交流更为方便有利。

**（二）经济因素**

近年来珠海市整体经济保持平稳增长，使物流业发展具备一定的经济基础。2016年，珠海市经济运行良好，经济增速保持平稳，产业结构不断优化，经济效益稳步提升。经省统计局核定反馈，2016年，全市地区生产总值（GDP）2226.37亿元，按可比价计算同比增长8.5%。分产业看，第一产业增加值48.21亿元，增长1.4%；第二产业增加值1059.77亿元，增长5.8%；第三产业增加值1118.39亿元，增长11.7%。三次产业比例为2.2：47.6：50.2，三产比重首次突破50%，同比提升2.2个百分点。（见图2-2）

**（三）政策因素**

政策是影响区域产业竞争力的最活跃因素之一。从宏观角度看，国家可以通过经济、法律、行政等手段，实施产业政策和区域政策，提高区域产业竞争力。从中观角度看，一个区域可以在国家宏观政策的指导下，结合区域具体情况，制定符合实际的财政、投资、产业政策，以促进主导、辅助和基础产业群的形成，提高产业竞争优势。从微观角度看，一个区域可以通过制定企业发展政策，指导企业结构的优化，增强企业发展活力和竞争力，为区域产业竞争优势的形成提供微观基础。

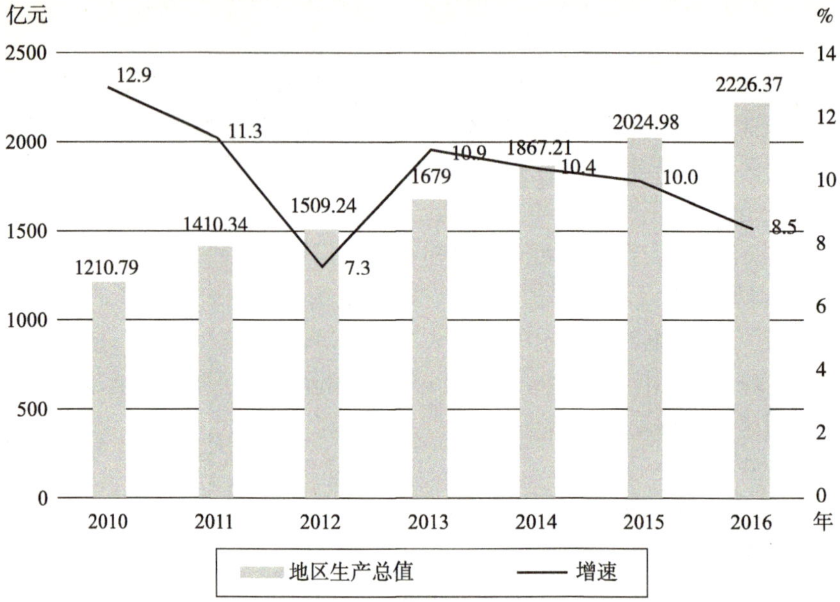


**图 2－2　2010—2016 年珠海市地区生产总值及增长速度**

## （四）技术与创新

产业竞争力的提高要依靠创新，而且一个创新要激发出多个创新，形成创新链条和创新网络。创新链条和创新网络是提高区域产业竞争力的最积极、最有效的因素。在创新网络中，各种创新因素发挥着不同的作用，知识创新是基础、技术创新是根本、产品创新是核心、组织创新是源泉、管理创新是灵魂、制度创新是保障。在新经济背景下，一些传统因素（如位置、自然资源、人口数量等）的作用程度呈下降趋势，而一些现代因素（如人口素质、知识、创新能力等）的作用程度呈上升趋势，且成为更关键的影响因素。技术因素是直接影响区域产业竞争力的决定性因素。具体表现在技术影响区域产业的变革、布局的态势和产业的活力与竞争力。物流业的发展路径可选择创新驱动、高端发展，加快现代信息技术和交通运输技术在物流体系中的应用，加快传统物流发展模式创新，积极探索新型物流业态，大力推动“互联网＋高效物流”发展，促进大数据、云计算、物联网等先进信息技术与物流活动深度融合，促进现代物流与工业高效联动发展。加快发展供应链管理、衍生服务等高端物流业态，提高现代物流业发展核心竞争力和服务辐射能力。

新技术、新业态不断涌现，信息技术和供应链管理不断发展并在物流业得到广泛运用，为广大生产流通企业提供低成本、高效率、多样化、精益化的物流服务，推动制造业专注核心业务和商贸业优化内部分工，以新技术、新管理为核心的现代物流体系日益形成。随着城乡居民消费能力增强和消费方式转变，全社会物流服务能力和效率持续提升，物流业市场竞争加剧，必将推动物流业在新的起点上加速发展和转型升级。物流业属于生产性服务业，为客户生产、运营提供支撑性服务，需要设施设备和信息系统的支持，由此物流技术扮演着重要角色。物流技术创新是物流服务创新的重要组成部分，是推动物流企业发展的重要动力。物流技术创新与信息技术、工具、装备和设施紧密相连，涉及运输、储存、装卸、搬运、包装配送、流通加工、信息处理等各个物流环节。具体体现在企业组织对先进的物流技术和信息通信技术的开发与应用上，技术创新本身所具有的不确定性、高风险性、技术积累和路径依赖等特征，使物流技术创新更多的是渐进式的应用创新，物流业的技术创新更倾向于对现有技术的有效应用，以达到满足客户需求和优化企业资源配置的双重目标，物流装备与信息技术紧密结合，实现高度自动化是物流行业未来发展的趋势。

## 二、多样性分析

区域产业竞争力影响因素的多样性，以及区域的复杂性，决定了区域产业竞争优势和产业竞争力类型的多样性。从影响区域产业竞争力的主导因素看，主要有四种类型：

1. 要素推动型。与其他区域相比，该区域的一个或几个影响产业竞争力的要素非常优越，构成区域比较优势，而且这些优势的利用符合国家的产业政策（大湾区建设、“一带一路”建设、南海战略、港珠澳大桥、深中通道、横琴自贸区等）。在这些优势推动下所形成的区域产业无疑具有较强的竞争力。

2. 需求拉动型。物流业属于派生需求所形成的行业，相关行业的快速发展，将释放大量的物流需求，珠海市经过30多年的特区建设，形成六大基础产业（家用电器、电子信息、石油化工、电力能源、精密机械制造、生物医药），以及打印耗材和游艇制造两大特色产业，具有雄厚的产业基础。

3. 产业支撑型。产业竞争优势既不是来自产业发展的比较优势，也不是来自巨大的社会需求，而是源于产业本身。即通过主导产业与辅助产业、基础产业的有机结合，区域产业具有很强的适应性和应变能力，尤其对市场的变化能做出快速反应。

4. 企业支撑型。即由企业的先进性而为区域产业竞争力提供微观支持（和珠海港控股集团有限公司、珠海港物流发展有限公司，5A级企业）。

区域产业竞争力的发展，大多是由多种影响因素类型所共同作用的结果，目前，珠海市物流业主要是在要素推动和需求拉动的共同作用下快速发展，但其他两种影响因素类型也起到了不可或缺的作用。

## 三、开放性分析

区域产业竞争力的形成和演变，不仅受区内环境的影响，也受到区外环境的影响。区域内外不断进行物质、资金、技术、信息和人才的互动。现代区域产业的发展绝不是封闭的，而总是在更大区域范围内和地域分工中发挥不同的作用，担当不同的角色。珠海位于珠江西岸，是珠江口西岸的核心城市，珠海市物流业竞争力的提升拥有国家“一带一路”和“南海战略”以及港珠澳大桥建设通车的重要机遇。

国家“一带一路”倡议和“南海战略”机遇。“一带一路”为广东省物流的发展带来重大机遇，基础设施互联互通是“一带一路”的优先领域，粤港澳大湾区有全球最大的港口群和机场群，具备成为物流枢纽的基本条件，沿“带”沿“路”经济体经贸合作的加深将会释放巨大的物流需求，国际物流迎来新的发展机遇，基础设施的互联互通将大幅度提升物流运营效率，同时也会出现更多的“利基”市场和全新的物流需求。

“一带一路”有利于珠海促进开放航空口岸，申报高栏港综合保税区，加快推进高栏港深水泊位建设。“南海战略”的实施是“21 世纪海上丝绸之路”的重要着力点和重大保障，同时也为珠海开通多条国际航线、积极参与国家海洋贸易、大力发展港口物流带来巨大的发展机遇。

港珠澳大桥机遇。港珠澳大桥，被誉为世界第一跨海大桥，连接中国香港大屿山、中国澳门半岛和广东省珠海市，全长为 49.97 公里，主体工程“海中桥隧”长 35.58 公里，其中海底隧道长约 6.75 公里，桥梁长约 29 公里。2016 年 4 月 10 日，随着世界最大的断面公路隧道——拱北隧道的全隧贯通，全长 13.4 公里的港珠澳大桥珠海连接线主体工程也终于实现了全线贯通，预计 2017 年底正式建成通车，届时珠海至中国香港的路程将缩短至半小时以内，实现珠海、中国澳门与中国香港的陆路对接，形成“1 小时交通圈”。港珠澳大桥不仅缩短珠海与中国香港的距离，更使珠海成为珠江三角洲地区同时连接中国香港和中国澳门两个特别行政区的城市，把珠海从交通末梢提升到区域性中心枢纽位置上，珠海变成中国香港最直接的腹地。大桥通车后，珠海的机场、港口、口岸等优势资源得以发挥作用，使中国香港及各方投资者在珠海、珠江西岸乃至粤西地区的投资进程加快，有利于珠海加快向珠江口西岸核心城市迈进。也有利于促进泛珠三角经济区与东盟经济圈的对接互动，开创两大经济区联合发展的新局面，珠海作为“桥头堡”，有机会在区域合作与参与国际竞争中抢占先机。

## 四、综合性分析

区域产业竞争力需要从多个方面进行综合分析，这主要体现在：①区域产业竞争力影响因素作用的综合性；②在增强区域产业竞争力的过程中，要对人口、资源、环境与产业作协调综合，以实现区域产业的可持续发展；③提高区域产业竞争力不能只追求经济目标，应该追求综合目标，即经济效益、社会效益和生态效益同步增长的目标。

结合区域产业竞争力综合性分析的需求，珠海市物流业竞争力可具体从以下三个方面进行分析：

1. 统筹规划，协调联动。加强全市物流业发展总体规划，整合物流基地、物流通道、运输装备等资源，推进多式联运发展。强化跨区域物流合作，完善区域物流网络，实现区域物流协同发展。大力延伸物流产业链条，推进现代物流业与农业、制造业、商贸业、金融业等相关产业联动发展。

2. 市场运作，政府引导。充分发挥市场在资源配置中的决定性作用，强化企业主体地位，建立和完善社会化、专业化的物流服务体系，形成物流主体多元化、物流服务专业化的发展格局。加强政府在现代物流业发展战略、规划、政策、标准等方面的引导，创造现代物流业发展的良好政策环境。

3. 强调资源环境的约束。随着社会物流规模快速扩大、能源消耗和环境污染形势加重、城市交通压力加大，传统物流运作模式已难以为继。按照建设生态文明的要求，必须加快运用先进运营管理理念，不断提高信息化、标准化和自动化水平，促进一体化和网络化经营，大力发展绿色物流，推动节能减排，切实降低能耗、减少排放、缓解交通压力。

## 第二节 珠海市物流业发展战略

珠海市物流业竞争力是在多种因素的综合作用下形成的，物流业竞争力的培育与发展，可以从物流业自身内部的匹配与创新发展、物流业集聚与产业联动、城市间物流要素的融合与错位发展三个层面进行分析。珠海物流业竞争力培育与发展见图2－3。

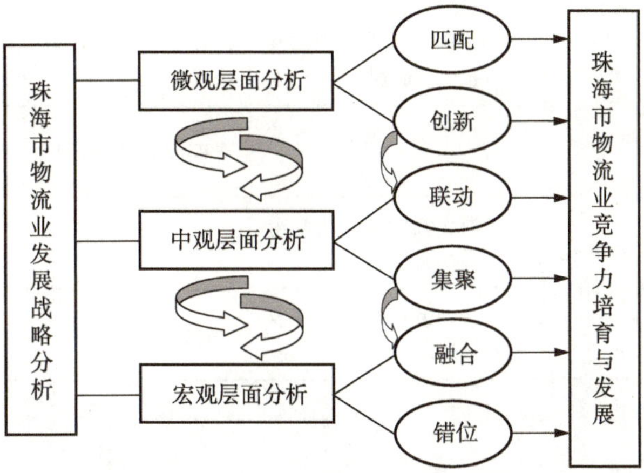


**图2－3 珠海市物流业竞争力培育与发展示意图**

### 一、物流业内部匹配与创新发展

#### （一）匹配发展

物流业的内部匹配体现在珠海市物流设施与物流资源的匹配、物流资源与物流策略的匹配、物流策略与珠海市战略的匹配、珠海市战略与国家战略的匹配，具体情况见表2－1。

**表2－1 珠海市物流业的匹配发展**

| 国家战略 | 珠海市战略 | 珠海市物流业匹配发展 | | |
|---|---|---|---|---|
| | | 物流策略 | 物流资源 | 物流设施 |
| 一带一路 | 共建“川贵广—南亚国际物流大通道”<br>促进与瓜达尔港商贸物流合作 | 重点发展国际物流、保税物流 | 高栏港 | 高栏港物流园 |
| | | | 桂山港 | 桂山港物流中心 |
| | | | 广珠铁路 | 铁路西站物流园 |
| | | | 珠海机场 | 物流公共信息平台 |
| | 积极参与“中拉”合作 | | 横琴自贸区 | 联手中国澳门的中葡商贸平台 |
| | | | 珠澳跨境工业园 | |
| | 积极参与欧美日韩物流合作 | 发展跨境物流尤其是跨境电商物流 | 珠海机场 | 空港物流园 |
| | | | 高速公路 | 物流公共信息平台 |

续表

<table>
<tr><th rowspan="2">国家战略</th><th rowspan="2">珠海市战略</th><th colspan="3">珠海市物流业匹配发展</th></tr>
<tr><th>物流策略</th><th>物流资源</th><th>物流设施</th></tr>
<tr><td rowspan="2">港珠澳大桥</td><td rowspan="2">参与打造珠港澳“1 小时经济圈”</td><td>深化港珠澳物流合作</td><td rowspan="2">港珠澳大桥<br>洪湾港<br>横琴自贸区<br>珠海保税区<br>珠澳跨境工业区<br>港珠澳大桥人工岛</td><td rowspan="2">洪湾通关综合服务中心联手中国澳门的中葡商贸平台</td></tr>
<tr><td>积极发展跨境物流尤其是跨境电商物流</td></tr>
<tr><td rowspan="2">深中通道</td><td rowspan="2">建国际高端创新基地和科技成果转化基地，壮大高新技术产业集群</td><td>积极发展珠三角高新技术制造物流</td><td>衔接深中通道的城市快线</td><td>金鼎物流中心</td></tr>
<tr><td>衔接深中通道，开放航空口岸</td><td>珠海机场货运口岸开放</td><td>空港物流园</td></tr>
<tr><td rowspan="4">珠西先进装备制造产业带</td><td rowspan="4">发展临港产业集群和港口物流需求，提高珠海港区域竞争力和辐射力</td><td rowspan="2">深化高栏港与内陆港多模式合作</td><td rowspan="2">珠海港</td><td>高栏港物流园</td></tr>
<tr><td rowspan="2">铁路西站物流园</td></tr>
<tr><td rowspan="2">联动发展珠西先进装备制造物流</td><td rowspan="2">广珠铁路</td></tr>
<tr><td>富山物流中心</td></tr>
</table>

## （二）创新发展

物流服务创新是不同主体通过技术创新、组织创新、管理创新和制度创新等，充分利用中介机构的社会资源和平台，实现物流服务业务创新，培育物流产业内质的飞跃性的创新活动。物流服务创新是一个多主体作用的过程，通过多主体作用的方式实现物流业务创新，促进整个物流产业的发展。物流业服务创新战略可以分为基础性物流服务创新战略和综合性物流服务创新战略两种。基础性物流服务创新主要是以标准化为主要手段，以降低物流成本提高物流效率为主要目的的物流服务创新。由于基础性物流服务需求差异性不大，物流市场进入门槛低，竞争激烈。降低成本和提高物流效率是主要的竞争手段。在技术创新方面，注重通用物流设施设备和信息系统的开发与应用；在知识创新方面，物流行业注重知识的精与专；在管理创新方面，注重流程的通畅，通过对流程的梳理与规章制度的制定实现管理的全局化、信息化和标准化；在政策创新方面，政府应该鼓励企业的兼并重组行为，促进规模效应的形成，加快专业型物流人才的培养与引进，在鼓励企业创新和规范市场管理方面也应该出台一些创新性的政策。综合性物流服务创新是以整合个性化为主要手段，以提供高质量、差异化的物流服务为目的的物流服务创新。综合性物流服务创新重在运作流程的控制，不仅涉及多种物流服务的整合，而且常常涉及金融、IT 等关联服务，要求管理更加灵活，信息交流更加通畅性，对于物流知识创新、管理创新和技术创新都提出了更高的要求。珠海市物流业的创新发展情况见表 2 –2 所示。

**表 2－2 珠海市物流业的创新发展情况**

| 创新战略选择 | | 基础性物流服务创新战略 | 综合性物流服务创新战略 |
|---|---|---|---|
| 创新方向 | | 标准化 | 差异化 |
| 创新维度 | 技术创新 | 开发与应用通用物流设施设备的和信息系统 | 开发与应用专用物流设施设备特别是信息系统 |
| | 知识创新 | 物流专业知识创新，注重知识的精与专 | 整合型知识创新，注重物流与金融、营销、IT 等多领域的融合 |
| | 管理创新 | 梳理组织流程，注重流程的通畅与分工的明确，实现管理的全局化、信息化与标准化 | 注重管理的柔性，及时调整组织结构，对客户需求做出快速响应，实现管理的一体化、信息化与柔性化 |
| | 政策创新 | 鼓励物流企业兼并行为，促进规模效应；规范市场管理，改善市场环境；鼓励企业创新，给予财政优惠；加大专业化物流人才培养力度 | 加大政府扶植，促进产业发展；规范市场管理，改善市场环境；鼓励企业创新，给予财政优惠；加大综合化物流人才培养力度 |
| 创新效益 | | 通过在单个物流环节领域做精、做大、做强，实现服务的规模化，获得规模经济，降低制造业成本 | 通过提供个性化、一体化的物流服务，实现服务的多样化，增强服务的灵活性，提高对制造业的服务水平与质量 |

## 二、物流业集聚与产业联动发展

### （一）物流业集聚发展

物流产业集聚发展，是指促进物流企业形成在空间上相对聚集、功能上匹配和衔接的发展格局，从而带来物流运行的规模效应，实现物流服务的功能完善，以及成本的降低和效率的提升，为物流业发展质量的提高奠定基础。充分发挥政府及市场的积极作用，以企业为核心，推进珠海市物流业及相关产业的跨越发展与升级。在物流产业内部加强既有存量部分的资源整合与要素配置，重点围绕海港、空港等既有优势物流资源，形成物流系统运作层面的资源组合，充分发挥既有存量的功能与效用；加强相对有限的资源在物流业与其他产业之间的整合发展，从整体效能最大化的角度出发，实现资源在产业间，包括传统产业、新兴产业以及物流等生产性服务业之间的优化配置；突破珠海市行政区划，围绕港珠澳大桥、广珠铁路等重大项目，从整个珠江三角洲地区乃至更广阔范围的角度推进区域物流产业以及物流资源的优化整合，依托区域乃至国际物流要素资源的整合发展，实现珠海市物流产业的整体提升。

充分利用珠海市自身物流资源禀赋条件，实现物流资源与要素在区域范围内的高效聚集，提高物流设施设备的共用程度，以及物流资源的共享水平，进而有效减少物流组织中的无效环节以及降低整体物流成本，形成物流业聚集发展的规模效应；通过物流资源与要素的聚集而带来整个产业布局、流通环境改善的基础上，实现相关产业在该区域的有效聚集，更为充分、快捷的形成相关产业的聚集经济和规模经济效益，使物流聚集成为产业聚集、经济要素聚集的重要手段和发展条件，形成物流服务业引领的产业发展创新模式，推动珠海市经济和产业的快速提升发展。珠海物流产业集群需要同时考虑交通与产业的发展情况，尤其需要从物流与工商产业集群发展的系统角度进行考虑。具体而言，依托交通枢纽，引进和培育服务于港口航运的物流企业，形成成熟的航运服务物流企业集群。在高栏港国际物流园区，重点围绕航运、铁路运输、产业链龙头，引进具有区域、国际影响力的航运公司、铁路运输公司等企业总部；在空港国际物流园区，重点围绕航空货运、高新技术产业物流、临空产业物流，引进具有区域、国际影响力的航空货运公司、第三方物流公司等，形成物流产业集群；依托制造业（富山工业园），系统引进和培育服务于电器制造、电子产品制造、临港装备制造的物流企业，围绕公铁联运、家电产业链等制造业龙头，引进具有区域、国际影响力的联运公司和第三方物流企业，形成制造物流产业集群；依托商贸业（珠港澳国际物流园区），构建面向港澳地区、以农产品为突破口的城市商贸物流集群，发展壮大平台，推进农产品加工企业在珠海国家农业科技园的集聚，形成产业链，以此吸引和培育物流企业提供全供应链服务，形成商贸物流产业集群。

### （二）产业联动发展

物流业与制造业、商贸业联动发展，对于提升物流需求存量、产生物流需求增量具有重要作用，见图2-4。在中国物流业与制造业、商贸业联动发展不断推进的背景下，珠海市依托本市制造业和商贸业基础，挖掘优势产业潜力、培育物流需求、实现物流业发展。重点是按照供应链高效运行、一体发展的基本逻辑规律，推进物流产业与关联产业的服务联动与发展融合，实现物流业与关联产业的“共赢发展”，即物流业为相关产业提供服务环境保障，也进一步拓展关联产业的衍生产业链。同时，关联产业的发展也为物流业发展带来了本源的物流需求，支撑物流业的实体发展。具体而言，一是从战略的角度出发，加强具有先天发展基础，并具备良好发展潜力的先进制造业与物流业的联动发展。二是立足自身优势，加大商贸业与物流业的融合发展，积极利用先进信息技术手段，实现现代商贸业（如电子商务、网络购物等）与物流业的一体融合，联动发展。三是顺应发展趋势，加大物流业与其他新兴服务业的联动发展，如与金融、保险业等的联动发展，进一步提升珠海物流的产业能级及其产业附加值。

物流企业通过提高服务的标准化水平，使物流企业在单个物流服务环节领域做精、做大、做强，帮助企业获得规模效应，降低企业服务成本。服务成本的降低一方面可以提高物流业利润率，促进物流产业的发展。另一方面能够减少关联行业的物流费用，降低物流外包成本，促进联动产业的发展与物流服务的外部化。物流企业通过提高服务的差异化水平、创造差异化的竞争优势、增强服务水平提高服务质量。同时还可以更好地提供个性化的物流服务，这样相关联行业能将更多资源专注于自身核心竞争力，促进行业的发展与物流服务的外部化。物流企业通过标准化与差异化的物流服务可以提升其物流服务能力，从而可以有效地改善物流业与联动行业之间的矛盾，进一步促进物流企业和关联企业形成并提升各自的核心竞争力，促进相关产业释放其物流服务需求，推动两业联动发展。联动行业物流服务需求的释放使物流外包的数量和种类增加，外包数量的增加能够促使物流业形成规模优势从而降低成本，外包种类的增加能够进一步促进物流服务专业化的发展，从而提高服务质量。服务成本的降低和服务质量的提高进一步促进物流业与联动行业的发展，增强物流服务能力，扩大相关行业物流服务外部化的程度。行业联动不断深入，物流业与相关联行业得到协调发展，物流业竞争力不断提升。

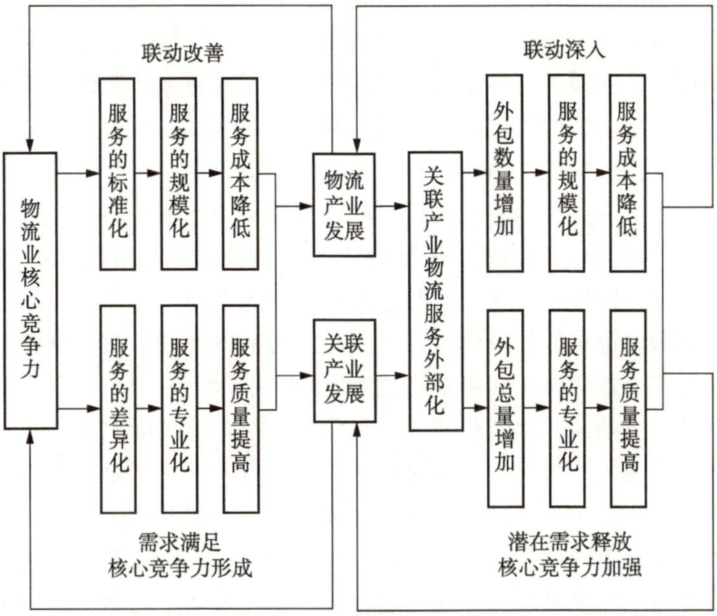


**图 2－4　物流业核心竞争力与产业联动示意图**

## 三、城市间物流要素的融合与错位发展

### （一）区域联系增强

珠海所在的珠江三角洲地区密集分布着广州、深圳、佛山、东莞、中山、珠海、惠州、江门、肇庆 9 个城市和深汕特别合作区，且毗邻中国香港、中国澳门，是中国三大城市群之一，并已跨入世界级城市群行列。2017 年“两会”期间，李克强总理在《政府工作报告》中首度提到粤港澳大湾区，提出“研究制定粤港澳大湾区城市群发展规划”。在广东省政府“十三五”规划中，就提到“打造粤港澳大湾区”，打造粤港澳大湾区已经被提上议程。即将全线通车的港珠澳大桥，跨越珠江口伶仃洋海域，将珠江三角洲地区内城市与中国香港、中国澳门直接联通。港珠澳大桥的建设，使珠江三角洲地区通过中国香港、中国澳门参与国际交流更加便捷。正在开发的横琴新区，定位为“一国两制”下探索粤港澳合作新模式的示范区、深化改革开放和科技创新的先行区、促进珠江口西岸地区产业升级的新平台。横琴新区的开发，使珠江三角洲地区成为国内开放程度最高的经济特区。一体化的区域布局、最开放的经济政策、便捷的交通联系，珠海与周边城市之间在空间上相互融合，发展关系日益密切，必将为珠海市建设辐射国际国内的区域性物流中心城市带来良好机遇，为物流业的扩展更加广阔的市场，也带来了更多挑战。

### （二）物流要素的融合与错位

珠海与周边的中山、江门、佛山、中国澳门特别行政区相比，城市的区域地位更加突出、交通网络更加完善，物流业发展的环境和条件具有一定的比较优势，能够提供辐射范围更广、运作更加便利的物流服务。珠海作为西岸核心城市，必将依托自身物流体系建设和物流条件改善来吸引西岸地区物流需求，与相邻区域的物流要素相融合，系统构建、优势互补，提升在区域物流服务中的地位。珠海与珠江口东岸的城市在地理位置上距离较远，相对于西岸城市，联系不那么紧密。港珠澳大桥建成后，将使珠江口两岸的城市联系更加便捷，特别是珠海与中国香港的陆路连接距离大大缩短，城市之间的物流业发展关系也将因此发生深刻变化。珠江口西岸的珠海市、中山市、江门市乃至佛山市的远距离海运货物的物流过程，大多需要在珠海市集结出海或经珠海中转至中国香港或深圳集结，反向货物亦然。因此，就珠江口西岸城市范围内的物流服务，珠海市同深圳市以合作关系为主，物流要素相互融合发展；而珠江口西岸城市之外的湖南、广西、贵州、云南等更广阔的区域是珠海市和深圳市重叠的辐射区域。因此，对上述区域的物流服务而言珠海市同深圳市以竞争关系为主，物流要素间更宜错位发展。

珠海依托海港、空港及其集疏运网络，在珠江口西岸地区形成具有一定区域比较优势的交通基础，以港珠澳大桥为龙头，以铁路、口岸、机场、港口为支撑的现代综合交通枢纽格局初显，搭建江—海—公—铁—空立体集疏运体系。广珠铁路北接京广线、贵广线，将高栏港连入国家铁路干线网络，沿线聚拢的大宗干散货、集装箱可直达湖南、江西及华中、云南、贵州等地区，辐射范围深入内陆腹地；高栏港高速公路、珠海大道、金港路等将高栏港直接纳入由西部沿海高速公路、江珠高速公路、京珠高速公路等形成的高速公路网，也使高栏港与珠江三角洲西岸的腹地城市群快速相连；整治后的西江航道5000吨级船舶可达肇庆，3000吨级船舶可达广西梧州，使珠海港经内河水运集疏运的辐射范围延伸至广西、湖南、贵州等地；珠海机场连接广佛江珠城际轨道、珠海机场城际轨道、机场高速、机场北路等，可快速直达珠江三角洲西部与中部主要城市，与高栏港也在半小时车程范围内。依托这些多式联运通道，珠海能够形成海铁联运、公水联运、江海联运、陆空联运、海空联运以及管道运输等多种运输方式相互配套支持的完善立体交通网，成为多式联运系统最重要的基础设施网络支撑。此外，加强珠海港疏港公路与区域高速公路网的衔接时，需要注意城市的线路规划，在建设高效通畅的港口公路疏运系统的过程中，避免干扰城市交通。在东部，推动港珠澳大桥建成通车，主动连接深中通道，把高新区打造为对接深圳的“桥头堡”。在西部，推进金海大桥、香海大桥、洪鹤大桥等节点工程，加快珠海市区至珠海机场轨道建设，解决东西部交通“瓶颈”，谋划建设黄茅海大桥，完善辐射大西南交通网络。在北部，加快与中山路网紧密对接，推动广佛江珠城轨建设，融入珠江三角洲西岸交通一体化体系。在南部，加快珠澳口岸人工岛、粤澳新通道等跨境大型基础设施建设，优化与中国澳门连接通道，推动广珠城轨延长线与中国澳门轻轨对接。在融入周边城市物流系统的基础上，还应注意竞争的差异化与分工协作，珠海周边港口林立，中国香港为国际航运中心，承担全球集装箱枢纽港功能，以国际中转为主；深圳是中国集装箱运输系统的枢纽港口之一，主要是支撑中国香港航运市场的后移和为中国香港集疏转运，以集装箱外贸运输为主；广州是珠江三角洲地区唯一的综合性枢纽港，不仅是中国集装箱枢纽港口之一，也是煤炭、油气、矿石、粮食等大宗物资的接卸中转储运基地港。珠海港应与这些区域和国际大港形成错位和差异化发展，定位于细分市场，重点发展油气化工品、煤炭、矿石、天然气等大宗散货和集装箱运输，主要为临港重化工、海洋装备制造等产业提供配套物流服务。珠江三角洲地区是中国机场分布最密集的区域之一，在1万平方公里左右的地域范围内集中了中国香港、中国澳门、广州、深圳和珠海5个民用机场，空域资源相对紧张，航空运输市场竞争也较为激烈。港珠澳大桥珠海连接线作为大桥在内地的连接点，极大地缩短了中国香港到珠海的物流时间，珠海应利用这一优势，加强与口岸联检单位的协调工作，创新通关监管模式，主动对接中国香港物流行业、特别是中国香港机场的服务需求，加速建设具有完整产业链支撑的快速高效空港物流系统，提升机场的综合竞争力，夯实省骨干机场地位，逐步实现其复合型国际干线机场的远期战略目标，为城市和区域现代物流发展提供重要支撑。

# 第二篇

# 物流基础

# 第三章　运输基础设施①

## 第一节　运输基础设施现状

珠海市交通基础设施是珠海市现代物流系统规划的重要组成部分。交通基础设施的规划、建设和完善，对珠海市现代物流业的发展具有重要意义。区域性交通基础设施的规划、建设和完善，应能有效地将运输与物流的要求结合起来，将珠海市建成区域性物流中心，服务于粤港澳大湾区、珠江三角洲西岸、西江流域等城市经济发展的重任。

### 一、珠海市公路路网现状

目前珠海市公路交通初步形成以高等级公路为骨架，以城市为中心，向地区辐射、连接主要城镇、口岸、机场、港口等交通枢纽，对内对外纵横交错、四通八达的公路交通网络。根据《珠海市国民经济和社会发展第十三个五年规划纲要》，在未来“十三五”期间，珠海要构建以港珠澳大桥为龙头的“一桥双港”交通大格局，加快融入珠江三角洲西岸交通一体化体系，进入珠江三角洲地区“1 小时时空圈”。东部推动港珠澳大桥建成通车，主动连接深中通道，完善金琴快线及市政干道与深中通道联络线衔接，把高新区打造成为对接深圳的“桥头堡”。西部推进建设金海大桥、香海大桥、洪鹤大桥等节点工程，打通东西部交通“瓶颈”。加大沟通协调力度，谋划建设黄茅海大桥，完善辐射大西南交通网络。加快高速公路网建设，推进北部与中山、江门路网紧密对接，建成西部沿海高速月环支线南屏至洪湾互通段等工程，形成城市东西连接 5 条通道、南北连接 6 条通道的大格局。加快建成港珠澳大桥珠海连接线，南部完善直接与港澳陆路对接的交通通道。

#### （一）区域路网大幅提升，基本实现“两横五纵”

珠海与江门、中山陆地相连，但多年来与他们之间的路网连接不畅，没有形成完善的区域性路网，总体上看，珠海的对外出口通道东多西少、东高西低。这不仅限制了珠海城市与经济组团发展的格局，而且也影响到珠海的对外经济联系及其交通运输业的发展。为解决珠海市外部通道及其与西边高速路衔接问题，在“十二五”期间，公路建设方面主要

① 本章运输基础设施着重分析公路基础设施状况，港口、航空、铁路等基础设施状况其他章节专门分析。

体现在提升区域路网密度，实现“两横五纵”路网发展规划，完成南北纵向4条通道、完成纵向高栏港高速、机场高速、广珠西线高速、S272建设及珠海大道、黄杨大道升级改造。（见图3－1和表3－1）

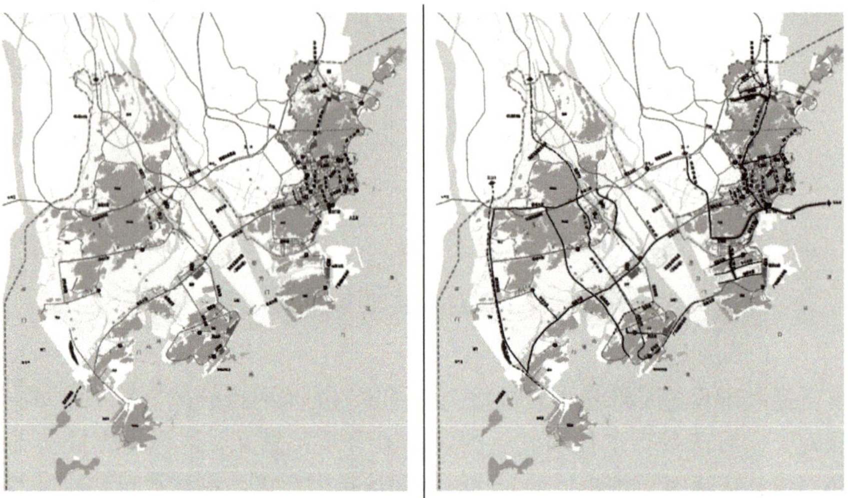

2010年珠海公路网络　　“十二五”公路建设图

**图3－1　2010年与“十二五”期末珠海对外交通系统比较**

1. 纵向通道

纵一通道是广珠东线，北接中山，经唐家镇、香洲主城区至横琴新区，是沿东线连接广州、佛山的重要通道，横琴与广州南沙功能区的联系通道，也是中国澳门与珠海主城区南北向联系的重要通道。

纵二通道是105国道，北起北京市，途径天津市、河北省、山东省、河南省、安徽省、湖北省、江西省、广东省9个省，终点为珠海市的国家级南北主干道。

纵三通道是广珠西线高速，是珠海连接中山市、佛山市、广州市的重要通道，也是国家重点公路太澳公路（太原—中国澳门）干线南端的重要路段。

纵四通道是机场高速，从珠海机场出发，经金湾城区、斗门城区，北接江门、中山，是珠海机场重要的集疏港通道，也是西部中心城区和珠海机场对江门、中山乃至粤西地区的辐射通道。

纵五通道是高栏高速，从高栏港出发，经富山工业园，北接江门、辐射中山，是高栏港最重要的集疏港通道，具有辐射西江流域的功能，也是富山工业园的重要服务通道。

2. 横向通道

横一通道东接深圳、东莞，经香洲主城区、斗门和金湾主城区，西接江门，辐射粤西地区，服务于高新技术产业开发区和富山工业园，是加强珠海主城区和西部中心城区间联系的骨架通道，也是珠江口东西两岸交通联系的大通道，以及横琴与深圳前海功能区的联系通道。

横二通道东接中国澳门、中国香港，经横琴新区、珠海机场、珠海港，西接江门，辐射粤西地区，服务于富山工业园、高栏港经济区、航空产业园、三灶工业园、保税区，是连接“双港”，接受中国香港和中国澳门辐射，承接东部地区产业转移的大通道，也是增强珠海对粤西地区辐射力度，开发珠江口西岸的大通道。

**表 3-1 珠海市“十二五”期间公路建设完成情况** 单位：万元

| 序号 | 项名称 | 建设规模 | 建设起止年限 | 总投资 | 到 2015 年底完成投资情况 | 项目完成情况 |
|---|---|---|---|---|---|---|
| 1 | 珠海机场高速公路项目 | 路线全长 30.44 公里，按高速公路标准建设，路基宽 26 米 | 2010—2014 | 325171 | 313181 | 已完成 |
| 2 | 珠海港高速公路一期项目 | 路线全长 23.55 公里，主线按双向四车道高速公路标准建设，辅道按双向 4 车道城市次干路标准建设 | 2009—2013 | 202071 | 175654 | 已完成 |
| 3 | 西部沿海高速公路支线延长线（月环支线） | 路线全长约 4 公里，按照双向 6 车道高速公路标准建设 | 2012—2014 | 70000 | 87700 | 已完成 |
| 4 | 金海路（含金海大桥） | 路线全长约 43.215 公里，公路部分按双向六车道高速公路标准建设。其中金海大桥全长 7.6 公里，暂按双向六车道高速公路标准建设 | 2016—2020 | 608200 | 4121 | 在建 |
| 5 | 农村公路危桥改造 | 危桥一共 46 座，总长 2082 米 | 2010—2011 | 11042 | 11042 | 已完成 |
| 6 | 农村公路改造 | 农村公路新改建 139 条（200 人自然村通水泥路）196 公里，总投资 27980 万元 | 2011—2012 | 27980 | 27980 | 已完成 |
| 7 | 县乡道路改造 | 县乡道路改造 34 条，共 92 公里 | 2013—2015 | 20177 | 20177 | 已完成 |
| 8 | 翠屏段市政道路工程 | 由市政道路、排洪渠、电力隧道三部分及管线迁改工程组成 | 2014—2017 | 80095 | 19453 | 在建 |

资料来源：珠海市综合交通运输体系发展“十三五”规划，2016。

3. 交通枢纽

6 个综合交通枢纽分别为香洲—横琴枢纽、高栏枢纽、三灶枢纽三个主枢纽和斗门—金湾枢纽、唐家枢纽、富山枢纽三个辅枢纽。

## （二）城市组团之间的联系通道不足格局正在改变

珠海市作为组团式布局的城市，组团之间的交流频繁，交通出行量大，因此，组团之间的联系道路是保证城市正常运行的前提条件。珠海市西部地区拥有港口、机场等城市主要的区域性设施，以及广阔的土地资源，自 2003 年珠海市实施“工业西进、城市西拓”战略以来，西部的斗门、金湾城区迅速发展，香洲、金湾、斗门 3 区之间的联系更加紧密，公路交通流量大规模增加。然而，珠海市东西向的主要交通通道数量少、通行能力不足，不能适应现有的交通需求，更不能满足日益增长的交通需求。

为了解决珠海东西交通通道少，通行能力不足的问题，珠海市在“十二五”期间公路的建设的重点是：一是继续推动港珠澳大桥及连接线的建设；二是重点推动高速公路建设，完成了机场高速、高栏港高速（一期）、西部沿海高速公路支线延长线（月环支线）等高速公路；三是对现有道路进行改造，包括对S272省道珠海段、省道S365、S366的建设等；四是加强农村公路的建设，对行政村通水泥路、县乡公路和危桥改造。据统计，“十二五”期间，珠海市公路通车里程1446.71公里，其中高速公路通车里程124.69公里，公路密度达87.2公里/百平方公里。除海岛外，乡镇和行政村通车率达100%。（见表3-2和图3-2）

**表3-2　珠海市“十一五”与“十二五”期末公路建设指标**　　单位：公里

| 指标 | “十一五”期末 | “十二五”期末 |
|---|---|---|
| 公路通车总里程 | 1394.76 | 1446.71 |
| 公路网密度（公里/100平方公里） | 84 | 87.2 |
| 高速公路 | 70.83 | 124.69 |
| 一级公路 | 336.12 | 332.25 |
| 二级公路 | 125.31 | 133.25 |
| 三级及以下公路 | 862.51 | 830.8 |
| 高级、次高级路面 | 1183.25 | 1295.23 |

随着《珠海市综合交通运输体系发展“十三五”规划》的落实，东西部城市组团间的联系通道少，通行能力不足的格局将彻底得到改变。

### （三）珠海机场和高栏港区“双港”枢纽配套路网建设初具规模

从珠海港高栏港区和珠海机场建设至今，“双港”的集疏运交通网络，特别是支持“双港”区域性功能发挥的区域性、高快速交通网络不够完善，使“双港”的发展受到限制，从而对珠海市的发展没有达到预期的贡献。为了“双港”的发展需要快捷、完善的集疏运网络，特别是高快速公路网，实现人流、物流、交通流的顺畅衔接，扩大其辐射范围和腹地范围，带动珠海的发展，珠海市在“十二五”期间，完成了机场高速、高栏港高速（一期）、广珠铁路等重大路网工程，初步构建了珠海“双港”枢纽配套路网系统，为珠海“双港”驱动经济发展战略和构建珠江西岸核心城市奠定了基础。

### （四）珠中江区域交通一体化格局逐步形成

2010年4月中旬，珠海、中山、江门联合签订了以规划统领、交通先行、对接港澳、服务粤西等8项内容为主的《推进珠中江区域紧密合作框架协议》，把交通放在了先行的重要位置，明确要共同推进港珠澳大桥、广珠西线高速公路等重大交通项目建设，完善区域内部高速公路、快速干线网络，推进海港、空港资源的高效利用，这为城市合作推进项目奠定了良好的基础。协议中提出修建14条“断头路”，包括十四村接珠海道路、番中高速、中江高速延长线、古神公路二期、大南公路加七线、广珠中线纵四线、纵一线、S111中拱路改造工程、中顺快线横二线、加密九和加密八线，解决居民通行不便问题。

2012年5月，珠中江区域紧密合作第五次党政联席会议上提出编制《珠中江交通基础设施一体化规划》。为此，珠海、中山、江门三市交通运输局，按照会议精神共同委托广东省

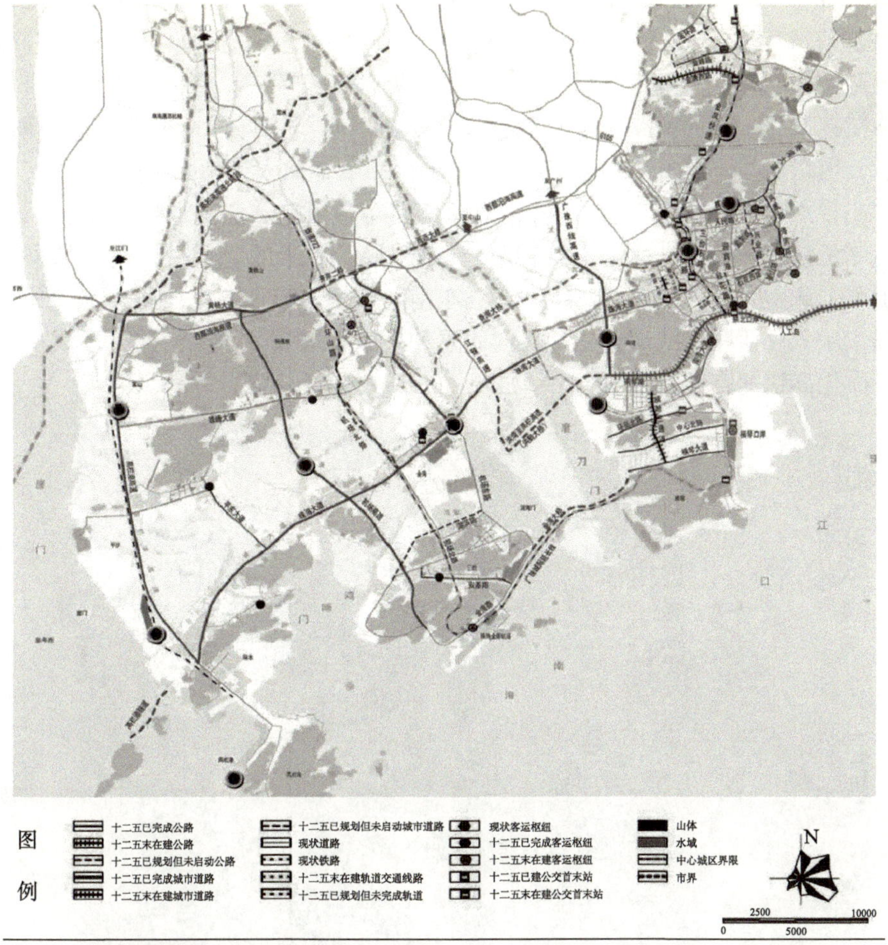


①高栏港区15万吨主航道扩建
②广珠城际
③广珠铁路及疏港专用线
④珠海机场高速
⑤高栏港高速公路
⑥西部沿海高速公路月环支线
⑦现代有轨电车1号线
⑧明珠路
⑨横琴二桥
⑩金湾立交

**图 3－2 珠海市“十二五”期间重点交通投资项目**

交通运输规划研究中心开展《珠中江交通基础设施一体化规划》编制工作。2013 年《珠中江交通基础设施一体化规划》正式编制完成，珠中江经济圈将构建“十横十四纵十五加密线”区域高快速路、“六横九纵十条加密线”区域主干路和 9 段市际联系支线。

根据规划，珠中江经济圈将以道路网络衔接为重点加快交通基础设施建设，争取用 5 到 10 年的时间，建成布局合理、能力充分、衔接顺畅、运行高效的交通基础设施一体化体系，跨市线路衔接更加顺畅，交通基础设施协调机制更加完善，全面适应珠中江一体化及珠三角地区一体化的需要。

2013 年 4 月 18 日，珠海、中山两市共同组织召开《中山市、珠海市一体化合作协调会议》，根据政府工作计划及两市周边道路网络实际建设情况，至 2017 年优先打通与中山对接的道路，分别为：潭隆南路与造贝工人新村路衔接工程、宝翠桥、人民西路与坦洲环洲东南路衔接工程、环洲南路与金鸡西路衔接工程、珠海南屏屏西五路—坦洲南村路口、香海大桥、南坦路与国道 G105 衔接工程、古神公路与珠海大道衔接工程。

“十二五”期间主要完成三项工程：潭隆南路与造贝工人新村路衔接工程，造贝工人新村路向北延伸至中山坦洲潭隆南路；新建一座长约 20 米的宝翠桥，连通珠海市翠微西路，中山市宝珠南路；人民西路与坦洲环洲东南路衔接工程，人民西路与坦洲环洲东南路衔接工程，从人民西路与明珠路交叉口向西延伸接中山坦洲环洲东南路，形成了珠中江区域交通一体化高快速路网。（见图 3 -3）

**图 3 -3　珠中江区域交通一体化高快速路网**

## 二、珠海市公路运输设施及其能力现状

2011 年全市公路全年客运量为 22044 万人次，旅客运输周转量 71. 18 亿人公里，公路全年货运量为 5839 万吨，货物运输周转量 33. 33 亿吨公里。

2012 年全市公路全年客运量为 26126 万人次，较上年增长 18. 5%，旅客运输周转量

79.36 亿人公里，较上年增长 10.8%；公路全年货运量为 6418 万吨，较上年增长 9.9%，货物运输周转量 37.11 亿吨公里，较上年增长 9.9%。

2013 年全市公路全年客运量为 28071 万人次，较上年增长 7.4%，旅客运输周转量 78.13 亿人公里，较上年增长 -1.5%；公路全年货运量为 7049 万吨，较上年增长 9.8%，货物运输周转量 42.11 亿吨公里，较上年增长 13.5%。

2014 年全市公路全年客运量为 31046 万人次，较上年增长 10.6%，旅客运输周转量 85.40 亿人公里，较上年增长 9.3%；公路全年货运量为 7704.56 万吨，较上年增长 9.3%，货物运输周转量 50.50 亿吨公里，较上年增长 14.7%。

2015 年全市公路全年客运量为 54609 万人次，较上年增长 75%，旅客运输周转量 101 亿人公里，较上年增长 18.3%；公路全年货运量为 11925.6 万吨，较上年增长 54.7%，货物运输周转量 172.8 亿吨公里，较上年增长 242%。（见表 3-3、图 3-4 和图 3-5）

**表 3-3 珠海市 2000—2016 年运输能力及其增长率一览表**

| 年份 | 货运量（万吨） | 公路 | 货运量增长率（%） | 公路增长率（%） | 货运周转量（万吨公里） | 公路 | 货运周转量增长率（%） | 公路增长率（%） |
|---|---|---|---|---|---|---|---|---|
| 2000 | 2712 | 1734 | | | 164420 | 118986 | | |
| 2001 | 2694 | 1826 | -0.66 | 5.31 | 180914 | 125300 | 10.03 | 5.31 |
| 2002 | 2937 | 1951 | 9.02 | 6.85 | 532444 | 133643 | 194.31 | 6.66 |
| 2003 | 3018 | 2033 | 2.76 | 4.20 | 684850 | 147154 | 28.62 | 10.11 |
| 2004 | 3225 | 2100 | 6.86 | 3.30 | 902065 | 156719 | 31.72 | 6.50 |
| 2005 | 2226 | 1078 | -30.98 | -48.67 | 850385 | 84850 | -5.73 | -45.86 |
| 2006 | 2829 | 1514 | 27.09 | 40.45 | 1134918 | 115420 | 33.46 | 36.03 |
| 2007 | 3375 | 1840 | 19.30 | 21.53 | 1176496 | 130343 | 3.66 | 12.93 |
| 2008 | 3231 | 1735 | -4.27 | -5.71 | 1216463 | 131621 | 3.40 | 0.98 |
| 2009 | 6683 | 4892 | 106.84 | 181.96 | 1486760 | 286763 | 22.22 | 117.87 |
| 2010 | 7039 | 5591 | 5.33 | 14.29 | 1682973 | 302872 | 13.20 | 5.62 |
| 2011 | 6888 | 5839 | -2.15 | 4.44 | 1012077 | 333343 | -39.86 | 10.06 |
| 2012 | 7582 | 6418 | 10.08 | 9.92 | 1153364 | 371129 | 13.96 | 11.34 |
| 2013 | 9973 | 8452 | 31.54 | 31.69 | 1375446 | 440330 | 19.26 | 18.65 |
| 2014 | 11175 | 9241 | 12.05 | 9.34 | 1615898 | 504974 | 17.48 | 14.68 |
| 2015 | 11926 | 9918 | 6.72 | 7.33 | 1728115 | 558982 | 6.94 | 10.70 |
| 2016 | 11359 | 9244 | -4.75 | -6.80 | 1591300 | 508200 | -7.9 | -9.1 |

资料来源：珠海市统计局统计。

根据 2016 年珠海市国民经济和社会发展统计公报，珠海市 2016 年全年货物运输总量为 11395.2 万吨，其中公路货物运输总量为 9244 万吨。货物运输周转量为 159113 亿吨公里，其中公路货物运输总量为 50.82 亿吨公里。

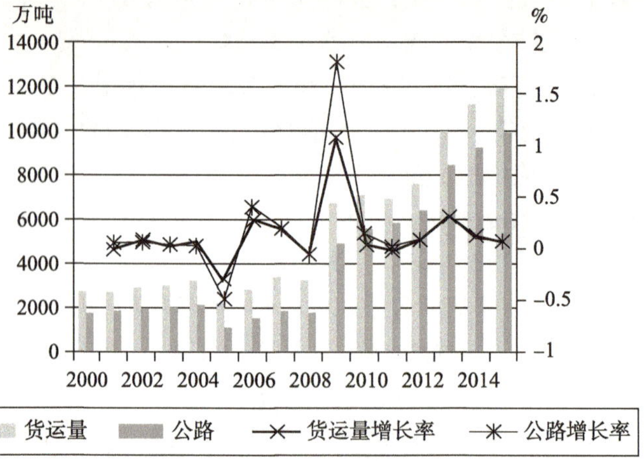


**图 3-4　珠海市货运量、公路货运量及其增长率**

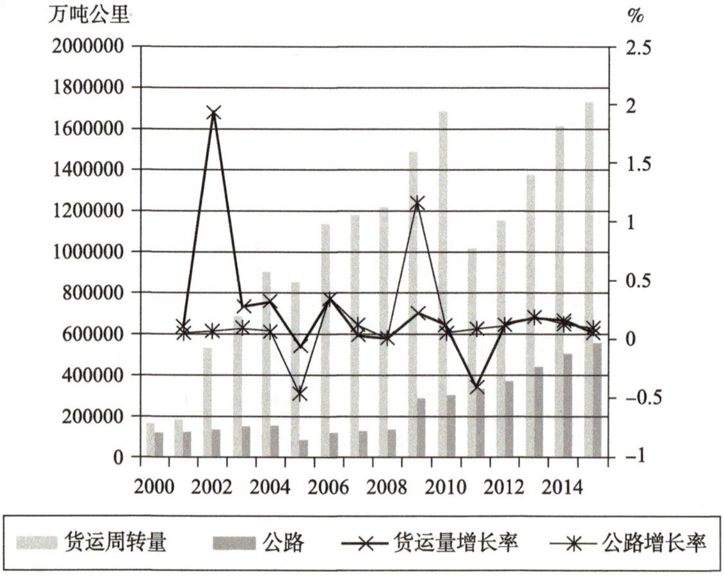


**图 3-5　珠海市货运周转量、公路货运周转量及其增长率**

## 第二节　进一步完善运输基础设施的对策建议

### 一、进一步完善珠海市运输基础设施的必要性

港珠澳大桥、广珠铁路、广珠城际等区域交通设施的建设，为珠海交通实现从“交通末梢”向区域枢纽转变提供了重要的发展契机，使珠海与广佛都市区、珠江口东岸中国香港、深圳等都市区的联系更为便捷，对外联系条件大为改观。重大交通设施的建设也使“双港”和口岸的集疏运体系进一步完善。借此机遇，应完善珠海的对外交通体系，加强

对外交通与内部交通的良好衔接，化机遇为发展动力。

港珠澳大桥将彻底把珠海从一个边缘性的城市真正地放到了区域性中心枢纽城市的战略发展位置上。港珠澳大桥开通后，珠海就会成为珠三角地区西岸城市到达中国香港的一个枢纽通道，从而带动周边的人流、物流、资金流、信息流在这里流通，产生很强的聚集效应。同时由于大桥的公路网辐射效应，让一直没有充分发挥功能的珠海机场、港口激发了新活力，让现有的交通基础设施以及正建设完善的配套设施更加有效地运作起来，珠海发展战略机遇将会改变。随着大桥的建设，将会显著强化大珠三角内部的联系，整合各方资源，拓展经济腹地，促进珠江口东西两岸的均衡发展。珠海作为大桥的西落脚点之一，将成为唯一与港澳均有陆路联系的口岸城市，具备了优先承载桥头经济、实现受益最大化的先天条件。在区域发展大背景下，珠海市应当从自身的利益角度出发，在交通系统一体化理论指导下，处理好大桥落脚点与珠海现有和规划中的骨干道路交通枢纽的关系，并将其融入“珠江口西岸交通枢纽城市”的整体规划体系。

中国澳门特别行政区是中国重要的港口城市，但中国澳门的发展空间狭小已成为制约中国澳门发展的重要因素之一，如果中国澳门能实现与珠海的交通对接、土地利用、产业合作，让两地资源合理互补，完全可以形成“澳珠同城化都市区”，进而成为大珠三角的一个空间增长极。从地理位置上讲，珠海毗邻港澳两个行政特区，完全有条件与中国澳门合作形成现代大都市示范区。2010 年 2 月 4 日，在珠海召开的珠澳城市规划与跨境交通研究工作小组第二次会议上，珠澳双方已分别就整体跨界轨道衔接的考虑、横琴莲花口岸的交通和规划安排以及珠海湾仔与中国澳门妈阁之间行人隧道的考虑交换了意见，双方认同轨道交通为承担未来澳珠两地发展及交往的重要基础，并需要借此朝着澳珠同城化的方向进行研究。

随着珠江口东西岸经济发展，两岸交通联系增强，计划于 2023 年通车的深中通道，将为东西两岸发展带来更强劲动力，其中深中通道珠海连接线直接对接珠海高新区，为珠海的发展提供向北发展动力。

《珠江三角洲地区改革发展规划纲要（2008—2020）》（以下简称《纲要》）提出珠三角今后的发展必须打破行政区域限制，加强合作，推进一体化发展，追求共赢。这是《纲要》的基本要求，也是珠三角经济发展的客观要求。在其后一系列的实施方案中，省政府明确了“珠中江经济圈”的城市圈发展模式，无疑为珠海市的发展指明了方向。2009 年 4 月中旬，珠海市应当积极探索项目合作推进的新路子，尽快建立完善高效的交通项目推进协调运行机制。

随着公路、铁路和城际轨道快速建设与发展，珠三角地区由目前两岸独立发展，交通联系经过广州的“人”字形结构，变成三角形结构，未来珠海将成为珠三角的重要交通枢纽，从交通末梢转变为区域交通网络中的重要枢纽，对珠海成为珠三角地区的三个中心城市之一起到重大促进作用。

## 二、进一步完善珠海市基础运输设施的对策建议

### （一）突出规划引导，制订年度实施计划明确交通规划体系架构及编制流程

结合交通规划、计划、设计建设和运营管理等各阶段工作。需要组织规划编制，加强

对交通规划建设各个阶段的全过程技术支持。建立全过程管理工作机制。根据城市建设发展需要，统一规划、统一计划，逐年评估和检讨交通发展建设，编制年度实施计划，统筹建设。明确各部门责任和分工，简化工作流程，加大前期工作力度，促进协同实施。完善年度交通评估及年度实施计划工作机制。分析交通系统现状存在问题，提出交通需改善的方向和工作重点。系统提出下年度各类战略性重大基建项目规划研究与建设安排。

### （二）完善各级交通协调机制，实现交通协同发展

1. 区域交通协调

首先，珠海作为环中国澳门发展经济带，应紧扣中国澳门经济发展需求，在《粤澳合作框架协议》下，以横琴新区为抓手，开展广泛的珠澳合作。在交通设施层面体现口岸设施的便捷化、人性化，珠澳通关制度的创新。

其次，港珠澳大桥的建成通车，珠海将成为唯一与中国香港和中国澳门联系的城市。珠港之间交通衔接主要体现在人工岛口岸交通接驳与通关制度的创新和通勤交通方式的创新。

最后，为打造珠江口西岸核心城市目标，根据《纲要》和珠中江一体化要求，珠海要实现与中山、江门的一体化，先要求交通基础设施一体化，对区域内重大交通基础设施要求共享，道路网及轨道要求实现无缝对接。建议在体制上，建立常设的珠中江一体化交通规划协调联席会议，统筹区域重大交通设施规划、建设、发展；在规划上，由更高层次的部门统一开展区域交通基础设施协调规划；在实施上，加强省、部、国家对区域重大交通基础设施建设的指导作用；在对外交通的不同方式之间，作好统一规划、协调发展工作，建立有效的协调机制和程序。

2. 市内交通协调

由于珠海市东西部之间城市建设、经济发展存在较大差异，东西交通出行存在较大的矛盾，需要市级层面统一规划、统一协调东西通道建设。建议在市域层面，强化市级交通领导小组职能，对东西部交通问题进行统一管理、协调、建设，在西区层面，成立西部生态新区领导工作小组，统一指挥，对航空、水运、铁路、公路、轨道、公交、停车、货运、快递、物流等进行综合管理，打造一体化的大交通体系。

3. 综合交通枢纽协调

珠海市未来结合城际轨道、机场、口岸打造若干个综合交通枢纽点：机场枢纽、金湾枢纽、珠海北枢纽、横琴口岸枢纽、拱北口岸枢纽等，如何将这些枢纽统一协调规划是一项重大课题。

（1）对各种交通方式在布局上进行统筹考虑，在主要交通枢纽站附近合理布置公路客货站、铁路客货运站、轨道站，使人流、物流平均分布在枢纽站附近，不至于形成超大的人流聚集，保证换乘的安全。

（2）充分预测未来的客流需求量，保证各种交通方式的换乘设施能力充足。

（3）在设计上要以人为本，充分利用信息技术进行乘客诱导。

（4）优化运输组织，在运输线路的规划、换乘设施的利用和管理、运输信息的提供等方面全面提高。

### （三）突出创新驱动，引入多种投融资模式，创新体制机制

一是建立和完善严格的以“目标倒逼进度、时间倒逼程序、督察倒逼落实”的抓落实机制，争取在重大交通基础设施项目抓落实上见成效；二是进一步完善交通基础设施建设投融资机制，拓宽融资渠道，鼓励和引导社会资本投资珠海市轨道交通、高速公路、港口、站场等经营性项目的建设；三是考虑在一些公路项目按照“建设—移交”模式建设，以解决政府近期融资难的问题；四是大力推动交通基础设施项目的前期工作，为项目的实施做好前期准备工作。

### （四）构建区域一体、具有珠海特色的现代化综合交通网络及服务体系

随着港珠澳大桥建成通车、广珠城际轨道通车，拱北、珠海市区至珠海机场城际动工建设，珠海市大交通格局陆续展开。以初步建成“粤港澳交通枢纽”城市为目标，谋划包括公路和轨道交通、航空、水运、管道运输在内的综合配套交通运输体系，构建区域一体、具有珠海特色、引导城市空间和产业格局的现代化综合交通网络及服务体系。

### （五）加快对外快速通道重点项目的研究建设，实现“1小时通勤圈”

当前，珠海仍然处于构建珠江西岸综合交通枢纽的大建设阶段，加快完善珠海对外物流主通道建设，完善陆路交通网络及海港、空港集疏运线网仍然是这个阶段最为突出的任务。继续推进港珠澳大桥及西延线建设，提前谋划黄茅海通道与粤西对接，增强港珠澳大桥辐射粤西能力。谋划深中通道珠海连接线工程，实现珠海与珠江三角洲东岸经济区的快速链接。谋划深珠城际建设，同步研究珠斗城际，串接江门、阳江。推动伶仃洋通道前期研究，西起珠海下栅收费站，沿中珠边界经淇澳岛跨海至深圳前海。谋划机场高速北延对接江肇高速，充分发挥机场高速交通集疏运作用。“1小时通勤圈”如图3-6所示。

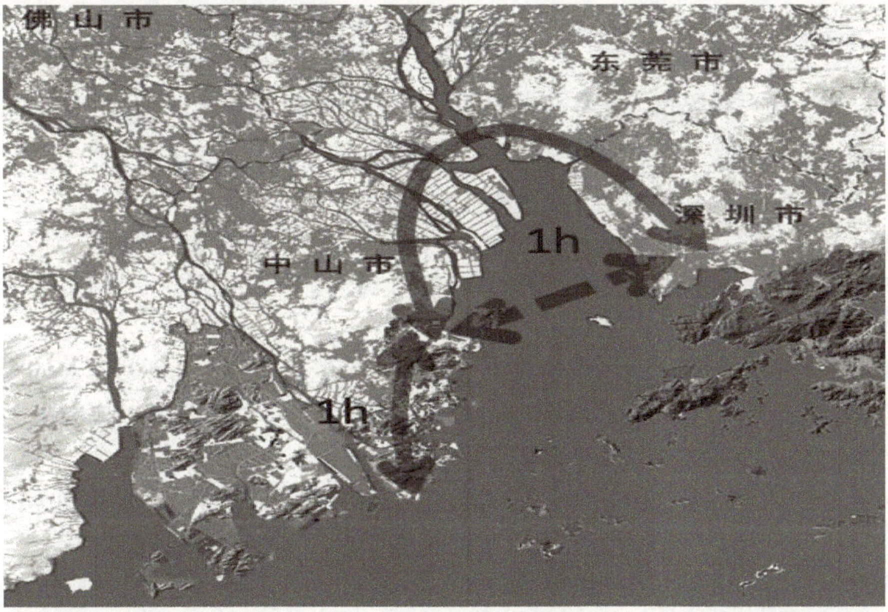


**图3-6 珠海“1小时通勤圈”**

## （六）完善市域骨架路网，推动组团经济产业区的快速联系

加快连接东西部城区的香海大桥及连接线工程、洪湾至高栏高速公路和金海大桥公路工程等重点项目建设，推动东西跨区 30 分钟时空圈目标的实现；加快金琴快速与兴业快速路的建设，实现中心城区 15 分钟上高快速公路目标；完善市域骨架路网。（见图 3－7）

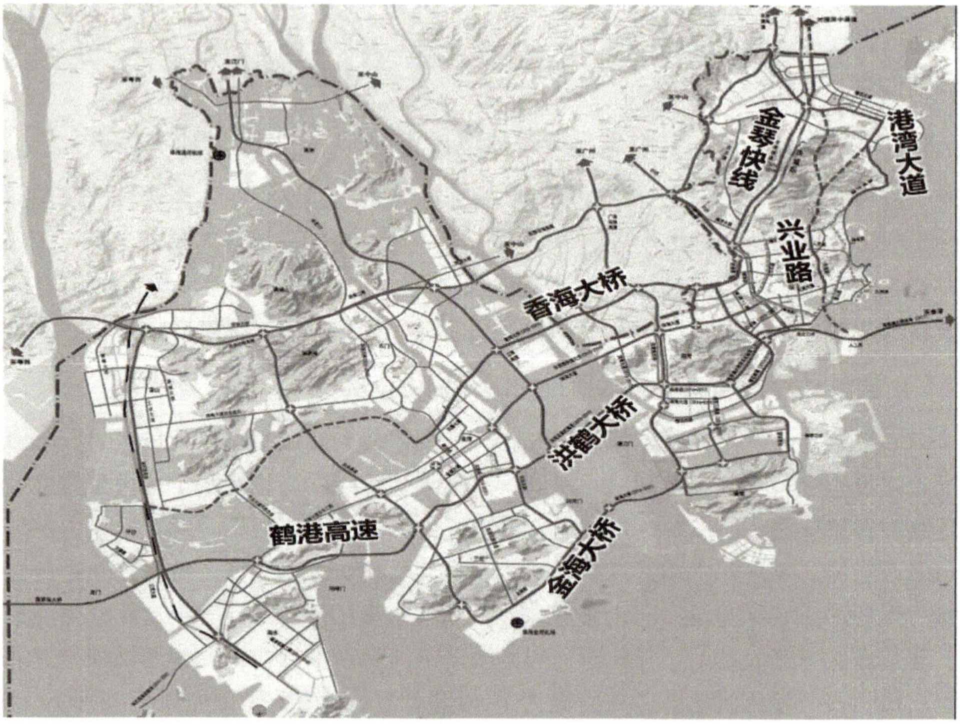


图 3－7　市域骨架路网重点项目建设

## （七）加强货运道路交通组织规划与管理，提高公路物流快捷高效

规划以双港集疏运以及高栏港工业区、三灶航空产业园、富山产业园为核心，以主要对外高快速路通道为依托，对货运交通道路进行规划组织。

高栏港区的公路货运以北向、东西向为主要辐射方向，规划通过高栏港高速、通港二通道实现北向对外货运联系，以金海路—港珠澳大桥西延线以及预留黄茅海跨海通道实现东西向货运联系。

机场及三灶航空产业园北向以机场高速为主要货运通道，东西向以金海路为主要通道；富山产业园区位于港区以北，南北向货运通道与港区相同，东西向货运通道则主要依托粤西沿海高速公路和黄杨大道（省道 S365）。

为提高货物运输效率，在珠海范围内设置三类货运通道体系，实行差别化交通需求管理：

一类货运通道。服务于出入境和过境货运交通，主要由水运主航道、铁路通道及高速公路系统组成。

二类货运通道。服务于珠中江都市区和珠海地区的货运交通，主要由都市地区和城区

的高速公路、快速路和交通性主干路构成。

三类货运通道。配合城市货运交通管制，构建畅通高效的城市货运配送通道网络。货运配送体系主要由三部分组成：主骨架、次骨架和集散配送系统。主骨架系统主要由快速路及主干路系统构成，是物流园区和各物流中心向市区配送中心和大用户的骨干配送道路；次骨架系统主要由城市主干路与次干路系统组成，连接主骨架与集散配送系统；集散配送系统主要为面向各类物流用户的各级路网系统，加强路网的连通性、扩大配送服务范围。

# 第四章　仓储基础设施

## 第一节　仓储基础设施现状

目前，珠江三角洲地区仓储服务业保持强劲的发展势头。据不完全统计，2016 年，在全市物流运输费用比重下降的同时，保管费用增长较快，占物流总费用的 36.5%。

### 一、珠海市仓储业现状及分布

由于当初设立珠海经济特区的主要功能是面对中国澳门发展相关产业，珠海传统仓储企业分布至今仍留有这一特征。根据不完全统计，以目前珠海的 68 家典型仓储企业为例，大多集中于老香洲区、吉大、拱北等东部地区。（见图 4－1）

根据珠海 68 家主要仓储企业地址可以得到分布密度云图，如图 4－2 所示。从分布密度看，老香洲、吉大、拱北，仓储企业最密集，而西部地区只有在斗门的井岸镇区域有部分仓储企业集聚。

珠海的仓储企业设备自动化程度不同，市区内仓储企业库房主要以普通仓库为主，且大部分是平仓。有部分仓库在进行改造，改建成自动化立体仓库，也有少部分仓储企业开始启用信息化管理软件，如新禾物流企业目前有一套信息管理软件，使出错率降低了 30% 左右。未来随着珠港澳大桥建成通车，三地物流合作加强，珠海仓储业必然进一步发展。

1. 珠海保税区仓储企业分布

截至 2017 年 7 月，珠海市的保税仓储企业共有 11 家，见图 4－3。除了“港达供应链管理有限公司公共保税仓库”以外，其余企业均坐落于珠江三角洲环线高速以南，横琴特区以北的保税区区域内。

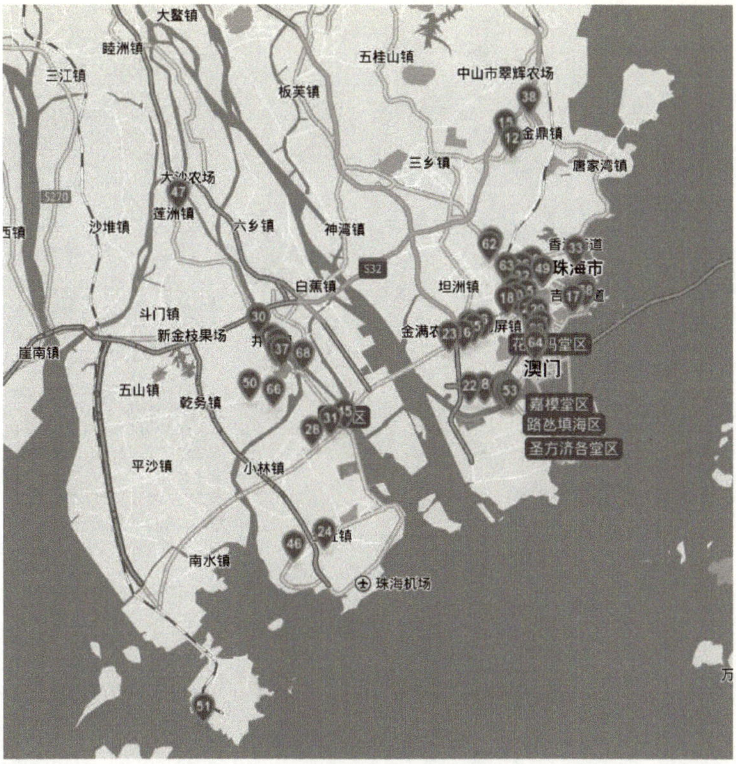


**图 4 -1　珠海 68 家典型仓储企业位置分布**

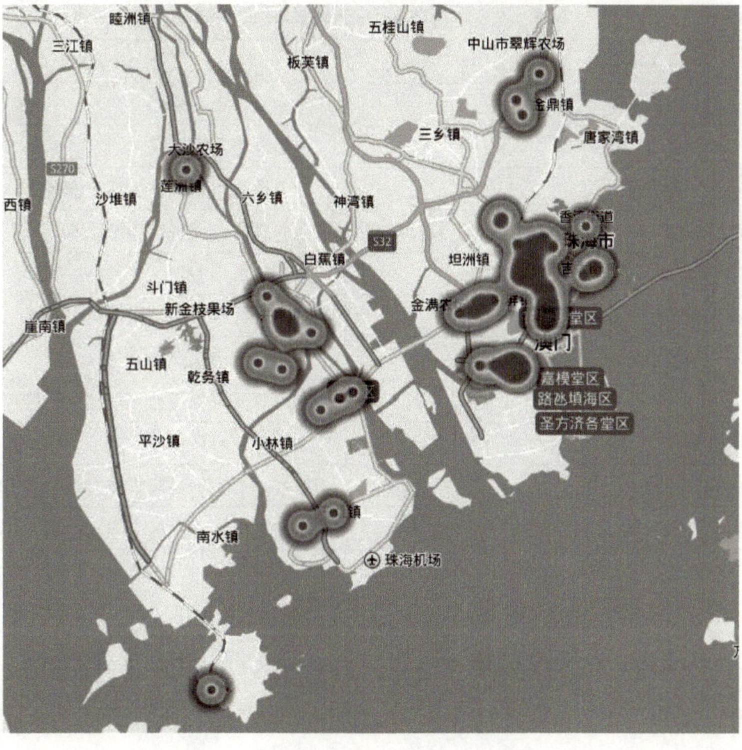


**图 4 -2　珠海 68 家典型仓储企业密度**

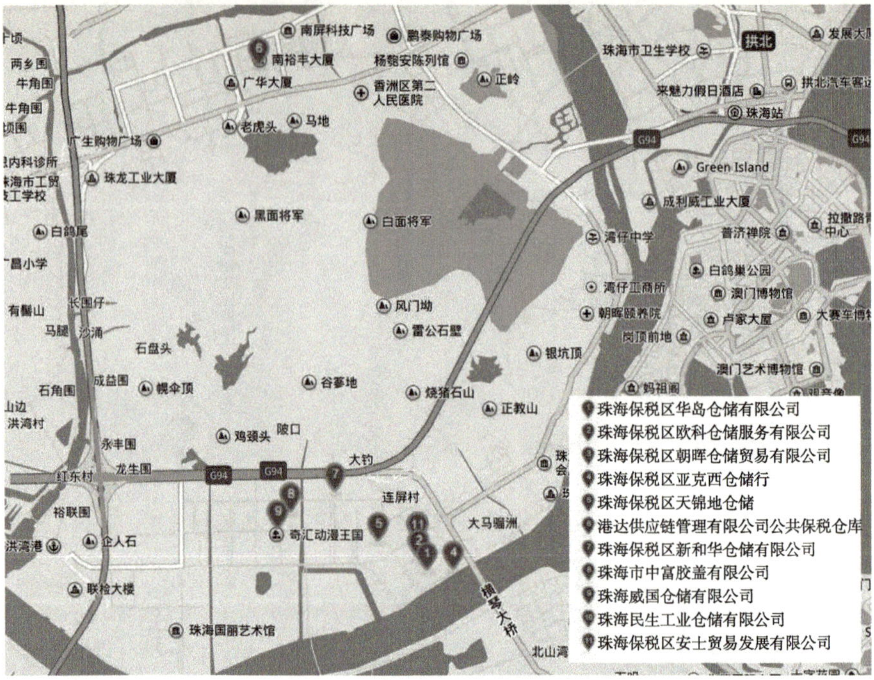


**图 4－3　珠海保税区主要仓储企业位置**

11 家保税仓储企业具体地址见表 4－1。

**表 4－1　珠海保税区主要仓储企业地址**

| 企业名称 | 企业地址 |
| --- | --- |
| 珠海保税区华岛仓储有限公司 | 广东省珠海市宝顺路 |
| 珠海保税区欧科仓储服务有限公司 | 广东省珠海市宝汇路 |
| 珠海保税区朝晖仓储贸易有限公司 | 广东省珠海市保税区生活配套区集体宿舍 A 栋 |
| 珠海保税区亚克西仓储行 | 广东省珠海市保税区宝恒路 52 号 |
| 珠海保税区天锦地仓储 | 广东省珠海市香洲区天科路 |
| 港达供应链管理有限公司公共保税库 | 广东省珠海市屏东五路 |
| 珠海保税区新和华仓储有限公司 | 广东省珠海市保北路 |
| 珠海市中富胶盖有限公司 | 广东省珠海市保税区 1 号地 2 号厂房（联峰路） |
| 珠海威国仓储有限公司 | 广东省珠海市保税区 7 号地宝盛路 3 楼 |
| 珠海民生工业仓储有限公司 | 广东省珠海市保税区管委会综合楼 106 室 |
| 珠海保税区安士贸易发展有限公司 | 广东省珠海市保税区 48 号地 4#厂房 2 楼东 |

### 2. 珠海冷链物流仓储企业分布

由于建设成本较高，珠海冷链物流及仓库企业较少。以 8 家典型冷链物流仓储企业为例，其中 5 家位置分布见图 4－4。

**图 4－4　珠海主要冷链物流仓储企业**

这八家冷链物流仓储企业分别为：珠海永邦冷链物流有限公司、隆盛冷链仓储物流有限公司、珠海市诚弘达冷链物流有限公司、早班冷链物流基地、珠海粤芝水产有限公司、珠海强竞冷链物流有限公司、獐子岛锦达（珠海）鲜活冷藏运输有限公司、九川物流有限公司。

强竞冷链物流有限公司隶属于广东强竞农业科技集团，该公司成立于 2013 年，以鲜活运输、仓储技术为核心竞争力，以珠海为中心向全国辐射，搭建国内专业化、信息化、技术化的冷链物流仓储及运输网络。

隆盛冷冻仓储有限公司有标准冷库 6 个，冷库储存能达 5000 吨。

## 二、珠海市仓储业从业人员及资产负债状况

### （一）珠海市仓储企业单位数和就业人员数

据珠海市第三次全国经济普查主要数据公报，2013 年末，全市共有交通运输、仓储和邮政业企业法人单位 1097 个，从业人员 32866 人，分别比 2008 年末增长 87.2 % 和 36.2%。在交通运输、仓储和邮政业法人单位中，仓储业 111 个，占 10.11%。在法人单位从业人员中，仓储业 1137 人，占 3.5%。

另据珠海市统计局 2017 年 1 月公布的《2016 年珠海规模以上服务业发展情况分析》，2016 年三大主导行业保持平稳较快增长，交通运输仓储邮政业实现营业收入 96.9 亿元，增长 15.4%。2016 年，交通运输、仓储和邮政业单位数为 1858 个，营业收入 96.9 亿元。

2004—2016 年珠海市主要仓储企业数量和就业人数情况分别见图 4 -5、图 4 -6。

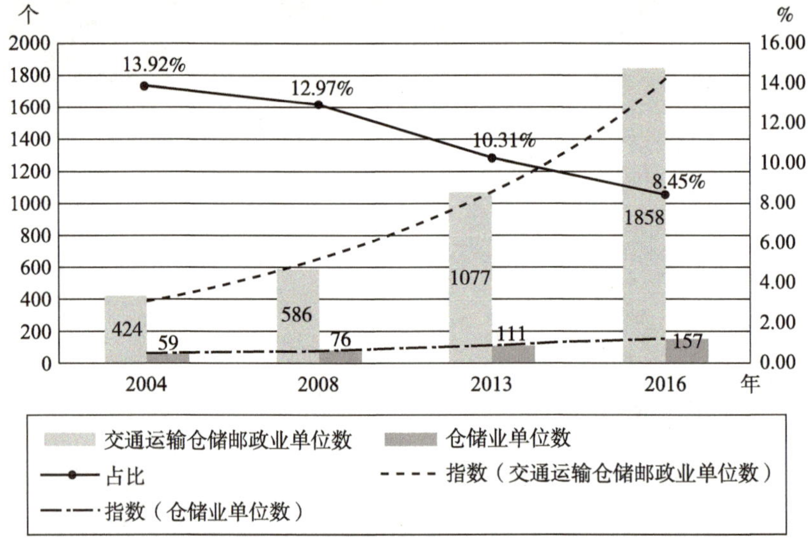


**图 4 -5　珠海 2004—2016 年主要仓储企业单位数量**

图 4 -5 显示，珠海 2004—2016 年，仓储业法人单位占交通运输、仓储、邮政法人单位总数的比例逐年下降。2004 年为 13.9%，至 2008 年为 13.3%，2013 年降至 10.1%，2016 年降至 8.45%。

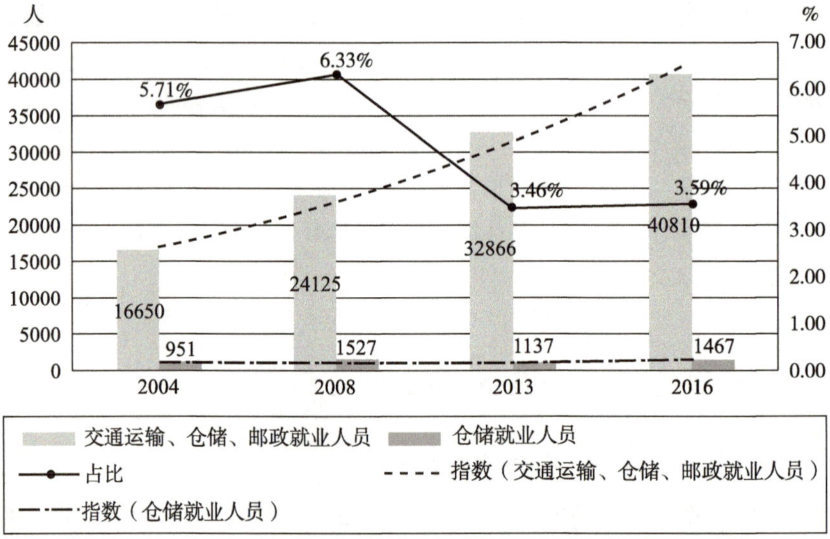


**图 4 -6　珠海 2004—2016 年主要仓储企业就业人员数量图**

图 4 -6 显示，珠海 2004—2016 年，仓储业从业人员数量在交通运输、仓储、邮政从业人员总数的比例具有波动性。2004 年为 5.71%，至 2008 年为 6.33%，2013 年由于金融危机，突然降至 3.46%，2016 年保持至 3.59%。

### （二）珠海市仓储企业资产负债和所有者权益

据珠海市第三次全国经济普查主要数据公报，2013 年末，交通运输、仓储和邮政业企业法人单位资产总计 474.26 亿元，比 2008 年末增长 154.8%。其中仓储业资产总计 123.68 亿元，占 26.1%。

另据珠海统计局发布的《2016 年统计年鉴》，2016 年，交通运输、仓储和邮政业企业法人单位资产总计 981.67 亿元，其中仓储业资产总计 346.73 亿元。

2004—2016 年珠海主要仓储企业资产情况见图 4－7。

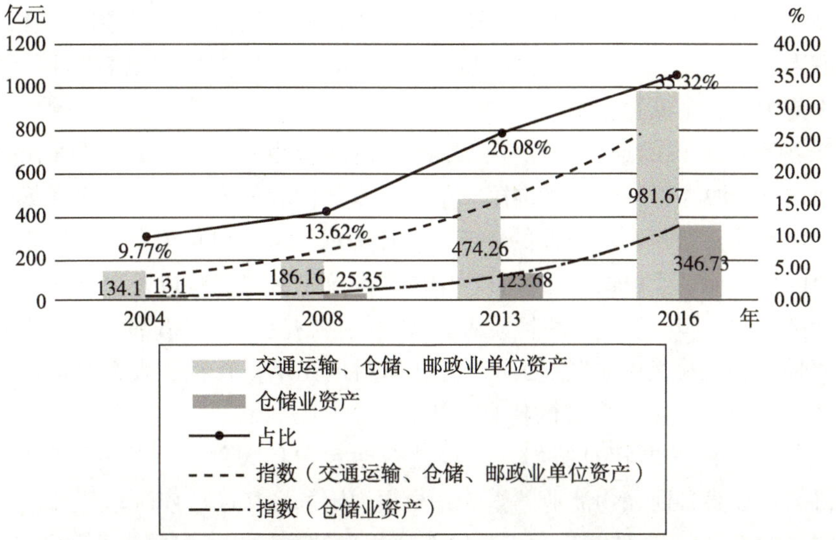


**图 4－7 珠海 2004—2016 年主要仓储企业资产合计**

图 4－7 显示，根据珠海 2004—2016 年四次经济调查数据，仓储业资产总量在交通运输、仓储、邮政法人单位总量中的比例逐年上升。2004 年为 9.77%，2008 年为 13.62%，2013 年升至 26.08%，2016 年升至 35.32%。

## 第二节 进一步促进仓储业发展的对策建议

### 一、珠海市仓储基础设施发展对策

1. 结合港珠澳大桥区位交通优势和高栏港区枢纽优势，规划全市仓储用地 12.3 平方公里（不含高栏港大型临港物流用地 10 平方公里），占城市建设用地 3.9%，主要布局在洪湾商贸物流园区、高栏港经济区、空港物流园等相对集中的物流基地。

2. 高栏港经济区物流基地主要发展临港石化、油气仓储等功能，成为中国南方重要的石油天然气战略储备基地。

3. 洪湾商贸物流园区主要发展出口成品、高端消费品等物流贸易功能，是港珠澳大桥物流通道的主要集散基地。

4. 空港物流园区主要分布在珠海金湾机场周边，是未来珠海航空货运和航空产业园的物流基地。

5. 各工业区内可根据需求安排仓储、生产技术培训、交易和物流业等用地。

6. 油气储运及专用码头油气等危险品仓库集中布置，应特别注意环境保护和灾害防范，并严格执行安全防护规范规定，严禁安排无关设施。城市建成区内的危险品仓库应逐步搬出，大中型油气库应集中于高栏港经济区油气储运区域内；九州港油库区应予以搬迁，近期可保留唐家储油区，中远期应予以搬迁。

7. 规划 3 大物流园区、5 个物流中心。具体为珠海海港国际物流园区、珠海空港物流园区、珠海港澳物流园区，斗门物流中心、珠海富山物流中心、珠海横琴—洪湾物流中心、上冲物流中心和金鼎物流中心。

8. 随着港珠澳大桥的通车，珠江西岸的物流地位也日渐凸显。贸发局的研究指出，珠江西岸通过港珠澳大桥与中国香港国际航运联系的便利度大大提升，这将奠定其“地区分拨中心”的地位，各市利用当地的物流园区作为内地进出口集聚及分拨中心，以保税物流仓作为地区性的加工及配送中心。直连中国香港这个区位优势以及当地各市的积极探索和布局包括投建物流园、规划保税区发展，政策扶持物流业等举措都将进一步驱使珠江西岸崛起成“地区物流分拨中心”。西岸地区仓储用地充足，仓租、人力等运作成本低，更是其打造“地区分物流拨中心”的特有优势。

9. 珠海仓储业的发展相对缓慢，以普通仓库为主且大部分是平仓，保税仓库较少。港珠澳大桥的建成势必迎来物流业的繁荣，根据中国香港特区政府环境运输及工务局的研究预测表明，到 2020 年大珠江三角洲地区东西两岸的客货交流量将分别达到 1.8 亿 ~2.4 亿人次和 1.69 亿 ~2.2 亿吨，将促进珠海仓储业的发展。

## 二、珠海市仓储业发展对策建议

### （一）扩大珠海市仓库的数量规模

相对于广州和深圳这样的一线城市来说，珠海作为二三线城市，仓储业的发展相对较为缓慢，保税仓库约 11 家，冷冻仓库 8 家。目前有部分仓库进行改造，改成立体仓，少数部分仓储企业开始启用信息化管理软件，降低信息的出错率。且随着珠港澳大桥建立所带来的物流业繁荣，将促进珠海仓储业进一步发展。因此，更应该加大力度建设更多的仓库，不论是平仓、保税仓库、立体仓库还是冷冻仓库，都应该增加仓库的数量，适应仓储业的发展。

### （二）控制仓储用地租金

珠海市政府应该严格控制仓储用地的租金，通过制定相关政策，给予仓储租金的优惠，避免因租金过高，影响整个仓储业的发展扩大。

### （三）加大物流园区的建设

近年来，珠三角地区各级政府以及企业致力于物流园区的发展建设，截至目前，珠三角地区已经开工建设和正在规划的物流园区有三十多家。根据历史数据的分析以及近几年经济发展状况和对珠三角地区的交通研究，珠三角地区物流园区宏观布局可分为三大层次类别，中国香港为一层，深圳、广州为一层，其他城市为一层。

珠海市处于整体布局的最里层，结合各城市的实际状况及空间分布，因其交通区位优势明显，可以作为物流集散型城市，承担周边地区城市物流的集散功能。因此，珠海市可以加大物流园区的建设，通过增加物流园区的数量，加快仓储物流的发展。

**（四）引入更多的仓储开发商**

2013 年 10 月 22 日，珠海市最大的现代物流企业——珠海港集团，携手全球最大的现代物流设施提供商——普洛斯，在珠海保税区内建设普洛斯珠海港国际物流园。该项目为中转仓库，一期仓库可出租面积 1.4 万平方米，二期仓库可出租面积 7.2 万平方米。项目致力于打造国际化的配送中心和商贸物流中心，为横琴新区、珠海市区以及珠江西岸提供城市配送和区域配送等服务，对推动保税区转型升级、助力构建珠海现代物流体系、提高城市整体服务水平和质量均有着重要意义。

珠海应该主动联系国内外知名的仓储地产开发商，积极吸引其到珠海投资高端物流仓储项目，为珠海市仓储业的发展提供必要的基础设施保障。

# 第五章　物流园区

## 第一节　物流园区现状

物流园区是指为了实现物流设施集约化和物流运作共同化，或者出于城市物流设施空间布局合理化的目的而在城市周边等各区域，集中建设的物流设施群与众多物流业者在地域上的物流集结地。

### 一、珠海市国有物流园区发展情况

近年来，珠海经济的快速发展为现代物流的发展创造了良好的整体环境，珠海市物流业的发展取得了一定成效。物流园区建设方面，高栏港物流园区已经建成并投入运营，航空产业园、富山工业园、高新技术产业区等产业集聚区的配套物流园区均处于规划建设阶段。

目前，珠海市重点建设的国有物流园区有高栏港物流园区、航空物流园区和珠港澳物流园合作区，除高栏港物流园区已经运营外，航空物流园区和珠港澳物流园合作区正在规划之中。

#### （一）高栏港物流园区

据规划显示，目前广珠铁路珠海西站、斗门站已规划建设物流园区，并将发挥横琴高端服务业区、高栏港综合保税物流园区的优势，建设区域分拨系统，引导区域分拨物流企业集聚发展。

1. 珠海港汇通物流园

珠海港汇通物流园地点位于高栏进港大道的“咽喉”，紧邻国家规划的广珠货运铁路的编组站，工程区周边为珠海高栏港经济区精细化工区、高栏港国际货柜码头、珠海港务码头以及规划建设中的大型干散货码头等，地理位置优越。物流园可通过珠海高栏港码头联系珠江三角洲地区，可通过广珠铁路接轨区域铁路网络；向北沿高栏进港大道进入省道270 和省道 366，可分别连接西部沿海高速和江珠高速，从而进入国家高速公路网，可通过珠海大道连接珠海市区；向南沿高栏进港大道进入高栏港经济区，周边交通条件优越，区位优势明显。

珠海港汇通物流园是国家级货运枢纽站场，隶属于珠海港集团，专门从事货运站及甩挂的基地，规划占地面积10万平方米，建有仓库面积3.7万平方米，自有货运车辆195台，租用货运车辆440台，主要为周边生产企业提供专业的物流配套服务，是国家、广东省甩挂运输试点单位。

汇通物流园区的物流货运站场定位，既充分考虑了当前物流需求的规模、水平、结构状况与物流服务的软硬件条件，也考虑了今后物流产业链发展等因素，园区所辐射的范围首期为珠中江地区，并向华南区域延伸。物流园在建设之初就适时引进和推广应用现代物流发展的新技术、新管理模式，特别是信息网络技术在港口物流领域的应用，从而逐步推动汇通物流园区的技术领先、管理创新和服务创新。珠海港汇通物流园以建设珠海西部核心枢纽货运站场为核心发展战略，功能定位涵盖集仓储、配送、甩挂运输、流通加工、商贸、电子商务、信息处理、咨询和培训等为一体的核心功能突出、配套服务齐全的大型现代化综合物流基地。其主要功能包括：甩挂运输功能、仓储功能、流通加工功能、配送功能、公共信息平台功能、物流咨询和配套服务功能、商务配套功能。

珠海港汇通物流园在未来战略目标上主要体现在两大方向：

第一，作为国家级公路货运枢纽，承担珠海市多式联运中心和公共货运枢纽的职能。凭借园区紧邻高栏港码头、进港大道和广珠铁路货运站的综合交通优势，为高栏港码头开展沿海航运业务提供配套的仓储、堆存服务，为铁路专线提供公铁换装、储运服务，进一步吸引原材料及产成品入园加工；借助物流园自身的区位和政策优势，吸引货运代理企业入驻，构建公共理货平台，培育有形化的货运交易配载市场；利用信息交易配载的集聚效应，建立公共型物流信息平台，规范市场管理，建立良好市场形象，吸引更多的运力和货源入场交易，达到通过物流园规范珠海货运市场、加强行业管理、改善城市环境的发展目的。构建国家综合物流体系的重要网络节点，主要体现在提供公铁水联运、公共仓储、配载交易、信息服务、即时配送基础条件等功能上。

第二，利用物流园的区位优势和珠海港集团的既有品牌和服务优势，担当珠海地区第三方物流企业服务保障基地，促成工业制造企业与物流企业紧密融合，将区位优势转化为产业优势，服务于珠海、珠中江甚至珠三角区域，主要体现在制造业仓储库存管理、信息配载以及流通加工等功能业务，促进入驻园区的各类物流企业之间的资源共享、业务合作和信息交易，对外提供一体化物流服务，完善珠海市物流服务体系。

珠海港汇通物流园是珠海高栏港集疏运体系的重要环节，是高栏港内重化工企业的货物中转和配送基地，并将形成珠中江地区的区域物流园格局。随着珠海港集团“西江战略”的实施，汇通物流园将有效解决高栏港陆域纵深不足的状况，为水陆联运、水铁转运提供有力的支撑。珠海港汇通物流园发展目标是：立足珠海、中山、江门等区域的物流服务，依托广珠铁路、西江水道，以珠海高栏港为物流枢纽，把物流网络延伸至珠三角地区和广西资源性货源腹地，成为华南地区知名的物流平台。

2. 综合保税区拟建情况

珠海高栏港综合保税区位于珠海高栏港经济区内，规划面积2.514平方公里，总体功能是：以保税业务为核心，为企业提供综合物流服务；主要体现在保税物流、保税仓储、保税加工以及贸易展示四大方面，同时设有保税综合服务区，经营口岸、金融、保险、电子商务等现代服务业。

珠海抢抓国家建设21世纪海上丝绸之路、实施南海油气资源开发战略和广东省委省政府建设珠江西岸先进装备制造产业带的重大机遇，大力构建集油气资源开发、装备制造和港口为一体的现代海洋产业体系，将高栏综合保税区功能定位为亿吨大港及临港产业升级发展的重要支撑点、珠江西岸先进装备制造产业腾飞的加速器、珠海与西南、西亚、拉美地区衔接的“桥头堡”。积极充实入区项目，特别是积极引进了美国福陆等一批极具带动性的海洋装备制造龙头项目，并承接与贵州省黔南州、巴基斯坦瓜达尔港合作建设物流大通道及大西南物流枢纽的重要任务。设立高栏港综合保税区，有利于服务“一带一路”倡议的实施，有利于发展以海洋工程装备为主导的先进装备制造业，发挥要素集聚和辐射带动作用，充分发挥海关特殊监管区域统筹国际国内两个市场、两种资源的作用。

### （二）珠港澳物流合作园

1. 珠港澳物流合作园建设背景

为迎接港珠澳大桥经济时代的到来，有效承接相关产业辐射，充分发挥珠海的“桥头堡”作用。自2013年起，围绕如何承接中国香港产业辐射、挖掘大桥承载的各项经济功能、整合珠海的口岸资源、发挥珠海保税区的政策功能优势等内容，通过前期调研论证，珠海市政府于2014年4月决定在港珠澳大桥西人工岛接珠海第一个货车落脚点的洪湾片区建设“珠港澳物流合作园”，并启动珠港澳物流合作园首期——珠海（保税）洪湾通关综合服务中心项目。

2. 通关中心的规划布局及作用

通关中心内面积约80万平方米，其中一期用地59.3万平方米，规划包括综合报关报检区、国际甩挂运输区、国际快件监管分拨区、农副食品加工配送区、物流装备展示采购区、国际物联网和跨境电子商务应用区、国际物流综合结算区、综合配套服务区；二期预留用地面积约21万平方米，为综合报关报检及物流加工等的预留区域。

建成后，一是按照珠海市“货物集中查验、口岸高效放行”的创新监管体系，将珠海东部片区的香洲港、九洲港、拱北口岸、跨境口岸、豪通码头、加华码头、西域码头、洪湾港码头、保税区、横琴新区十个现场货物查验场所整合到通关中心，形成“十口归一”货物集中查验格局。二是聚焦关检与保税资源，建设集口岸报关、保税、报检、船代、货代、虚拟口岸、陆路口岸及为机场、港口等综合配套服务的口岸“窗口”，对本地关检功能进行集聚，与港澳海关融合联动，形成服务珠港澳三地的区域通关业务中心。三是对珠港澳地区的机场、横琴新区、港口码头、物流园区、出口加工企业等提供一站式通关保税及物流相关服务，以此为引擎拉动保税相关产业的发展，形成珠海“一区多园化”的统一大保税的服务格局。四是通过建设通关“双平台”，即国际大通关电子口岸平台、国际智慧物流公共信息平台，集聚采购、展示、交易等物流信息，以国际大通关电子口岸平台作为纽带，将国内的海关、国检、外管、国税等业务系统整合，建立起与港澳贸易通的平台接口，成为对接国际大通关的电子平台。五是成为集电商、快递、展示、交易、采购、结算、信息、甩挂、加工、配送、物联网、培训、商贸旅游和增值服务于一体的综合性物流基地，连接陆海丝绸之路两大通道，参与建设“21世纪海上丝绸之路”“桥头堡”，面向东南亚的门户，服务珠港澳地区的珠江西岸综合物流枢纽。并在粤港澳物流圈中起到区域配送中心、区域货物中转仓、涵盖多种货物增值服务、连接中国香港机场和中国澳门机场等作用。

### （三）航空物流园区

珠海空港尚未开通航空货运专线、航空对外口岸和航空物流园区，且尚未构建航空物流信息平台。空港高速公路比例小，对周边城市骨架未建立。因此，空港对周边临近地区辐射能力较弱，对增强本市吸引力的作用不大，货源时有流失，空港的核心作用难以体现。

珠海机场将分期建设新货站，提升货运保障能力。2017 年，新建国内货站及改造现货站出港仓库为国内快件分拨场，2018 年底将投入使用，货物处理能力可提升至 7 万吨/年。改造现货站进港仓库为清关场地，新建国际货站，与珠海机场航空物流基地总规划建设项目衔接，终期货物处理能力可达到 60 万吨/年。

## 二、珠海市重点民营物流园区发展情况

近年来，随着珠海市物流行业的高速发展，民营物流企业抓住时代机遇，投资建设物流园区，取得了良好的经济效益。珠海德昌顺智慧物流园和珠海百安物流园就是民营物流企业的典型代表。

### （一）珠海市德昌顺智慧物流园

#### 1. 发展历程

2014 年，珠海市德昌顺物流投资有限公司成立，隶属于公司的“德昌顺智慧物流园”项目也在珠海市金湾区启动，并于 2015 年建成，投入运营。

园区集仓储、包装、配送、运输及物流信息服务于一体，逐步打造成为珠海首个“三化”（专业化、信息化、标准化）的现代物流园，成为连通海运（高栏港）和空运（珠海机场）的公路零担运输集散港；同时借助当前互联网的发展，创建电子商务客户的线下物流仓储配送基地。

德昌顺智慧物流园作为德昌顺物流投资有限公司的重点项目，从设计初期就遵循标准化理念进行建设，项目目标定位明确，建设以货运中转、仓储配送、电商物流、航空物流、停车场及信息服务为一体的现代化智慧物流园；项目设计内容合理，在 200 亩左右的面积内，设置物流办公区、货物中转区、信息服务平台（含物流信息交易、电商物流、物流金融、数据交换）、仓储及园区生活配套设施；设计原则突出前瞻性、先进性、可扩展性。

前瞻性原则。智慧物流园体系的设计和实施在理念上要适度超前、站位要高，保证智慧园区信息平台的技术是领先的、模式是领先的，不仅要考虑当前园区的发展所需要的信息化支撑，更要满足未来新业务模式的发展需要。

先进性原则。智慧物流园区的基本理念是把信息平台打造成物流园区的核心竞争力。因此，在信息化技术的应用上要保证其先进性和领先性，用最先进的信息技术来促进、引导、规范、创新园区的业务发展模式。

可扩展性原则。智慧物流园系统的设计要具备可扩展性，要满足未来新系统、新业务

的扩展需求，保证系统建设投入有效发挥作用，避免重复投资。

在建设中，注重硬件设施建设、软件平台建设和人才团队建设。

硬件设施建设。对场内运作区统一设置装卸平台、雨棚，保证运作区的作业环境，对场内运作区域保证足够宽敞，对场内通道、停车场用厚度30厘米的混凝土硬化，以解决坑洼不平且遇雨天气场地泥泞不堪，大吨位货车出入、停放困难，卫生清扫困难的问题，改善交易环境和道路状况，提供良好的交易场所和作业环境。整个园区光纤到户，提高园区互联网运行效率，同时规划物流园区便民商业街，为园区提供生活配套服务。

软件平台建设。为了适应互联网和物联网的发展趋势，建设物流园必须重视物流信息化建设，发展综合性和专业性的物流信息服务及物流交易平台，有效地促进了物流园区服务模式的变革。

人才团队建设。德昌顺在人才建设方面，除了注重对现有公司人才的培训与开发，还注重未来人才储备。因此，德昌顺与北京师范大学珠海分校、北京理工大学珠海学院、吉林大学珠海学院、广东科学技术职业学院、珠海城市职业技术学院5所珠海高校建立校企合作，在人才培养与引进方面开辟通道。

2. 运营及服务内容

物流园发展初期，以基础设施平台建设为辅，以硬件配套设施建设为主，通过整合资源，广泛收集物流园区的各类信息，并将信息分类化、标准化、规范化，按照智慧物流园建设设计框架要求，逐步构建功能模块，如通过与珠海交通集团旗下公司合作，优化城市配送的软件打造APP货运软件“运起来”，逐步实现物流业务信息平台的连接、物流园区综合管理信息系统的连接。

目前运营以功能完善和提升为主。为保证物流园基本功能的运行，重点对各业务流程的重组，不符合资源整合配置要求的作业环节及时调整，不符合低成本、高效率标准的作业加以改进。同时实现园区平台与相关企业组织的对接。

### （二）珠海百安物流有限公司物流园区

1. 园区概括

珠海百安物流有限公司是一家以现代物流为经营理念，专业从事运输、仓储、配送、医药物流及物流园区的综合性物流企业，2004年注册成立，注册资金500万元。公司下设珠海港百安货运市场有限公司、珠海港百安物流有限公司、珠海百安商务酒店有限公司及珠海百安医药物流有限公司4家子公司。

公司总部坐落在珠海市南屏高科技园内，现经营百安物流市场和百安医药物流园两个物流园区。总占地面积4万平方米，总建筑面积超过4万平方米，其中仓库面积超过3万平方米，市场内配套建有三星级的商务酒店。已经形成第三方物流经营管理、市场物业管理和办公及酒店为一体的综合性物流园区。

2. 主要业务

第三方物流业务。主要包括两个部分：一是客户提供运输、仓储和配送一体化物流解决方案，服务范围包括原材料供应商管理库存（VMI）和及时配送服务（JIT）、产成品短驳运输存储和运输服务。充分发挥公司位于南屏科技园内区位优势，紧密围绕物流业与制造业联动发展，现已与区内松下马达、海蒂诗、醋酸纤维和丽珠制药等区内高端制造企业建立良好合作关系；二是发展城市快消品仓储管理和配送服务，现已为10多家客户提供物流服务，产品主要有食品、红酒和白酒。

物流市场业务。定位为国内外知名快递物流企业，提供优质的操作场地和区域分拨中心，创造“秩序严谨、安全高效”的经营环境。市场位置优越，紧邻珠海大道，离市中心仅5公里，距离金湾工业园仅8公里，距离沿海高速及京珠高速出入口1公里。现入驻企业主要有顺丰速运、联邦快递（FEDEX）、敦豪（TNT）、德邦和华宇等企业。另外，与之配套的，按三星级标准建设百安商务酒店，进一步完善物流市场功能。

医药第三方物流业务。珠海百安医药物流公司成立于2015年9月，为珠海百安物流全资控股的专业第三方医药物流中心。定位为华南地区具有品牌代表性“集医药仓储、冷链运输、电子商务及药品流通”为一体的综合性医药物流产业园。服务内容为药品批发零售企业、药品生产企业、医疗机构大型零售商店类产品提供仓储管理、分拣理货和冷链运输配送及办公等一体化服务。

综上所述，珠海物流园区的建设正处于初步阶段，前景广阔。重点物流园区和一般物流园区建设运营各尽其职、功能上互为补充，形成了完整的体系，是珠海物流行业发展的重要组成部分。

## 第二节 物流园区建设存在问题及对策建议

### 一、物流园区建设存在问题

1. 物流园区建设进度缓慢，不能满足珠海物流和经济的发展要求

根据调查，目前全市建成并投入运营的物流园区仅有高栏港物流园区，其他园区，如航空产业园、富山工业园、高新技术产业区等产业集聚区的配套物流园区均处于规划建设阶段。在港珠澳大桥建成通车之际，目前的物流园区的建设显然不能满足珠海物流和经济的发展要求。

2. 土地资源成为物流园区发展“瓶颈”

随着珠海市经济社会的发展，土地资源大量开发，使土地资源日渐紧缺。调研中发现，物流园区用地问题是制约我市物流园区发展的最大“瓶颈”之一。根据调查，用地政策是物流园区最希望得到的扶持政策，在香洲地区尤为突出。此外，缺乏物流园区运营优惠政策成为紧随其后的阻力和困难。

3. 部分园区建设与区域经济发展不匹配，同质化现象较严重

调查发现，部分园区建设缺乏科学规划、仓促上马，与区域经济发展缺乏有效衔接。主要表现在三个方面：一是与区域经济发展规划衔接不够，对实际物流需求了解不清楚，导致园区发展定位不明确，占地面积偏大，盈利模式不清晰；二是与交通运输规划缺乏有效衔接，导致交通线路衔接不畅、运输效率低下、中转联运难以实现；三是与城市建设规

划、行业资源配置等缺乏统筹协调，导致物流资源闲置、利用不平衡，运输和配送车辆流量、流向不平衡等现象。这些现象的存在，严重影响了物流园区的生存和发展。此外，园区服务辐射区域重叠、服务同质化现象比较明显，容易造成重复建设、资源浪费，不利于物流园区健康发展。

4. 园区人才缺乏现象突出，综合服务能力亟待加强

从人才需求状况来看，物流园区不仅有仓储、特种作业与运输三类业务人才需求，而且存在物流信息管理、营销管理、供应链设计以及国际物流业务管理等人才需求，而综合性物流管理人才的需求更是物流园区的重点。这是物流园区提高服务水平的迫切需要。

另外，部分园区还处于土地招商阶段，园区服务功能单一。在招商政策上采取以亩均税收、投资强度等指标作为物流园区招商引资的考核标准，这在很大程度上制约了物流园区的发展。从物流园区未来发展重点工作看，拓展业务领域、增加服务项目成为今后应该重点加强的工作，这是物流园区服务创新发展的内在要求。

## 二、物流园区建设对策建议

### （一）面向政府部门的建议

1. 大力支持物流园区的建设

针对目前物流园区建设进度缓慢，不能满足新时期珠海市社会经济发展需要的现状，建议政府部门充分重视和大力支持物流园区的建设，出台相关政策法规和优惠条件。

物流园区建设，需要政府的支持和相关政策的指导，需要由政府出面积极推动实施。政府在物流园区的规划建设中应当成为基础条件的创造者和运作秩序的维护者角色。政府应按照区域经济的功能、布局和发展趋势，依据物流需求量和不同特点进行统一规划。打破地区、行业的界限，按照科学布局、资源整合、优势互补的思路进行规划。防止盲目建设、恶性竞争，避免“走弯路、误时间、费钱财”。

2. 以枢纽的概念打造珠海市新型的物流园区体系

港珠澳大桥所带来的空间格局改变，不仅使中国香港和珠江西岸城市群的联系更加紧密，同时粤港澳大湾区区域内高密度的港口、机场、城际轨道、高速公路等贯通连接成为巨大的立体化交通体系。作为粤港澳大湾区的重要一极，珠海通过抢抓港珠澳大桥即将建成通车等重大历史性机遇，全面开启建设珠江西岸交通枢纽城市的加速度。

因此，应围绕珠海市重点项目来做好规划，以国际化视野集聚发展，形成规模效应。以市场为导向，打造珠海市枢纽型综合物流园区，加速现代物流园区体系发展步伐。

3. 加快建设和完善园区，迅速提升现代物流服务功能

一是加快建设桂山港物流中心、斗门物流园区与珠海西物流园区。依托广珠铁路的开通，建设斗门与珠海西站物流园区。园区的重要功能为铁路运输提供仓储、中转等物流配套服务，并通过加强与高栏港物流园区等其他枢纽物流设施的联动，促进海铁联运服务的发展。二是建设空港物流园区。在珠海机场附近布局建设珠海市空港物流园区，其重要功能之一是为相关物流企业集中布局，开展航空物流服务提供基础支撑。

完善多式联运体系的同时，集货物集散交易中心、检验检测中心、物流枢纽中心、进出口贸易中心、园区运营服务与电子商务中心于一体，通过信息平台引导线上、线下对接，拓展物流园区增值服务功能，逐步打造多式联运综合服务型的新型物流枢纽。

4. 加快物流标准化建设，夯实园区发展基础

充分发挥珠海物流行业协会作用，全面推进物流园区标准化工作。加强对物流园区基础设施、管理流程、服务质量等方面的标准建设和实施，提高物流园区的组织化和社会化程度，为物流园区的互联互通和协调发展创造条件。

开展物流园区对城市或地区降低物流成本、提高物流效率监测和评价工作。围绕各区的龙头物流园区、物流基地，通过对项目连续运营数据的采集监测，对比珠海市的物流行业数据、经济发展数据等，评估分析各重点园区对地区物流资源整合、促进产业发展、提升对外经济发展等方面的效果，全面展示重点园区的示范带动作用。

5. 鼓励园区互联互通，深化诚信体系建设

在新的历史时期，物流园区发展有必要打破原有的“孤岛”形式。通过平台整合、连锁复制、结盟联合等多种形式，不断创新服务模式，提升质量和水平。鼓励物流园区走集约化发展道路，在管理、业务、资源等方面与其他园区实现多元化合作，对网络化、连锁化经营的物流园区给予一定的政策支持，通过示范效应进一步提高物流资源的利用效率，促进物流业健康快速发展。

开展物流园区诚信体系的建设工作。通过入住企业评价、信用检测、服务质量监督等环节，不断提升物流园区的品牌效应，促进和形成良好的市场环境。

### （二）面向园区建设和运营者的建议

1. 紧抓粤港澳大湾区建设机遇，不断优化调整发展战略

粤港澳大湾区建设和港珠澳大桥的通车是珠海发展的重要机遇，也是物流园区建设运营的重要机遇。物流园区的建设对于优化粤港澳三地运输、仓储等资源配置，降本增效有着非常重要的作用。因此，根据新的经济环境，园区的战略定位就显得尤为重要。物流园区的所有者和管理者围绕粤港澳大湾区和“一带一路”经济发展新趋势，加强实地调查、注重科学分析市场形势、深入研究区域产业发展、充分了解周边区域的竞争态势以及物流园区布局的变化，围绕客户需求持续改进和提升园区服务功能，培养其自身核心竞争力。

2. 树立创新意识，逐步构建物流产业生态圈

在粤港澳经济进入新时期、园区竞争日趋激烈的形势下，物流园区运营者应加强转型升级意识，不断创新商业运作模式，推行开放理念、广泛开展多元化的合作。通过合作，不断丰富物流园区的服务内容，实现多业联动，确保土地所有者、园区经营者和园区入驻企业的和谐发展，持续推动粤港澳区域间物流园区的合作与资源共享，围绕园区运行构建物流产业生态圈，实现区域物流资源的集聚，不断提高区域物流运行效率和降低物流成本。

3. 强化管理服务，持续推动人才培养和技术创新

根据经验，物流园区在建设初期发展迅速，很快形成一定规模，之后就进入发展的

“瓶颈”期。分析其经验难以突破的原因，很大程度上是由于经营管理团队的管理水平不足所造成。因此，物流园区应加强产学研结合，鼓励人才培养、加强人员的继续教育，加大人才引进力度，不断锻造一支具有国际视野、综合管理能力强的高水平团队，为园区长远发展提供智力人才保障。同时，应紧跟时代发展步伐，在物流作业与管理中加强物流网、云计算、大数据、移动互联网等先进信息技术的应用，形成物流大数据管理体系，不断提升园区竞争实力。

# 第六章　物流信息化

## 第一节　物流信息化概念、动因和应用层级

### 一、物流信息化的概念

物流信息化，是指物流企业运用现代信息技术对物流过程中，产生的全部或部分信息进行采集、分类、传递、汇总、识别、跟踪、查询等一系列处理活动，以实现对货物流动过程的控制，从而降低成本、提高效益的管理活动。物流信息化是现代物流的灵魂，是现代物流发展的必然要求和基石。

### 二、信息化动因及应用层级

2017 年 11 月，国务院办公厅下发的《关于积极推进供应链创新与应用的指导意见》指出，要促进制造供应链可视化和智能化，加快人机智能交互、工业机器人、智能工厂、智慧物流等技术和装备的应用，提高敏捷制造能力。这是新时代对于物流信息化工作的新要求。

分析近年来现代物流信息化在中国得以迅速发展的原因，主要来自三个层面的因素。

第一个层面，信息技术、网络技术的普及和发展，特别是互联网技术解决了信息共享、信息传输的标准问题和成本问题，使信息更广泛地成为控制、决策的依据和基础。因此只要解决信息的采集、传输、加工、共享，就能提高决策水平，从而带来效益。在这个层面上可以不涉及或少涉及流程改造和优化的问题，信息系统的任务就是为决策提供及时、准确的信息。

第二个层面，企业在利益机制的驱动下，不断追求降低成本和加快资金周转，将系统论和优化技术用于物流的流程设计和改造，融入新的管理制度之中。此时的信息系统作用有二，一是固化新的流程或新的管理制度，使其得以规范地贯彻执行；二是在规定的流程中提供优化的操作方案，如仓储存取的优化方案，运输路径的优化方案等。此时信息系统作用主要在于固化管理和优化操作。

第三个层面，供应链的形成和供应链管理的作用上升，其中物流管理是主要组成部分。要解决的问题是提高整个供应链的效率和竞争力，主要是通过对上下游企业的信息反馈服务来提高供应链的协调性和整体效益，如生产企业与销售企业的协同、供应商与采购

商的协同等，物流信息系统不仅是供应链的血液循环系统，也是中枢神经系统。供应链的基础是建立互利的利益机制，但是这种机制需要一定的技术方案来保证，信息系统在这里的主要作用是实现这种互利机制的手段。例如，销售商的库存由供应商的自动补货系统来管理，生产商的生产计划根据销售商的市场预测来安排等。

三个层面的需求是由浅入深的，在中国的发展也是逐渐展开的。后一阶段往往以前一阶段的基础为起点，即流程改造和过程的优化控制是要有信息化基础为起点的，而供应链的形成和供应链管理又要以各企业流程设计和运行优化为基础。

根据信息化系统的应用范围与广度，目前物流行业 IT 应用大致划分为以下几个层次：

第一层次：单点应用。针对个别功能的各种软件工具和单点系统的建设。这一层次的主要建设内容包括办公套件、企业邮箱之类的通用工具软件以及物流行业专用的条码器、自动识别软件、物流仿真软件等工具软件或单点系统等。

第二层次：流程优化。是针对物流企业的个别业务流程或管理职能，实施部门级的信息系统建设。该层次的信息化建设内容既包括一般企业通用的信息系统，也包括物流企业专用的信息系统。

第三层次：综合管理。是针对整个企业的综合管理，实施企业级的信息系统建设。该层次的信息化建设内容既包括一般企业通用的综合管理信息系统，也包括物流行业专用的综合管理信息系统。

第四层次：公共平台。要解决的问题是整个物流行业的信息化问题，如物流信息的发布与共享，物流行业与其他相关机构的信息交互。这些信息化需求不可能由某一家物流企业单独承担，而应该由外部的服务供应商或政府部门负责满足。这一层次的建设内容主要包括物流公共信息交换平台、全球定位系统、地理信息系统、EDI 网络服务中心等。

## 第二节　珠海市物流信息化在企业中的应用

### 一、珠海市 IT 行业基础

某一地区的物流信息化应用程度，与物流行业本身的发展程度、物流企业的业务需求有关，而本地信息技术（IT）行业的发展程度、所能提供的本地化服务程度也是重要的促进因素。

珠海 IT 行业在全国起步较早，无论是 1991 年成立的珠海巨人新技术公司及其产品“巨人汉卡”，还是 1994 年成立的珠海金山电脑公司及其产品 WPS，在当时国内 IT 行业中的地位都是举足轻重的。

近年来，珠海市信息产业增长强劲，创新活跃，是本地经济发展的六大支柱性产业之一，形成了以软件和集成电路设计为特色的产业集群。截至 2016 年底，珠海市 IT 产业实现产值 772 亿元，同比增长 13%。其中，新一代信息技术制造业实现产值 382 亿元，同比增长 10%；软件和信息技术服务业业务收入 390 亿元，同比增长 16%。

2017 年 7 月 6 日，珠海市政府常务会议审议通过了《珠海市信息产业发展规划

(2017—2021年)》(以下简称《规划》)。《规划》提出，到2021年，建成具有国际竞争力的新一代信息技术产业集群，大数据、云计算、物联网、人工智能、智能硬件等高端产业快速增长，建成国家级软件和集成电路高端设计基地和智慧产业园区。《规划》结合国家战略方向和产业发展趋势，重点提出产业结构向新一代信息技术产业拓展的发展思路，在做大做强软件和集成电路设计业的同时，大力发展大数据、云计算、物联网、人工智能等智慧产业以及智能硬件、5G移动通信、信息安全等新兴产业，充分释放信息产业爆发性活力，打造珠海市未来增长支柱。《规划》提出，到2021年，建成具有国际竞争力的新一代信息技术产业集群，产值达到1350亿元，年均增长12%。大数据、云计算、物联网、人工智能、智能硬件等高端产业快速增长，建成国家级软件和集成电路高端设计基地和智慧产业园区；创新能力显著提升，产业范围内高新技术企业增加到700家左右，产业布局更加优化，两化融合深入发展，建成信息技术融合创新高地和智能制造应用示范强市。

在物流信息化领域，1997年成立的珠海宏桥高科技有限公司是国内著名的解决方案提供商，长期致力于外向型企业国际贸易及物流管理软件产品的研发。2006年起，为多个地方电子口岸提供规划咨询和信息化平台建设服务，完成能够支持多种监管模式以及保税物流信息化监管辅助的系统平台，在保税物流信息化市场的份额位列全国第一；2008年推出符合多方要求的“宏桥BLS—海关特殊监管区域信息管理系统”，增强本地化服务能力，进一步拓展区域性保税物流平台和地方电子口岸业务，成功实施了近10个海关特殊监管区域信息化项目，项目量位居业内前列；自2010年起，与中国物流与采购联合会合作，建立了中物联规划研究院国际贸易物流工作室；宏桥国际贸易与供应链管理服务平台入选珠海“7·50工程”战略新兴产业项目，宏桥保税物流管理系统获得了广东省自主创新产品，中物联科技进步奖；公司获2012年“中国物流信息化优秀服务商”称号。

2013年成立的珠海创诚易达信息科技有限公司则是物流信息化领域的后起之秀，该公司提供的供应链方案，可以帮助用户提供门到门的一站式综合物流及供应链管理服务，为中小企业提供包括一般贸易、加工贸易、跨境电商、报关、运输、配送、物流金融等一条龙的服务。

本地物流信息化解决方案提供商的发展，为本地物流信息化应用的推进营造了良好的氛围、提供了坚实的保障。

## 二、典型企业物流信息化应用状况

### (一) 珠海港物流发展有限公司

珠海港物流发展有限公司是珠海港股份有限公司下属全资企业，注册资本2.65亿元，隶属于珠海市国资委，是目前珠海规模最大、实力最为雄厚的第三方物流企业。业务涵盖运输、仓储、配送、分拨、进出口代理等各物流环节，同时也为客户提供个性化定制的商贸物流服务、供应链金融服务、物流总包服务和保税VMI服务，是珠中江地区较为知名的区域性综合物流解决方案提供商。

经过多年的发展，珠海港物流体系越来越庞大，资源分布到不同的运营点，这将在管理上增加难度与投入。各方的信息协同、过程的透明监控、分散管理的成本消耗与效率都将成为新的挑战。国家“互联网+”行动计划以及“一带一路”国家战略新的政策环境，以及横琴自贸区挂牌及珠港澳大桥即将开通的新的历史机遇。面对新的产业结构调整以及新的政策环境与市场环境，珠海港物流利用当时的资源与能力进行物流技术的提升与整合，降低成本、提升效率、扩大收益。通过建设新的可视化全程供应链信息系统，标准化与透明服务过程管理，集成现有资源，在新的市场环境与挑战下提供更好、更高层次的服务能力。

但是信息化进程在实施中也遇到了不少实际的困难。其一，标准化的建立是信息化建设的重要环节，也是最难的环节，需要将制定的标准落地实施，这是一个实实在在的运营管理问题。在珠海港物流信息化过程中也会面临这些挑战；其二，业务模型的多样化，平铺式的发展导致战线拉得过长，在很大程度上难以形成核心产品与核心竞争力。其三，客户需求的个性化，过多的内部资源在满足客户个性化需求上的投入，无疑增加了运营管理成本和难度。其四，内部管理考核标准不一致，员工绩效激励程度达不到预想效果，缺乏整体考核基础数据，难以与业务发展方向结合形成有效的激励考核机制。其五，进出口物流市场大环境不稳定，以码头为半径的覆盖区域整体经营局势竞争激烈，行业内相互争夺客户资源越来越明显，成本优势与服务水平成为新一轮竞争焦点。

为解决上述等诸多的行业与企业内部发展中的问题，公司高层经过多次研讨，从战略层面形成一致决策，搭建统一的可视化信息服务平台成为关键举措，并制定了详细的实施计划与方案。将珠海港的标准化分为外部业务模型标准化、内部运营管理流程标准化、资源配置标准化、统一结算标准化、数据采集标准化、考核管理标准化等。在运营管理层面，将一系列的标准进行细化落实，通过流程的再造与改进极大地提升了这次信息化建设的效果和速度。在标准化方案、整体思路与框架的建立基础上，技术方在建设可视化信息平台的思路与设计上都有了明确的方向，可以很好地结合现有及未来发展业务模式的应用。

可视化服务平台以运营可视化与智能调度和大数据综合分析为核心，以技术创新为驱动，保持产品与服务领先，拉开与竞争对手的距离，巩固行业龙头地位，打造公司在物流行业的核心竞争力。具体设计是建立统一订单平台入口，标准化数据接口与要求，形成统一数据源规范，对整体运营过程进行事件管理与全程跟踪，通过 GPS 终端设备统一接入以及手机 APP 应用服务自动采集数据与物流信息状态，以及数据信息交互，形成业务、调度、司机、车辆、后勤服务管理一网通模式。通过事件对应处理方式与责任判定标准以及费用标准，形成自动计费与自动提醒预警。通过数据采集与沉淀形成统一的格式化数据中心，为过程监控与经营管理以及考核提供大量的数据支持服务。通过全程可视化服务与流程管控，形成了标准化服务体系，有效保障物流服务得到有效的执行与管控。

珠海港物流可视化服务平台以提升整体服务运营能力和全程可视化为明确目标。在新的社会环境、政策、发展趋势和挑战下，通过信息平台的搭建进行资源整合，服务标准化建立与执行，以及自动数据采集与数据分析，为决策支持提供了大量的统计数据样本数据，将物流技术通过平台的信息技术转换，极大地提高了公司的整体运营能力和降低物流成本，具体体现在：

1. 建立标准化体系，增强服务能力。建立的标准服务体系通过信息系统的落地实施，极大地提升客户服务满意度，使增值服务更深入，提供全渠道供应链服务，满足不同客户需求。供应链全程可视化，公开、透明、可控，应急处理能力强，增强产品服务竞争力。

通过提升服务能力和合理的市场价格，赢取客户，开拓市场。

2. 搭建统一的调度与监控平台，提高车辆周转率。通过物流技术与信息技术的深度融合，搭建统一的服务监控平台。通过业务订单的演算、车辆终端设备的结合以及移动APP的技术应用，利用系统调度中心进行资源的整合与匹配，并跟踪监控运作进程，有效利用资源，保障服务，降低空载率，降低物流成本。

3. 可视化监控透明管理，加强风控管理。通过数据自动采集，在标准化流程控制下进行数据分析计算，利用策略设定、事件预警、异常处理，对运作过程进行全程可视化服务和管控，降低运作风险，提升服务透明度，增强客户黏性。

4. 物流大数据延伸应用。把握各环节、角色的细节数据采集，通过对不同角色的关联关系，建立数据网络型架构模型，对数据资源进行深度综合分析，提炼真实有效的关联数据，形成配套资源支持数据，具有很大的利用价值。通过各个维度的数据组合和关联考核，有效提升团队经营能力和经营效率。

### （二）珠海格力电器股份有限公司

珠海格力电器股份有限公司（以下简称“格力电器”）自1991年成立以来，始终坚持“自主创新”的发展理念，秉承“百年企业”的经营目标，凭借领先的技术研发、严格的质量管理、独特的营销模式、完善的售后服务享誉海内外。格力电器一直以来奉行“掌握核心科技、力推技术创新、严抓产品质量”，成为世界知名品牌和中国空调业的一面旗帜。2015年，格力电器实现营业收入977.45亿元，净利润125.32亿元，稳居中国家电行业第一的位置。截至2015年12月，格力累计申请专利20738项，其中发明专利6811项。累计获授权专利11673项，其中获得授权发明专利893项，凭借强大的科研实力，格力电器已经成为国家制冷技术的前沿阵地，仅珠海本地员工就达20000余人。

2008年，公司管理层认为，经过20多年的运作，对技术和管理上的优化和改良势在必行。经过调研，发现存在的主要问题是沟通方式原始、系统技术老化导致效率低下；现场管理混乱影响货物配送；各个环节操作流程不连贯导致整体程序推迟。为解决这些问题，格力电器与中国移动广东公司合作，制定了一套完整的信息化解决方案，把握匹配原有系统和简化操作界面两大原则，通过移动代理服务器（MAS）技术，利用多方短信互动的方式，达到实时沟通和监控的目的。

格力物流仓储调配管理系统，就是格力电器与中国移动广东公司合作开发的信息化解决方案。系统利用MAS的二次开发，通过短信互动、报表自动定制发送等方式，实现对物流配送从征集车辆、到场装货、现场调度、运输路途等全过程完整而周密的管理和监控；利用短信不受时间地域限制的优势，从根本上扭转了传统、落后的物流配送人工模式，以信息化手段解决了格力公司物流配送流程混乱、控制松散、效率低下等系列问题。

物流仓储调配管理系统不但应用于格力公司成品库，与其合作的10家物流公司也全部安装，工作人员每天只需在系统上向10家物流公司发送一条送货需求，就能收到各物流公司反馈的车辆信息，之后系统便自动生成相关报表。工作人员只需从系统中提出报表，就能知道当天车辆的到达时间、数量和装载量等情况，再有计划地安排车辆分批装货。此外，车辆的装货过程也由系统发送短信进行实时监控，司机凭短信自行安排车辆进出，没按时到达车辆的相关信息也会通过短信在系统上显示。这样一来，每天 150 辆货车的装货情况便一目了然，工作人员可以随时根据系统显示情况进行工作协调。据统计，自从使用该系统后，单辆货车的装货时间较系统使用前缩短约 21%；车辆空闲等待时间缩短 37%；车辆货物装载率由原来的 88% 提升至 91%；车辆利用率由原来的 72% 提升至 89%；整体调配效能较前提升 19% 以上。

格力电器不仅用移动信息化提升了物流配送效率，在产品质量、售后服务等方面也在持续引进移动信息化。“空调远程监控数据采集平台”便是格力电器和中国移动广东公司合作开发的一个信息化产品。它主要是在格力高档电器产品中添加无线数据采集模块，产品售出开始运行后，无线数据采集模块将运行数据通过短信或 GPRS 实时传送至产品监测部门，让技术人员对产品运行的各项数据了如指掌，对故障处理提供实时数据分析依据。2008 年北京奥运期间，格力电器利用该平台，对其提供给北京奥运村的 15 组大型商用空调机组进行实时监控，为保障空调机的正常工作发挥了重要作用，为产品赢得了良好的声誉。

采购中心是格力电器的一个核心部门，原材料采购影响到整个生产线的运作，而与几十家供货商的沟通直接影响到原材料供给的及时度。据了解，为提升采购和原材料供货效率，格力采购中心和中国移动广东公司开发了“货场无线宽带接入系统”，提升了采购中心的工作效率，对几十家供货商的管理、沟通、协调等发挥了积极的作用。

### （三）珠海德昌顺智慧物流园

德昌顺智慧物流园是以中转、仓储、电商、办公、酒店、超市、停车场及信息服务为一体的现代化智能型物流园。目前，已经聚集了德邦、安能、百世、佳吉、远成、德力、华曦、城市之星、速尔等物流和快递企业上百家，年货物吞吐量达千万吨。传统的物流园区仅仅为物流企业提供场地，是靠低成本土地要素的粗放型发展，而德昌顺智慧物流园提供全方位物流服务，包括物流信息服务、物流信用服务、金融物流服务等平台。

2015 年，该物流园获得中央预算内投资计划下达的扶持物流行业调整和振兴项目发展专项资金 400 万元的资助，除了完成基础土建工程，将专项资金主要用于采购物流信息化平台的硬件和软件建设，包括物流园的信息交易大厅，用信息化手段整合物流资源，优化物流企业的人力、车辆、货源等要素的匹配，从而提升园区的智慧水平。信息平台用户界面如图 6－1 所示。

**图 6－1　德昌顺智慧物流园信息平台用户界面**

## 第三节 珠海市政府公共物流信息平台建设状况

从最初的供方到最终的需方，物流过程是一个多环节、多主体、多企业协作的过程，但是，这又是一个连续的过程。为达到物流信息化应用的第四层次，仅仅依靠企业各自的努力是不够的，因为这很难避免在整个供应链层次上产生“信息孤岛”，在整体上不易形成良好的协作效应。珠海市政府对此有较清醒的认识，通过实践积极探索地方政府在促进社会物流信息化大平台建设、推动社会整体物流信息化水平上所能够起到的作用。

为提升珠海市物流信息化发展水平、提升政府、行业和企业的协作水平、降低社会物流总成本，提高珠海的经济竞争力，按照《珠海市智慧城市建设近期行动方案（2013—2015 年）》的总体要求，经市政府研究同意，2014 年，由珠海市交通运输局牵头，珠海市科工贸信局指导，珠海路讯科技有限公司（珠海交通集团全资子公司）作为项目建设主体，建设珠海枢纽客流物流信息平台。珠海物流网是珠海枢纽客流物流信息平台的重要组成部分，它以广珠铁路珠海西站物流中心为实体运作平台，以公路运输为切入点，逐步向铁、公、海、空一体化发展应用的全市性智能物流信息平台，建成后将成为立足于珠海、服务珠三角、辐射华南乃至全国的物流信息平台。图 6 –2 是该网的用户界面。

图 6 –2 珠海物流网的用户界面

平台采用多入口一后台的模式，不同入口负责不同的职责，数据共享一个后台。目前已经建成上线的模块有物流要闻、政策公告、物流诚信、便民服务、电子商务等。并且该平台中还整合了“运起来”网，该网站是面向社会的物流O2O平台，提供物流信息交换服务功能，主要功能有找车、找货、物流专线、运单贷等模块。图6－3是“运起来”网的用户界面。珠海物流网同时以网站和微信公众号两种形式向社会公众提供服务。

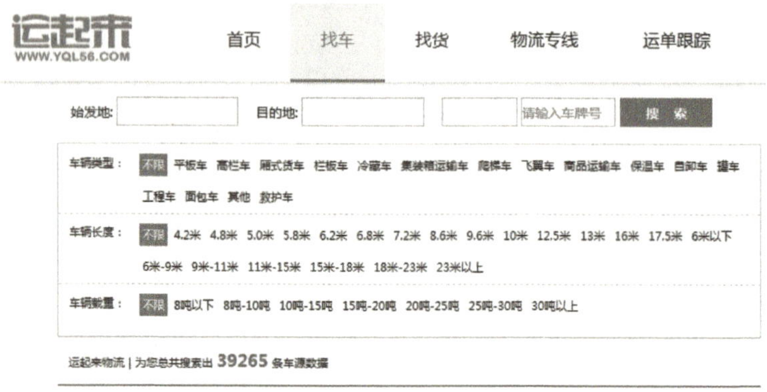


**图6－3 “运起来”网的用户界面**

平台的建成有效地整合调配物流资源，解决物流信息不对称、接口标准不统一等矛盾，为广大商贸物流企业特别是中小企业提升组织化和信息化水平，降低交易成本提供有利条件。可将现有交通、工商、税务、海关等部门可公开的电子政务信息进行整合后，向社会公开，实现便民利企的物流政务资源共享。

根据珠海市科技和工业信息化局、国家发展和改革委员会综合运输研究所、珠海市规划设计研究院共同制订的《珠海市现代物流业发展规划（2015—2020年）》（以下简称《规划》），到2020年，将全面完成港口、空港、陆运三大物流系统信息平台和物联网平台的连接与并网运行，形成集政务与商务、政府与企业、设施与运行、服务与保障各类功能齐全的珠海市物流信息平台和物联网平台系统，构成全市现代物流业发展的重要支撑。

按照《规划》，物流信息平台将实现以下功能：

（1）物流公共信息服务功能：从宏观角度创造珠海市良好的物流发展环境，提供物流发展所需的公共信息环境及信息化条件。

（2）政府信息服务功能：搭建政府与企业间的联系桥梁，发布政府有关政策信息和宏观经济信息，提高物流服务供给企业、需求企业获取信息的效率，使政府公众信息服务成为推动和支持物流发展的重要力量。

（3）数据交换功能：提供大容量的数据交换服务功能和交换信息的翻译、转换及存证管理功能。对于数据交换，必须在信息平台上开发EDI系统；对于存证管理，必须开发基于互联网和EDI技术的WEB查询、单证转存、用户管理、计费和统计管理等支持功能。

（4）物流信息发布功能：及时发布企业在物流管理与经营中所需要的信息，为各类企业及政府主管部门提供信息支持。主要发布运输价格信息、货源及运力信息、企业广告信息、行业协会公告、培训信息等。

（5）电子商务功能：物流信息平台是物流企业、工业及商业企业关注和利用频率较高的信息发布及收集渠道，具有较高的商务价值，借此开发电子商务功能，能充分发挥其使用价值。

（6）企业物流信息管理功能：以模块化方式开发公用性物流信息管理子系统，通过ASP方式提供方便、安全的平台系统接口供企业以独立用户的方式开户使用，系统建设和维护企业可提供多个模块的信息系统功能集成服务。

根据《规划》，物联网平台的建设则要实现珠海地区关键道路节点和重要物流服务与管理活动节点的物联网化，提供传感标准、基础通信、位置服务、同意地图等重要的基础公共服务，为社会物流资源和产业供应链的有效整合提供信息保证，为智慧物流的实现、配送效率的提升奠定基础。物联网基础数据平台由公共物流设施传感网和珠海物流地图组成。公共物流设施传感网采用统一的传感标准和通信标准对各类物流基础设施进行定位和信息更新，珠海物流地图为物流设施的有效整合提供位置服务。《规划》建议珠海市政府授权与物流运作密切相关的大型国有企业组建珠海市信息股份公司（信息平台管理中心），并授权其负责开发、建设和运营珠海市物联网基础平台，使物流信息平台和物联网平台成为支撑珠海物流产业发展壮大的核心动力。

《规划》还建议选择高栏港国际物流园区或富山物流中心开展智慧物流示范项目，构建较为完备的信息平台和物联网系统，实现园区物流服务的感知和智慧化。在园区信息平台中推广物流与制造业联动中数据和流程的标准化、物流服务的标准化、实现园区信息的规整化、智慧化。推动物流企业与制造企业共同开发相关服务软件，实现针对制造业物流服务的订货、出货、中间产品组织的，涵盖分析、优化、决策、修正、反馈等功能的智慧物流运行系统。

# 第七章　物流教育与物流社团

## 第一节　物流人才培育现状

培养物流专业人才的主力军是高校教育系统。就珠海地区而言，目前已经形成了以高等教育为主、以专科和中等职业教育为辅的梯度教育体系。

从专业设置来看，物流管理或者物流经济学均划归于工商管理类，因此被授予管理学或经济学学位。主要的专业课程包括供应链管理、物流系统设计与分析、包装学、物流技术、运输学、仓储管理与库存控制、采购管理等。物流工程专业属于工科类，授工学学位。主要专业课程包括物流技术、运筹学、计算机辅助设计、系统仿真、传感器及测试技术、电子商务及平台设计等。

截至2017年5月，珠海市高校开设物流管理专业、物流工程专业的高校4所，专科学校2所。

### 一、北京师范大学珠海分校

2003年4月，北京师范大学珠海分校物流学院成立，当年9月招收第一届物流管理专业大学生。

物流学院是培养物流经营管理和物流系统设计高级专门人才的专业学院。学院与全国第一个创建物流专业、具有一流物流专业教育资源的北京物资学院共享教育教学资源。学院目前在校生为1300余人。截至2016年7月，已有10届毕业生，培养物流管理专业毕业生3095人，物流工程毕业生494人。

学院下设物流管理和物流工程两个专业。物流管理专业下设物流企业管理、采购与供应链管理两个专业方向，在物流企业管理方向主要有物流企业经营与运作、仓储管理与库存控制、运输与配送；采购与供应链方向主要有供应链管理与设计、企业资源计划（ERP）、采购学。物流工程专业下设物流系统规划设计和冷链物流两个专业方向，在专业方向课上物流系统规划与设计方向主要有物流系统仿真、物流规划与设计、港口物流；冷链物流方向主要有冷链物流、冷链配送中心设计与运营、商品冷冻冷藏与运输等课程。

学院建有物流信息、物流工程与技术、仓储实训、物流沙盘模拟和冷链物流5个实验室，面积达759平方米，投资超过200万元；开设包括物流设施设备、仓储管理、配送中心运作、物流系统仿真、物流综合实训等11门课程的相关实验。

## 二、吉林大学珠海学院

吉林大学珠海学院设有物流管理与工程系，下设有物流管理、电子商务、物流工程等3个本科专业，现有本科生1951人。

物流管理专业培养具有系统的经济学、管理学基础理论，掌握现代物流与供应链系统分析、设计、运营、管理的基本理论、方法与技术。熟悉物流管理在企业生产中运营、国际物流及物流企业中的物流流程操作和规划。通过信息技术在物流管理中的应用，系统掌握业务、采购、仓储、运输、流通加工等各环节的专业知识和管理方法。培养出符合地区发展和企业需要的具有物流管理、实操能力、创业创新意识强的复合型、应用型的高级专门人才。

物流管理专业开设国际物流、物流管理、国际采购与供应链专业方向。主干课程包括管理学、西方经济学、市场营销、生产运作管理、物流学、供应链管理、物流系统分析与设计、物流工程、物流信息管理、国际物流、物流经济学、采购管理、物流设施与设备、仓储配送管理、物流运输管理、物流企业管理等。

电子商务专业培养掌握计算机信息技术、市场营销、国际贸易、管理、法律和现代物流知识的复合型应用型人才。本专业毕业生具备从事电子商务策划、系统开发、网络营销、物流管理、信息管理的基本技能和职业素质，胜任电子商务平台与网站设计、网络营销、内贸电子商务以及跨境电子商务等专业工作。

主干课程包括市场营销学、电子商务概论、网络营销基础与实践、电子商务营销写作实务、电子商务管理实务、ERP、电子商务网站建设、Photoshop 图像处理、电子商务物流、电子商务安全与支付、网页设计、WEB 程序设计、Java 程序设计语言、客户关系管理等。

物流工程培养具有系统的管理学、工学基础理论，掌握现代物流工程项目策划、预测、设计及实施、物流装备设计与运用、物流系统运作与管理等基础知识，物流工程领域教学和科研能力的复合型应用型人才。适宜在企业、科研院所及政府部门从事物流系统设计、决策、管理、运营等工作。分为医药物流、冷链物流、物流系统规划与设计、生态物流专业方向。

主干课程包括物流工程、物流系统仿真、物流系统分析与设计、物流设施与设备、物流自动化、物流信息系统、物流系统仿真实验、物流实训课教学等。

## 三、北京理工大学珠海学院

北京理工大学珠海学院商学院下设物流管理专业，该专业从2014年开始招生，每年招生规模为100人，目前在校生300多人。

培养具备物流学，管理学和经济学等基本理论，熟悉现代物流管理方法与工具，具备物流规划、采购管理、运输管理、仓储管理和货代管理等实务操作能力的中高级物流人才。

## 四、暨南大学珠海校区

2015年11月，在暨南大学珠海校区设立了物联网与物流工程研究院。该研究院已经引进“千人计划”专家1名、正教授6名、副教授3名、讲师3名、研究助理3名。其中90%以上具有博士学位，一半以上具有海外背景。

目前研究院还没有具体招生计划。

## 五、珠海城市职业技术学院

珠海城市职业技术学院经济管理学院下设物流管理专业，从2009年开始招生，在校生200多人，目前已经培养毕业生1000多人。

物流管理专业是广东省首批高职院校重点培育建设专业和学院重点专业。专业主要立足珠海本地，面向珠江三角洲地区及珠江口西岸地区培养以仓储配送、港珠澳跨境物流、航空物流及港口物流业务为主的技术技能型人才。建有现代服务业3D仿真实训中心、现代物流综合实训中心、物联网应用实训室等实训基地，在建及已建实训基地占地达1600平方米。与珠海本地物流企业、行业保持良好的合作关系，建立了12个校外实训基地，满足专业学生顶岗实习，并提供大量的就业岗位。

主要课程有仓储管理实务、配送管理实务、港珠澳跨境物流、国际货运代理实务、航空物流、港口物流；主要实践环节有现代物流综合实训、港航EDI实训、商务礼仪实训、技能竞赛（物流、ERP）对抗训练、物流认知性实训、跨专业综合实训、校内顶岗创业、校外顶岗实习等。

## 六、广东科学技术职业学院

广东科学技术职业学院经济管理学院下设物流管理和港口物流管理两个专业。学院从2003年开始招生，在校生424人，已毕业学生2000余人。

物流管理专业培养德、智、体全面发展，具有健全人格和创新精神，具备物流管理、经济、法律、信息技术等方面基本知识和能力，从事企业物流、第三方物流运作与管理的初、中级物流管理人才；培养面向运输调度、仓储管理、采购管理、国际货运代理、物流规划等岗位的高技能型人才。

主要课程有专业核心课程，包括：运输业务处理（包括集装箱运输业务处理）、仓储与配送业务处理、采购业务处理、国际货代与报关业务处理、物流系统规划与设计。

专业综合性实践课程包括物流业务认知、企业经营模拟综合实训（ERP沙盘模拟训练）、第三方物流综合实训、国际货代训练、物流岗位技能训练、毕业顶岗实习。

港口物流管理专业于2012年增设。本专业培养符合社会需求和学生成长规律的、既有社会能力和方法能力，又符合港口物流发展需要。在港口、航运、货运代理、船舶代理等国内外企事业单位生产、服务、管理第一线从事安排船舶靠泊计划、制作船舶配载计划、制作进出口箱堆存计划、处理进出闸拖车、制定航次计划、船舶调度与跟踪、船代船务调度、货代海运操作、单证操作、客户服务等岗位工作。具有良好职业道德又熟练掌握作业流程，会合理选择使用各类设备，能指导他人进行作业活动、协调基层管理的高素质、高技能、复合型港口物流管理专门人才。

主要课程有专业核心课程，包括：港口码头业务操作、国际货运代理业务处理、报关与报检业务处理、港口库场堆场业务操作、外轮理货业务处理、船舶代理业务处理；专业综合性实践课程有港口物流业务认知、企业经营模拟综合实训（ERP沙盘模拟训练）、码头操作训练、国际货代训练、多式联运方案设计、毕业顶岗实习。

截至2017年5月，珠海市高校中的物流相关专业在校生规模是4100余名。

## 第二节 物流人才需求分析与物流人才培养创新

物流业被称作是“第三利润源泉”，逐步成为第三产业的支柱之一。物流业也是企业降低成本、提高产品竞争力的重要环节。现代物流业的快速发展离不开物流人才支撑，物流人才是稀缺资源、更是战略资源。

### 一、珠海市物流人才需求分析

珠海市对现代物流人才需求类型及层次是与珠海的区位特征、经济发展水平、产业分布及现代物流业远景规划息息相关。但是在现实情况下，珠海市物流人才存在供需不平衡、结构性矛盾突出等问题，一些急需的中高层级物流人才严重不足。

#### （一）珠海物流人才供需矛盾

虽然珠海市的物流行业对现代物流人才提供了巨大的发展空间，但是珠海市人才供需矛盾突出，主要体现在以下三个方面：

1. 物流人才供需不平衡

物流人才的培养主要通过高等院校的学历教育和行业企业在职培训两条渠道展开。据在珠海市物流企业（珠海市凯利达国际货运代理有限公司、珠海船务企业有限公司、珠海港信息技术股份有限公司、珠海市格力物流有限公司、珠海百安物流有限公司、珠海澳沪物流有限公司、珠海信禾运输集团有限公司、珠海市宝运通物流有限公司、恒顺物流有限公司珠海分公司、珠海吉泰物流有限公司等）从事物流行业的人数及招聘信息分析，截至2016年底，珠江三角洲地区物流专业毕业生占从业人员总数不到15%，表明珠海市从事物流行业的人员主要来自于非物流专业。而珠海市本地6所高等学校（北京师范大学珠海分校、暨南大学珠海校区、吉林大学珠海学院、北京理工大学珠海学院、珠海城市职业技术学院、广东科学技术职业学院）物流毕业生本地就业率不到30%，其中本地就业的部分物流专业学生也从事了非物流行业。此外，珠海市各高校所设物流专业主要包括物流管理和物流工程两个专业，培养目标以传统物流行业为主，定位于中高层次物流人才培养的国际物流方向或报关与国际货运、报关与国际物流、港口与航运管理、航运业务管理等与珠海息息相关的人才培养不足。另外，面向外资企业、跨国企业、国际货运代理企业、船运代理企业等从事国际物流业务的人才更是难以满足市场需求。

2. 物流企业的人才培养路径不健全

由于珠海市的物流企业规模相对较小，物流市场还不规范。部分物流企业为了生存争客户、抢货源而互相压价，其中不乏扭曲竞争等行为，无序的物流市场使物流价格与价值背离，导致物流企业利润下降，物流企业经营困难。因此，一些企业虽然意识到专业人才培养的重要性，但却因为没有资金进行物流信息化系统的建设，或无能力购买适合的物流管理软件，低级的软件扩展性和灵活性差，很难进行二次开发挖潜和进一步优化，导致发挥物流人才作用的空间有限，无法体现人才的价值。

此外，利润空间不断被压缩，降低了企业人才培养动力。物流是一个微利行业，在物流运作成本中，人力资源成本占较大比重，企业为降低成本，就需要降低人力成本，在定编定岗时，就要压缩人员编制，采取多个岗位交叉合并的策略。而培养一个这样的物流岗位多面手，企业需要投入很大的成本。一方面利润微薄，另一方面又是昂贵的培养费用，企业逐渐丧失了培养物流人才的动力。

3. 物流人才需求的结构性矛盾

同时，物流市场人才需求存在结构性矛盾，供求双方期望值不对称。

（1）物流业不同于其他行业，它要求物流人才既有扎实的理论功底，又有很强的实际操作及管理经验。许多应聘人员上岗后会发现所学的知识与实际工作存在差距。特别是高校毕业生总会抱怨学校所学知识多是纯理论的，很难应用于实际工作。

（2）高校物流毕业生通过各类物流培训，虽然求职较为困难，但一旦正式上岗后，他们便渴望尽力展示自我，展示自己价值，希望在企业得到迅速的提升。而对企业来说，他们的人才观是“和谐为本”，现代物流企业的人才管理之道是：创新、团结、尊重、效率、敬业、约束和全体经营。一个物流专家的培养要经过实际工作的长期磨炼才能完成，而不是经过高等教育就能一蹴而就的。这样一来，企业的渐进式培养与人才的飞跃式发展就产生了矛盾。

（3）物流人才获得工作经验之后，往往急于跳槽到条件更优的企业去。这使一些企业宁肯用素质低但对企业忠诚度较高的员工，也不太放心使用专业的物流人才。

（4）物流企业对人才的要求普遍很高，希望高薪招聘的人才上岗后短时间改变企业的不利处境。但实际上，应聘人员需要时间去与企业整体磨合。长时间的磨合和企业的“急功近利”加剧了人才需求与培养的困惑。

### （二）珠海市现代物流人才需求类型分析

近年来，珠海市的高栏港已经发展成为初具规模的国际化港口，以物流业为主的配套产业也逐步发展完善。保税物流园区——横琴自贸区也已经涉及保税货物仓储、流通加工、金融保险等一系列新服务领域，港区的服务项目范围不断扩大，产业纵深度不断加强。在21世纪海上丝绸之路战略引领下，珠海市加大了港口基础设施建设和自贸区建设力度，急需满足现代物流服务业发展需求的高端国际物流专业人才，要求必须具备相应的操作技能，包括熟练运用物流管理软件、有良好的外语应用能力、熟悉企业流程、掌握成本控制，能够合理调动企业运输资源、优化运输路径，最大限度地为企业节约成本。根据珠海市区位特征、资源禀赋，结合物流行业远景规划，珠海市急需的现代物流人才主要包括：

第一，国际航运人才。包括船舶驾驶、轮机管理、港口与物流管理、港口与海岸管理等航运紧缺专业人才。

第二，涉及港口航运服务行业的金融、政策、法规、管理等方面具有高水平、国际化的专业航运服务人才。

第三，跨境电子商务物流人才。包括跨境电商仓储、配送、运输、整合供应链的信息化人才。

第四，物流高级管理人才。发展珠海市现代物流最需要掌握了优化技术的物流全程策划，物流信息管理和全程组织等的高层人才，作为物流高级管理人才，应该是复合型的。既要懂得物流技术，又要懂得物流经济；不仅要熟悉物流管理技术，更要掌握供应链流程，熟悉软件程序和信息技术系统电子商务技术，这就需要具有广博的知识和超高的管理技能。与此同时，还应具有接受现代物流理念，系统分析问题和解决问题的能力。这个层次的物流从业人员的工作重心是为企业的生产运作做好物流服务，从战略高度来规划企业的物流活动。这类人才的需求数量虽少，但需求比较迫切。

第五，物流运营管理人才。物流运营管理人才是物流企业的实际操作者，主要职责是提高物流运作效率，进行具体的项目策划和实际运作管理。目前物流业对人才的需求主要体现在这些方面，比如如何进行货物的配载和运输路线的规划；仓库的储位如何管理和仓库布局等。这是物流企业运作层面的问题，因此这类人才对文理知识都要掌握，但偏重理科一些。

第六，物流操作型人才。对操作型物流人才而言，应有一流的操作经验，对具体的作业，如分拣、堆垛、打包、配装等很熟练，同时应具备吃苦耐劳、正直诚信和有效沟通的基本素质。这类人才是珠海高校特别是珠海城市职业技术学院、广东科学技术职业学院两所高职院校主要的培养目标。

总之，珠海市对物流行业的中高级专业技术人员的用人需求不断增加，而对初级技能劳动者的用人需求有所减少，大量应届毕业生及普通劳动者由于缺乏相关技能，难以得到用人单位的青睐。物流人才缺口来自就业的结构性矛盾，反映出高等教育功能定位不清、职业教育发展不足、职业培训体系不健全等许多深层次问题，需探索适合珠海市的现代物流人才培养路径。

## 二、珠海市物流人才培养创新

目前，物流人才缺乏是制约珠海市物流大规模发展的“瓶颈”。珠海市应以“培养有扎实的经济与管理理论基础，掌握信息科学技术方法与手段，具备使用现代信息技术开展物流活动的能力，从事物流运作与管理的复合型人才”为目标，制定“人才引入”+“自主培养”的人才培养战略规划，构建“理论学习、认证学习”+“企业实战、创新学习”的双轨制的物流人才培养体系。

### （一）制定“人才引入”+“自主培养”的人才培养战略

要将珠海打造成华南地区重要的国际物流中心，尽早建成横琴自贸区、高栏港现代物流园区和金湾航空物流中心，人才规划是关键步骤。按照《广东省现代物流业发展规划（2016—2020年）》和《珠海市现代物流业发展规划（2015—2020年）》的部署，一方面应加快引进港口航运管理、物流服务、法律仲裁、金融保险、物流电商、邮轮游艇旅游服务等高层次人才，制定《珠海市引进高层次人才实施细则》及《人才引进目录》；另一方面应完善现代物流人才培养体系，通过政策和资金支持，鼓励高等院校和培训机构培养各类物流人才，推进有关院校增设急需的相关专业和课程，加大人才培养力度。

### （二）构建高校新型物流人才培养体系

高校是中高层次创新物流后备人才培养的主战场，珠海市需要加强4所本科院校和2所专科院校的物流相关专业大学生的培养。具体可以从以下5个方面着手：

1. 培养现代化、实用型的师资队伍。选送教师到国内外院校进修，学习国内外的物流先进理论和教学经验；对现有教师进行培训，使他们具有国际职业资格认证师培训资格；积极鼓励教师参加物流科研实践，结合社会需求解决实际问题，在科研中提高教师的教学水平。

2. 建立复合化课程体系。高等院校按照市场对人才的需要和职业类型需要，开办和设置物流专业和课程。在原有的理论体系上，加入包含商务英语、企业实战、认证教学体系等具有国际化视野、实战及创新机制的复合课程体系。

3. 实验课程和实验中心保证。物流教育要侧重于对学生创新能力、系统整合能力、主动适应能力、实际动手能力及综合素质的培养。加大对实验室、实验教学中心、物流仿真平台、模拟公司、物流技能实训室的建设力度，开设物流模拟仿真课程、物流中心经营模拟课程、自动立体库实验课程、配送中心作业流程实验课程等，使物流专业学生能够在实验室完成职业训练环节。同时，积极鼓励教师采用案例教学和物流实训等教育手段，努力为学生的成长创造条件。

4. 双导师制研究平台。教师在做科研的过程中，吸引学生到科研团队进行创新能力培养，为学生配备科研导师和企业家导师。通过组织各种大赛培养学生的创新能力，如全国大学生物流设计大赛、全国大学生物流竞赛、中国大学生创业大赛、国际企业管理挑战赛等。聘请企业家导师、外籍教师讲授专业课、讲座，采用职业经理人进课堂的方式，经理担任专业课程教师，参加毕业论文答辩工作。同时，通过企业经理进行的综合案例教学，利用案例分析、模拟训练、多媒体等现代教育技术组织教学，强化学生实际动手操作能力和实践技能的培养。

5. 探索国际合作培养教育模式。通过与国外高校、研究机构的合作办学加强交流，进行资源共享，从而在有限的资源和时间里提高教学质量并完善教育体制。学习国外的经验和制度规范同时进行，将有助于物流人才培养质量的提高。

### （三）深化校企合作，共同培养国际物流应用型人才

著名管理学家泰吉和奥兰德提出的“战略缺口”理论，认为在激烈竞争的市场环境中，企业仅依靠自身的资源和能力难以达到预期的绩效目标，要填平“战略业绩”和“战略目标”缺口的有效途径之一，就是各独立经济主体之间结成战略联盟。物流企业要培养适应企业需求的应用型人才，就要加强与相关院校的合作，共同制定人才培养目标和人才培养方案，企业人员与高校教师合作进行国际物流相关核心课程教学改革，协同育人，实现校、企、学生等各主体的共赢。（见表7－1）

**表7－1 企业应用型物流人才培养模式改革规划**

| 企业培训课程 | 改革内容 | 学习模式 | 教学要求 | 主要合作单位类型 |
|---|---|---|---|---|
| 货运代理实务 | 根据珠海市物流行业发展要求，设置学习情境，编写项目化讲义或教材 | 实训室、校内外实训基地，基于工作过程的任务驱动学习 | 双师型教师及企业兼职教师负责课程设计 | 珠海市港口管理局 |
| 国际贸易实务 | | | | 自贸、港口、航空管理处 |
| 商品归类实务 | | | | 物流货代企业 |
| 供应链与采购实务 | | | | 外贸公司 |
| 仓储配送与管理 | | | | 报关行 |
| 配送运作与管理 | | | | 工贸企业 |
| …… | | | | 供应链公司…… |

## （四）创新国际物流人才培养模式

珠海市具有临海的优势，又是21世纪“海上丝绸之路”的重要节点城市，培养国际物流人才势在必行。国际物流系统（国际货物运输、仓储、检验、包装、信息管理5大子系统）的各业务环节岗位有相应的业务技能，并且随着岗位能力要求的提升构成3层阶梯式形态，组成国际物流人才培养规格体系，具体包括作业层（仓管员、配运员、数据处理员、信息技术员、采购员等）、管理层（物流主管、配运主管、仓管主管、信息主管等）和规划层（供应链规划负责人、国际物流企业高管等）。

创新国际物流人才培养模式，应基于设计导向、能力本位开展课程体系与实践体系设计。综合运用KAO（知识、能力、素质的并重与并进）模式、CDIO（构思、设计、实施、运行）工程教育模式，培养具备专业技能、职业道德、社会意识与创新精神的国际物流创新型人才。通过国际合作创新国际物流师资培养。通过国际交流（公派出国留学或接受国际物流企业培训等方式）提高教师业务技能和实战经验，构建具有国际视野的人才梯队，通过提供专项经费，委派专业教师赴国外进行国际物流人才培养与交流，提高专业教学质量。

珠海市物流业发展迅速，社会和企业对物流专业人才的需求与日俱增，珠海市物流业要在未来激烈的国际国内商务竞争环境中赢得优势，物流人才是关键。物流人才培养是一个系统工程，珠海市只有明确“人才引入”＋“自主培养”的物流人才培养战略，构建“理论学习、认证学习”＋“企业实战、创新学习”的双轨制的物流人才培养体系，不断探寻与完善物流人才培养模式，才能持续为社会和市场输送与国际接轨的、具有创新和实践能力的高素质物流人才。

## （五）探索专业物流人才培养路径

### 1. 培养专业的仓储物流人才

高校物流专业作为物流管理人才培养的主阵地，应当紧紧围绕现代物流产业人才市场的新要求大胆改革原有的教学模式，不仅只开设物流工程与物流管理两个专业，也可以细分到仓储物流这样的专业，培养专业人才，为仓储产业发展提供更多优秀的毕业生。同时，要加大对现有仓储物流专业师资的培养与配置。要积极吸纳更多物流专业人才进入高校物流教育岗位，高校也可以依托自己专业教育的优势，自己培养仓储物流专业的教育人才。此外，要重视对仓储人员的岗前和岗中培训工作，要充分认识到只有扎实有效的培训，才能够为物流企业的长远发展提供合格的人力资源支持。岗前培训要制定严格的培训机制，对待培训不合格的人员实行“一票否决”的做法，不允许他们能够轻易进入岗位。要建立在职人员岗中培训的长效机制，物流企业可以设立专门从事管理岗位人员培训的机构，定期进行物流管理人员的岗中培训工作，这样才能够提升整个群体的从业素质，让他们顺应整个物流产业的发展对岗位提出的新要求。也要重视把人员的培训实效与他们的考核评价进行挂钩，让物流岗位从业人员积极参与企业组织的各种培训活动。

2. 以技术创新带动商贸物流人才培养

技术创新是珠海现代商贸物流业未来可持续发展的重要基础。珠海市商贸物流业需要开展精细化的管理，促进物流服务的高效、安全发展。结合现代云计算、大数据、物联网等技术，加快信息平台的建设，实现行业全面信息化与智能化发展。政府要在政策上积极鼓励物流企业升级物流运输装备与技术，推动多模式联动发展，更要以政策引导鼓励企业自主创新与研发新的技术，深化产学研融合发展，以市场需求与国际潮流为导向，推广新的物流技术。

商贸物流业技术创新，还需要不断健全现代商贸物流业的人才培养与管理体系。珠海市可以充分发挥临近港澳的优势，通过制定有效的人才引进政策，吸引港澳乃至全球的商贸物流人才，通过他们的加盟带动珠海市商贸物流行业的整体发展。与此同时，创造有利条件加快商贸物流人才基地建设，培养一批开拓创新的科研队伍，建立一支具有国际水准的优秀科技团队，在科技创新实践中培养人才，给珠海市商贸物流的发展增添持续动力。

3. 构建多层级的冷链物流人才培育体系

加大冷链物流基础设施建设，鼓励创新和培养冷链物流人才。政府需要对大型冷藏设施和运输工具、产品质量认证及追溯等重要项目给予必要的引导和扶持，鼓励金融机构对符合条件的农产品冷链物流企业加大融资支持。为了克服单个企业研发和创新能力不足的问题，政府需要牵头企业、高校等进行集中攻关与研制，加强对关键技术和设备的创新与研发。推进创新驱动，提升农业科技支撑水平。加强与国内外农业科研、院校、机构合作，支持华南农业大学新农村研究院珠海分院的建设和发展，大力抓好良种良法的引进、试验、示范和推广；出台珠海市农业科技成果转化实施办法，促进农业科技成果在农业生产中的转化利用；重点扶持水产品育苗场及畜禽良种繁殖基地建设，支持我市裕禾农牧公司实施农业部2017年现代种业，提升工程畜禽良种项目；继续办好广东种业博览会珠海分会场，推动种业交流合作和良种推广应用等。

为了培养冷链物流专业人才，政府需要引导高等院校设置相关学科专业、开设相关课程，推动职业教育、技术培训和继续教育，打造农产品冷链物流行业的人才激励与柔性机制。加快培育新型职业农民。建立教育培训、服务管理、政策扶持“三位一体”的新型职业农民培育体系。建设珠海市大学生农村就业创业指导服务中心，建设完善一批农村实用人才培训基地，依托农业院校、职业学校、农业人才培训基地等平台，大力开展农业管理人才、农技推广人员、农村实用人才和农民职业技能培训。鼓励高校毕业生、中青年农民工返乡创业，实施农村青年致富“领头雁”培养计划和农村实用人才培养计划，鼓励优秀人才到农村服务发展。

## 第三节 物流社团

### 一、珠海市物流商会

#### （一）珠海物流与采购商会

珠海物流与采购商会（以下简称“商会”）是由珠海市从事物流与采购的企业、个人及有关单位自愿组成的、非营利性的、具有社团法人资格的行业管理组织，是珠海市5A级行业协会。

商会已有珠海港集团、南关物流、百安物流、澳沪物流、物资总公司、金轮子北京理工大学珠海学院物流、信禾物流、拱北平安、亿邦达、岐关车路等大型物流企业的加入。北京师范大学珠海分校、北京理工大学珠海学院、珠海城市职业技术学院、珠海高级技工学校、珠海第三职业学校等学校的物流专业也加入了商会。目前商会正在广泛吸纳制造企业以及采购供应企业加入。

商会的职能是为企业提供员工培训、资质认证、信息咨询、业务沟通等服务，同时协调各物流企业间的事务，保证珠海的物流工作能有序地进行等。

#### （二）珠海市进出口商会

珠海市进出口商会（以下简称“商会”）是经市政府批准，由从事进出口贸易和对外经济合作的企业组成的行业组织、社会团体法人，在业务上接受珠海市商务局的指导。

目前，商会有会员企业600多家，其中国有、股份制企业约占9%，中小民营外贸企业约占61%，外商投资企业约占26%，银行、保险、律师、院校占4%左右。该商会努力构建6个服务平台：一是进出口业务服务平台；二是开拓国际市场服务平台；三是外经贸人才培养服务平台；四是公平贸易服务平台；五是信息网络服务平台；六是促进融资信保服务平台。

商会职能主要是组织会员企业参加国内外各类进出口商品展览与展销，扩大出口，树立品牌；为会员企业提供优质全面的法律服务，解决经济纠纷，维护正常贸易秩序；运用信息网络技术积极开展电子商务；开展对外经贸的专业技能培训，培养国际贸易人才；配合海关，税务等部门，做好进出口协调任务等。

以上2个商会是珠海市主要的物流商会，对于珠海市物流的发展起着非常重要的作用。

### 二、珠海市港口协会

珠海市港口协会（以下简称“协会”）是珠海市港口行业协会，成立于2003年11月12日。登记管理机关珠海市民政局；业务指导部门珠海市港口管理局。

协会下设港口保安、港口工程技术、港口引航技术、港口经济4个专业委员会，拥有

47 个会员单位和 39 个个人会员。协会成立以来，不仅圆满地完成了主管部门交办的任务，还在港口安全管理和港口建设项目等前期工作方面，为企业提供大量的技术咨询和职工培训服务，得到了港口企业的广泛肯定。

协会主要职能是将国家有关的行业规定落实到对港口规划的实践当中；协助政府部门协调有关港口之间的经济技术合作，推动港口的技术进步和经营管理水平的提高；开展科技资讯并组织港口行业专家对港口建设项目进行技术评审；根据港口发展的实际需要进行课题研究，提供发展建议作为相关单位的科学参考；开展港口间的信息交流，引进先进经验；协助相关部门开展港口职工培训工作；根据会员单位需要，制定行会行约并监督审查等。

## 三、珠海市水运行业协会

珠海市水运行业协会（以下简称“协会”）于 2004 年 9 月 24 日由珠海市民政局正式批准成立。属非营利性社会组织，具有法人资格，代表水运行业开展各项工作和相关活动。该协会是由在珠海范围内注册登记从事水路运输业、水运服务业、船舶修造业、国际海运辅助业、船舶物资销售业和机电航海通信制造业等单位自愿组成的行业性协会。

目前，协会已有会员 104 个，其中：理事单位 69 家，常务理事单位 23 家，个人会员 22 人。协会内设秘书处、咨询、培训服务中心、运输业委员会、水运服务业委员会和船舶修造业委员会，开展日常工作。协会 2009 年被珠海市民政局评为“3A”级行业协会，可承接政府职能转移和政府购买服务；2011 年被珠海市人力资源和社会保障局评为“2010 年珠海市职业技能大赛最佳组织奖”。在促进珠海市水运行业文明、安全、环保、和谐、稳健发展方面起到了重要作用。

协会的主要职能是组织会员学习国家有关水运发展的方针政策，并积极落实；举行安全生产、优质服务等劳动竞赛活动；加强会员之间的团结协作，共同研究水运业市场经营情况；对影响珠海市水运业发展的问题进行深入调查研究，向政府提出建议；维护行业内的合法经营与正当竞争，加强成员间的信息交流等。

## 四、珠海市交通运输行业协会

珠海市交通运输行业协会（以下简称“协会”）主要由珠海市从事交通运输经营，或与交通运输业务密切相关的企业、事业单位和社团组织自愿组成的非营利性社会组织。是珠海市 5A 级行业协会，是市民政局公示的首批承接政府职能的社会组织。

目前在珠海市范围内，总共有 93 家企业进驻协会。同时，该协会成立了珠海交协经济研究培训服务中心，作为课题研究、行业内培训和对外合作的平台，选拔组成专家委员会专门进行专业咨询、评估评审、课题研究等。

协会职能为开展交通经济研究、业务培训和咨询服务；定期向政府有关部门反映会员的意见和建议；积极参与政府制订规划的有关活动；规范行业与企业的经营行为；组织开展技术合作与交流活动；收集整理披露行业信息；接受委托，承担本市的道路运输企业等级评定，客运市场供求状况调查等。

# 第三篇

## 专业物流

# 第八章　港口物流

在现代物流业发展过程中，港口是交通综合运输链的主要环节。珠海港是中国沿海主要港口之一，是广东省及中国西南地区参与国际经济合作和竞争的重要战略资源、是珠江—西江经济带沿线地区发展外向型经济的重要依托、是珠海市强化珠江西岸核心城市辐射、服务能力和发展港产业的重要基础设施。随着“西江黄金水道”高等级航道的建设，广珠铁路的建成，临港先进装备制造业的集聚，国家南海开发战略的持续推进，国家“一带一路”倡议和“珠江—西江经济带发展规划”的实施，港珠澳大桥的即将通车以及粤港澳大湾区的建设，都为珠海港口带来了发展的良机，珠海港也成为广东省发展最快和最具竞争力的港口之一。

## 第一节　港口物流现状

珠海港现已形成以高栏港区为主，洪湾、万山港区为辅，九洲、斗门、香洲、唐家港区为补充，大、中、小泊位相互配合，专业化泊位与通用泊位相互补充的“一港七区”布局。

### 一、珠海港口物流发展现状

“十二五”期间，珠海港计划投资约150亿元，实际完成投资139亿元，完成计划投资的92.7%；2016年是“十三五”的开局之年，珠海港积极推进重大港口项目建设，全年港口项目建设计划投资6.3亿元，完成投资7.16亿元，完成年度投资计划的113.6%。

#### （一）港口物流基础设施建设现状

1. 泊位通过能力现状

2016年，珠海港生产性泊位147个，生产性泊位总长17266米；泊位通过能力达15278万吨，集装箱泊位通过能力188万TEU，客运泊位通过能力946万人次。生产性泊位明细分别按港区和用途列于表8－1和表8－2。

**表 8－1　2016 年珠海港分港区生产性泊位及设计年通过能力汇总**

| 港区 | 泊位总长（米） | 泊位总数（个） | 10 万～15 万吨级以上泊位 | 5 万～10 万吨级泊位 | 1 万～5 万吨级泊位 | 万吨以下，沿海 1000 吨、内河 300 吨以上泊位 | 沿海 1000 吨、内河 300 吨以下 | 设计年通过能力 | | | | |
|---|---|---|---|---|---|---|---|---|---|---|---|---|
| | | | | | | | | 总通过能力（万吨） | 散货、件杂货（万吨） | 集装箱（万 TEU） | 旅客（万吨） | 旅客（万人） |
| 高栏 | 12198 | 61 | 6 | 13 | 7 | 33 | 2 | 13716 | 12764 | 119 | 952 | 0 |
| 九洲 | 679 | 14 | 0 | 0 | 0 | 0 | 14 | 0 | 0 | 0 | 0 | 700 |
| 洪湾 | 1814 | 30 | 0 | 0 | 0 | 13 | 17 | 710 | 334.6 | 47 | 376 | 90 |
| 斗门 | 1038 | 19 | 0 | 0 | 0 | 8 | 11 | 470 | 302 | 21 | 168 | 10 |
| 万山 | 1053 | 15 | 1 | 0 | 0 | 2 | 12 | 285 | 277 | 1 | 8 | 86 |
| 唐家 | 344 | 5 | 0 | 0 | 0 | 3 | 2 | 95 | 95 | 0 | 0 | 0 |
| 香洲 | 140 | 3 | 0 | 0 | 0 | 0 | 3 | 2 | 2 | 0 | 0 | 60 |
| 合计 | 17266 | 147 | 7 | 13 | 7 | 59 | 61 | 15278 | 13774 | 188 | 1504 | 946 |

注：集装箱通过能力按 8 吨/TEU 折算。

资料来源：2016 年珠海市港口发展报告。

**表 8－2　2016 年珠海港分用途生产性泊位及设计年通过能力汇总**

| 用途 | 泊位总长（米） | 泊位总数（个） | 10 万～15 万吨级以上泊位 | 5 万～10 万吨级泊位 | 1 万～5 万吨级泊位 | 万吨以下，沿海 1000 吨、内河 300 吨以上泊位 | 沿海 1000 吨、内河 300 吨以下 | 设计年通过能力 | | | | |
|---|---|---|---|---|---|---|---|---|---|---|---|---|
| | | | | | | | | 总通过能力（万吨） | 散货、件杂货（万吨） | 集装箱（万 TEU） | 旅客（万吨） | 旅客（万人） |
| 液体散货 | 6793 | 40 | 2 | 8 | 4 | 23 | 3 | 4486 | 4486 | 0 | 0 | 0 |
| 多用途 | 2620 | 23 | 0 | 0 | 3 | 13 | 7 | 1612 | 796 | 102 | 816 | 0 |
| 集装箱 | 934 | 4 | 0 | 2 | 0 | 2 | 0 | 688 | 0 | 86 | 688 | 0 |
| 干散货 | 4068 | 25 | 5 | 3 | 0 | 12 | 5 | 8113 | 8113 | 0 | 0 | 0 |
| 件杂货 | 1261 | 16 | 0 | 0 | 0 | 8 | 8 | 377 | 377 | | | |
| 客运及陆岛交通 | 1590 | 39 | 0 | 0 | 0 | 1 | 38 | 2 | 2 | 0 | 0 | 946 |
| 合计 | 17266 | 147 | 7 | 13 | 7 | 59 | 61 | 15278 | 13774 | 188 | 1504 | 946 |

注：集装箱通过能力按 8 吨/TEU 折算。

资料来源：2016 年珠海市港口发展报告。

### 2. 库场堆存能力现状

“十二五”期末，珠海港拥有的各类库场包括仓库 128.08 万平方米，储罐 316.98 万立方米，堆场 160.03 万平方米，非生产性库场 4.98 万平方米，具体见表 8－3。2016 年，珠海港已投入运行储罐数量303个，罐容351.3万立方米，在建储罐数量86个，储容107.6万立方米。

**表8-3 2015年珠海港各类库场设施统计表**

| 库场类型 | 总面积/总容积（万平方米/万立方米） | 总容量（万吨/万TEU） |
|---|---|---|
| （一）仓库 | 128.08 | 192.12 |
| （二）储罐 | 316.98 | 266.26 |
| 其中：成品油库 | 172.75 | 146.83 |
| （三）堆场 | 160.03 | 508.69 |
| 其中：煤堆场 | 98.90 | 320.00 |
| 集装箱堆场 | 44.75 | 4.73 |
| （四）非生产用库场 | 4.98 | 11.2 |
| 合计堆存能力 | 仓库及堆场面积：293.09万平方米<br>储罐容积：316.98万立方米 | 货物978.27万吨<br>集装箱4.73万TEU |

资料来源：珠海港口发展“十三五”规划。

3. 临港物流园区建设现状

随着珠海市经济总量及其临港产业的不断壮大，对港口物流业的需求也在不断增长，临港物流园区已具雏形。目前，正以推动申报高栏港综合保税区为重点，推进煤炭、钢材及加工、液体化工品、建筑材料、铁路等5个临港物流园和珠海南方能源化工品（现货）交易市场建设工作，构建起全港“5+1”现代临港物流体系。

广珠铁路西站物流园和斗门物流园正在加紧规划建设，22万平方米的珠海港汇通物流园，一期1.5万平方米已于2011年11月投入使用，二期2.5万平方米已于2014年4月建成。

## （二）港口物流集疏运体系建设现状

珠海市作为珠江口西岸核心城市和交通枢纽，“十二五”期间，水路、公路、铁路、航空、管道集疏运体系日趋完善，综合运输枢纽功能显著提升，江海联运、海铁联运、空海联运等多式联运优势日益凸显。

1. 水路集疏运

珠江三角洲地区内河水网密布，在货物集疏运中发挥着重要作用。西江作为沟通珠海港与西江沿线港口腹地的纽带，是珠海港实现江海联运的主要水运通道。

珠海港目前共开通集装箱班轮航线60条，其中国际航线25条（内支线9条），分别通往泰国、越南、日本、中国香港、中国澳门、中国台湾等国家和地区；沿海干线15条，通往海口、日照、厦门、大连、连云港、青岛、烟台、太仓、宁波、泉州、上海、营口、天津、钦州等全国沿海主要港口；西江驳船支线20条，通往贵港、梧州、新会、黄埔、南沙、高明、佛山、小榄、中山、虎门、云浮、肇庆、阳江等西江沿线主要港口。

2. 公路集疏运

随着高栏港高速的建成和港珠澳大桥、港珠澳大桥西延线的建设推进，珠海港与西部沿海高速、江珠高速、广珠西线高速、太澳高速、京珠高速、京港澳（京珠）高速等主要高速路网联通，公路集疏运可直达粤西和港澳地区。近年来，珠海港大力发展甩挂运输，2014 年甩挂运输量达 195 万吨，较传统模式节省时间 30% 以上，提高运输效率近 50%。

3. 铁路集疏运

2012 年底，设计年运量 6000 万吨的广珠铁路全线贯通，将珠海直接连入京广大动脉及全国铁路网，打通了珠三角西翼海铁联运的北上南下通道，形成了珠海货物对外运输主通道，进一步激活了以发展能源装卸为核心业务的珠海港及西江流域粤、桂、滇、黔江海联运港口群。2014 年珠海港深化与沿铁区域的合作，实现港口铁路货运量 237 万吨，同比增长 135%，并与黔南州政府签订国际陆港合作战略协议。2015 年珠海高栏港铁路股份有限公司已完成高栏港疏港铁路专用线一期工程建设，并启动了集装箱发运装车站的建设。

4. 管道集疏运

管道运输是珠海综合运输体系的重要组成部分，对于落实国家能源发展战略，服务珠海市、珠江—西江经济带及其他腹地经济社会发展，提升港口集疏运便捷程度均有着重要支撑作用。珠海市已建成和正在建设的输送管道项目包括：珠海—中山首条天然气管道项目、珠海 LNG 项目管道工程、高栏港—江门成品油管道工程、南海天然气陆上终端项目。

## （三）港口物流生产经营现状

1. 港口生产完成情况

“十二五”期间，珠海港货物吞吐量和集装箱吞吐量分别实现了年均 13.1% 和 13.9% 的快速增长，其中高栏港区货物吞吐量和集装箱吞吐量的增速分别高达 17.8% 和 61.8%。截至 2016 年底，珠海港完成货物吞吐量 11778 万吨，较去年同期增长 5.1%，连续 4 年吞吐量突破亿吨。其中外贸货物 2523 万吨，比去年同期增长 21.6%；完成港口集装箱吞吐量 165 万 TEU，同比增长 23.6%。西江流域驳船支线共完成吞吐量 2826 万吨，同比增长 22.7%。港口铁路专用线累计发送货物 478.8 万吨，同比增长 66.3%。2010—2016 年珠海港分港区生产完成情况见表 8－4。

表 8－4 2010—2016 年珠海港分港区吞吐量完成情况一览表

| 港区 | 指标项目 | 计算单位 | 2010 年完成量 | 2011 年完成量 | 2012 年完成量 | 2013 年完成量 | 2014 年完成量 | 2015 年完成量 | 2016 年完成量 |
|---|---|---|---|---|---|---|---|---|---|
| 合计 | 货物吞吐量 | 吨 | 60，562，749 | 71，699，747 | 77，454，429 | 100，229，764 | 107，031，031 | 112，087，838 | 117，787，398 |
| | 集装箱吞吐量 | TEU | 702，740 | 814，875 | 812，840 | 881，122 | 1，176，721 | 1，337，679 | 1，653，519 |
| 高栏 | 货物吞吐量 | 吨 | 31，181，288 | 35，297，218 | 38，830，563 | 53，173，964 | 65，540，410 | 70，622，451 | 91，696，934 |
| | 集装箱吞吐量 | TEU | 77，871 | 132，179 | 228，554 | 347，096 | 674，684 | 863，276 | 1，185，638 |
| 九洲 | 货物吞吐量 | 吨 | 2，120，306 | 1，927，145 | 1，680，499 | 1，523，315 | 1，439，465 | 924，541 | — |
| | 集装箱吞吐量 | TEU | 339，372 | 309，205 | 273，146 | 252，190 | 242，934 | 151，435 | — |
| 香洲 | 货物吞吐量 | 吨 | 364，734 | 408，606 | 340，229 | 276，132 | 219，341 | 104，483 | — |
| | 集装箱吞吐量 | TEU | 27，866 | 32，170 | 30，815 | 25，070 | 20，761 | 10，552 | — |
| 唐家 | 货物吞吐量 | 吨 | 199，407 | 100，040 | 178，328 | 211，230 | 54，250 | 25，950 | — |
| 万山 | 货物吞吐量 | 吨 | 1，522，833 | 1，335，710 | 1，238，238 | 1，299，923 | 8，309，310 | 6，237，644 | 374，150 |
| 斗门 | 货物吞吐量 | 吨 | 10，510，943 | 11，548，202 | 10，485，928 | 18，101，603 | 20，479，325 | 18，791，523 | 13，770，795 |
| | 集装箱吞吐量 | TEU | 105，210 | 89，045 | 69，832 | 75，198 | 63，322 | 67，897 | 60，178 |
| 洪湾 | 货物吞吐量 | 吨 | 14，663，238 | 21，082，826 | 24，700，644 | 25，643，597 | 10，988，930 | 15，381，246 | 11，945，519 |
| | 集装箱吞吐量 | TEU | 152，423 | 252，276 | 210，492 | 181，568 | 175，020 | 244，519 | 407，703 |

2. 港口分货完成情况

珠海港的主要货种是油气化工原料、干散货和集装箱。2016 年，全港完成油气、煤炭、矿建材料、集装箱等货类 9912 万吨，占全港吞吐量的 84.2%，其中：煤炭 4082 万吨，所占比重为 34.7%；油气化工 1500 万吨，所占比重为 12.7%；矿石 1588 万吨，所占比重为 13.5%；集装箱 2742 万吨（165 万 TEU），所占比重为 23.3%。2010—2016 年珠海港分货类吞吐量及旅客吞吐量完成情况见表 8－5。

**表 8－5　2010—2016 年珠海港分货类吞吐量完成情况**

| 年份 | 2010 | 2011 | 2012 | 2013 | 2014 | 2015 | 2016 |
|---|---|---|---|---|---|---|---|
| 货物吞吐量总计（万吨） | 6056.27 | 7169.97 | 7745.44 | 10022.98 | 10703.1 | 11208.78 | 11778.74 |
| 一、集装箱箱量（万 TEU） | 70.27 | 81.49 | 81.28 | 88.11 | 117.67 | 133.77 | 165.35 |
| 吞吐量（万吨） | 436.2 | 516.09 | 628.38 | 876.71 | 1496.17 | 1719.73 | 2742 |
| 二、主要货种吞吐量（万吨） | | | | | | | |
| 1. 煤炭及制品 | 1324.33 | 1483.42 | 1621.85 | 2554.43 | 3179.15 | 2933.55 | 40816.00 |
| 2. 石油天然气及制品 | 1209.99 | 1226.72 | 1049.51 | 1254.77 | 830.85 | 969.70 | 1022.08 |
| 其中：成品油 | 1054.40 | 1055.03 | 835.93 | 948.94 | 618.34 | 724.70 | 676.16 |
| 液化气天然气 | 155.60 | 171.69 | 162.31 | 188.21 | 210.86 | 243.7 | 345.91 |
| 3. 金属矿石 | 142.14 | 170.44 | 367.61 | 447.99 | 942.37 | 986.1 | 975.87 |
| 其中：铁矿石 | 139.72 | 167.24 | 366.04 | 447.27 | 942.37 | 976.55 | — |
| 4. 矿建材料 | 1997.48 | 2777.64 | 3023.25 | 3751.71 | 3055.75 | 3104.37 | 1623.24 |
| 5. 化工原料及制品 | 350.22 | 386.98 | 382.50 | 363.37 | 259.45 | 357.52 | 478.36 |
| 6. 其他货类 | 595.91 | 608.68 | 672.34 | 774 | 939.36 | 1137.81 | — |

资料来源：2010—2016 年珠海港口发展公报。

## 二、珠海临港物流产业发展存在的问题

### （一）港口物流资源缺乏

珠海港的主要货种是油气化工原料、干散货和集装箱，现有的物流服务主要依赖码头前沿堆场，而珠海港的码头多属于企业专用码头，各类库场堆存能力有限，堆存时间不长，堆场种类不多。各码头企业均围绕各自的业务需求自行承担装卸、仓储等基本物流服务，珠海港口物流资源明显跟不上临港产业发展速度，服务能力严重滞后，还没有建立起以临港产业为特色的专业化的港口物流服务体系。其中珠海港物流发展有限公司算是第三方物流企业中的佼佼者，该公司是珠海首家且唯一具有国家 5A 资质、规模最大、实力最为雄厚的第三方物流企业。公司位于珠海高栏港区的汇通物流园，规划建设总用地面积 22 万平方米，以国家一级货运站场标准设计。公司下属企业珠海港航运有限公司，主要从事国内船舶普通货物运输，国内货物运输代理业务等。

### （二）港口物流服务水平较低

在经济全球化的今天，激烈的竞争要求港口物流企业能够提供全球一体化物流服务。

而珠海港现阶段缺少能吸引高端物流企业进驻和成规模开展专业化物流服务的用地保障，港口物流企业服务质量不高，服务类型单一，仍停留在传统模式，即以运输、报关、租船订舱、货物装卸等单项或分段式服务为主，缺乏增值服务，不寻求整个行业的延伸发展，难以形成一体化的综合物流服务。以珠海港物流发展有限公司为代表的保税 VMI 服务模式已经代表了珠海港口物流业的最高水平。此外，信息化程度相对较低、信息管理相对落后，不能满足临港物流综合服务的需求及专业化要求。珠海港信息化建设仍处于起步阶段，正加快推进“珠海港综合电子物流平台”项目建设，该平台涵盖市场拓展、码头信息化建设、航线完善、物流平台建设、智慧港口社区、保税物流等多个方面。

## 第二节 港口物流发展趋势

随着港口物流业竞争越来越激烈，珠海港口物流业的发展趋势呈现如下特点：

### 一、专业性

专业化是港口物流业未来发展的重要方向，有助于行业核心竞争优势的构建。港口要发挥和体现自身的独特优势，需以港口为中心，以物流为途径，结合临港产业需求提供合适的物流配套服务。以荷兰的鹿特丹港为例，它以港口为核心，新航道为主轴，港池多采用挖入式，排列在主航道两侧，形成一系列专业的原油、液体货、干散货、集装箱和多用途码头，任何货种都能与之匹配。结合由港口、公路、铁路、内河、管道与城市交通系统和机场组成的集疏运体系，全面覆盖腹地的所有客户需求。

### 二、灵活性

港口物流企业应该能够根据产业特性、物流需求制定出针对单个客户的定制化物流解决方案。港口的灵活性能够适应货主或者是承运人的需要，及时有效的处理小批量、多种类、周期短的物流业务。新加坡港最重要的特点就是港口物流服务的灵活性，服务具有柔性化且能提供多种增值服务，如提供运输物流、信息、供应链解决方案和海运代理等多种增值服务。新加坡港的物流企业利用自身的技术，开发了虚拟仓储管理系统，有效帮助客户提高仓储响应的速度，为客户节省成本、增加利润，提高了整个供应链的服务价值。

### 三、规模化

随着港口专业化、大型化发展，企业需整合港口资源，利用规模化生产降低物流成本，从而提高整个港口物流体系的竞争力。运用行业标准化作业流程、专业的管理与信息手段等多重规范，帮助客户实现规模化生产，从而达到整体上的成本最优、质量最高的服务。鹿特丹港拥有整个欧洲最大的集装箱码头，也是自动化程度最高的港口，其装卸过程实现全电脑控制，并且拥有专业化和规模化的物流中心，分别为特殊货种的客户提供大宗产品，如钢材、石油、化工等的行业标准物流服务。

### 四、协作化

港口物流服务是一个系统、庞大的体系，成功的港口物流体系绝不是一个企业或者个人打造起来的，而是靠多个企业或多个港口联盟做大做强，通过加强与盟友的合作与联动，建立港口物流战略联盟，能够有效建立整个体系的竞争优势。例如，美国的洛杉矶港，它积极寻求广泛的合作与联盟，围绕不同需求的物流特定服务，在一批生产企业中搭建许多物流联盟，联盟范围日益广泛，超越了传统的业务范围，并将联盟扩展到了国际政府组织。国内，青岛港与中石化实行强强联合，既让青岛港增强了市场竞争力，又使中石化在华东地区形成了进口原油物流链，实现了双赢。

### 五、信息化

不少港口物流企业凭借先进的信息设备和技术能够实现装卸、搬运、加工、仓储等环节的可视化、自动化、无纸化操作。例如，洛杉矶港南加州码头，利用革新的无线射频技术、实时定位系统能自动搜集客户的集装箱数据，极大方便了集装箱数据采集及搜索速度及准确率。

## 第三节　珠海港口物流发展对策建议

### 一、影响珠海港口物流发展的主要因素

#### （一）政策因素

1. “十三五”规划

《中华人民共和国国民经济和社会发展第十三个五年规划纲要》（以下简称“十三五”规划）是新的党中央领导集体编制的第一个五年规划。“十三五”时期是中国现代化建设进程中非常关键的5年，是实现党的十八大提出的“两个百年”目标中第一个百年目标——全面建成小康社会的最后一个5年规划。

国家“十三五”规划中与珠海港口发展密切相关的有：

（1）规划提出畅通“一带一路”经济走廊的战略，推动中蒙俄、中国—中亚—西亚、中国—中南半岛、新亚欧大陆桥、中巴、孟中印缅等国际经济合作走廊建设，推进与周边国家基础设施互联互通，共同构建连接亚洲各区域以及亚欧非之间的基础设施网络。在“一带一路”建设中，珠海有着十分重要的战略地位及显著的地理区位优势，将在下文单独进行分析。

（2）规划提出完善现代综合交通运输体系，其中着重说明构建内通外联的运输通道网络。珠海港作为一个联通内外的重要枢纽，应当认识到自身的地理位置优势，并充分利用好这一优势。响应国家发展战略契机，完成好自己这一角色背景下的任务。

（3）规划提出要深化内地与港澳合作。珠海港毗邻中国澳门，在衔接大陆与港澳中间

发挥着不容小觑的作用。

国家“十三五”规划为珠海港的发展带来了机遇，广东省政府、珠海市政府也都结合自身实际情况，响应国家号召，制定出各自的发展目标，其中珠海港被视作重要发展对象。珠海港应当发掘政策带来的发展机遇，立足优势，实现更好的突破和发展。

2. “一带一路”倡议

“一带一路”倡议的提出对于珠海港的发展将产生巨大影响。从地理位置上看，珠海面向南海、通达大洋，对外联系交流优势明显，成为古代海上丝绸之路的重要节点。在新时期“一带一路”开放格局中，珠海有基础、也有条件发挥更为重要的作用。如果珠海港能够充分利用这一条件，借助优势发展经济，以海洋经济带动内地经济，“以港兴市”不再是奢望。2015 年 6 月 3 日，广东省在全国率先出台了《广东省参与建设“一带一路”的实施方案》。珠海市在 21 世纪“海上丝绸之路”建设中已抢占先机，珠海港与巴基斯坦瓜达尔港建立了友好合作关系，与贵州省合作建设贯通国家大西南区的贵州国际陆港，通过此举措将珠海港建设成为海上通道重要支点。

珠海港以其区位优势成为陆上、海上丝绸之路的重要节点，但当务之急，珠海港要考虑如何与周边的其他港口错位发展，在珠江三角洲地区港口群中如何凸显个体优势，在获得自身发展成效的同时，又能为珠江三角洲地区整体运转做出贡献，实现利益共同化、最大化。

3. 横琴自贸区

横琴自贸区作为广东自贸区的三大自贸片区之一，其自贸区相关政策及措施必将带动港口、航运、保税物流、商贸、金融、信息服务等相关产业的发展。具体表现为带动经济贸易发展，增加珠海港货物吞吐量、提高口岸通关效率，增强港口竞争力、延伸港口产业链，加速港口转型升级、对接“一带一路”建设，加快港口区域化进程等。珠海港口需制定相关策略以实现与横琴自贸区联动发展，使港口发展取得质的飞跃。

4. “以港兴市”战略

2008 年，珠海市政府在工作报告中明确提出要实施“以港兴市”战略，期望以港口发展带动城市经济发展。“以港兴市”战略订立以来，珠海港备受重视，珠海市委市政府对港口进行大力度扶持，航线补贴、集装箱补贴、行政审批绿色通道等政策一应俱全，信息化建设同时被纳入智能城市建设的一部分，港口物流业正处于一个“优生优养”的政策环境中。

## （二）交通运输因素

1. 西江黄金水道

西江流经广西、云南、贵州和广东四省，是中国重要的水上通道之一。珠海港位于西江东南出海口，是西江流域唯一的天然深水海港，具备大型集装箱码头和大宗散货码头，为沿江各港提供了便捷、经济的出海通道。目前，在国家开发西江黄金水道，西江沿岸港口积极发展港口物流以及珠海港基础设施日益完善、航线增多的背景下，珠海港可以通过与沿岸港口成立战略联盟、建立相关部门协调机制、完善航运设施，打造优良港口，打通与内陆地区的联系，延伸腹地至西江沿岸，吸引游移货物，获取更广阔的发展空间，从而实现散货和集装箱运输量的提高。

2. 深中通道

深中通道是连接广东省深圳市和中山市的大桥，是世界级超大的“桥、岛、隧、地下互通”集群工程，路线起于广深沿江高速机场互通立交，与深圳侧连接线对接，向西跨越珠江口，在中山市翠亨新区马鞍岛上岸，终于横门，全长 24 公里。2023 年深中通道建成后，深圳到中山的时间将由现在 2 小时缩短到 30 分钟左右，中山三乡、坦洲到深圳盐田港的物流运费也将大大降低，为中山经济快速发展提供了基础。但中山的工业发展为珠海港提供源源不断的运输货源，倘若现在运往深圳港口更具有价格优势，这就意味着缺乏现实竞争力的珠海港会因此失去大量的可运输货物。

3. 广珠铁路

广珠铁路全长 187 公里，连通广州、佛山、江门、珠海四市。广珠铁路北起广州市三眼桥火车站，通过广州铁路枢纽与京广、广深、广茂、广梅汕铁路相连接，沿线设有 9 个停靠站，终点为珠海高栏港区，设计年货运量 6000 万吨。广珠铁路有效建立起珠海港与内地铁路网的连接，拓展珠海港的经济腹地，通过海铁联运接受内地经济发展释放出的规模化能量，加大大宗货物的集散，有助于节约物流成本，从而直接影响珠海港的吞吐量和珠海市经济发展。

4. 港珠澳大桥

港珠澳大桥起点是中国香港大屿山，经大澳，跨越珠江口，最后分成“Y”形，一端连接珠海，一端连接中国澳门。随着港珠澳大桥通车，珠海将会成为连接粤港澳的最便利物流节点之一，使珠海从过去地理位置上的交通终点，彻底转变成一个连接珠三角西部城市乃至大西南云、贵、川与中国香港往来的交通枢纽，带动珠海物流及相关产业的发展。但从另一个角度思考，珠海港口、中国香港港口、中国澳门港口彼此之间的距离一旦缩小，倘若办理过境手续更为容易，货物更有可能流向中国香港，对珠海港可能间接带来货源的损失。

对此，珠海港应进一步完善与口岸物流相关的法律、法规，努力与国际惯例接轨。要在加强海关进出口监督、提高口岸各项管理职能的同时，强化职能部门的服务意识，尽量简化手续，缩短通关时间，方便企业合法进出。同时也应不断优化资源整合、实现优势互补、协调差异化发展，形成港区的规模化、集约化、高效化。珠海港在大型干散货、油气化工品码头方面有明显优势，随着港珠澳一体化建设的发展，资源和机制的融合，港口间的分工与合作将会更加深入，大湾区的建设将带来通关政策的便利化和进出口贸易货物的大幅增长，也将推动珠海港口业务的进一步发展。珠海港应结合珠海市及广东省西部产业结构的调整，在大湾区港口群竞争中找到自己的发展特色路线，在与其他港口的竞争中形成自己的相对优势。争取用好自身优势、追赶差距、参与合作与竞争、获得更好的发展。

## 二、珠海港口物流发展对策和建议

### （一）构建国际物流服务网络体系

在海向延伸方面，在政府的主导下，以与瓜达尔港的合作和巴西维多利亚港直航为切入点，推进珠海港与新海上丝绸之路沿线港口结成合作联盟，扩大对外合作。通过进一步加强与航运公司的合作，积极探索通过多种途径掌控内外贸航运资源，大力发展国际货物中转、采购、配送、转口贸易等国际物流业务。通过积极开发国际航线、内支线业务，大力拓展内外贸精品班轮航线，打通内外贸物流海向通道，初步实现海向通道网络化运营。使珠海港发展成为对接中巴经济走廊及南亚、西亚、拉美市场，沟通国际航运市场的区域性国际物流中心。

在陆向通道方面，大力发展海铁联运业务。拓展班列运营模式，远距离铁路运输采取“五定”（定点、定线、定车次、定时、定价）班列模式，中短途运输采取固定车底的“小班列”循环运转模式，积极扩大装箱货物品类。与航运公司大力合作推行国际多式联运模式，积极配合调运海运箱进入内陆并实施相应优惠政策。全面提升珠海港海铁联运操作效率，提高海铁联运灵活性。同时加快发展港外汽运业务，努力形成新的内陆物流通道。

推进“内陆港”建设，积极开拓港口腹地。“内陆港”是在沿海港口贸易量发展到一定阶段后货源供不应求的情况下产生的，其功能作用相当于港口在内陆地区设置的一个物流中心，对拓展港口陆向腹地、推动海铁联运发展、促进内陆地区经济发展和港口实力提升，有着显著的作用。为此，珠海港应把发展“内陆港”作为开拓物流业务、确保集装箱运输量持续增长的一项重要举措。珠海港应积极探索在条件成熟的内陆地区加大投入，购置必要的资源，在“十三五”期末基本完成“内陆港”物流节点的整体布局，在条件成熟的“内陆港”，探索成立区域物流公司以拓展当地物流市场。与“内陆港”加强沟通与协调，构建联动发展的信任机制和利益共享机制，在此基础上建立风险共担机制，使联动发展达到最优。在联动发展过程中，珠海港应给予各“内陆港”更多的技术、资金、信息等多方面的支持，积极帮助“内陆港”引进船代、货代公司，使“内陆港”开展港口特有的专业化服务，真正体现“内陆港”作为海港在内陆地区功能的延伸，充分实现“内陆港”的价值。

### （二）大力发展临港高端物流业

当前港口经济的竞争，在很大程度上取决于现代物流尤其是物流链的竞争。政府应在充分发挥引导、协调和服务等职能的前提下，强化对现代高端物流业的规划和开发，大力拓展现代物流业。切实加大在土地、工商税务、财政金融政策方面对港口物流的扶持力度，加强产业配套，把发展临港现代物流业与发展临港工业、国际贸易等产业结合，促进港口物流功能提升，带动临港产业的发展。拓展延伸供应链，形成一个以港区及辐射地域为服务对象的综合物流网络，形成珠海港口经济发展的新优势和新亮点，加快向“第三代港口”转变的进程。扶持一批高端制造企业和物流公司，以“初期引进，后期培育”作为发展策略，吸引世界著名的高端物流企业进驻，为珠海港高端物流市场注入国际先进服务网络，再通过合作、融合方式将本地物流企业推向市场。重点发展保税物流、保税仓储、保税加工及贸易展示等综合服务，打造大宗保税商品仓储、交易平台，形成珠江口西岸大宗保税商品集散中心。突破单一的保税仓储功能，发展进区退税、国际转口贸易、国际中转、国际采购和分销及配送等业务，以此带动临港加工、国际货运代理、金融、保险等关联产业发展，将高栏港区打造成珠江西岸地区最大的国际物流中心、国际采购中心和保税加工中心。

## （三）建设大型临港物流园区

一是统筹珠海港临港物流园区与港口规划，明确园区发展定位与方向。临港物流园区规划在发展定位方面，应充分考虑珠海港的经济发展、产业升级、集疏运体系建设，以及服务国家、省、市发展战略的要求。结合珠海港主要货种需求、港口条件，统筹功能板块布局，制定园区建设发展的保障措施。制定严格合理的管理制度，完善港口综合服务功能，建立运作规范、公正独立的专业化港口物流高端服务市场。

二是要加快临港物流园区基础设施的建设，提供快速、可靠、灵活的综合物流经营服务，实现立体转换、无缝链接，从而吸引各地车辆、货物和大型物流企业、港口企业、大型航运企业等进驻。大力发展交通运输、信息通信、商贸仓储、包装配送、加工、金融等现代综合物流服务，构建快捷高效的商品运输配送体系，逐步形成水陆运输枢纽和商品集散中心，打造珠海港自己的物流服务品牌。

三是引进优质物流企业进驻临港物流园区，对港口及区域物流资源进行整合，优化传统港口物流服务，带动创新型的第三方物流服务产品的发展。通过提供全面的增值服务，提高货物的附加值，吸引外来船只与货物过境。

## （四）强化协作，拓展港口物流功能

一是拓展港口物流供应链的功能。珠海港要充分依托港口优势，延伸海向和陆向物流支撑体系，实现码头设施提供商向港口综合物流经营人的根本性转变，由单一的港口节点服务功能实现向全程物流供应链服务功能的根本转变。珠海港应引进大型物流企业或由珠海港集团，围绕现有大项目，组织和开发生产制造企业及流通企业的供应链，最大限度的完善配套能力，延长产业链，形成相互关联和支持的群落集约优势。例如，2016 年 10 月，珠海港集团与欧洲港口集团签署协议，双方共同出资成立联营公司——珠海欧港（高栏）有限公司，拟共同投资 3.3 亿元人民币建设专业化的纸浆仓库。通过合作，将发挥各自的资源优势，为华南区域内，尤其是粤东部分地区及西江流域的造纸厂商、贸易商搭建专业化的“一站式”物流服务平台，填补华南区域内缺乏纸浆等林木产品专业化物流分拨中心的空白。双方发挥各自资源优势，携手打造华南纸浆物流分拨中心。

二是拓展港口物流网络体系的功能。港口发展的基础性条件是货物的集疏运系统。想要延伸港口经济腹地，提高城市辐射能力，珠海港应积极实施跨区域发展战略，充分发挥西江沿线各港口区位及要素禀赋优势，构建以珠海港为核心，优势互补、错位发展的西江港口联盟网络体系。同时，加快“内陆港”、陆路集疏运、海铁联运、海上干线与支线等体系建设，建立先进、现代化的集疏运网络体系，连通粤北、广西、贵州、云南、湖南等省份，实现珠海港从交通末梢转变为枢纽中心，连接世界经济的港口物流网络化服务的新格局。

### （五）加快港口物流信息化建设

加快珠海港综合电子物流平台建设，通过标准化来实现系统间的数据交换与共享，将物流信息平台连接到货物信息流传递的每个环节。纵向上贯通货主、货代、报关行、堆场、运输企业、海关、检验检疫、码头企业等；横向上连接各联盟港口及腹地。协调珠海市各口岸、相关部门、相关重要行业，将其港口物流业务系统集成于珠海港综合电子物流平台；要重视企业在信息化进程中的推动作用，企业提升港口物流服务建设应给予政策和资金支持；大力推动相关技术标准的统一，以保证信息平台的可兼容性和可延伸性。

# 第九章　口岸物流

口岸物流是20世纪90年代末才出现的新词汇，在学术界，学者们将它称为“一个新的物流理念”，在产业界，业内人士又将它称为“特殊形态下的综合物流体系”。口岸是经国家批准设立，由国家法定机关实施监管，供人员、运输工具、货物、物品合法直接出入境，具备必要隔离设施和查验场所的特定区域。口岸作为国家对外开放的门户，是中国实行对外开放必不可少的关口，是开展国际经贸、人员交往的通道，是展示国家形象的窗口。从物流角度来说，口岸不单是国家对外交往的窗口，还是国际物流的枢纽结点。口岸物流服务体系是口岸城市利用其自身的口岸优势，以先进的软硬件环境为依托，强化其对口岸周边物流活动的辐射能力，突出口岸集货、存货、配货特长的口岸综合服务体系。该体系以口岸产业为基础、以信息技术为支撑、以优化口岸资源整合为目标、以涵盖物流产业链所有环节为特点。随着经济全球化的发展，国家与地区间经济竞争日趋激烈，中国迫切需要在口岸城市大力发展海、陆、空口岸，加强国际经济贸易过程中“商流、物流、信息流”的衔接性，并以此作为中国参与国际与地区经济竞争的战略支点。发展口岸物流，提高经济竞争力，对促进区域经济发展起着重要作用。在进出口国际贸易快速发展的趋势下，研究口岸物流的综合环境，对于降低口岸物流成本、提升口岸物流服务水平、提高口岸物流效率、促进中国外向型经济持续、快速、健康发展都具有非常重要的作用。近年来，口岸物流持续快速发展，并逐渐成为物流中一个不可或缺的重要组成部分。随着进出口贸易总量和进出口贸易额的增加，口岸物流规模迅速扩大，物流园区和物流中心在口岸地区聚集，口岸物流发展形势大好。

珠海具备海港、空港得天独厚的基础条件，随着未来国际航线的开辟和加密，可以充分利用口岸货物集散的优势，以先进的物流服务基础设施、设备为依托，以进出口贸易和转口贸易为支撑、以现代信息技术为手段、以优化物流资源整合为目标，强化口岸周边物流辐射功能，促进口岸物流提升发展。珠海口岸物流的发展，必将为珠海市的经济发展做出重要的贡献，在珠海市物流业的发展中起到极为重要的作用。

## 第一节　口岸物流现状

珠海市区域口岸众多，现有拱北口岸、九洲港口岸、湾仔港轮渡客运口岸、斗门港客运口岸、万山港口岸、横琴口岸、珠海港口岸、珠澳珠澳跨境工业园专用口岸 8 个国家一类口岸和香洲装卸点、桂山装卸点、湾仔装卸点、平沙新码头装卸点、保税区装卸点、新环装卸点、井岸装卸点 7 个二类口岸，开设了旅客查验通道 236 条，车辆通道 36 条，涉外码头和泊位 53 个，已初步形成了一、二类口岸相互补充，东、西部口岸相互兼顾，大陆和海岛口岸相互依托的口岸布局。2016 年 1—12 月，珠海全市口岸出入境人员 1.36 亿人次，同比增加 2.3%；出入境交通工具 403 万辆/艘次，同比增加 0.2%；货运量 1.3 亿吨，同比减少 2.97%；进出口总值 596 亿美元，同比减少 17%；进境关税环节税 94 亿元，同比增加 9.81%。（见图 9－1）

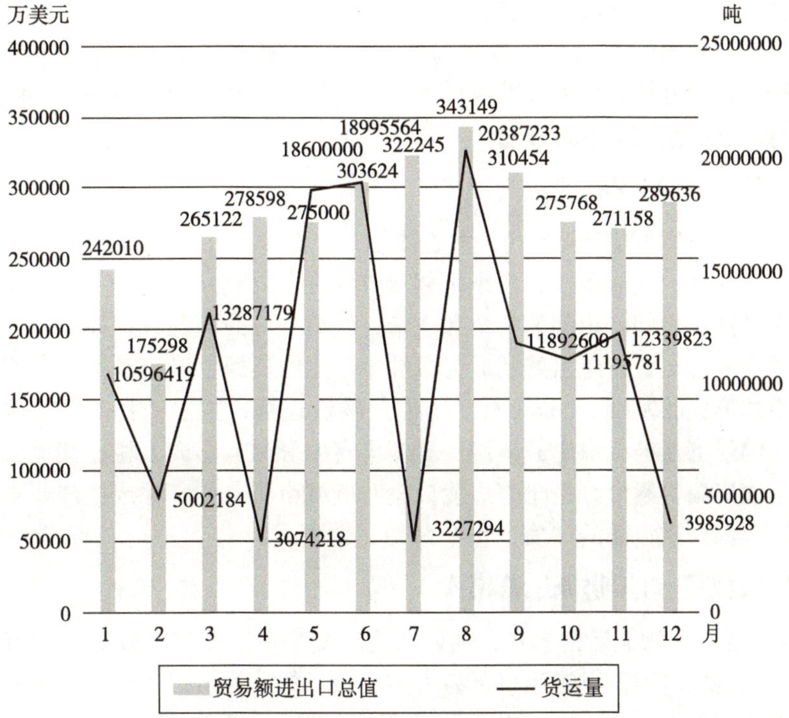


**图 9－1　2016 年 1—12 月珠海市口岸运行（进出境）情况**

## 第二节　口岸物流运营模式

### 一、口岸物流运营的模式与特点

口岸形成的历史基础、自然地理条件、社会经济因素，决定了它们的物流运营模式具有多种不同的类型。按照口岸个体的不同类型，口岸物流运营模式可分为枢纽型、资源型、集贸型、加工基地型、综合型、保税型 6 种模式。

**（一）“枢纽型”口岸物流运营模式**

“枢纽型”的口岸物流运营模式，主要形成于交通条件较好、区位条件优越的口岸，尤其是多种运输方式结合（公路、水路、铁路、航空、管道），便于发展多式联运，具有较强的中转功能。“枢纽型”口岸以良好的交通及特殊的地理位置为基础，承担境内境外货物的中转枢纽，具有功能强大的物流活动聚集区，以进出口的大批量货物集散为其物流模式的主要特征，同时还承担通关报检、检验检疫、货代、保险保税等与跨境物流相关的业务。“枢纽型”口岸的物流运营，主要依托于口岸所处的地理区位与交通条件，口岸境内交通情况、物流节点状况，是否具备货物中转枢纽的优势，主要是具有先天的区位优势，交通条件优越，拥有完善的公路、铁路、水路等发达的交通条件，具有开展多式联运的条件，境内境外交通衔接良好，有作为中转枢纽的能力。货物中转枢纽货运周转量较大，要求货运周转速度快，因此需要高效率、大批量的装卸、搬运设备，并能做好相应的转运衔接，有配套的集疏运基础设施。

**（二）“资源型”口岸物流运营模式**

“资源型”的口岸物流运营模式，主要依托口岸载体城市或毗邻城市丰富的各种资源要素，通过口岸良好的交通条件，实现毗邻双方各种资源要素的流动，达到双方资源互补的目的。口岸是连接毗邻城市间的桥梁和纽带，城市一方的资源禀赋往往是对应一方所需的资源，资源互补性强，口岸恰好就成为毗邻城市之间资源要素流动的物流通道，这也正是此种物流模式形成的基础。“资源型”口岸的物流运营，主要依托口岸载体城市的资源禀赋和区域间的经济互补，口岸载体城市具有丰富的资源，形成了相比其他城市的资源禀赋优势，而这些资源要素恰好是毗邻边境口岸对应城市所需的资源或生产要素，这样就形成了基于口岸资源要素流动的“资源型”物流运营模式。

**（三）“集贸型”口岸物流运营模式**

“集贸型”的口岸物流运营模式，主要从边境贸易发展而来，核心的物流功能还是运输和仓储。初级边境口岸都以进出口贸易为主、转口贸易为辅，产业形态比较单一、物流设施的建设也比较简单。在边境口岸及载体城市区域内，集聚了一定规模的产业组织，这些产业组织对仓储、配送等物流活动形成了大量需求。边境口岸互市贸易区连接国内国外两个市场，互市贸易区内交易市场交易量大，物流活动相对集中且频繁，并且这种物流活动呈现出了多品种、少批量、多批次的特点，逐渐形成了基于边境口岸互市贸易区的集贸型物流模式。口岸处于两国的交界处，两地的政治环境将对其产生重大的影响，政府的政策支持在此种模式下就显得尤为重要。政府的政策包括口岸物流发展促进政策和口岸物流设施供给政策两方面。促进政策包括政府的政策倾斜与投资力度，供给政策则为口岸物流基础设施建设，如运输网络、完善的仓储配送设施、先进的口岸信息网络平台、口岸税收优惠和土地使用优惠政策（如保税物流园区）等。此外，物流业要素市场的支撑，能够有效地促进基于口岸互市贸易区交易市场的商贸型物流模式的高效、规范化管理，促进贸易市场信息服务、交易场所等服务的完善。

**（四）“加工基地型”口岸物流运营模式**

“加工基地型”的口岸物流运营模式，是由于口岸位于生产要素组合的优势区位，具有很强的生产加工功能。这些地区能够集中两国的资金、技术、人力和设备，建立现代化的出口加工业，重点发展资本密集型、技术密集型企业。此种模式以口岸与口岸载体城市的物流一体化为切入点，以物流园区、物流中心等节点为核心，使原来分散的物流资源整合利用以及实现分散的物流量在园区（中心）等地积聚。改变传统运作模式中与边境口岸的多头联系，通过物流园区（中心）等节点与边境口岸衔接，实现区岸联动，使积聚的物流量快速通关。同时，从境外进入的各种生产要素物流通过边境口岸在物流园区（中心）汇聚，以此为中心进行市域配送和区域分拨。在此基础上，进一步发展基于口岸产业供应链一体化的物流模式，口岸连接国内国外两个市场，在口岸的特定区域内形成产业链集群。企业与企业之间在竞合关系的基础上进行集中，形成一种协作性竞争组织。供应商、生产商、代理商、服务商或相关机构形成集群，此种物流模式紧紧围绕以主导产业形成的产业链，能够形成相对稳定的供应链物流关系。基于边境口岸产业供应链一体化的物流模式，利用口岸载体城市的经济基础，合作区内企业高度聚集，聚集的产业之间形成产业链，不同企业的经营活动构成一个完整价值链，每个企业只能在产业价值链上的部分环节有所优势而非全部环节上都有优势，企业只有通过价值优势的合作，才能产生整体收益最大化。因此，边境经济合作区内企业是否具有完整产业链的各种优势，具有合作的前提条件，是选择此种物流模式的基本条件。此外，物流业要素市场和产业规模化亦起到非常重要的作用，物流业要素包括与物流业相关的劳动力、信息咨询、法律、金融与财务等，有了这些相关要素的聚集，就能很快促进相关产业的聚集。在此过程中产业与产业之间、企业与企业之间、产业与政府之间，包括产业与其他的服务组织间形成了正式或非正式的“虚拟联盟网络”，形成合作区内的一种文化和资本，能有效地扩散和传递隐含经验类知识，加速合作区内知识、技术、管理的创新速度。产业规模化主要通过物流业发展状况和主导产业聚集化程度来考察。边境经济合作区内的产业规模可通过相关政策的优惠，如土地、税收政策来吸引企业，并为企业提供各种配套服务。

### （五）“综合型”口岸物流运营模式

“综合型”的口岸物流运营模式，以口岸边境经济合作区为基础，边境经济合作区是指沿边开放城市发展边境贸易和加工出口的区域。此种模式以边境经济合作区内各产业组织为服务对象，为各产业、企业组织供应链物流提供原材料、配套件、中转物品的供给与仓储，半成品专业化、定制化服务，产成品的流通加工及终端配送及区域内各种物流服务。作为一种国际物流场所，包括通关报检、检验检疫、货代、保险保税等与物流相关的服务。基于口岸经济合作区的综合型物流模式依托于口岸经济合作区的经济基础、物流业要素市场和产业的规模化，辅以政策的支持，如政策倾斜、投资力度、基础设施建设及土地税收优惠政策等。

### （六）“保税型”口岸物流运营模式

保税物流是保税业务经营者经海关批准将货物在税收保全状态下，从供应地到需求地的有效流动，包括采购、运输、存储、简单加工、增值服务、检测、分销、配送、流转、调拨等环节，以及为实现这一流动而进行的计划、管理、控制过程。口岸与载体城市经济发展有着天然的经济和社会联系，随着口岸的不断发展，口岸集疏运体系把口岸与整个载体城市联结为一个有机的整体，不仅对口岸所在城市的经济发展产生了深远的影响，而且促进了整个口岸腹地的经济发展。基于口岸综合保税区的保税物流模式主要是区岸联动的保税物流模式。区岸联动是在毗邻保税区的边境口岸划出专门的区域，提供发展保税物流所需的仓储、堆场等物流场所，充分发挥保税区的政策优势和边境口岸的区位优势，简化通关报关手续，加快货物流通，从而带动临岸产业的联动发展。实行区岸联动后，货物过境后就可以直接进行自由储存、重新包装、整理、加工和制造等业务活动。“保税型”的口岸物流运营模式，依托口岸载体城市的经济基础、物流业要素市场和产业的规模化，以口岸综合保税区为前提，综合保税区是设立在内陆地区的具有保税功能的海关特殊监管区域，由海关参照有关规定对综合保税区进行管理，执行保税区的税收和外汇政策。综合保税区是国家给予地方外向型经济发展最为优惠的政策支持，对地方经济社会发展意义重大。依托边境口岸的综合保税区主要包含口岸物流、保税物流、出口加工、生产服务贸易四大功能。

## 二、珠海市口岸物流运营模式的选择

不同的口岸由于其资源禀赋、基础设施条件、地理区位、载体城市及腹地产业结构与布局、与毗邻城市的关联度差异等，表现出不同的沿边经济发展特点。在口岸经济总的发展目标和模式下，需要选择合适的口岸物流发展模式，可从上述的几种典型模式中考虑选择。在选择过程中，要遵循一定的选择原则，以配合发展模式更好地促进经济的发展。

### 1. 政府经济发展政策相统一的原则

口岸的长期规划应该与经济发展政策相匹配，国家或地方政府一般会基于经济进行整体优化，或是国家出于长远战略的考虑而对边境口岸进行特别的规划，在选择其发展模式时要优先考虑这些整体的、长远的发展规划。另外，边境口岸物流发展模式，需要有良好的政策环境支持，才能将该模式的优势充分发挥。

### 2. 边境口岸经济整体最优化原则

物流业作为生产性服务业，其发展以经济的发展为基础，同时经济的协调发展，亦需要物流业的支撑。因此，口岸物流与口岸城市经济之间相互作用、相得益彰。在选择边境口岸物流发展模式的过程中，要用系统的观点，使边境口岸物流各子系统及各组成要素达到内在结构上最优，外在功能上对边境口岸载体城市及腹地经济提供良好的物流支撑，使二者发展的整体效益最大化。

### 3. 运营模式的多样性

从发展的观点来看，边境口岸经济与物流是一个不断发展变化的动态过程，不是一成不变的。因此，在发展变化过程中，边境口岸物流的发展模式会因政策导向而发生变化，或是在发展过程中不断调整发展模式。从另一个角度看，边境口岸可能同时受特殊地理区位、优势产业等多种因素的作用，在区域内形成以某一物流产业发展模式为主，其他发展模式并存的复合型边境口岸物流发展模式，况且这几种边境口岸物流的发展模式是从不同的角度来划分的，其实它们之间也存在较大的关联性。

地理区位是口岸所在的地理位置，是比较固定的因素，也是边境口岸区位优势的体现。因此，在选择边境口岸物流运营模式时，优先考虑“地理区位”这一因素。珠海位于珠江口的西南部，是珠江三角洲中心城市之一，东与中国香港隔海相望，南与中国澳门相连，西邻江门市，北与中山市相邻，是珠江三角洲地区中海洋面积最大、岛屿最多、海岸线最长的城市。2017 年底，港珠澳大桥将具备通车条件，为珠海有效承接中国香港产业辐射，充分发挥珠海的“桥头堡”作用提供了必要的支撑。结合珠海近年来不断提升的交通条件，珠海将逐步拥有完善的公路、铁路、水路、航空等发达的交通运输网络，具有开展多式联运的条件，有作为中转枢纽的能力，因此，珠海口岸物流运营可选择“枢纽型”的模式。

珠海口岸物流在选择“枢纽型”运营模式的同时，还可以考虑“保税型”运营模式。1996 年 11 月 3 日，经国务院批准，设立珠海保税区；2003 年 12 月 5 日，经国务院批准，设立珠澳跨境工业区，保税区位于珠海市的南面，地处横琴新区和十字门商务区的中心位置，与中国澳门隔水相望，离中国澳门莲花口岸仅十分钟车程，距中国澳门码头不到 10 公里，经横琴口岸 10 多公里便可直达中国澳门国际机场，是珠三角产品进入国际市场的一条重要通道。珠海保税区距珠海机场 30 公里，距九洲港集装箱码头 18 公里，距珠海港 45 公里，距中国香港 36 海里，目前珠海每天有十几趟航班往返中国香港及中国香港机场，航程仅 1 个小时，海陆空交通十分便利。港珠澳大桥建成后，将在珠海保税区北门处设立第一个货物出口，届时到中国香港仅需 40 分钟车程。为了吸引更多的企业，珠海保税区内的企业除了可享受国家对经济特区的税收优惠政策外，还可以享受与保税区功能相配套的一系列优惠政策：海关对保税区实行封闭管理，从境外进入保税区和从保税区运往境外的货物，免征关税和进口环节增值税；涉及进出口许可证管理的货物免领许可证；对保税区内企业自用的进口设备、建筑材料及用于加工的料件免征关税和进口环节税，不需设银行保证金台账；保税区企业可保留现汇账户，实行意愿结售汇；境内其他地区货物进入保税区，视同出口；企业可以在保税区内开展保税加工、保税仓储，保税区内的转口货物可以在区内仓库或者区内其他场所进行分级、挑选、刷贴标志、改换包装形式等简单加工；保税区的货物可以在区内企业之间转让、转移；区内企业可以在保税区内举办境外商品和非保税区商品的展示活动。与此同时，围绕如何承接中国香港产业辐射、挖掘大桥承载的各项经济功能、整合珠海的口岸资源、发挥珠海保税区的政策功能优势等，珠海市政府于 2014 年 4 月决定，在港珠澳大桥西人工岛接珠海第一个货车落脚点的洪湾片区建设“珠港澳物流合作园”，并启动珠港澳物流合作园首期——“珠海（保税）洪湾通关综合服务中心”项目。将此打造成为集口岸报关、保税、报检、船代、货代、虚拟口岸、陆路口岸及为机场、港口、公路物流综合配套服务的口岸“窗口”，同时还是电商、快递、展示、交易、采购、结算、信息、甩挂、加工、配送、物联网、培训、商贸旅游和增值服务的综合性物流基地。因此，珠海口岸物流可同时选择“保税型”和“枢纽型”两种运营模式。

## 第三节　口岸物流发展趋势及对策建议

### 一、口岸物流的发展趋势

口岸是国家对外经济和贸易的门户和窗口，也是外贸进出口的通道。不断增长的外贸量，促使中国口岸物流快速发展，口岸物流已成为中国物流的一个重要组成部分。今后口岸物流仍将会有较快发展，主要呈现五大发展趋势。

**（一）口岸物流总体规模将持续增长**

外向型经济的持续发展，必将推动口岸物流总体规模的扩大，口岸特别是沿海大型港口，作为进出口贸易枢纽，对区域经济的带动作用越来越明显，开始成为区域经济发展的“引擎”，并对口岸基础设施建设提出了更高的要求，以共享共用为目标，整合口岸监管设施资源和查验场地。进一步规范口岸查验设施建设、改造、运行维护等资金管理，明确资金来源渠道，加大资金投入力度。利用多种资金渠道，加强边境口岸改造及查验设施建设，改善边境口岸通行条件。统筹使用援外资金，对国际运输大通道所涉及毗邻国家口岸基础和查验设施建设的援助优先予以安排，确保我国与毗邻国家边境口岸通行能力相当以及跨境基础设施互联互通。腹地城市依托口岸优势，建设海关特殊监管区域、边境经济合作区、跨境经济合作区及现代物流园区等平台和载体，打造集综合加工、商贸流通、现代物流、文化旅游等一体的口岸经济增长极。推进内陆与沿海沿边口岸之间的物流合作和联动发展，发展国际物流，构建集仓储、运输、加工于一体的现代物流体系。完善免税店政策，优化口岸免税店空间布局，促进免税业务健康发展。规范边民互市贸易，支持边境地区发展特色优势产业，促进边贸与产业互促互动。

**（二）口岸物流服务范围进一步扩大**

经济快速发展和大规模交通基础设施建设，现代大型综合性港口和机场以其强大的综合能力和广阔的影响区域，不仅在当今综合运输网络中成为不可或缺的重要组成部分，而且也成为现代物流发展的重要资源。枢纽口岸在设施和后方集疏运系统的发展上积极配合，势必会创造更高效率的物流服务环境，并通过生产成本、流通成本的不断降低和信息服务的高效率，使口岸影响下的产业布局的范围得到拓展，口岸的服务和影响范围因此而扩大。“零库存”“即时生产模式”“供应商管理库存”等现代物流理念的广泛应用，对口岸物流及海关通关管理提出了新的要求。优化报关单随附单证传输方式，提高企业申报效率，节约报关成本。加快推进税费电子数据联网进程，取消纸质税单，实现税单无纸化。进一步完善和优化联网核查管理，逐步取消人工验核纸质单证，加快推进监管证件无纸化进程。研究取消纸质出口货物报关单（出口退税专用），税务部门可凭海关电子数据为企业办理出口退税手续，提高企业出口退税速度。依托电子口岸公共平台，推进国际贸易“单一窗口”建设，加快推进形成电子口岸跨部门共建、共管、共享机制。推动“单一窗口”共享数据标准化，完善和拓展“单一窗口”的应用功能，进一步优化口岸监管执法流程和通关流程。加强风险分析和综合研判，推动监控指挥、全程可视化物流监控体系建设。推进出入境证件电子化，推广旅客自助式通关系统和车辆“一站式”电子验放系统。

**（三）口岸物流的功能整合**

口岸物流涉及运输、仓储配送、流通加工、口岸通关、增值服务等物流过程，是进出口贸易的重要环节。口岸物流的快速发展，可以有效保证进出口贸易“物流、商流、信息流”的有效衔接，增强中国对外经济的竞争力。传统的港口、航空、公路优势与现代物流业相结合，将会出现物流功能依托口岸进行整合的新动向。传统口岸的设施、网络、技术和管理人才的优势，通过现代物流的手段，将中转、集散型口岸向综合服务型口岸转移。一批有现代理念和现代物流设施的物流中心、配送中心或物流专业公司将在口岸地区进一步聚集，并使它们与传统的口岸服务优势互补。从根本上实现由传统口岸物流的“港对港”服务向现代物流要求的“门对门”服务转变，拓展口岸物流业务，提高口岸物流综合协调能力。口岸物流企业与相关港口、公路、机场的战略联盟关系将得到发展，并加强与其相关的终端物流和干线物流的联系。同时，口岸物流企业通过兼并、并购股权和投资合作等手段，将会做大做强。一批有经济实力、能按照国际惯例运作、网络结构合理的物流企业和物流园区及配送中心，将会在口岸地区得到较快发展。

**（四）口岸物流的专业化分工更加明显**

随着口岸物流量的增加，客户对物流服务的要求也会越来越高、越来越细，口岸物流的专业化分工将更加明显。有干散货和集装箱物流、普通货和危险化学品物流、还有常温和低温冷冻等方面的需求，加工、分拣、包装等要求也各不相同。要求口岸与口岸之间以及口岸内部物流企业根据自身优势，发挥专业特长，通过口岸资源整合、流程重组，推动口岸物流社会化、专业化、一体化运作，增强口岸物流竞争力，顺应市场发展的需要。

**（五）口岸物流区域一体化步伐加快**

口岸是区域物流的枢纽，口岸物流的发展必将推动区域经济一体化。中国口岸物流发展以中心城市为核心，以产业关系为纽带，国际与国内资源迅速向长江三角洲、珠江三角洲与环渤海地区集中。长江三角洲的上海、宁波，珠江三角洲的中国香港、深圳，环渤海地区的青岛、天津、大连等口岸城市的聚集效应已十分明显。东南亚自由贸易区与中日韩自由贸易区的积极推进，也给这些地区物流发展增加了新的空间。港珠澳大桥和大湾区建设工作的推进，珠海将进一步融入珠江三角洲的核心圈层。

根据《珠海市口岸发展规划（2014—2030 年）》，珠海口岸定位是：华南地区多功能综合性枢纽口岸；沿海大宗物流储运、集散中转口岸；国家复合型通用航空口岸；港澳台旅客出入境的重要门户；港、澳游艇出入境试点口岸。（见图 9－2 和图 9－3）

图9－2　环中国澳门口岸带口岸通道规划

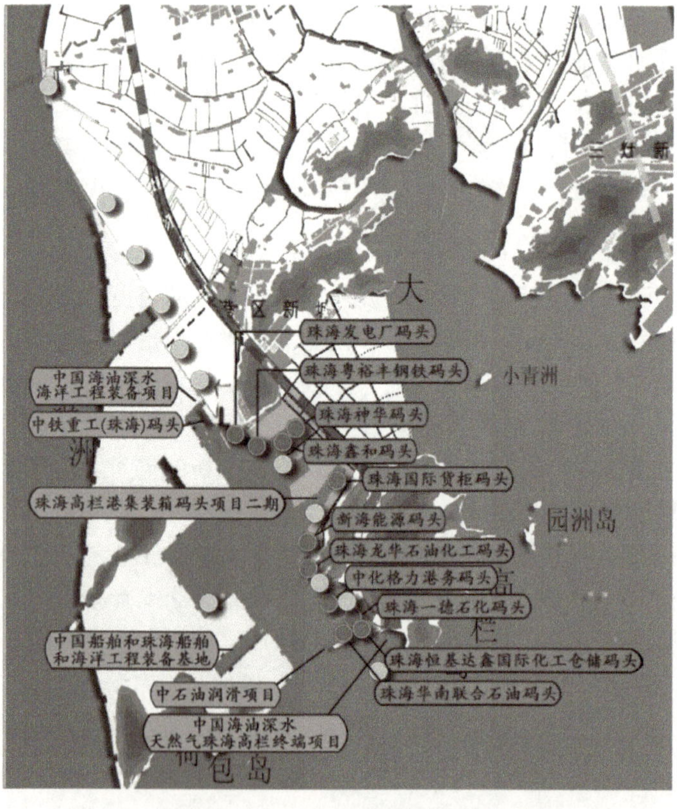


图9－3　西部区域口岸布局

## 二、珠海市口岸物流发展的对策建议

发展口岸物流，提高口岸物流效率是一个系统工程，不仅受到通关效率的影响，还与政策环境、物流设施、市场潜力、技术进步等方面的因素密切相关，提高口岸物流效率需要从以下几个方面作出努力。

### （一）积极培育具有国际竞争能力的枢纽港口

积极培育具有国际竞争力的枢纽港口和枢纽机场，以物流中心为载体，建设集国际商品、资本、技术等于一身的资源配置型海港与空港。依托海港优势货种，培育煤炭、矿石等现货、期货市场和区域性航运交易所，兴办水产品交易市场。利用空港快捷运输条件，大力发展产品区域分拨与即时配送，配套现代仓储，推动临空经济与航空物流发展。从口岸物流的组织现状分析，港口扮演着重要角色，无论在总量和效率方面均对口岸物流具有重要影响。随着国际贸易的发展和贸易方法及运输的现代化，港口由原先海陆交界的转运点发展成为贸易供应中心。实质上第三代港口即是以物流中心为载体，集国际商品、资本、技术等于一身的资源配置型港口。珠海作为口岸城市应建设一批以市场信息为基础、以产品配送为主业、以现代仓储为配套、以多式联运为手段、以商品交易为依托的大型多功能综合物流中心或物流基地，并成为区域性的物流中心城市。

### （二）改善口岸物流发展环境

改善口岸物流发展环境，包括强化职能部门服务意识，提供商检、卫检、动植检多部门"一站式"服务，简化手续、提高效率、方便客户。推广"口岸电子执法系统"，缩短通关时间，减少货物滞留等，特别是要大力发展口岸保税物流，以吸引周边国家和地区的中转物流货源。为客户提供一流的口岸物流管理服务，进一步完善口岸物流相关的法律、法规，努力与国际惯例相衔接。要在加强海关进出口监管、提高口岸各项管理职能的同时，强化职能部门的服务意识，尽量简化手续，提高效率，最大限度地方便客户。尽力缩短货物口岸滞港时间，在出口退税、外汇核查、核销等金融管理方面也应尽可能为客户着想，提高企业从事进出口贸易的积极性。不断扩大口岸对外开放：推进陆路口岸的对外开放，做好港珠澳大桥珠海口岸开放报批和建设工作，完成珠澳跨境工业园专用口岸扩大功能；推进港口口岸的对外开放；推进航空口岸的对外开放。改善通关环境：加大投资力度，加快基础设施建设；优化口岸功能，推进公共查货场可行性研究；加大科技应用，提高电子化水平；创新通关模式，努力提高通关效率；完善管理制度，确保口岸安全畅顺；积极推进一体化通关改革，实现海关报关、征税、查验、放行通关全流程的一体化作业；推动检验检疫一体化，实现通报、通检、通放。加快跨行政区域、跨部门口岸大通关建设步伐，创新多式联运监管体系。促进粤港澳口岸通关事务合作，加强口岸跨境重大基础设施建设项目的沟通协调，完善粤港、粤澳口岸联络协作机制，密切粤港澳人员和经贸往来。创新珠澳口岸查验机制和通关模式。

改进口岸通关服务。加强口岸执法政务公开的系统性、及时性，进一步规范和公布通关作业时限。推进口岸监管方式创新，通过属地管理、前置服务、后续核查等方式将口岸通关现场非必要的执法作业前推后移，把口岸通关现场执法减到最低限度。对企业实施分类管理，拓宽企业集中申报、提前申报范围，支持企业扩大出口、增加进口。完善查验办法，增强查验针对性和有效性。提高非侵入、非干扰式检查检验比例。对查验没有问题的企业免除吊装、移位、仓储等费用，此类费用由中央财政负担。同时，加大对有问题企业的处罚力度。对“走出去”企业在国外生产加工的符合中国要求的产品进口，予以通关便利。

支持新型贸易业态和平台发展。支持跨境电子商务综合试验区建设，建立和完善跨境电子商务通关管理系统和质量安全监管系统，为“大众创业、万众创新”提供更为宽松、便捷的发展环境，取得经验后，逐步扩大综合试点范围。加快出台促进跨境电子商务健康快速发展的指导意见，支持企业运用跨境电子商务开拓国际市场，按照公平竞争原则开展并扩大跨境电子商务进口业务。进一步完善相关政策，创新监管方式，扩大市场采购贸易试点范围，推动外贸综合服务企业加快发展，支持扩大外贸出口。

**（三）促进口岸物流的资源整合**

努力促进口岸物流资源整合，对全行业进行前瞻性规划，推进行业联盟和企业联合经营，逐步使口岸物流业务向规模化、集约化方向发展，强化口岸物流的货物集散功能，更大程度地发挥口岸物流潜在综合优势。积极培育国际一流的现代口岸物流服务市场。引进市场机制，改善经营方式，紧紧围绕用户各种需求，提供优质高效和丰富多样的口岸物流服务。特别是强化口岸物流的货物集散功能，抓好集货、存货和配货，努力培育一个完善的物流服务市场，以满足口岸物流服务的需求。根据口岸的特点，加速物流产业结构调整，促进口岸物流资源整合，在对口岸物流全行业开展协调和前瞻性规划工作的基础上，推进行业联盟和企业联合经营，逐步使物流业务向规模化、集约化方向发展，更大程度地发挥口岸物流的潜在综合优势。根据现代物流发展趋势，大力培育社会化、专业化的第三方物流企业，努力将现代物流同商流、信息流、人才流、资金流紧密结合在一起，形成一个以第三方物流服务为核心的口岸物流综合服务系统。

不断推进珠港澳口岸合作项目：完善珠港澳的口岸合作机制、应急机制、通报机制，推进三地口岸通关便利；加强珠澳双方在口岸通关技术运用和资讯资源分享方面的交流与合作，共同改进查验模式，提高整体通关效率；加强与港澳口岸合作，大胆探索，先行先试，扩大查验结果互认合作项目，探索“单边验放”新模式。珠海口岸从规划、设计到建设运营充分运用最新技术及成果，在设计建造阶段合理有效地解决和平衡了公共建筑开发，特别是土地开发与能源、资源节约问题，在整体上不仅美化绿化生态环境，也在保证拥有良好的室内声、光、热、湿环境的基础上，通过自然采光、自然通风、被动遮阳、雨水回收、能效优化等措施，极大程度地节约资源（土地、水、能源、资源等），运营和维护成本也得以降低，具有较好的经济效益与环境效益。将港珠澳大桥珠海口岸打造成国内首个智慧口岸，后期将接轨珠海整个智慧城市的系统。

集中资源，做大做优“三大口岸”：通过加快拱北口岸改扩建，进一步改善通关环境，将拱北口岸建设成日通关能力 50 万人次的陆路枢纽口岸；通过创新通关制度，推进横琴口岸分线管理，将横琴口岸建设成适应横琴总体发展规划的创新口岸；通过扩大珠海港口岸干散货、石化、集装箱等码头的对外开放，将珠海港口岸建设成集口岸通关、综合保税、现代物流、临港工业为一体的港口枢纽口岸。

实施口岸功能差异发展战略，突破口岸发展理念和口岸发展模式创新：①拱北口岸发展成为以客运为主的综合性枢纽口岸，逐步建成全国一流、科技应用程度最高的现代化口岸；②粤澳新通道口岸为区域性客运口岸，只对内地和港澳台人员开放，不对持护照的外籍人员开放；③跨境区专用口岸发展成为以园区货物为主、向特定人群和特定交通工具开放的专用口岸；④横琴口岸为客货运综合性口岸，结合珠三角城际轨道和高速公路衔接布局方案，以及中国澳门轻轨衔接方案对现有口岸进行扩容改造，建成集人流、物流于一体、通关模式改革和电子化程度最高的示范性口岸；⑤高栏港口岸为华南主枢纽港口岸，重点发展集装箱远洋运输以及石化、煤炭等大宗散货专用码头；⑥九洲港口岸以建设水运客运和港澳游艇目的港口岸为主，发展中国香港、深圳、海岛旅游及中国澳门离岛等多条航线并行的综合性水运客运口岸；⑦万山港口岸重点建设对港澳游艇开放的示范性口岸，货运以发展专业仓储、中转的专业码头为主，控制综合性公共码头开放；⑧湾仔口岸按照集通关、商贸、旅游于一体的综合性口岸与规划中的湾仔地下通道口岸互为“AB”角，逐步由轮渡口岸向地下通道口岸转型。远期弱化口岸功能，强化旅游和水上公交功能；⑨斗门港口岸以发展面向港澳的集装箱“喂给港”为主，突出发展货运功能和游艇目的港功能，淡出客运功能。

### （四）引入先进的信息技术

信息技术是构成现代物流体系的重要组成部分，也是现代物流赖以生存的根本技术保障。要尽快建立口岸物流信息网络，包括以物流流转数据处理为主要功能的电子数据交换系统（EDI）；以物流信息系统中信息收集、仓储库存控制为主要功能的条形码系统（BAR-CODING）；以物流流程监控为主要功能的全球卫星定位系统（GPS），建立口岸物流信息网络，加快口岸物流信息化进程。在信息系统建设的基础上，尽快建立一个公正、高效口岸物流共同数据（公共信息）交换平台，以实现口岸物流信息资源共享的要求，提升口岸物流信息管理和服务水平。在口岸物流信息网络建设的同时，充分运用各种物流新技术手段，大力发展电子商务物流，不断提高口岸物流技术含量。加快电子口岸建设实现信息共享。信息共享是查验机制创新试点工作的重要基础，要实现查验单位“信息互换、监管互认、执法互助”都须以电子口岸作为平台，需加快珠海电子口岸建设，并争取国家和省在“单一窗口”建设上的资金和项目支持。目前市口岸局正在全力按照正式印发的《珠海电子口岸暨单一窗口建设方案（2015—2016 年）》的要求，加快推进市电子口岸和“单一窗口”建设。加快实现信息互换、监管互认、执法互助，扩大联合执法、联合查验范围。进一步优化监管执法流程，逐步由“串联执法”转为“并联执法”。在全面实施关检合作“三个一”（一次申报、一次查验、一次放行）的基础上，逐步向“单一窗口”转变，实现口岸相关部门信息共享共用。探索对进出境运输工具、货物实施“联合查验、一次放行”等通关新模式，减少重复查验。

### （五）保税物流协调发展

保税物流特指在海关监管区域内，包括保税区、出口加工区、保税仓、海关监管仓等，从事仓储、配送、运输、流通加工、装卸搬运、物流信息、方案设计等相关业务。保税物流可以被视为国内物流与国际物流的接力区，不仅包括一般物流基本功能要素，还包括了海关监管、口岸、保税、报关、退税等与进出口贸易保税业务相关的关键要素，两者紧密结合构成完整的保税物流系统。与一般物流活动相比，保税物流有着特殊性，海关为了达到监管的效力，严格的流程、复杂的手续、较高的抽查率必不可少，但这与现代物流便捷、高效率、低成本的运作要求相悖，在保税物流需求日益增长的情况下，海关的监管效率成为保税物流系统效率的“瓶颈”。

珠海依托良好口岸条件，大力发展出口加工与对外贸易，保税物流的运作效率直接关系到企业日常生产经营与供应链正常运作，因此，促进物流产业的发展必须重视保税物流的健康发展，协调处理物流效率与海关监管效力之间的“二律背反”关系。珠海应以保税区信息化辅助管理系统的建成和投入使用为契机，指导园区内企业实行电子化报关，提升通关效率和物流企业运营环境。积极推动“珠海特殊监管区货物监管及快速核放系统”的项目申报，对进入特殊监管区域的货物可选择性地施加规范有效的监管电子识别标签，全程监控货物整个流程，达到促进货物快速通关的作用。同时，珠海应加快推进高栏港综合保税区申报相关工作，构筑港口物流与保税物流一体化发展格局。积极推进珠港澳物流合作园的建设，以满足珠海市“十口归一”的查验格局，将珠海东部片区的香洲港、九洲港、拱北口岸、跨境口岸、豪通码头、西域码头、洪湾港码头、保税区、横琴新区等十个现场货物查验场所进行整合。将珠港澳物流合作园打造成区域通关业务中心，集聚关检与保税资源，建设集口岸报关、保税、报检、船代、货代、虚拟口岸、陆路口岸及为机场、港口等综合配套服务的口岸窗口。对本地关检进行集聚，与港澳海关融合联动，形成服务珠港澳三地的区域通关业务中心；形成统一大保税的服务格局，对珠港澳地区的机场、港口码头、物流园区、出口加工企业等提供综合一站式通关保税及物流相关服务，并以此拉动保税相关产业的发展；成为对接国际大通关的电子平台，通过建设国际大通关电子口岸平台和国际智慧物流公共信息平台，集聚采购、展示、交易等物流信息，以平台为纽带，将国内的海关、国检、外管、国税等业务系统整合，建立起与港澳贸易联通的平台接口；成为综合性物流服务基地，成为集电商、快递、信息、甩挂、加工、配送、增值服务等于一体的综合性物流服务基地，连接陆海丝绸之路两大通道，参与建设21世纪海上丝绸之路“桥头堡”，面向东南亚的门户，服务珠港澳地区的珠江西岸综合物流枢纽。口岸物流与保税物流协调发展，构建通畅、高效的保税物流系统是海关、政府相关部门、物流企业、口岸等紧密协作的结果，促进保税物流协调发展不仅是物流产业培育的重要任务，也是珠海保税区发展的重要支撑。

# 第十章　空港物流和铁路物流

## 第一节　空港物流现状

珠海机场位于珠江口西岸的珠海市金湾区，东经113°23′，北纬22°01′，东邻中国香港、中国澳门，北接中山，西连江门、阳江、茂名和湛江，距离珠海市区和中国澳门约35公里，距离中山，江门市区约75公里，距离阳江，茂名约250公里，覆盖人口2400余万人。

珠海机场于1992年12月正式动工，并于1995年6月建成通航，是目前中国规模较大、设计比较先进的主要民用机场之一。机场一期工程占地5.1平方公里，飞行区为ICAC标准4E级，跑道和平行滑行道各一条，分别为长4000米，宽60米和长4000米、宽44米；停机坪面积68.5万平方米，有17座登机桥及20个远机位；货运站仓库面积2160平方米，并预留2平方公里的发展用地。

2016年珠海机场全年客运量为612万人次，同比增长30%，运输飞机起降49710架次，同比增长25%，预计到2017年底将达900万人次。截至2016年，珠海机场国内航线通往国内近60个城市，分布如图10－1所示。

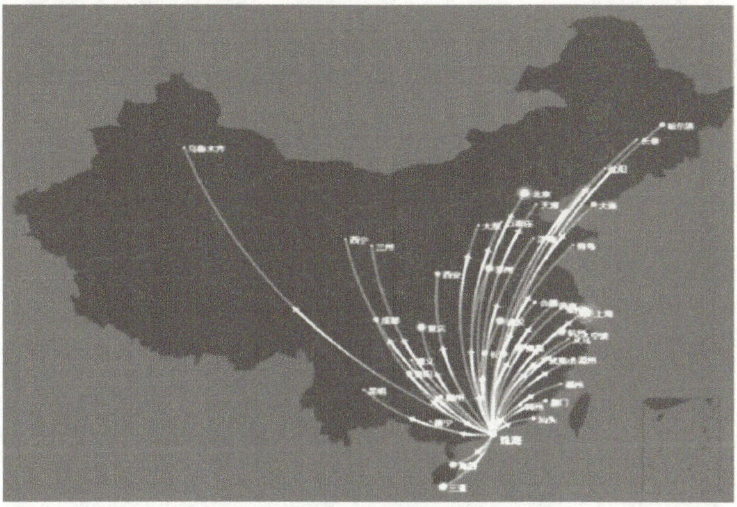


图10－1　珠海机场国内航线分布

珠海机场自建成投入使用以来，2016 年，货物吐量为 3.15 万吨。由于目前珠海机场不具备口岸功能，主要为国内服务，并且周围有广州、深圳机场，广州机场作为中国的门户机场之一、华南地区的枢纽机场，国内通航城市及航班是珠海机场所无法比拟的，而深圳机场也是中国的主要机场，通达城市多，航班密度大，竞争力很强。虽然珠海的高新技术及高价值产品产量较多，有比较大的航空货源，但由于航空货运的竞争力明显不如周围其他机场，并且目前珠海航空货运主要是通过旅客航班附带运输的，全货机运输的航空货运量相对较少。因此，珠海机场的货物吞吐量很有限，但随着珠海区位优势以及珠海机场区域交通能力的改善，珠海机场货运量呈现了快速增长的势头，2007—2016 年货运量平均年增长率为 14.4%。（如表 10－1，图 10－2 所示）

**表 10－1　珠海机场主要空港物流数据**

| 年份 | 民用航空航线（条） | 大型运输机（架） | 货运量（万吨） | 货运量增长率（%） | 货物周转量（万吨公里） | 货物周转量增长率（%） |
|---|---|---|---|---|---|---|
| 2007 | 72 | 5 | 1.07 | 20.9 | 1092 | 13.70 |
| 2008 | 61 | 5 | 1.11 | 3.7 | 1853.56 | 69.74 |
| 2009 | 59 | 5 | 1.38 | 23.5 | 1856.58 | 0.16 |
| 2010 | 19 | 5 | 1.76 | 27.8 | 1797 | －3.21 |
| 2011 | 11 | 5 | 1.68 | －4.6 | 1687 | －6.12 |
| 2012 | 12 | 6 | 1.63 | －3.0 | 1689 | 0.12 |
| 2013 | 43 | 8 | 2.27 | 39.3 | 1820 | 7.76 |
| 2014 | 16 | 9 | 2.1 | －2.4 | 2090 | 14.84 |
| 2015 | 16 | 10 | 2.58 | 16.7 | 2048 | －2.01 |
| 2016 | 16 | 10 | 3.15 | 22.0 | 2537.48 | 23.90 |

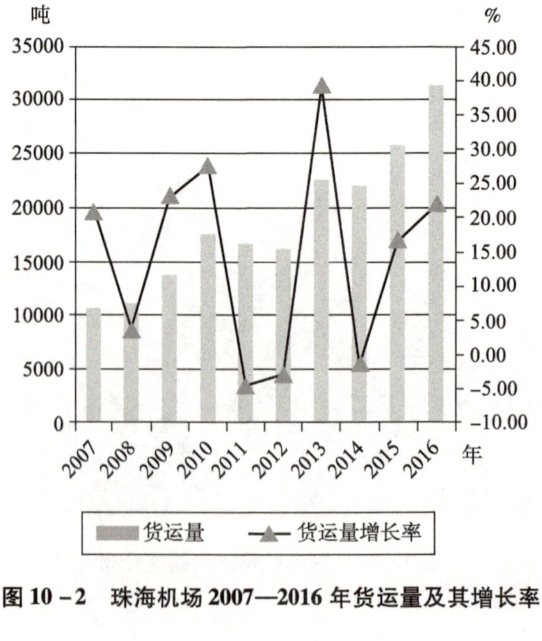


**图 10－2　珠海机场 2007—2016 年货运量及其增长率**

## 第二节　空港物流发展趋势及对策建议

珠海机场是发展珠海现代化区域性物流的重要基础设施。由于珠海机场的建设规模较大，地理位置十分优越，地处中国经济发达，以外向型经济为主的珠江三角洲地带，随着港珠澳大桥的通车、珠海机场集疏运交通条件的改善、珠海机场和中国香港机场合作的深入发展、以及珠海机场自身建设的快速发展和珠海机场空港物流园建设与运营，加上航空航天博览基地的功能和商务会展及旅游等非运输业务的发展，珠海机场航空港的综合功能的提升，珠海机场将发展成为珠江三角洲地区及东南亚周边地区的航空物运及航空快递中心，珠海机场的货物吞吐量将是巨大的，对航空物流需求也是巨大的。

根据珠海机场的未来发展设想，珠海机场正在按照向发展成为亚太地区的航空货物以及航空快递中心的方向努力。通过有效协调广州、中国香港以及中国澳门三地四机场的协调发展，积极引入国外大型专业化快递公司的进驻，不仅可实现珠三角地区与国际、国内的航空货物运输，而且还可成为亚太地区的航空快递集疏中心。若上述目标得以实现的话，未来珠海机场的货物吞吐量将会呈现较大的增长。《珠海市综合交通运输体系规划》中提出机场的发展目标：2020 年实现旅客吞吐量 1000 万人次/年、货运吞吐量 12.5 万吨/年。为了更好地对接国家“一带一路”倡议，建设开放型城市，提升珠海机场空港综合服务能力，实现珠海机场规划目标，珠海机场在“十三五”期间应着重考虑以下几个方面的建设。

### 一、力争开通国际口岸，提升珠海机场辐射与联通效应

珠海机场虽然位于东南亚与大陆交汇处，但由于珠三角地区机场密度大及区域政策保护，珠海机场自建成以来一直未开通国际口岸，极大地制约了机场客货运业务。但随机场业务持续稳健攀升，以及珠海市作为珠西地区经济中心的定位，开通国际口岸，提升辐射及联通效应，是珠海机场发展成为客货运重点机场的一项关键任务。

### 二、力争广东省货运机场枢纽获批，建设国际性航空货运及航空快递中心

珠海机场要立足珠三角西岸航空货运市场，服务于港澳，辐射大西南，力争打造成为广东省综合性、高品质服务、效率一流的航空货运枢纽机场。但由于周边加上中国香港与中国澳门机场外，共有 5 个机场，在国际、国内的旅客运输中明显处于劣势。因此，珠海机场应充分把握目前和中国香港机场合作的机会，大力发展航空货物运输，实施与中国香港、中国澳门、广州与深圳机场的错位发展战略，实现差异化竞争。目前，已经有国内和国际上的快递物流公司正在进行珠海机场建设国际性航空货运及航空快递中心的可行性研究，“十三五”期间珠海机场应加快开展前期研究，争取获批。

### 三、开展珠海机场升级改造工程（第二航站楼），谋划新建第二跑道

结合珠海市区域发展的新定位与珠海机场发展战略契机，珠海机场应加快升级改造工

程，投资升级改造航站楼、新建国际区部分、加建运控指挥中心、新建航空商业中心并谋划新建第二跑道，结合航空产业园、三灶工业园发展规划，布局建设服务于临空产业的物流基础设施，完善珠海机场自身配套服务设施，并力争开通国际航线。

### 四、加快空港国际物流园的建设

珠海机场的货邮处理能力约为 4 万吨/年，现在的货邮量接近保障瓶颈。为了进一步发挥珠海机场对双港型城市经济的支撑作用，珠海市应加快机场空港国际物流园的规划与建设步伐。根据珠海机场空港国际物流园总体规划，珠海机场将在规划区域南侧建立国际货运站、国内货运站、鲜活商品分拨中心、快件中心、全货机分拨中心、办公楼、危险品等组成的货运核心区。在规划区域北侧建设由海关监管库、保税仓储库、海关查验区、维修中心及特种车库、口岸物流服务中心、联合大楼、跨境贸易电子商务楼、保税商品展示交易中心组成的临港物流区，园区预计 2019 年投入使用，具有每年 40 万吨货邮处理能力。目前，项目处于工程可行性研究报告的编制阶段。

### 五、加快发展航空精益物流，搭建航空物流与临空产业相辅相成、融为一体的现代产业体系

围绕区域性航空货运基地建设，深化珠海机场与中国香港及其他枢纽机场的合作，打造航空精益物流“珠海品牌”。整合珠海现有航空资源，利用中国香港机场市场渠道，接受国际先进管理经验和业务辐射，在承接中国香港机场转移货运业务的基础上，扶持珠海机场逐步发展壮大，成为珠江三角洲地区重要的航空货运枢纽。依托珠海不断完善的航空物流环境，借力珠海航展的资本凝聚力与市场影响力，吸引和鼓励航空企业、物流企业扎根珠海，发展高附加值、时效性强、采购与产品销售辐射范围广的临空产业，不断延伸航空产业链，搭建航空物流与临空产业相辅相成、融为一体的现代产业体系。

### 六、加快发展公、铁、空多式联运，实现航空物流与地面物流的有机链接

凭借珠海机场优势，加快发展航线网络，促进航空快捷物流体系的建设。加强与中国香港、中国澳门、广州等枢纽机场的联系，积极探索借力航空公司网络，发展中转联程国际货邮的可行性，为航空物流的发展奠定基础。利用多种方式，吸引国内外大型航空物流企业入驻珠海，鼓励航空物流企业通过联合、重组，不断壮大企业规模，提升市场竞争力。大力发展地面配送网络。航空物流中空中运输和地面运输的衔接是影响整个物流链效率的重要因素。要加强地面运输能力，充分利用公路、铁路在航空物流集散、“门到门”配送等方面的优势，发展公、铁、空多式联运，实现航空物流与地面物流的有机链接。

## 第三节　铁路物流现状

经过“十二五”期间投资建设，珠海轨道交通建设取得突破性的进展。结束了珠海不

通轨道交通的历史。广珠铁路 2012 年建成通车，从江村编组站引出至高栏港站，全长 186.9 公里，铁路等级为Ⅰ级，江村至新会南段双线，新会南至高栏港段单线。

广珠铁路是全国铁路网中西南至华南通道的组成部分，使珠海与全国铁路网络连通，已成为珠海市对外交通的重要通道。进一步改善珠海港口集疏运条件，促进珠海港及珠海市经济发展。通过与广铁集团合作，沿京广线北上，将经济腹地扩展到粤北以及湖南、江西等内陆省份。广珠铁路跨虎跳门水道后进入珠海市境内，线路沿珠港大道西侧南行，在黄茅海作业区设珠海西站，出珠海西站继续向南延伸至高栏港区。主要承担珠海及沿线城镇直达广州及更远的中长距离货物运输和港口集疏任务，对珠江西岸地区经济和社会发展具有重要作用。珠海高栏港疏港铁路专用线及其配套设施的投入使用将实现铁路和码头的无缝连接，并将充分发挥海铁联运效益，使“海上丝绸之路”与“陆上丝绸之路”更加紧密相接，为广珠铁路提供运量支撑保障，对推动珠海市的经济发展具有十分重要和深远的意义。

广珠铁路由于建设时间相对较短，而且主要功能为货运铁路，目前铁路物流规模相对较小。表 10-2 是珠海铁路物流发展的主要指标。

**表 10-2 珠海铁路物流发展主要指标**

| 年份 | 营业里程（公里） | 货运量（万吨） | 货运周转量（万吨公里） |
|---|---|---|---|
| 2011 | 6 | 0 | 0 |
| 2012 | 25 | 0 | 0 |
| 2013 | 60 | 109.73 | 20494 |
| 2014 | 60 | 300 | 56312 |
| 2015 | 60 | 298.01 | 55980 |
| 2016 | 60 | 524.4 | 95000 |

## 第四节 铁路物流发展趋势及建议

广珠铁路是京广铁路的重要组成部分，以货运功能为主，承担珠海高栏港区集疏功能，在珠海综合交通体系中，承担大宗物资的运输任务，是珠海港集疏运体系的重要构成部分。随着珠海港口经济与珠海重型装备制造业的快速发展，珠海大宗物资与设施设备运输需求也将呈现快速增长的势头。

根据未来货运量发展，为更好地与京广线衔接，建议规划扩能广珠铁路，加快广珠铁路由单线改造为双线电气化铁路。

以铁路方式加强与珠江口东岸地区和西南腹地的联系，以形成贯通华南沿海的铁路运输通道。争取广东省铁路网规划修编时增加珠海至肇庆等方向的铁路，强化珠海枢纽对泛珠三角西南的辐射；优化广珠铁路与中山等城市的衔接，拓展广珠铁路经济腹地，充分发挥广珠铁路集疏运功能。

结合万山港发展趋势，根据需求适时规划预留万山港疏港货运铁路（支线）。建议珠海市尽早启动相关专题研究，可考虑从广珠铁路高栏港站出线，沿金海路—预留万山港通道走廊布设，或与相关城市协调加快珠海西站物流中心建设，依托广珠铁路珠海西站，使其快速承担区域对外公铁联运服务和综合型物流基地功能。

# 第十一章　制造业物流

## 第一节　制造业物流现状

### 一、2016 年珠海制造业物流发展现状

#### （一）2016 年珠海制造业发展现状

2016 年作为“十三五”的开局之年，全市实现地区生产总值（GDP）2226.37 亿元，同比增长 8.5%。其中，制造业增加值 1059.77 亿元，增长 5.8%，对 GDP 增长的贡献率为 33.6%，制造业 GDP 比例为 47.6%。

全市工业增加值比 2015 年增长 5.8%。规模以上工业增加值增长 5.9%。其中，国有及国有控股企业增长 2.2%，民营企业增长 18.8%；港澳台及外商投资企业增长 2.7%，股份制企业增长 8.4%，集体企业增长 30.9%。在规模以上工业增加值中，轻工业增长 2.1%，重工业增长 8.2%，规模以上轻重工业保持上年的 37.7 ∶ 62.3。分企业规模看，大中型企业增长 3.6%。分地区看，香洲区、金湾区和斗门区规模以上工业增加值分别增长 5.8%、8.7% 和 0.7%。（如图 11 －1 所示）

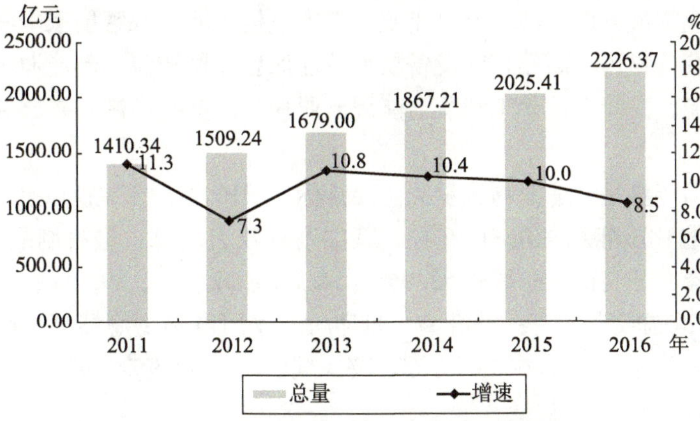


**图 11 －1　2011—2016 年规模以上工业增加值及增速**

资料来源：珠海统计局。

六大工业支柱行业增加值比上年增长8.1%。其中，电子信息、生物医药、家电电气、电力能源、石油化工和精密机械制分别同比增长－1.6%、2.9%、11.9%、9.1%、16.6%和22.5%。

高技术制造业增加值增长1.0%。其中医药制造业增长3.0%，航空、航天器及设备制造业增长4.7%，电子及通信设备制造业增长3.0%，医疗仪器设备及仪器仪表制造业增长16.1%，信息化学品制造业增长22.2%，计算机及办公设备制造业下降9.7%。

先进制造业增加值增长7.2%，其中，装备制造业增加值增长11.6%，钢铁冶炼及加工业增长14.1%，石油及化学行业下降9.4%。

传统优势产业增加值增长1.6%。其中纺织服装业下降8.9%，食品饮料业下降4.9%，家具制造业下降1.2%，建筑材料业下降3.1%，金属制品业下降8.6%，家用电力器具制造业增长6.8%。

六大高耗能行业增加值增长13.8%。其中，非金属矿物制品业增长1.8%，黑色金属冶炼及压延加工业下降13.5%，有色金属冶炼及压延加工业增长44.6%，电力、热力生产和供应业增长4.7%，石油加工、炼焦和核燃料加工业增长56.4%，化学原料和化学制品制造业增长11.3%。

**（二）2016年珠海制造业物流发展现状和特点**

近年来，珠海市着力振兴实体经济，核心是抓制造业，着重发展和构建“三高一特”产业体系。市财政部门会同有关部门制定了一系列的财政扶持政策，支持“三高一特”产业发展。“三高一特”产业体系是指以高科技含量、高附加值、低能耗、低污染的产业群为核心，建立主要包括高端制造业、高新技术产业、高端服务业、特色海洋经济和生态农业的新型产业体系。“十二五”期间，珠海市以先进装备制造业为重点振兴实体经济，累计引进亿元以上先进装备制造业项目77个，完成工业投资超1000亿元，一批龙头项目建成投产，先进制造业和高技术制造业增加值占规模以上工业增加值比重分别达到48%和25%，高栏港区海洋工程装备基地成为国家新型工业化产业示范基地。高端制造业、高新技术产业集中形成了对高端制造业物流的需求。

在高端制造业物流方面，涉及的物流服务内容包括节能环保智能家电物流、通用航空物流、轨道交通装备物流、高端打印设备物流及环保型耗材物流、新能源汽车物流、海洋工程装备制造物流、高端石油化工和清洁能源产业物流，这些物流主要服务于高端制造业基地。

制造业产品的产量是制造业物流量的主要指标。2016年，在规模以上工业企业生产的91种产品中，产量比上年增加的有46种，其中增幅较大的有：塑料制品、彩色电视机、发动机、光学仪器，分别比上年增长53.9%、54.1%、57.7%、89.8%；产量比上年减少的有41种，其中减幅较大的有：电饭锅、打印机、家用电热烘烤器具、照相机、服装鞋帽加工机械，分别比上年下降66.3%、62.3%、50.2%、47.9%、43.2%。（如表11－1所示）

**表 11－1 2016 年珠海制造业产品物流量**

| 产品名称 | 单 位 | 工业产成品物流量 | 比上年增长（%） |
|---|---|---|---|
| 锂离子电池 | 万只（自然只） | 24707.43 | 2.9 |
| 玻璃纤维布 | 万米 | 5287.30 | －8.2 |
| 移动通信手持机（手机） | 万台 | 2501.77 | 0.5 |
| 房间空气调节器 | 万台 | 1652.33 | －3.2 |
| 气体压缩机 | 万台 | 1139.65 | 8.3 |
| 家用电热烘烤器具 | 万个 | 385.67 | －50.2 |
| 电话单机 | 万部 | 543.55 | －22.4 |
| 照相机 | 万台 | 317.71 | －47.9 |
| 印制电路板 | 万平方米 | 398.44 | 4.2 |
| 灯具及照明装置 | 万套（台、个） | 412.49 | －29.1 |
| 粗钢 | 万吨 | 252.68 | 0.2 |
| 钢材 | 万吨 | 238.91 | －2.8 |
| 生铁 | 万吨 | 236.40 | 1.3 |
| 彩色电视机 | 万台 | 295.49 | 54.1 |
| 表 | 万只 | 299.91 | －13.5 |
| 合成纤维单体 | 万吨 | 214.00 | 33.6 |
| 商品混凝土 | 万立方米 | 255.96 | 29.6 |
| 打印机 | 万台 | 59.02 | －62.3 |
| 电饭锅 | 万个 | 39.81 | －66.3 |
| 服装、鞋帽加工机械 | 万台 | 65.86 | －43.2 |
| 电工仪器仪表 | 万台 | 120.30 | 17.4 |
| 水泥 | 万吨 | 99.46 | 6.9 |
| 预应力混凝土桩 | 万米 | 86.45 | 38.7 |
| 程控交换机 | 万线 | 64.97 | 9.2 |
| 组合音响 | 万台 | 48.26 | －7.3 |
| 光学仪器 | 万台（个） | 70.43 | 89.8 |
| 家具 | 万件 | 46.01 | －15.5 |
| 机制纸及纸板（外购原纸加工除外） | 万吨 | 48.76 | －0.9 |
| 软饮料 | 万吨 | 52.65 | －1.4 |
| 饲料 | 万吨 | 42.99 | 0.8 |
| 电子元件 | 亿只 | 39.17 | 0.6 |
| 通信及电子网络用电缆 | 万对千米 | 39.83 | 15.4 |
| 泵 | 万台 | 25.68 | －7.8 |
| 夹层玻璃 | 万平方米 | 23.62 | 1.6 |
| 发动机 | 万千瓦 | 31.62 | 57.7 |
| 塑料制品 | 万吨 | 17.91 | 53.9 |

续表

| 产品名称 | 单 位 | 工业产成品物流量 | 比上年增长（%） |
|---|---|---|---|
| 涂料 | 万吨 | 10.45 | -9.3 |
| 钢化玻璃 | 万平方米 | 10.83 | -4.2 |
| 家用吸排油烟机 | 万台 | 8.23 | -24.7 |
| 饮料酒 | 亿升 | 1.88 | -18.4 |

资料来源：根据珠海统计局资料整理计算。

## 第二节　制造业物流运营模式

制造业物流包括制造业活动中产生的相关物流活动，如采购物流、生产物流、销售物流、逆向物流等。这些物流活动可能由制造业企业自主完成（自营物流），也可能由物流企业完成（物流外包）。后者是制造业物流发展的主要方向。目前珠海市物流运营模式包括自营物流和物流外包两种。

### 一、自营物流

物流是生产企业与生俱来的组织功能，要求企业通过自有物流设备或网络将原材料、半成品、产品送达相应的目的地。生产企业的自营物流有两个层次：

第一，传统自营物流主要源于生产经营的纵向一体化。

生产企业自备仓库、车队等物流设施，内部设立综合管理部门统一企业物流运作，或者是各部门各司其职、自行安排物流活动。在自我运输服务需求满足的情况下，生产企业会把闲置的物流资源提供给原材料供应商、其他生产企业或者消费者服务机构。这种自营物流服务还停留在简单的生产管理环节，对生产企业来说物流活动完全是一种附属产物，而且物流沟通产销、降低成本和改进服务的重要作用没有发挥出来。这种传统的自营物流不能带来产品增值效应。

第二，现代自营物流是基于生产企业供应链管理思想提出的。

现代自营物流把企业的物流管理职能提升到战略地位，即通过科学、有效的物流管理实现产品增值，获得竞争优势。一般通过资源和功能的整合，在企业内专设企业物流部或物流公司，统一管理企业的物流运作。

珠海的生产企业有些是属于第一种情况，有些属于第二种情况，设立物流部或将有关物流运作的职能部门通过整合成立直属的物流公司，如格力集团下属的格力物流有限公司。

#### 1. 自营物流的优势

（1）掌握控制权。企业可以对物流系统运作的全过程进行有效的控制。对于企业内部的采购、制造和销售活动的环节，原材料和产成品的性能、规格，供应商以及销售商的经营能力，企业掌握了最详尽的资料，运用这些资料，有效协调物流活动的各个环节，以较快的速度解决物流活动管理过程中出现的问题，获得供应商、销售商以及最终顾客的第一手信息，以便企业随时调整自己的经营战略。

（2）降低交易成本。与物流外包相比，自营物流通过企业内部控制原材料的采购、产成品的销售，不必再和物流企业就佣金问题进行谈判，避免多次交易费用，还能降低交易风险。

（3）避免商业机密的泄露。无论是物流外包，还是引进第三方经营企业生产环节的内部物流，都不可避免地将企业最基本的运营状况向第三方公开。由于物流外包商或第三方物流拥有该行业的其他客户，而这些正是企业的竞争对手，商业信息有可能泄露给竞争者，动摇企业的核心竞争力。

（4）提高企业品牌价值。企业自营物流，能够自主的控制营销活动，一方面可以直接为顾客提供服务，使顾客通过亲身经历，了解企业、熟悉企业产品，体会到企业的人文关怀，提高企业在顾客中的亲和力，提升企业形象；另一方面，企业可以掌握最新的顾客需求信息和市场信息，从而根据顾客需求和市场的最新变动调整企业的战略方案，提高企业的竞争力。

（5）增加利润来源。自营配送模式往往需要企业有一定的配送模式，如果企业的配送能力有余，可以对外开展物流配送业务，将成本转嫁出去，获得新的利润来源。

2. 自营物流的劣势

（1）企业成本增加。对于任何企业来说，自营物流需要投入大量的资金用于库存设备、运输设备的购买，使企业的固定成本增加。拥有一支自己的配送队伍也是一笔庞大的人力资本开支。这些投资的加大，必然减少企业对其他重要环节的投入，削弱企业的核心竞争力、削弱企业抵御市场风险能力。

（2）物流效率低下，管理难于控制。大多数企业认为，物流部门只是一个后勤部门，物流活动也非企业的专长。在这种情况下，企业管理人员需要花费大量的时间、精力和资源去从事物流工作，导致业务分散，物流效率低下，甚至会影响企业主营业务的发展。

（3）难以形成物流规模效应。物流规模与生产规模直接相关，规模不大的企业，采用自营物流，不能形成良好的物流规模效应，导致物流成本过高。

3. 自营物流的适用范围

根据规模经济原理，物流规模越大，物流集约化程度越高，物流营运就越经济。因此企业生产经营达到一定规模时，即企业自身物流拥有一定规模时，自营物流才能发挥系统管理的功效。否则，其降低物流系统总成本的目标就难以实现，规模效益自然成为自营物流的“瓶颈”。特别在消费者市场多样化、个性化需求的今天，社会需求的快速变化和技术的日新月异，制造企业大量的、同一化的生产不能适应市场发展的需求。差异化营销与柔性生产已成为企业的未来发展趋势，企业必须采取多品种、少批量、多批次的物流策略。这样，物流作业的分散度将会进一步扩大，而分散的物流作业又会冲减系统管理的效益。因此，传统的自营模式需要企业的资源和相应的市场环境，根据目前的发展趋势，自营模式将不再是企业今后物流发展的主营模式。

## 二、外包物流

一般来说，生产企业的关键业务并不是物流业务，物流业务也不是企业的专长。相反，将物流作为核心业务的物流企业，具有非常丰富的物流运作经验，物流管理水平高于生产企业的物流管理水平。新兴的第三方物流企业由于其从事多项物流项目的运作，可以整合各项物流资源，使物流的运作成本相对较低，物流作业更加高效。生产企业将物流业务剥离出来，外包给物流企业或者第三方物流，就可以集中精力开展主流业务，发挥竞争优势。目前，珠海一部分制造业企业已经将物流业务进行了部分外包或全部外包。

### 1. 外包物流的优势

外包物流越来越受到人们的重视，原因就在于它使企业能够获得比原来更大的竞争优势，这种优势主要体现在以下几个方面：

（1）业务优势。一方面，生产企业的顾客所需要的物流服务往往要求具有特别的专业知识和技能，企业内部的物流系统有可能不能满足这些物流服务要求。另一方面，对于中小企业来说，物流外包可以突破企业资源限制，摆脱自建物流设施和信息网络等物流专业设备所需的资金负担。

（2）成本优势。物流外包可降低生产企业运作成本。这是因为第三方物流服务在经营规模、经营范围上的经济性，使其提供的包括劳动力要素在内的物流运作成本降低。此外，由于企业使用外协物流作业，可以避免盲目投资，并可将资金用于适当用途。这一优势与降低成本同样重要，因为通过外协，不变成本可以转变成可变成本。

物流外包的成本优势还体现在成本的稳定性和可见性。当物流业务剥离后，物流服务的供应商要申明成本或费用，成本的稳定性和可见性就增加了，稳定和可见的成本使企业的规划和预算手续变得更为简便。

更为重要的是，对于生产企业来说，物流成本在整体生产成本中占据了较大的比重，企业将物流业务外包可以减少固定资产投资，加速资本周转。

据有关统计，中国工业品流通成本占商品价格的50%～60%，零售商品的物流成本占其总成本的20%。如果使用第三方物流，企业就可以减少对运输设施、仓库和搬运机械的建设与投资，减少资金占用。

（3）客户服务优势。由于第三方物流企业在信息网络和配送节点上具有资源优势，在提高顾客满意度上具有独到的优势。他们可以利用强大便捷的信息网络来加大订单的处理能力、缩短对客户需求的反应时间，进行直接到户的点对点的配送，实现商品的快速交付，提高顾客的满意度。

第三方物流企业具有服务方面的专业能力和优势，可以为顾客提供更多、更周到的服务，加强企业的市场感召力。另外，设施先进的第三方物流企业具有对物流全程监控的能力，通过其先进的信息技术和通信技术加强对在途货物的监控，及时发现、处理配送过程中出现的意外事故，保证订货及时、安全送到目的地，这有助于保证货主货物的安全，同时也能尽量实现企业对顾客的安全、准点送货的承诺。

## 三、制造业和物流业联动发展模式

### （一）制造业和物流业联动机理

制造业和物流业分别隶属于国民经济的第二产业和第三产业，在新型工业化道路上二者密不可分。一方面，制造业为物流业的发展提供了设施和技术支持，同时也是物流需求的重要来源，制造业的发展在很大程度上拉动和促进物流业的发展。另一方面，物流业可以为制造业提供生产性服务，是连接制造业内部各个生产环节的重要纽带，通过物流业的介入，可以发挥优化制造业内部结构、提升产业链整合效率及响应速率、构建产业核心竞争力的重要作用。因此，制造业与物流业之间存在着互为生产要素、互为服务对象、相互促进、共同发展的互动关系。

制造业和物流业有天然的联系，物流业是随着社会分工的不断深入而从制造业中分离出来的，物流业与制造业的发展周期是同步的，制造业的发展速度和质量直接影响着物流业的发展。物流的各项功能主要围绕满足制造业需要而存在，制造业是物流业利润的核心源泉。

物流业是制造业的引擎，制造业的升级和发展离不开物流业的协同配合。物流业承担着制造业原材料、燃料、零部件采购和产成品销售等，为制造企业正常运转提供保障，是生产制造的外部必须条件。同时，物流业对于制造企业生产制造的连续性、衔接性具有重要的支撑保证作用，是生产制造过程中的组成要素。因此，可以说物流贯穿于制造企业生产经营的全过程。通过物流业提供优质的物流服务，可大大降低制造业物料流转损耗，保证产品质量；通过物流业提供优质的物流管理，能够大大减少在制品在各工序间的停滞和流动时间，使生产环节衔接流畅，保证生产制造的连续性，缩短生产周期；通过物流业提供供应商管理库存（VMI）物流技术，可大大降低制造企业库存量，直接减少流动资金占用，等等。因此，物流优化能够有效减少制造业物流资源浪费，是制造业创新发展的重要引擎和制造业顺利发展的保证。

产业联动是制造业和物流业发展的必然趋势。制造业方面，企业技术、产品日趋同质化，竞争激烈，企业降低生产成本、改进服务质量、提高生产效率的压力不断增大，迫使制造企业集中精力于专业生产，而把物流等非核心业务外包出去；科技进步、生产专业化、产业组织复杂化等要求制造企业内部物流活动进一步专业化；买方市场的个性化、准时化要求，使制造企业传统物流运作成为生产经营的制约因素，也迫使企业转为从外部寻求第三方物流的支持。另外，制造业与物流业的联动共生不仅是产业生态系统发展的趋势，也是其内在动力驱动的自然结果。制造业与物流业的联动可以整合、共享很多资源，如订单（客户）资源、信息资源、技术资源、物流资源、资金资源、人力资源，达到资源利用的最优配置和最大利用率。可见，联动现代物流业，改造内部物流管理和物流技术，改进制造工艺、工序流程，尽快实现产业升级，已经成为制造企业进一步发展的当务之急。

### （二）物流业和制造业联动的模式

物流业和制造业可以通过很多方式形成统一、协调的运营系统。根据制造业和物流业的联动机理，将物流业和制造业联动的模式划分为战术外包模式、战略联盟模式和集群联动模式三种。

1. 战术外包模式

所谓物流战术外包，即制造企业或销售等企业为集中资源、节省管理费用、增强核心竞争能力，将其物流部分或全部业务以合同的方式委托给专业的物流企业运作。战术外包是一种浅层的、短期的、战术层面的业务委托和合约执行方式。一般不涉及系统的物流业务优化或调整。

物流活动通常不被大多数制造企业和分销企业视为他们的核心能力，而第三方物流能很好地为他们提供这方面的服务。他们拥有一般企业从事物流业务所不具有的灵活性和专业性，尤其对那些业务量呈现季节性变化的企业，外包物流业务对企业尤为重要。例如，对于季节性很强的制造商而言，若要年复一年地在旺季聘用更多的物流运输作业人员，而到淡季再辞退他们则是困难的。如果与第三方物流结成合作伙伴，那么制造商就不必担心业务的季节性变化。

采用战术外包模式，一般制造业企业外包的业务包括：运输、仓储、包装、装卸搬运、流通加工、配送等。其中运输、仓储和配送是最主要的外包内容。珠海的中小型制造业企业一般采用战术外包模式。

2. 战略联盟模式

物流联盟是介于独立的企业与市场交易关系之间的一种组织形态，是企业间由于自身某些方面发展的需要而形成的相对稳定的、长期的契约关系。物流联盟是以物流为合作基础的企业战略联盟，它是指两个或多个企业之间，为了实现自己物流战略目标，通过各种协议、契约而结成的优势互补、风险共担、利益共享的松散型网络组织。在现代物流中，是否组建物流联盟，作为企业物流战略的决策之一，其重要性是不言而喻的。在中国，物流水平还处于初级阶段，组建联盟便显得尤为重要。目前，珠海的一些中大型制造业企业和物流企业形成了战略联盟。

利益是物流联盟产生的最根本原因，企业之间有共享的利益是物流联盟形成的基础。物流市场及其利润空间是巨大的，在西方发达国家物流成本占 GDP 的 10% 左右，而中国占 15% ~20% 之间，如此大的市场与中国物流产业的效率低下形成鲜明的对比。生产运输企业通过物流或供应链的方式形成联盟有利于提高企业的物流效率，实现物流效益的最大化。

长期供应链关系发展成为联盟形式，有助于降低企业的风险。单个企业的力量是有限的，它对一个领域的探索失败了损失会很大，如果几个企业联合起来，在不同的领域分头行动，就会减少风险。而且联盟企业在行动上也有一定协同性，因此对于突如其来的风险，能够共同分担，这样便减少了各个企业的风险，提高了抵抗风险的能力。

企业通过物流服务提供商，结成联盟，能有效地降低物流成本（通过联盟整合，可节约成本 10% ~25%），提高企业竞争能力。由于中国物流业存在着诸多不利因素，让这些企业进行联盟能够在物流设备、技术、信息、管理、资金等各方面互通有无，优势互补，减少重复劳动、降低成本，达到共同提高、逐步完善的目的，从而使物流业朝着专业化、集约化方向发展，提高整个行业的竞争能力。此外，物流联盟有助于物流合作伙伴之间在交易过程中减少相关交易成本。物流合作伙伴之间经常沟通与合作，互通信息，建立起来的相互信任和承诺，减少履约风险，即使在服务过程中产生冲突，也可通过协商加以解决，从而避免无休止讨价还价，甚至提出法律诉讼产生费用。

企业间物流联盟主要有以下几种组建方式：

（1）纵向一体化物流联盟。该方式是指制造业供应链上游企业和下游企业发挥各自的核心能力，发展良好的合作关系，从原材料采购到产品销售的全过程实施一体化合作，形成物流战略联盟。

（2）横向一体化物流联盟。该方式是指制造业企业和物流企业形成战略联盟，发挥各自的核心能力，发展良好的合作关系，将企业的部分或全部物流业务外包给物流企业，并且由物流企业提供从原材料采购到产品销售的全过程实施一体化合作。这种合作涉及企业信息数据交换、具体业务服务和物流系统设计优化等，往往要求物流企业提供个性化服务。

（3）混合模式。该方式是以一家制造业企业为核心，供应链上的多个制造业企业联合一家或几家处于平行位置的物流企业和处于上下游位置的中小物流企业加盟组成。这些企业通过签订联盟契约，共同采购、共同配送，构筑物流市场，形成相互信任、共担风险、共享收益的集约化物流伙伴关系。物流联盟在国外的发展不过六七年而已，在国内出现时间更短，目前尽管国内外的物流联盟在组织构成上存在着显著的不同，但却都显示出了强大的生命力。从国内外物流联盟形成特点及其运作方式来看，它是企业间为实现运作效率的提高而在职能分工的基础上进行优势互补的一种融合，是一种基于各自不同的核心竞争力的物流资源整合。

3. 集群联动模式

集群联动模式是指物流产业和制造产业的集群联动。某一特定的区域内，同时拥有物流产业、制造产业等方面的集群，如工业园区、物流园区。其中的联动包括工业园区的企业联动、物流园区的企业联动以及工业园区和物流园区之间的联动。

物流产业集群是指聚集在某一特定的区域内，以交通运输枢纽设施（如港口、机场、铁路货运站、公路枢纽等）、科研开发组织（物流技术、物流信息平台的研发等）、管理部门为依托，以第三方物流企业为核心，运输、仓储、装卸、包装、加工配送、物流信息及其相关制造、流通企业在空间上的集聚现象。拥有完备的物流基础设施，分工协作关系明确，竞争优势明显的物流园区是物流产业集群的表现形式。

对于物流产业集群概念的界定，虽然没有比较统一的说法，但大多的学者都认为，物流产业集群是一个由物流企业为主，集聚在同一个区域范围内为其他行业提供物流服务的相关企业、机构群体的集合。

物流产业集群的一般性特征主要体现在：物流企业具有明显的空间聚集性；各个物流企业之间具有分工专业化的特征；物流产业集群内企业具有共同的社会文化背景及价值观念，具有区域的“根植性”；物流产业集群内创新活动呈现出明显的网络化特征。

物流产业集群作为服务业产业集群，具有一些不同于其他产业集群的独特经济特征，主要体现在：物流需求是一种派生需求，基于这种派生需求的特性，物流产业集群的形成依赖于区域经济和区域其他产业的发展；物流活动在很大程度上依赖于区域基础设施的建设，因此物流产业集群的发展受区域基础设施建设的限制；现代物流属于第三产业，有物流需求的集聚才会有物流产业集群的形成；物流产品差别化特性，使物流产业集群内的物流企业之间存在着竞合关系的特征。

对于珠海市来说，物流产业集群与制造业集群普遍存在于各个区域。制造业集群，如斗门区的伟创力工业园、珠澳跨境工业园、珠海高新区工业园等；物流产业集群则主要体现为各类物流中心、物流园区和物流港区，如高栏港国际物流园区、空港国际物流园区、珠港澳国际物流园区 3 大国际物流园区，富山物流中心、斗门港物流中心、金鼎物流中心和桂山港物流中心 4 个物流中心，上冲商贸配送中心、南屏配送中心、莲洲农产品配送中心和金湾商贸配送中心 4 个配送中心。

从物流空间学角度来说，珠海的多数物流园区和制造业集群地理位置往往相邻，为集群联动模式提供了非常好的条件。

## 第三节　制造业物流发展趋势及对策建议

### 一、制造业物流发展趋势

制造业是珠海的国民经济支柱产业，是经济增长的主导部门和经济转型升级的基础部门，也是珠海促进就业的主要渠道和城市竞争力的集中体现。制造业将原材料、零部件、半成品等制造资源转化为可供社会生产与人们生活使用和利用的工业品、消费品等，在采购、生产与销售环节都伴随大规模的物资流动，是物流服务需求最旺盛的产业部门之一。因此，珠海培育物流产业做大做强，首先要推动制造物流的发展，奠定市场基础。

1. 两业联动继续深化

两业联动发展是促进物流业发展和发挥物流业基础性支撑作用的有效途径。在珠海制造业经济步入中速增长阶段的当下，制造企业更是期待通过与物流业的联动发展来提高生产效率、降低产品成本、提升核心竞争力。珠海将进一步通过实施制造业与物流业的联动发展，使制造企业订单完成周期缩短、货物周转时间缩短、物流运作效率显著提升，从而明显减少库存积压和资金占用，最终降低运营成本。

2. 制造业物流专业化

珠海制造业包括多个子行业，如电子信息、生物医药、家电电气、电力能源、石油化工和精密机械制造等。不同行业物资具有不同的物流属性和社会属性，物流的运作方式差异较大。因此，制造业物流将进一步发展专业化，形成电子信息物流、生物医药物流、家电电气物流、电力能源物流、石油化工物流和精密机械物流等。珠海的物流企业根据珠海制造业的特点，进一步进行市场细分，提升对特殊行业的物流服务能力，如生物医药物流（属于冷链物流）、石油化工物流（属于危化品物流）等。

3. 制造业物流服务一体化

物流企业深入开展制造业企业供应链管理，建设与制造业企业紧密配套的仓储配送设施和有效衔接的物流信息平台。同时，加快发展具有供应链设计、咨询管理能力的专业物流企业，着力优化针对重点制造业行业的供应链管理，满足高端物流需求。鼓励传统运输、仓储企业向供应链上下游延伸服务，根据工业生产的工艺流程特点，建设第三方供应链管理平台。针对制造业企业在原材料和零部件采购与供应、产品制造、运输与仓储、销售等环节的需求，提供供应链计划、采购物流、入厂物流、交付物流、回收物流等一体化服务，加快培育一批具有全球采购、全球配送能力的供应链服务商。

4. 物流信息化和智能化

随着“互联网+”时代的到来，现代物流逐渐与“互联网+”技术产生深度融合。现有的物流系统将转变为一种以互联网、物联网、云计算、大数据等先进信息技术为支撑的现代综合性物流系统，它是推动制造业物流的重要支撑，也是制造业物流的趋势和竞争的制高点。

珠海市制造业物流将进一步应用先进的物流信息技术，如识别记录技术、电子数据交换技术（EDI）、地理信息系统（GIS）、全球定位系统（GPS）、数据挖掘（DM）和数据库管理（DW）技术，对物流过程中产生的全部或部分信息进行采集、分类、传递、汇总、识别、跟踪、查询等一系列处理活动，以实现对货物流动过程的控制，从而降低成本、提高效益的管理活动。物流信息化是现代物流的灵魂，是珠海现代物流发展的必然要求和基石。

## 二、对策建议

1. 抓好规划引导，引导和鼓励制造业企业进行物流改革。珠海应积极参与国家《物流业调整和振兴规划》中提出的“制造业与物流业联动发展工程”，引导和支持制造业企业剥离物流资产，改造现有业务流程，将物流业务外包以提高核心竞争力。引进和培育一批适应现代制造业物流服务需求的第三方物流企业，提升物流业为制造业服务的能力和水平。制定鼓励制造业与物流业联动发展的相关政策，指导珠海港股份有限公司等一批具备条件的物流企业，联合珠海市的制造业企业，共同申报国家制造业与物流业联动发展示范工程和重点项目，争取国家政策与资金支持，促进珠海现代制造业与物流业有机融合、联动发展，实现培育物流市场需求和增强制造业综合竞争力的双赢局面。

2. 加快基础设施建设，建设能提供制造业物流服务和综合物流服务功能的物流园区、物流中心。珠海的工业园区已经初具规模，并且形成了协调发展的良好局面。为了更好地配套和促进制造业发展，物流企业形成产业集聚中心时，其服务能力、服务模式和联动方式要更加有效率和效益，能够更好地发挥生产性服务业的行业特点。因此，可以在各工业园区配套建设相应的物流园区、物流中心，提供专业物流服务和综合性物流服务。

3. 大力培育和发展高端物流和供应链管理服务。目前珠海的高端物流企业较少，相比广深，珠海能提供综合物流服务的高端供应链企业寥寥无几。这一方面由于需求不足或尚未得到开发，另一方面供给平台也有所欠缺。积极鼓励物流企业通过为生产企业提供从原材料采购、采购物流、集成配送、仓单质押到存货周期支付等一体化供应链服务，推动与制造业的联动发展和产业转型升级。关注物流服务过程中客户端个性化需求、提供“量身定制”的专业化方案，促进信息化和高技术的融合与应用，将高端物流服务应用于珠海

“高端制造业、高新技术产业”等重点领域。

4. 大力共建物流信息系统。调研中发现，相当比例的物流企业非常想通过信息系统的建设，推进与制造业企业的合作关系、合作深度和合作层次，改变目前还处在电话/电邮的低端信息沟通模式。同时，珠海市的物流服务平台企业也非常期望与政府在产业层面上进行合作，为珠海市整体的物流信息系统升级做出成果。

# 第十二章　商贸物流

## 第一节　商贸物流现状

商贸物流是指与批发、零售、住宿、餐饮等商贸服务业与进出口贸易相关的物流服务活动，是在商业贸易中产生的物流过程。发展商贸物流业对于促进区域商业发展，优化区域产业结构，增强区域经济实力等方面具有十分重要的意义。

珠海市位于中国东南沿海，作为珠江三角洲地区的重要城市之一，内连中山市、江门市，外接深圳、中国香港和中国澳门，位置条件得天独厚，是连接中国西南地区与港澳之间的交通枢纽城市。

### 一、内外贸易情况

#### （一）国内贸易

根据《2016 年珠海市国民经济和社会发展统计公报》，珠海市 2016 年社会消费品零售总额 1016.13 亿元，比 2015 年增长 11.0%。其中，批发业零售额 225.70 亿元，增长 12.3%；零售业零售额 675.76 亿元，增长 10.6%；住宿餐饮业零售额 114.67 亿元，增长 10.9%。

与 2015 年相比，限额以上批发和零售业商品零售额中，石油及制品类零售额 50.30 亿元，下降 1.0%；汽车类零售额 114.46 亿元，增长 12.9%；粮油食品饮料烟酒类零售额 51.50 亿元，增长 15.6%；服装鞋帽针纺织品类零售额 20.35 亿元，增长 27.1%；化妆品类零售额 1.47 亿元，下降 64.9%；金银珠宝类零售额 0.62 亿元，下降 37.0%；日用品类零售额 6.15 亿元，增长 10.7%；体育、娱乐用品类零售额 0.48 亿元，下降 15.8%；电子出版物及音像制品类零售额 0.05 亿元，下降 14.4%；书报杂志类零售额 1.23 亿元，增长 4.6%；家用电器和音像器材类零售额 13.59 亿元，下降 3.2%；中西药品类零售额 5.62 亿元，增长 16.1%；文化办公用品类零售额 4.46 亿元，增长 2.4%；通信器材类零售额 5.38 亿元，增长 7.5%；建筑及装潢材料类零售额 1.13 亿元，下降 29.0%。

#### （二）对外贸易

2016 年珠海市全年完成外贸进出口总额 2753.05 亿元，与 2015 年相比，下降 7.0%。其中，出口 1802.26 亿元，增长 0.5%；进口 950.80 亿元，下降 18.6%。进出口差额

851.46 亿元，比 2015 年增加 225.51 亿元。

2016 年，新设外商投资企业 803 个、合同外资金额 90.51 亿美元、实际吸收外资金额 22.95 亿美元，分别比 2015 年增加 23.4%、150.4% 和 5.4%；累计设立外商投资企业 13534 个，合同外资金额 484.12 亿美元，实际吸收外资金额 257.40 亿美元；工商登记注册的实有外商投资企业 5359 家；经核准境外投资新增中方协议投资额 66.9 亿美元。

## 二、珠海市商贸物流需求与供给分析

### （一）商贸物流需求分析

1. 社会消费品零售总额分析

社会消费品零售总额是衡量商品流通发展情况的重要指标，同时反映了社会对物流的需求。根据珠海市统计局关于消费品及批发业、零售业的统计信息，珠海市近十年来社会消费品总额以及批发和零售业总额都呈上升趋势，2016 年珠海市社会消费品零售总额已达到 1016.13 亿元，同比增长 11%。其中批发和零售业占社会消费品总额的 88.72%。反映出物流需求不断增加，后继市场规模不断扩大。据估计，2020 年珠海物流需求总量将达 9.76 亿吨，较 2015 年增加 5.6 亿吨。

2. 进出口贸易总额分析

2015 年，完成外贸进出口总额 2960.53 亿元，与 2014 年相比下降 12.3%。其中，出口 1793.28 亿元，增长 0.6%。2016 年，完成外贸进出口总额 2753.05 亿元，下降 7.0%。其中，出口 1802.26 亿元，增长 0.5%。虽然 2015 年和 2016 年的出口均有增长，增幅不是很明显，说明珠海市并没有发挥优良的港口区位优势，应加强进出口贸易。

（二）商贸物流供给情况分析

1. 货运量与货物周转量分析

2016 年，珠海市交通运输、仓储业实现增加值 30.66 亿元。货运运输总量为 11395.20 万吨，比上年增长 5.3%，其中铁路运输货物总量较上年呈明显上升，同比增长 76.1%。但水路、公路货物运输总量与 2015 年相比有所下降。同样，从货物周转量数据来看，2016 年珠海市实现货物周转量 159.13 亿吨公里，较 2015 年下降了 3.4%，铁路货物周转量呈上升趋势，水路、公路货物周转量有所跌幅，具体见表 12－1。对比珠海市拥有大量水路资源的实际情况，现有水路货运量有所降低，说明珠海市货物运输方式有待进一步优化。

**表 12－1　珠海市全社会物流交通运输量**

| 项目＼年份 | 2012 | 2013 | 2014 | 2015 | 2016 |
|---|---|---|---|---|---|
| 货运量（万吨） | 7582.19 | 8567.95 | 11175.20 | 11925.60 | 11395.20 |
| 铁路 | — | 109.73 | 300.20 | 298.00 | 524.70 |
| 水路 | 1163.00 | 1408 | 1633.00 | 1708.50 | 1625.00 |
| 航空 | 1.19 | 1.22 | 1.00 | 1.20 | 1.50 |

续表

| 项目＼年份 | 2012 | 2013 | 2014 | 2015 | 2016 |
|---|---|---|---|---|---|
| 公路 | 6418.00 | 7049.00 | 9241.00 | 9917.80 | 9244.00 |
| 货物周转量（亿吨公里） | 115.33 | 135.62 | 161.78 | 172.81 | 159.13 |
| 铁路 | — | 2.05 | 5.63 | 5.60 | 9.50 |
| 水路 | 78.05 | 91.28 | 105.45 | 111.11 | 98.56 |
| 航空 | 0.17 | 0.18 | 0.20 | 0.20 | 0.25 |
| 公路 | 37.11 | 42.11 | 50.50 | 55.90 | 50.82 |

资料来源：2016 年珠海市国民经济和社会发展统计公报。

2. 港口吞吐能力分析

2016 年，珠海市全年规模以上港口完成货物吞吐量 11778 万吨，增长 5.1%，其中外贸货物吞吐量 2523 万吨，增长 21.6%；内贸货物吞吐量 9255 万吨，增长 1.3%。港口集装箱吞吐量 165 万 TEU，增长 23.6%。截至 2016 年底，全市共有生产性泊位 152 个，非生产性泊位 6 个，万吨级以上生产性泊位 27 个，设计年通过能力 1.55 亿吨，集装箱吞吐能力 198 万标准箱；干散货泊位 24 个，年吞吐能力 8107 万吨；油、气、化工品液体散货泊位 40 个，年吞吐能力 4486 万吨；多用途泊位 26 个，年货物吞吐能力 917 万吨，集装箱 112 万标准箱；集装箱专用泊位 4 个，年吞吐能力 86 万 TEU；件杂货泊位 19 个，年吞吐能力 455 万吨。从上述数据可看出，珠海市实施的“以港兴市”战略卓有成效，但还需扩大港口企业规模，加强港口专业化程度建设和配套支撑，以优越港口条件促进商贸物流的发展。

## 三、珠海市商贸物流的优势和不足

### （一）优势

1. 独特的地理位置

珠海市位于珠江出海口西岸，拥有珠江西岸唯一的深水良港，地接中国澳门，东望中国香港，北部与中山接壤，西北部与江门相连，是珠江三角洲地区中海洋面积最大、岛屿最多、海岸线最长的城市。拥有横琴自贸片区，同时设有拱北、九洲和高栏等国家一类口岸和二类口岸，拱北口岸是中国第二大陆路口岸，是珠江三角洲地区、华南地区，尤其是粤西地区，乃至中国西南地区的物资中转集散地，其独特的地理位置为商贸物流发展提供了有利条件。

2. 配套设施的日益完善

从交通末梢到区域枢纽，高铁已经成为展现珠海交通大发展的“速度担当”。珠海的高铁网络已基本覆盖了中国的华东、华中、华北和西南等区域重要城市，直达城市近 50 个，最远直线距离约 2300 公里。从串点成线到拓线为带，珠海铁路实现了从无到有的跨越；珠海的城际铁路途经广州、佛山、江门、中山，打通了珠江三角洲地区西翼铁路客运大通道，融入了珠江三角洲地区“1小时经济圈”。珠海市构建以“一桥双港”为龙头、“五纵三横”高速公路和城市快速路为骨架、内部丰富加密系统的海陆空综合交通体系，配套改造建设城市主干道路网的交通体系。这不仅给珠海市民带来便捷的出行，而且增加的人流量也带动了旅游业的发展，从而促进商贸物流业发展。

2016年7月13日，交通运部发布《中长期铁路网规划》，明确提出中国“四纵四横”的高速铁路网升级为“八纵八横”。其中，广珠城际铁路将并入“八纵”通道中的京哈——京港澳通道，让广珠城际铁路正式成为高速铁路网的一部分。这一规划让珠海市融入全国高铁网络，能更好地发挥国际门户作用，为商贸业物流发展带来机遇。

连接中国香港大屿山、中国澳门半岛和珠海市香洲区的港珠澳大桥建成通车后，珠海将成为唯一与港澳陆路相连的城市。从外部交通看，港珠澳大桥从根本上改变了珠海在全国交通路网布局中长期处于边缘地位的状况，使珠海成为珠江三角洲地区网络型交通结构的重要组成部分，带来人流、物流和资金流，进一步推动珠海市商贸物流发展；从市内交通来看，港珠澳大桥将进一步改善珠海交通运输网络、城市空间结构和产业结构，从根本上改变珠海过去单中心的空间结构和西部地区发展长期滞后的现状。珠海的城市空间结构正由单中心聚集向聚集与扩散并存、内涵提高与外延拓展并重转变，形成珠海新的城市格局。同时在开放中链接全球资源，对新兴国际商贸物流产业向网络化、规模化方向发展具有极大的推动作用。

3. 政府政策的有力支撑

在《珠海市现代物流业发展规划（2015—2020年）》中，珠海将形成由物流园区、物流中心和配送中心构成的层次分明的物流基础设施系统，到2020年打造成为华南地区重要的国际物流中心。适逢国家“一带一路”倡议与“南海战略”的实施、港珠澳大桥即将建成通车、省部共建珠西先进装备制造产业带、深中通道建设等利好，珠海商贸物流业迎来了前所未有的发展机遇。

2016年1月14日，由四川遂宁市、贵州黔南州和广东珠海市发起的“川贵广—南亚国际物流大通道”建设落地。当日，三地在遂宁正式签署大通道共建战略合作框架协议。按照规划，预计通过两到三年时间的建设，一条连通西南内陆和东南沿海，融入“一带一路”建设和“中巴经济走廊”的国际商贸物流大通道有望形成，为珠海市商贸物流发展创造有利条件。

《珠海市商务发展“十三五”规划》指出，在“十三五”期间，珠海市商务局以装备制造业招商、外经贸转型升级和新业态培育为重点，抢抓横琴自贸片区建设机遇，加快推动国内投资与国际投资、国内贸易与对外贸易、招商引资与外经贸“三融合”，着力构建对内对外竞争新优势，促进商务经济保持稳定和提质增效，更好地服务全市经济社会发展大局。突出专业、精准招商带动产业提升，利用横琴新区和自贸试验区政策叠加优势，大力引进金融商贸、文化创意等现代服务业项目。利用港珠澳大桥即将建成通车、高栏港正在建设第三代港口等机遇，开展保税、物流、仓储及电子商务等现代服务业招商。

2017年4月17日，广东省发改委网站发布《广东省现代服务业发展“十三五”规划》，提出以建设粤港澳世界一流湾区为导向，加快建设珠江三角洲地区辐射扩散式服务网络，各地根据不同情况发展有专业特点的区域服务，形成中心辐射与专业分工相结合的服务业发展格局。珠海商贸物流在湾区时代能获得更好地发展。

### （二）不足

1. 经济总量偏小，东西部发展不平衡

珠海市 GDP 和社会销售零售总额皆呈上升趋势，说明珠海市物流需求不断增加，后续市场规模继续扩大。但珠海市 GDP 仅占广东省的 2.8%，社会消费品零售总额仅占广东省的 2.9%，进出口贸易总额偏低。作为四大经济特区之一的珠海商贸物流有效需求不足，产业影响力辐射不够。

珠海市有临近港澳的区位优势，因此政府部门在发展中选择了优先发展临海的东部地区，使现在珠海市东西部经济发展不平衡，形成了珠海市经济发展的短板，制约了整个城市商贸物流的有效发展。

2. 商贸物流专业化程度较低，信息化水平不够

珠海市商贸物流企业部分处在单一化的传统运输与仓储业务发展阶段，能够提供物流信息资源整合服务、货运代理服务与物流加工增值等服务的专业第三方物流企业数量较少，具有较强一体化物流服务水平的企业数量难以满足客户多样化的物流需求。

珠海市商贸物流业的发展虽有政府的重视，但部分企业缺少高效的信息化平台，仍停留在原始人工记账、收录信息等传统的经营管理方式上。

## 第二节 商贸物流运营模式

### 一、物流运作模式

商贸物流的运作模式是指在已经形成的商品交易市场背景下，将市场交易服务与仓储、运输、配送等活动相结合的一种物流运作模式，在这种模式下，特别强调商流与物流服务的一致性以及信息服务的及时性。由于交易市场的物流业务非常集中，因此对现代商贸物流的服务水平要求也比较高，从物流运作的基本模式来看，主要有区域集群的商贸物流模式和区域交易市场的商贸型物流模式。

### （一）基于区域集群的商贸物流模式

区域集群又称产业聚集或企业集群，是指在产业的发展过程中，处在一个特定领域内相关的企业或机构，由于相互之间的共性和互补性等特征而紧密联系在一起，形成一组在地理上集中的相互联系、相互支撑的产业群。区域集群代表了当今一种特定产业的区域化发展潮流，由于这些产业基本上处在同一条产业链上，彼此是一种既竞争又合作的关系。基于产业聚集区的区域商贸物流模式以区域内聚集的产业组织为主要服务对象，以集运、多式联运等物流活动为主，为各产业组织的物流活动提供区域性物流服务，这种物流模式要求物流组织建立具有覆盖整个区域内外的完善的物流网络，以专业化、定制化的物流服务来满足客户的物流服务要求，因此，物流活动方式呈现多样化的特点。

### （二）基于区域交易市场的商贸型物流模式

区域交易市场主要指专业的实物商品交易市场，一般都具有比较大的规模，如大型的农产品、建材产品、汽车、商贸百货、医药等交易市场。区域交易市场的交易量大、物流活动集中且频繁，对物流的需求较大。基于区域交易市场的商贸型物流模式是在已经形成的区域商品交易市场背景中，将市场交易服务与仓储、运输、物品配送等活动相结合的一种商贸物流模式，在这种物流模式下，物流服务品种多样化、批量小、批次多，由于商品的特性导致了较大的需求不确定性，因而主要强调仓储和配送功能，建立电子商务交易平台，十分注重物流系统的柔性。

## 二、发展模式

在商贸物流发展的过程中，按不同商贸物流企业在整个物流活动中发挥的作用，结合珠海市的实际情况，可将其发展模式归为以下几类：

### （一）促进商品快速集散

此类模式以拱北口岸珠澳都会商贸服务区、吉大旅游商贸中心、高新区前环休闲商贸区、西部中心城区商业服务区等为代表，利用覆盖商品采购与销售区域的物流网络和现代化的物流设施，为众多的连锁企业、大型商场、专业市场、会展中心等提供货物配送服务。建设物流中心作为大批量商品的集散、分拨中心，各类运输工具在物流中心集结，进行货物装卸、换装，多种运输方式相互配合、密切衔接，实现商品的区域配送。

### （二）为商品交易提供场所和服务

此类模式将大型专业化市场建设成为聚商流、物流、资金流、信息流为一体的综合商贸物流中心，提供仓储、剪切加工、质押监管、配送、物流方案设计等“一条龙”物流服务和商务中心、资金结算、信息等市场配套服务，吸引众多大型的生产商、批发商、零售商在珠海市一定区域范围内聚集，商品向全国市场辐射，从而促进珠海的现货市场交易形态的商贸流通业发展。上冲货运市场建设可以参考此模式，将其建设成为集物流信息、交易、结算为一体，虚实结合的物流交易平台和物流交易市场。整合横琴、保税区、洪湾商贸物流园区、十字门中央商务区、珠澳跨境工业区等产业集聚区，依托国内国际贸易所产生的物流服务需求，发展商品交易与配套物流服务。

### （三）物流企业担当生产企业的销售代理商

物流企业以与生产厂商多年的业务关系和遍布全国的物流网点为基础，成为生产企业重要的产品销售代理商，为其拓展销售渠道、产品销售提供平台，进而实现对生产企业从原材料采购、产品中间加工到销售、配送的完整供应链管理。

### （四）仓单质押融资服务

物流企业还可通过仓单质押融资服务等一些独特的增值服务，来促进商品交易。由货主企业利用存储在物流企业仓库中的商品做抵押，凭借仓库开具的仓单向银行申请贷款，银行根据商品的价值向客户提供一定比例的贷款，同时由仓库代理监管商品。通过仓单质押，缓解银行与企业间的矛盾，促进商品交易。

### （五）国际货代和一体化物流服务

跨区域网络化运营的物流企业利用遍布全国各大港口和内地的国际货代网络，开展通关、订舱等传统货代业务，为客户提供国内的运输、配送等全程物流服务，并向全球拓展物流网络和相关服务。

### （六）加工和信息服务

从整合供应链的角度出发，物流企业为客户提供产前加工、商贸加工等服务，以降低客户的成本，提高客户的市场竞争力，也为客户的交易提供方便。同时，通过在仓储、加工、分销、配送、管理等方面引入计算机信息管理系统，加快物流信息的传递速度，实现货物仓储、运输等环节科学合理化，还可为客户提供库存信息和价格信息，并为其实现网上交易、电子商务提供必要的技术保证，使商品交易更加实时、高效。

## 第三节 商贸物流发展趋势及对策建议

### 一、商贸物流发展趋势

#### （一）商贸与物流融合加深

商贸流通业是连接生产与消费的中间环节，是工农、城乡和地区之间经济联系的桥梁和纽带，是社会化大生产的重要部门。物流是商品流通的载体，商贸流通业的发展离不开物流产业的支持，尤其是随着当前商品交易方式和产业发展形态的日新月异，生产资料市场出现了直销、代理、现货市场和期货市场等交易方式，消费品市场呈现超市、大型综合购物中心、专业店、品牌专卖店、便利店、折扣商店等多业态形式，商贸流通对物流服务的需求上升至一个新的层级，对低成本、时效性、个性化等方面的要求越来越关注和重视。

目前，珠海市正在实施以六大现代服务业功能区为重点的服务业发展规划，对于珠海的物流产业而言，这既是挑战，也是机遇。现代物流不仅是其中一个重要的功能区，而且也是商务服务区、休闲会议旅游区、商业综合服务区、教育文化创意区、科技创新核心区其他五大功能区聚集人流与商流的先导性与支撑性条件。

珠海市现代物流与商贸业将融合发展，以物流聚商流、以商流促物流，实现物流业与商贸业的产业双向聚集、扩张和升级。尤其是港珠澳大桥的建设将为珠海开辟一条背靠大西南、连通港澳、走向世界的国际化大通道，横琴新区的政策红利也在逐步转化为发展动力。在此机遇下，以洪湾、横琴、保税区片区为重点，精益物流与高端商贸将进行深度融合。

横琴新区有不可比拟的优惠政策和毗邻港澳的区位优势，可以发展高端商贸保税物流，将保税区打造成集物流分拨中心、展览展示中心和商贸服务中心于一体的珠江口西岸重要国际贸易平台，并可借此大力发展先进制造、保税物流、国际贸易等，二期建成后为保税区提供增值配套服务。

十字门中央商务区是珠海最高端的CBD，以发展高附加值的高档商贸物流为主。跨境工业区可以为周边企业解决港澳一日游的退税问题，发展面向中国澳门的物流配送业和面向内地的进口消费品展销业，建成物流配送和进口商品展销中心。洪湾商贸物流园区定位于发展非保税商贸物流相关业务。

通过以上的分工协作，珠海市商贸物流能够形成功能错位、产业互补、相互促进的发展格局，发挥区域集群发展优势，增强凝聚力和辐射带动效应。

### （二）区域经济持续推动商贸物流发展

在推进粤港澳大湾区建设的背景下，为了稳定国家经济的发展，缔造可持续化发展的新路径，珠海市不断加快自由贸易区的建设，区域经济发展战略成为珠海市社会经济发展的主要驱动力，促进了区域人口、经济与资源的可持续协调发展。在区域化经济发展路径下，区域物流发展将拥有更为充足的市场需求，不仅迎合了新常态下国家区域经济发展战略的要求，同时也是现代商贸物流业升级转型的新动力，有利于突破传统物流发展的地域性障碍。在物流企业产业集聚化、联盟化的发展进程中，通过构建区域信息平台、区域多式联运等物流体系，提高物流资源的整合效果，加速物流产业的升级转型与可持续发展。

2014年至2015年，珠海市固定资产投资率不断增加，且外资的增长率高于内资的增长率，说明在区域经济的发展下，珠海市吸引了大量的外资，而外资的入驻又带来社会商品的增加，扩大珠海市的内需，从而带动物流的发展。珠海市的社会消费品零售额从2011年的567.86亿元增加到2016年的1016.13亿元，说明了市场的需求在不断扩大，而商贸物流的发展依托于商贸活动。因此，社会消费品的增加必定会带来商贸物流的发展。

### （三）产业联动愈加明显

相较于现代商贸物流企业，传统物流企业的运营主体业务大多为仓储与运输。而在新常态、现代化的发展路径下，物流企业的主要发展模式已经发生明显改变，并且以联动多产业的物流一体化模式为新的发展潮流。基于“互联网 +”战略与产业升级转型战略，国内制造业、物流业、商贸业与金融业等多个行业进行产业融合的趋势愈加明显。对于工业制造业企业而言，现代商贸物流业有助于提高其核心竞争力、降低企业仓储压力、提高物流效率、降低运营成本、提高物流服务水平。目前已有许多生产制造企业将物流服务外包给第三方物流企业。基于产业联动方式，商贸业与物流业的融合，将有助于完成商贸流通业的转型升级。与此同时，受移动互联网与电子商务等技术的影响，金融业与物流业的加快融合与联动，促进了中国中小企业的发展。现代商贸物流业正在成为物流一体化的多产业联合体，符合现代社会的合作共赢发展潮流，更是现代商贸物流业创新的可持续健康发展模式。

因此，在中国新形态的经济环境下，珠海市的产业联动将愈加明显。物流业与各个产业相连接，通过各产业的转型和调整促进物流业的改革，物流业的改革也会反作用于产业的调整与转型，有效实现共赢。

以南湾产业区为例，南湾拥有珠海发展最成熟、单位产值最高的工业园区——南屏科技工业园，拥有珠海市西部唯一的保税区，仍在加快建设的十字门中央商务区北部片区，如今已建成珠海国际会展中心、喜来登酒店、华发中演大剧院等高端服务业设施，在承接港澳高端服务业转移、促进港澳合作方面具有天然优势。南湾地区的发展将会在未来的发展中带来巨大的需求。南湾片区是珠海的交通大枢纽和现代物流集聚区，为了使商贸物流适应南湾区的发展，需要通过商贸物流的提升与整合使其更好地与产业发展相结合。

### （四）服务品质进一步提升

经济新常态下，买方市场早已形成，在激烈的市场化竞争中，珠海市的商贸物流企业必须要通过强化物流服务品质来提高核心竞争力，抢占市场资源。提高物流服务质量，不仅有助于提高品牌的满意度，培养良好的市场口碑，而且还有助于提高企业运营效率，取得持续化的发展。随着国家提出发展粤港澳大湾区城市群的战略，珠海市在湾区经济中的功能定位为国家级大装备制造业中心、拓展“桥头堡”与创新高地，其重要地位不可忽视。在此背景下，珠海市商贸物流业要进一步提升服务品质以迎接湾区经济的到来。在商贸物流的发展中，进一步有效实现准确的配送、较短的物流配送时间、较高的配送人员综合素质以及较低的客户投诉率等，使服务品质日益提升。

### （五）政策支持进一步加强

2016 年 5 月，珠海市印发《珠海市外贸特色产业集群建设专项资金使用管理规定》，为推动外贸特色产业集群和促进产业转型升级项目建设和发展，珠海市安排专项资金用于支持产业集群项目建设和企业抱团开拓国际市场，支持标准最高达到 80 万元。

2016 年 7 月，珠海市发布《珠海市外贸企业助保贷融资平台资金管理办法》，对于显著扩大出口规模、促进本市外贸增长的企业，由市财政安排作为助保贷融资平台的风险补偿金，对这些企业的风险损失进行补偿；通过风险补偿金增强企业信用等级，对认定的外贸综合服务平台允许采用信用方式申请贷款；对其他外贸企业提高企业贷款质押率和抵押率。

2016 年 8 月，《珠海市加工贸易创新发展公共服务平台资金暂行管理办法》出台，该公共平台由珠海市商务局联合市商协会建设运作，为珠海市加工贸易企业创新发展提供服务，该平台资金在市财政预算安排的外经贸发展专项资金中解决。公共服务平台引入专业咨询机构，为加工贸易企业创新发展提供评估或辅导服务，与港台合作机构联合开展赴国内加工贸易创新发展典范企业学习，组织市加工贸易企业学习培训，积极支持企业参加国家、省和市指定的加工贸易开拓国内市场展会，对企业展位费或差旅费按规定给予补助。

2017 年 5 月，珠海市印发《珠海市加强招商引资促进实体经济发展试行办法》，市、区财政每年统筹安排，加强招商引资促进实体经济发展的扶贫奖励资金，扶持奖励范围包括符合珠海市产业发展导向的新引进实体经济项目和增资扩产实体经济项目、招商载体建设、以商引商和重大招商活动、企业总部及分支机构等。实行项目落户奖励，对新引进的实缴注册资本达到 1000 万美元或者 1 亿元以上的先进实体经济项目，经认定每 1000 万美元或者每 1 亿元给予 200 万元的奖励；鼓励各区建设一批招商载体，鼓励各区或有资质的企业为已引进的项目代建厂房及基础配套设施，并在一定时期内给项目企业免费使用；参加“一带一路”沿线国家或地区的贸易促进活动的，给予实际发生参团费用最高 80% 的支持；鼓励各区发展总部经济，对新引进的带动性强、属于国内外行业的龙头企业项目，或发展潜力巨大、能填补珠海市产业空白的新兴产业项目，或投资额超过30亿元的重大项目，按“一事一议”方式给予支持。

对于与人民群众生活息息相关的农产品贸易，也是出台政策进行支持。2014年，珠海市出台《珠海市扶持农贸市场行业发展若干优惠政策》的通知，珠海市市区两级财政每年投入5000万元作为农贸市场行业发展专项资金，用于扶持全市农贸市场的规划、建设和管理工作。对实施整体改造升级的农贸市场，组织验收，对于验收合格的按不同标准给予150元/平方米至400元/平方米的补贴。

## 二、商贸物流发展对策建议

### （一）利用有利条件，提高商贸物流服务水平

珠海市商贸物流业应把握港珠澳大桥建设机遇，充分利用横琴自贸区优惠政策，依托港澳地区，面向珠江口西岸，打造配套高附加值产业、匹配高品质生活的高端商贸物流。

政府和行业可以牵头整合横琴自贸区、珠海保税区和十字门CBD商贸物流资源，合理进行不同区域的产业定位与功能分工，打造珠海商贸物流集聚区。同时引进和培育大型商贸物流企业，重点扶持龙头企业，大力发展电子商务、物流金融等新兴产业业态，高起点建设珠海商贸物流体系。与港珠澳大桥建设配套，合理设置通关口岸，完善珠海与港珠澳大桥衔接的集疏运交通网络，建立各产业园区与港珠澳大桥的便捷联系，做好承接中国香港产业辐射的配套措施，打通和升级珠海商贸业国际运输、干线分拨和“最后一公里”配送的全程物流服务。

### （二）加强冷链设施投入，促进农产品冷链物流发展

珠海市有临海的天然优势，海产品丰富，同时各镇区农产品产量较大。由于海产品和农产品对运输过程的要求较高，常温的运输使海产品和农产品损耗较大，也降低了产品品质。因此建议应加强冷链设施的投入，通过专业市场运作与冷链物流联动发展，降低农产品和海产品的物流成本，有利于扩大本市产品的市场辐射范围。

针对农产品在本市的流通，建议设立专业市场，以现货批发为主集中交易，形成大规模集中交易的坐商式的市场制度安排。专业市场具有规模经济、范围经济等优势，并且具有明显的城市商业品牌效应。珠海市可依托专业市场物流量大、商品流动性强的特点，支撑商贸物流系统的运行，打造珠海农产品贸易的品牌。

### （三）提高经济外向度，加快国际化发展

在经济全球化的背景下，商贸物流向国际化发展的趋势势不可当。对于珠海市来说，应当积极利用国家“一带一路”倡议所带来的政策优惠，加快推进外向型经济的发展，带动商贸物流的国际化发展。

《广东省参与建设“一带一路”的实施方案》明确了广东的三大特点，即突出21世纪“海上丝绸之路”建设、突出粤港澳合作、突出经贸合作并梳理了促进重要基础设施互联互通、提升对外贸易合作水平、加快产业投资步伐、推进海洋领域合作、推动能源合作

发展、拓展金融业务合作、提高旅游合作水平、密切人文交流合作、健全外事交流机制等重点任务。在实施方案中，珠海在广东省参与建设“一带一路”中发挥了重要作用，在基础设施建设、海洋领域合作、对外投资贸易、旅游合作等多个方面已经抢占先机，释放出巨大能量。

从珠海市近年来的外贸进出口额来看，其总体来说处在不断增长的趋势，表明珠海市经济发展方式逐渐转向了外向型经济，“走出去”发展战略带来的效益明显增加。（见表12－2和表12－3）

**表12－2　2016年对主要国家和地区出口额及增速**　单位：亿元

| 国家或地区 | 出口额 | 比上年增长% |
|---|---|---|
| 东盟 | 194.55 | 37.8 |
| 欧盟 | 282.18 | －12.2 |
| 一带一路 | 461.10 | 41.0 |
| 美国 | 366.68 | －26.8 |
| 中国香港 | 328.97 | 2.2 |
| 日本 | 80.36 | 3.5 |
| 印度 | 74.22 | 150.8 |

资料来源：珠海市商务局外贸统计。

**表12－3　2016年珠海市对主要国家和地区进口额及增速**　单位：亿元

| 国家或地区 | 进口额 | 比上年增长% |
|---|---|---|
| 东盟 | 149.29 | -7.9 |
| 欧盟 | 70.68 | 3.1 |
| 一带一路 | 378.58 | －25.7 |
| 伊朗 | 153.54 | －44.4 |
| 中国台湾 | 82.54 | －10.9 |
| 美国 | 77.14 | 6.5 |
| 日本 | 74.96 | －13.1 |

资料来源：珠海市商务局外贸统计。

从表12－2和表12－3可以看出，珠海市的进出口额占比较大的是“一带一路”沿线国家，说明了“一带一路”倡议带给了珠海市巨大的发展机遇。珠海市应当发展自身实力，符合“一带一路”发展建设要求。

珠海港作为西江出海口，通过投资建设贵州国际陆港，将大西南及周围片区货物聚集到贵州，再通过珠海港周转并对接国际市场。以珠海港为支点打通大西南出海通道，将成为“一带一路”建设的重要通道，成为大西南开放型经济的重要“桥头堡”和示范基地，可有效建立中国境内与中亚、南亚及非洲地区的经济贸易往来。

项目建成后，依托西江战略，珠海港可打通从云南、贵州、广西到珠海港的水运通道。届时，西南货物可通过水路、陆路、铁路运输至珠海港，经珠海港转运到巴基斯坦瓜达尔港，再由巴基斯坦瓜达尔港中转到中东、非洲等地区。通过建设国际合作的大通道，有利于珠海市与国际发展接轨，发展国际性的商贸物流。

2016年，珠海港东南亚国际航线升级加挂新加坡、印度尼西亚、缅甸港口后，于2017年3月开通“珠海高栏—南太平洋”航线，打通了高栏港通向南平洋群岛等“一带一路”沿线区域的物流通道。珠海港的国际航线已覆盖东南亚、东北亚、环太平洋区域，还应在加密上述地区航线的同时，推动航线向南亚、中东、南美洲等地延伸。除了加密内外航线，珠海港还应深化与国际知名企业的合作，尤其是促进大型航运公司在珠海投入更多的航线和建设区域物流中心，增强大型港航企业在珠海港的根植性，进一步融入国家“一带一路”倡议和广东开放型经济发展新格局，加强与“一带一路”沿线国家商贸流通合作，不断开辟新兴市场，加快打造现代港口物流中心。

结合“一带一路”建设和“粤港澳大湾区”的发展背景，珠海市商贸物流应该在立足本市经济发展的基础上，积极开拓国际市场，推动商贸物流的全球化发展。

### （四）完善交通运输设施和网络，构建海陆空立体化的商贸物流运输通道

运输是物流业的命脉，珠海市可以在公路运输领域积极对接“一带一路”，加快推动珠海商贸物流业的转型发展；铁路运输方面，要在现有铁路交通网络设施的基础上，加大铁路交通覆盖范围，可以借助开通的中欧铁路班列，利用珠海商品质优价廉的特点，扩大珠海商贸物流在国内外范围内的影响力，打通珠海与东南亚地区以及中南亚地区的经济交流通道，发展跨境物流；加速开放国际航空口岸，增加机场航线特别是国际航班数量，构建国际物流大通道，实现物流交通基础设施互联互通，优化物流节点城市布局，实现珠海商品通达全球。

### （五）建立“互联网+”模式，促进商贸物流发展

随着经济全球化时代的到来和信息技术的广泛应用，国内商品贸易规模和范围持续扩张，市场交易形态不断变化，业内竞争日趋激烈。特别是电子商务的兴起，将全国、甚至全球凝聚为一个大市场，实现了商品的全球采购，给流通带来大范围、快节奏、高效率的变化，商贸企业需要以最短的时间、最低的价格、最多的选择、最优的服务去满足消费者的需求，这使商贸流通业对专业化物流服务的需求日益旺盛并不断升级，有力推动了商贸物流的发展。珠海商贸物流系统的建设应适应商贸流通业上述发展趋势，实现对客户的快速响应，同时有效降低服务成本、提高服务效率、提升客户的满意度。

商贸物流的发展离不开科学技术的创新。“互联网+”的时代要求物流企业建立数据库，使用大数据以有效整合资源，提高效率。大数据代表了一种新式的思维方式和工作方法，对于社会资源的使用和组织带来新的实践指导。近年来，包括大数据、云计算等技术，渐渐与物流产业相结合，成为诸多专家与学者重点研究的理论，也是未来中国商贸流通行业的发展重要趋势之一。因此，珠海市商贸物流企业应当积极利用大数据方法与技术提高自己的发展水平，除此之外还可以利用其他前沿的信息技术，推动信息化平台的建设。

### （六）以技术带动创新发展战略

对于任何一个行业而言，技术创新都是未来可持续发展的重要基础，对于珠海现代商

贸物流业也不例外。珠海市商贸物流业可以开展精细化的管理，促进物流服务的高效、安全发展。结合现代云计算、大数据、物联网等技术，加快信息平台的建设，实现行业全面信息化与智能化发展。政府要在政策上积极鼓励物流企业升级物流运输装备与技术，推动多模式联动发展，更要以政策引导鼓励企业自主创新与研发新的技术，深化产学研融合发展，以市场需求与国际潮流为导向，推广新的物流技术。

**（七）加快区域发展战略，构建物流服务一体化网络**

通过区域物流与区域经济的协调发展，优化区域内的物流资源配置，进而推动区域经济的可持续发展。从政策方面引导区域物流信息平台的建设，并为区域物流发展奠定良好的基础设施条件与政策措施。物流服务一体化网络的构建，一方面要符合市场经济的新常态发展趋势，另一方面具体结合涵盖珠海市的区域政策，如“一带一路”建设、港珠澳大桥建设所带来的发展机遇。

因港珠澳大桥带来的大桥经济区有望加快推进。未来珠海可以加快整合港珠澳大桥、自贸试验区、保税区、港口、机场等开放关键要素，谋划大桥经济区的建设，进而推动形成一条连接港澳与珠江西岸、粤西乃至西南地区的开放大通道、创新大通道，促进粤港澳大湾区打造成为“一带一路”的战略枢纽。

**（八）迎合升级转型战略**

对于珠海市的商贸物流而言，需要以市场为导向，迎合国家产业升级转型的发展战略。现代化商贸物流企业需要认清市场形势，大型企业要发挥其强大的国际影响力，带动中小型企业的发展。中小型物流企业为了提高核心竞争力，可以建立一个物流战略联盟，通过资源的再分配与优化、整合，提高核心竞争力。在物流资源整合发展的背景下，将大大提高珠海市物流产业的发展规模与水平。

特别是在供给侧改革这一背景下，珠海市各商贸物流企业应当抓住机遇，促进产业结构升级。当今的政策偏向于具有高技术含量、高附加值的服务业企业。因此珠海市物流企业需要通过强化自身品牌文化建设，提高管理水平、运营水平，以现代化的服务理念，采取产业联动策略，力争打造成为有品牌影响力的物流企业。除此之外，要加快企业的转型升级，重点要通过网络化和信息化的建设，构建一体化物流网络，提高物流企业的软实力。

**（九）大力发展绿色商贸物流**

政府鼓励在商贸物流活动中采用节能技术，以降低对环境的污染，减少对资源的损耗。在企业中推广绿色物流设施设备和包装的使用，推进物流设施设备的循环共用，大力推广租赁制、交换制等循环共用方式，创新绿色物流运作模式。各企业推动信息技术对资源的优化配置，建立绿色节能、低碳运营流程和机制。推动流通企业、电子商务企业、物流企业等利用销售配送网络，建立逆向物流回收体系，利用大数据，云计算等技术优化逆向物流网点布局，提高运营效率。

# 第十三章　农产品及冷链物流

珠海是中国南方的一个海滨城市和经济特区，位于广东省珠江三角洲南部，珠江口西岸，东距中国香港36海里，南连中国澳门，西邻江门市，北接中山市，距广州138公里，区域、省内、国内、国际位置均十分优越，具备成为区域物流中心的有利区位条件。珠海市具有以“三纵三横”六通道和“三主三辅”六枢纽为骨架，上天入水、通江达海、辐射周边的综合交通运输体系，良好的交通基础条件，对物流业的发展形成重要的支撑作用。其中，铁路运输方面，广珠铁路与珠海机场、珠海港连接成网，搭上京广大动脉，实现了客货分离且以货运为主的运输模式。铁路线的建成和发展，为珠海市及广东省的农产品等冷链食品的出口节约了时间、提供了便利。空运方面，也基本形成了由中国香港、中国澳门、广州、深圳、珠海等组成的空港群。珠海口岸是与中国澳门接壤的重要口岸，是内地联系中国澳门及农产品供澳的重要通道，珠海市一直是中国澳门鲜活商品的主要保障基地。据珠海检验检疫局相关数据显示，每年经珠海口岸供澳农产品占中国澳门市场份额90%以上。

珠海市有着丰富的初级农产品资源，其中主要有种植业、牧业、渔业。渔业比较多，对于临海的珠海来说是很大的产业优势，是珠海主要的农业支撑。另外还有热带的果蔬，也是珠海的一大特色。它们是冷链物流的主要客体。

随着横琴开发、港珠澳大桥的通车和粤港澳合作的深入，农产品进出口额将大幅增加。从珠海市冷链物流发展的必要性来看，主要满足两方面的需求：一方面是满足珠海本地居民生鲜食品多样化消费的需要；另一方面，珠海市农产品销售到外地，为了减少损耗、保障新鲜，都需要通过冷链物流来解决。

冷链物流，泛指冷藏冷冻类产品在生产、储藏运输、销售到消费前的各个环节中始终处于规定的低温环境下，以保证产品质量、减少产品损耗的一项系统工程。目前，冷链物流的适用商品一般分为三类：一是初级农产品，包括蔬菜、水果、肉、禽、蛋、水产品、花卉等；二是加工后的食品，如速冻食品，肉、水产等包装熟食，冰激凌、奶制品等；三是特殊商品，即药品和疫苗等。所谓的农产品是指来源于农业的初级产品，即在农业活动中获得的植物、动物、微生物及其产品。一般认为初级农产品是指种植业、畜牧业、渔业产品。

## 第一节 农产品及冷链物流现状

随着近年来物流行业的迅速发展，珠海港货物吞吐量持续增长，珠海市对冷链物流的需求也增大，其中獐子岛锦达（珠海）鲜活冷藏运输有限公司，被评为三星级冷链物流企业。同时，全国最大的冷链物流项目在珠海强竞冷链物流有限公司启动，珠海冷链物流正努力向专业化、智能化迈进。

### 一、冷链物流市场初步形成

珠海市有农林牧渔业，更以渔业为主。据珠海市统计信息网数据统计，2016 年全年完成农林牧渔业总产值91. 32 亿元，增长1. 2%。其中农业产值13. 13 亿元，下降5. 2%；林业产值0. 35 亿元，增长5. 6%；牧业产值11. 72 亿元，下降9. 2%；渔业产值57. 49 亿元，增长6. 4%；农林牧渔服务业产值8. 63 亿元，增长3. 8%。从结构上看，种植业、牧业、渔业和农林牧渔服务业分别占农林牧渔业总产值的14. 38%、12. 83%、62. 95%、9. 45%。农业内部结构由种植型向养殖型转变，渔业在珠海市完全取代了种植业的主导地位。而水产养殖业从“以捕捞为主，养殖为辅”的水产养殖结构转变为“以养为主，养捕结合”的结构。珠海海岸线长（604 公里），海域面积大（5952 平方公里），境内有珠江5 个出海口，深海养殖、远洋捕捞和河口型淡海水养殖资源丰富，发展现代渔业优势明显。

珠海农产品丰富，粮食主要包括稻谷、旱粮、薯类、大豆，经济作物包括甘蔗、花生、木薯，其他农作物包括蔬菜、果用瓜、青饲料等；水果主要包括柑橘橙、香蕉、菠萝、荔枝、龙眼等；畜产品主要包括猪肉、牛肉、禽肉、禽蛋等。初步形成了渔、牧、果、菜、花为主导的产业格局，并逐渐呈区域化集中发展的趋向。珠海市政府批准的种植、养殖的生态农业龙头企业32 家。目前已建立市农科中心农业旅游观光产业园、金湾中国台湾农民创业园、斗门北部农业生态园、鹤洲农业科技生态园、六乡无公害畜牧标准化养殖生态园等现代农业园区。拥有年交易额超过50 亿元的珠海市农副产品物流批发中心和30 亿元的白藤湖水产品批发市场。珠海市金湾区现有的龙头企业，如“金湾蚝”“小林草鲩”“金湾黄脚鱲”“金湾黑鲷”和“金湾沙锥”等区域水产业集群品牌在广东区域市场有较强的影响力，也给周围的农户和合作社带来了带动效应。

2016 年农作物播种面积26. 99 万亩，比上年增加0. 51 万亩。其中，粮食作物播种面积10. 56 万亩，与上年持平；甘蔗种植面积0. 09 万亩，比上年调减235 亩；油料种植面积0. 42 万亩，比上年减少346 亩；蔬菜种植面积11. 90 万亩，比上年减少0. 69 万亩。水产养殖面积40. 61 万亩，比上年减少0. 28 万亩。全年粮食总产量4. 28 万吨，减产2. 9%；甘蔗产量0. 43 万吨，减产24. 6%；油料产量748 吨，减产37. 9%；蔬菜产量14. 53 万吨，减产8%；水果产量6. 64 万吨，减产15. 3%。

2016 年肉类总产量4. 59 万吨，下降2. 3%。其中猪肉产量3. 73 万吨，下降6%；禽肉产量8524 吨，增长17. 5%。生猪饲养量82. 40 万头，下降7. 3%。其中生猪存栏36. 17 万头，下降3. 4%，生猪出栏46. 23 万头，下降10. 1%。全年水产品产量29. 93 万吨，增长2.6%。其中海洋捕捞1.09万吨，与上年持平；海水养殖8.09万吨，增长33.3%；淡水捕捞0.18万吨，与上年持平；淡水养殖20.56万吨，下降5.7%。

农产品的生产一般分为三类，即新鲜的农产品、轻工业和食品工业原料、食品和燃料。每一项又都包括很多不同的种类的农作物，种类繁多。农产品除了部分满足农民自身的需求之外，其余的大部分都能成为销售商品，从而形成一定规模的物流市场。广大的市场需求推动了冷链物流市场的形成，尤其是以水产品和反季节果蔬为代表的高价值农产品对冷链物流的要求较多。加之人民生活的改善、技术水平的提高以及政府的大力支持，进一步推动了冷链物流市场的发展。

## 二、冷链物流基础设施有所改善

随着农产品物流需求的提升，政府和农产品流通主体积极采用先进的物流技术和设施，为实现农产品物流专业化运作创造了一定的物质条件。通过改造传统农产品市场，升级传统的运输和仓储企业来发展农产品物流业。

食品批发商和零售商是食品冷链物流的重要一环，是连接制造商和消费者的枢纽。通过调研发现，珠海的食品批发商对冷链食品的保管措施还是比较好的。大部分冷链食品批发商，配有大型空调或者冷藏保鲜柜等设施设备，并且设施设备及地面的卫生也较好。珠海零售商多种多样，有大型连锁超市，如华润万家、家乐福、吉之岛等，也有大量的中小型超市和农贸市场。就冷链管理和技术而言，大型连锁超市比较规范，对于果蔬、肉类、水产品、速冻食品、冷饮等采用了相应要求的冷藏方式，如华润万家对冷鲜肉采用-1.5℃的冷藏温度，对冷饮和速冻食品温度控制在-18℃~-25℃。

## 三、第三方冷链物流企业兴起

在业务外包等新型管理理念的影响下，各农产品经营企业为增强市场竞争力，将企业的资金、人力、物力投入到其核心业务上去，寻求社会化分工协作带来的效率和效益的最大化。专业化分工的结果导致许多非核心业务从企业的生产经营活动中分离出来，其中包括冷链物流业务。

近年来，珠海一些先进的第三方物流商已经崭露头角，其中有九川物流、吉泰物流、启恒物流等。然而对于第三方农产品冷链物流来说，发展却比较慢。珠海已经有一些冷链物流公司为客户提供冷藏运输、仓储等服务，如隆盛冷冻仓储、和平物流综合市场等。随着珠海市对物流企业的进一步扶持和规范，冷链物流企业也将具有很大的发展空间，同时也会有更多的食品企业会将自己的冷链食品物流外包出去，市场需求变化也将促进冷链物流企业快速发展。珠海冷链物流发展的趋势是高端冷链物流，即成为冷链物流综合服务提供商。

## 四、农产品冷链物流技术逐步推广

目前，一些先进的技术、如HACCP（危害分析和临界控制点）认证技术与GMP（良好操作规范）等管理技术，在生鲜农产品物流运输进出口企业中得到了开展与应用。

除了传统的交易方式，也出现了新的期货交易、拍卖、订单等。农产品的流通手段不断更新，供应商管理库存、共同配送和电子商务等方式也在一定程度上得到了应用。

## 第二节　农产品及冷链物流运营模式

农产品冷链物流的效率取决于供应链成员间的有效衔接。整个农产品冷链物流模式是在市场机制的作用下，由农产品供给方、中商商、中介组织、加工经销企业、消费者相结合形成的体系。因此，宜根据不同的农产品经营主体，选择多样化的冷链物流模式。农产品从生产领域到消费领域的流通过程中，供应链中存在一个核心企业负责供应链的管理和组织工作，由核心企业把农产品的生产和销售有效地结合起来。目前珠海基于供应链管理的农产品冷链物流的主要运作模式有以下几种。

### 一、以大型农产品批发市场运营商为主导的农产品冷链物流模式

批发市场实现企业化运作，现代企业制度可以得到很好地运用，有利于批发市场成为自我发展、自负盈亏、自我经营、自我约束的现代化产权组织。在发展企业化的同时，很多批发市场运营商积极尝试走品牌经营的路子。

在该模式中，农产品供应链的核心企业由大型农产品批发市场运营商来担任，来组织、控制、管理整个冷链物流的运作。大型农产品批发市场运营商通过向前一体化将农产品的生产、集散、批发环节连接起来，通过向后一体化将农产品的分销和零售环节连接起来，形成农产品的生产、收购、加工、销售、储存保鲜、配送以及提供市场信息等一体化的冷链物流模式，即由农户或生产基地、批发市场运营商、零售商和消费者共同组成的供应链，如图 13－1 所示。

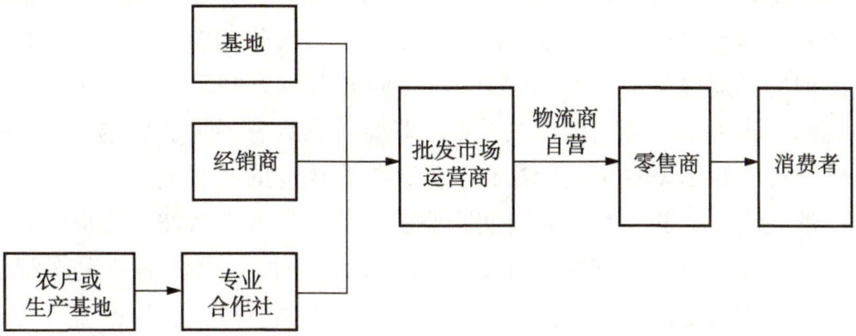


**图 13－1　以大型农产品批发市场运营商为主导的农产品冷链物流模式**

资料来源：中咨领航研究中心。

珠海市琮盛农产品市场经营管理服务有限公司，目前的主要业务是承租管理珠海市国有农贸市场。该公司在珠海西部城乡结合地拥有一块近 10 万平方米的用地，主要用于建设农副产品批发市场，并将其发展成为现代化的区域性大型综合农副产品物流平台，逐步建立起相应的市场体系和物流配送体系，成为功能齐全、万商云集的辐射粤西地区乃至西部地区的农副产品集散中心、信息中心、价格指导中心和加工配送物流基地。

为了解决高栏港经济区重要农产品的集中采购问题，珠海市场集团积极组织港区农贸

市场和周边区域的农业基地开展“农市对接”，减少流通环节，使港区企事业单位及外事机构能及时、集中采购到价廉物美的伙食物料。

## 二、农产品冷链物流的农超对接联盟模式

所谓的农超对接，就是把超市和生产者之间的一些低效环节节减，即超市不经过批发商、经纪人、批发市场等中间环节，直接从农民、农业专业合作社和种植龙头企业等生产者处采购农产品。农超对接构建的模式如图 13－2 所示。

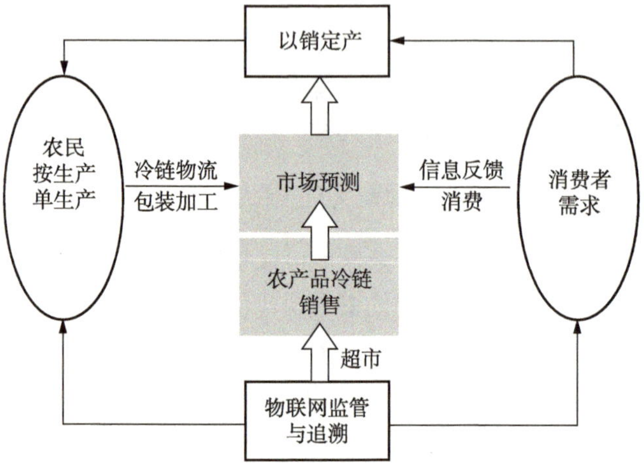


**图 13－2　农产品冷链物流农超对接联盟模式**

资料来源：中咨领航研究中心。

2008 年，商务部和农业部开始推行农超对接这种新型的运作模式，目的就是为了保障消费者的食品安全，增加消费者和生产的利益。在 2010 年中国连锁经营协会对农超对接的调查中，加入农超对接的超市的农产品采购价格比传统收购商高 2.75%，而终端销售价格却比传统流通的同类商品平均低 11.57%。从流通渠道方面来看，农超对接本质上是一种流通主体间的合作关系。而在合作关系中，联盟关系具有很大的优越性。冷链物流的农超对接联盟的主要内涵是发展企业的核心业务，提升企业的核心竞争力，同时与其他企业形成战略合作的关系，优势互补，从而使联盟企业的竞争能力增加，获得更大的收益。

在冷链物流的农超对接联盟模式中，通常可以根据当地具体的情况来制定联盟的主体。通常有这几种联盟主体可供选择：

### （一）“超市＋合作社”

这种对接模式中超市起到核心的作用，分散的农产品可通过超市直接销售到消费者手里，减少了一些不必要的中间环节，整个交易成本得到有效控制，同时农产品的质量也得到很好的保证。研究发现，珠海属于生产和消费比较均衡的折中型物流城市，农产品物流距离短，农民合作社的产品可与本地超市联手，实现田间直达餐桌、实时订货补货。

### （二）“超市＋专业合作联社”

这种模式相对于第一种更为先进。由于很多合作社还处于规模小、资金少和管理水平

低下的阶段，把这些合作社联合起来，集中他们的资源，成立专业合作联社，能使冷链物流的农超对接更为顺畅。珠海华润万家超市采用农超对接模式，与农民专业合作社直接采购。这种模式可以帮助农户解决销售问题，也可以为超市提供更安全更新鲜的产品。在华润万家超市，对于生鲜类产品、如鱼、虾等就直接由供应商送到门店，以保障产品的鲜活性；其中供应商直送门店的商品占据了所有商品的30%。

### （三）“超市＋批发市场＋合作社”

一般采取这种模式的超市规模属于中小型，超市还不能建立自身的基地和配送中心，超市只能和合作社所在地的批发市场建立合作关系，长期采购所需的农产品，以减少中间成本。

### （四）“联合直采”

大型超市和供销合作社之间形成合作关系，共同选择合适的生产基地和农业专业合作社，供销合作社利用自身的管控优势，对农产品的生产和运输质量进行监督和管理，而大型超市只对农产品的销售负责。

### （五）“超市直营”

在这种模式中，专业购销合作社在超市里设立农产品的销售柜台，对农产品进行直销。专业购销合作社可以依靠自身的实力选择认可的生产基地生产存在市场潜力的农产品，根据市场需求的变化进行农产品的采摘，由农民直接送到购销合作社的配货中心，配货中心再及时有效地配送到超市的直营柜台。

## 三、“互联网＋”冷链物流运营模式

该运营模式将线下的冷链与互联网相结合。首先，冷链供应商对商品信息采集并传递到互联网，做到信息的快速传递和及时更新。其次，再通过冷链物流商对运输设备的温度监控和互联网的有效监督，冷链物流商分布式冷库建设运用，使冷链流程更加方便快捷，同时零售商商品可利用互联网电商平台进行商品信息展示。最后，将线下冷链结合线上互联网功能来构建一套互联网电商平台系统。

在广东省“互联网＋”行动计划（2015—2020年）中，“互联网＋现代农业”已被列为重点行动之一，主要任务包括“互联网＋农业生产”和“互联网＋农产品流通”。在农产品流通方面，加快建设网上农产品交易平台，发展生鲜速递、特产专卖等农产品定制开发和互联网直销运营模式。支持农业企业开办“农家网店”，鼓励电商、物流、商贸、金融等企业建设农业电子商务平台，利用互联网建立省农产品质量安全溯源平台，切实加强农产品质量安全保障。

2015年9月，斗门区政府与阿里巴巴集团签订斗门农村电子商务合作协议，11月中旬在斗门北澳建成一个占地面积1200平方米的区级仓储物流中心，由阿里巴巴旗下的菜鸟网络全程跟进，并整合各方物流快递资源，从而打通从区到村的二级物流网络通道。斗门全区的农村淘宝村级服务站总数不断增加，在做好这些电商基础载体的同时，如何营造有吸引力创业环境，引导优秀人才返乡投身建设“智慧农村”，更是珠海农村电商发展的关键。

目前，阿里巴巴斗门区域逐步开展特色中国珠海（斗门）馆的建设，将斗门特色的白蕉海鲈、鸭下巴、横山粉葛、有机米等产品推到淘宝特色中国珠海（斗门）馆上进行销售。将自身的农产品卖好，可以说找到了农村产业发展的痛点。但珠海农村的互联网基础设施仍有待完善。进一步加强农村互联网基础设施建设的同时，还需加快农村移动终端普及力度，推行“手机下乡”活动，使收入不高的农村居民用得起移动互联网。

2016 年 3 月 9 日，珠海港集团与中国供销农产品批发市场控股有限公司（以下简称“中国农批”）在北京签署战略合作协议，双方将发挥各自优势，在农产品物流、跨境电子商务等领域开展积极合作。“中国农批”是中华全国供销合作总社为有效服务“三农”、搞活农产品流通、适应社会主义新农村建设而成立的独资企业，为中国供销集团子公司。此次战略合作协议的签署，将有利于促进粤桂地区、港澳地区与大西南地区的农产品流通，进一步助推珠海港港航物流业务的快速发展。

2016 年 3 月 21 日，在由市商务局、香洲区人民政府主办，珠海市农业投资控股集团有限公司协办的“互联网 + 产业电商发展新趋势专题会”上，珠海农控集团与京东集团签订《珠海市农产品电子商务交易平台建设合作协议书》。该合作借助于京东集团“电商云”14 年电商平台运营的成功经验，以及云计算、大数据在业界领先的技术优势，将品牌商、制造商、采购商等全产业链连在一起。双方围绕着“互联网 + 现代物流”“互联网 + 数据服务”“互联网 + 农业”等方面多次探讨，经友好协商，决定合力建设“珠海市农产品电子商务交易平台”，打造属于珠海市的“互联网 + 农业”大数据时代。

华顺农产品公司是珠海市首个以电子商务把农产品批发市场开到消费者家中的公司。该公司具备检验室、深加工低温无菌车间，具备污水处理、无害处理设备，同时具备多种配送车辆。此外，所有的产品都有完整包装，贴有公司条形码，官方检验合格方可出厂，客户可根据产品条形码追溯到来自批发市场的哪个销售档口。争取以最少的流通环节、最快的供货速度，缩短客户与“新鲜”的距离。

珠海市十亿人社区农业科技有限公司采用的“生态农业基地 + 移动电商平台 + 社区一公里物流 + 互联网广告”一体化整体运营模式，将种植基地、企业、农户、社区和互联网五者紧密联合，产品竞争力明显提高。

## 四、农产品自营配送模式

珠海市农产品物流配送模式主要以自营配送模式为主，其他模式并存的多样化特征。自营配送主体主要可以分为两类：一是以农户为主体，二是以公司作为配送主体的共同配送，而以第三方物流公司作为配送主体的比例较少。

### （一）农户自营配送模式

农户作为配送主体时，有的是以大的农户个体为单位自行组织物流配送，有的则是加入农业经济合作社，以合作社为单位的集体组织配送。在农户自营配送组织模式下，物流配送较为初级，主要是以满足货的送达为目的。例如，广东省望家欢农产品公司珠海分公司的配送模式——首先由珠海分公司种养基地的工作人员在自己的农产品养殖基地将采摘后的新鲜的农产品通过大货车运送到香洲配送中心和金湾配送中心，工作人员在配送中心对农产品进行清洗、分拣、定量、包装等一系列加工；其次，配送中心根据客户要求将农产品配送到客户的公司食堂。其运输农产品的车辆为公司配送中心自己的车辆，此为自营配送模式。该配送模式实现了“农户—配送中心—客户”的三位一体流通模式，尽可能地为客户提供优质低价的商品，从而提升公司的服务水平和竞争力。

#### （二）以公司为主的“农户 + 公司”的配送模式

“农户 + 公司”的配送模式中的农户包含的主体有农户和农产品生产基地，公司主体有与农户有采购关系的经销商、批发市场、配送中心、加工企业。此运行模式为公司负责两方面的配送服务：一是公司根据客户要求到农户那里收购所需农产品的配送，二是公司在农产品出售中的配送。

目前以农产品批发市场运营商为主导配送模式占的比重较大，而结合珠海的实际，未来采用“龙头企业 + 农业基地 + 农户”的模式是最理性的选择。例如，斗门海源水产贸易有限公司，是珠海市斗门区的一家农产品龙头企业，在 2009 年就融资 3000 万元，发起“企业 + 农户 + 基地”的运作模式。该公司与 100 户养殖户签约按照低于市场价的价格统一配送，批量购买养殖白蕉海鲈的饲料，从而大大降低农户的养殖成本，产品在市场上也有更强的竞争力。

## 第三节 农产品冷链物流发展趋势及对策建议

根据《粤港澳合作框架协议》规定，粤港澳正在联手打造一个“衣、食、住、行”的公共服务体系，珠海及广东的冷链产品对港澳供应出口是体系的重要组成部分。具体表现为：珠海、广东省珠江西岸城市以及内地种植、生产和加工的农副产品将更大规模的经珠海流向港澳地区及海外；同时，农副产品从港澳进口至珠海转销内地的规模也会加大。珠海市的冷链物流规模将有一个明显的提升。另外，由于中国香港、中国澳门和海外地区对农产品品质、营养等方面的高标准和高要求，珠海市冷链物流的质量也亟须提升到新的水平。由此可见，未来珠海的冷链物流将面临很大的发展机遇，也面临一定的挑战。

### 一、农产品冷链物流产业的现存问题

#### （一）冷链物流基础设施薄弱，产品损耗大

珠海的基础设施近年来发展速度较快。目前投入较多的是在如何提高农产品产量方面和农田水利方面的投资，却在农产品加工技术的开发、运输存储方式的选择、农产品物流基础设施的建设投入方面显得十分不足。农产品，尤其是新鲜的水产品运输手段落后，冷链运输的比例很小，很难保证产品质量与满足巨大的物流需求。

珠海冷链食品的运输，主要是靠水运和公路运输。但总体上来说，冷链物流的运输设施数量不足。首先，珠海的主要运输通道是在港口、码头，可冷藏措施却比较差，较多企业直接把冷藏食品放在普通仓库或者集装箱中进行非低温储存或运输。其次，在低温运输

工具方面，珠海的冷藏车数量严重不足，在珠海约仅有10%左右的冷藏食品采用冷藏车进行运输，其他的都是普通货车。最后，珠海的冷藏空运和冷藏铁路设施更是稀缺。

珠海的食品采购商一般都是加工企业进行直接采购，个体采购商是比较少的。然而，虽然珠海的食品采购商比较多，但他们较少采用冷藏车，往往是先派公司两三个工作人员进行集中的采购，然后直接派大货车把原材料运输到加工企业。对于原材料来说，采购和运输过程中没有低温设备的保障，损失是较大的。虽然珠海在水果、蔬菜等鲜活农产品运输上的损坏率约为20%，低于全国水平（25%～30%），但损坏率仍是较高的，与发达国家的损坏率（5%）差距甚远。

在存储方面，本地消费的蔬菜流通基本都处于露天和常温状态，导致其品质较低、保鲜期很短、损耗率极高、附加值极低等现象。用来储存禽肉、水产品和雪糕等的冷冻库容量远大于果蔬冷藏库。这主要是由于蔬菜的经济价值低于禽肉、水产品和雪糕等所导致的。然而，蔬菜的需求量和周转流通率远高于禽肉、水产品和雪糕等，而这一事实却往往被忽视，蔬菜冷藏库的经济价值没有被市场充分认识，也是蔬菜损耗率高的原因之一。

### （二）全程冷链物流体系尚未建成，存在断“链”现象

从整体冷链体系而言，珠海市的农产品冷链物流还未形成完整的体系，冷链中经常会出现断“链”的现象。从农田到批发商，通常未对新鲜果蔬进行预冷处理，初级加工和分拣区也没有相应的低温制冷环境。食品冷藏车运输现状不容乐观，易腐保鲜食品的装船、装车不是按照国际食品标准在冷库和保温场所操作，大多是露天进行。从技术和投入来看，目前最大的短板是冷却环节，水果和蔬菜采摘后预冷处理很不完善，这说明“链首”就存有断裂现象。

近年来，珠海市虽然对农林牧渔的组成有了很大的改造，然而从人员组成上来看，个体农民仍然占据了很大的一部分，并且比较分散。个体农民作为农产品的供应商，生产规模小，下游的农产品采购商不可能分别提供冷链设备，农民自身更不可能提供冷链设备。农产品在采摘和储存过程中，都是保持原有的状态，没有采取清洗、预冷等处理措施，这样对后期的保鲜和安全都产生非常大的影响。

通过调查，即使冷链物流食品原材料是由企业来提供，在大部分的原材料供应企业里，只能看到清洗和包装的过程，而对于原材料初期的预冷基本上没有，并且包装过程也只是为了方便运输进行简单的包装。这样的结果造成了珠海的食品在冷链物流初期就已经损耗了很大一部分，并且对后期的冷链过程造成了不利的影响。不管是企业还是个体农民，都应对食品进行相应的冷冻冷藏处理。对于个体农民，可以采取低价租赁或者共用冷冻冷藏设施设备的方式。

### （三）专业人才不足，管理和技术缺乏

农产品科技含量和附加值低。在整条农产品供应链条上，在农产品的包装水平与加工能力上都比较薄弱，缺少品牌，不具有规模效应。珠海水产品当前销售模式下，在本地销售的水产品牌价格低廉，只求通过大规模产量获取收益，却没有深度挖掘水产品的附加值，没有充分利用珠海现有资源，整合珠海水产消费旅游产业，形成战略联盟。近年来，珠海罗非鱼存在“量增价跌”的窘态，罗非鱼以初级加工产品为主，同质化严重、缺乏特

色、没有品牌，并且养殖户不注重市场需求而跟风养殖，导致市场供大于求，卖价下跌。珠海市白蕉海鲈养殖面积过大，仅斗门区养殖面积就超过 0.147 万公顷，产品同质化严重，主要以冰鲜海鲈、速冻鱼片、鲈鱼干等初级产品为主，注册商标率低，产品认证率低，未能形成珠海市的特色主导产品品牌，且很多自主品牌多是在外地孵化，带动珠海市农业产业化经营的能力有限。

不少种植户的荔枝龙眼的品种是在 20 世纪 90 年代种下的，后期没有进行一个种苗的改良，专业养殖户使用的养殖技术还是继续沿用之前的经验，没有聘请相应的技术人员进行指导，而无论是养殖还是种植相关基础设施已经多年没有更新和维护修缮。上述的生产要素决定了珠海金湾区的农产品科技含量偏低，又由于在金湾区没有相关的农副产品加工配套生产企业，使金湾区的种植户和养殖户失去了提升农产品附加值的途径。另外，没有形成大规模的专业合作社，也少有得到社会资本介入的大型企业。现阶段如果要建设科技含量高的生产经营主体，或者通过提高农产品的附加值来获得高经济收益，不仅要解决资本的问题，还要解决技术、人才配套的问题。

冷链物流专业人才很稀缺，大多数运营人员是从普通物流中转变而来，不仅对农产品特性不熟悉，对农产品冷链整个链条的运营掌握程度较低。在管理方面，物流业整体管理水平不高，不同程度地存在着市场定位不准确、服务产品不合格、内部结构不合理以及运作经营不规范等问题，影响了冷链物流业的健康发展；在技术方面，冷藏保温技术有待发展，有效的温度控制设施投入有限，先进的全程冷藏控温运行管理制度亟待建立。这些技术的不完善导致各个环节信息阻塞，冷冻类产品在运输途中发生无谓耽搁，风险增多，这种情况严重制约物流业的发展。

### （四）第三方冷链物流企业占比低，专业化程度不高

专业的第三方物流公司，是和批发零售企业自营冷链相区别的，它理论上可以承担食品冷链物流的所有活动，从原材料的采购一直到最终消费者手中的整个物流过程。对于第三方冷链物流企业，在设备技术和管理上要求比较高，对资金的投入也比较高，那么风险也相应比较大，发展也较为受限。大多数第三方冷链物流企业都是单一服务，尚未能够整合或提供“一条龙”服务。一些物流公司，把传统的冷库直接转变成冷藏中心，或者在原始仓库中安装一些简单的冷藏设备，这样就使制冷设备效率偏低，冷藏设施设备明显不能满足食品冷链的需求，导致食品变质，同时也降低了客户对冷链物流企业的信任度。

### （五）农产品冷链物流信息化程度低

当前珠海农民的经营方式仍然是家庭经营，这种经营方式下使农产品市场信息缓慢，同时，农民主动收集农业信息和利用农业信息能力不强，现有的农产品物流信息系统提供的信息品种比较单一，质量不能得到保证。这就导致农民无法获得及时和有效的供应和需求信息，在农产品整个供应链中处于被动地位，在一个无序状态进行农产品的生产和销售，消费者的需求将很难得到快速的满足。

## 二、农产品冷链物流产业发展的对策

随着经济的发展，从冷饮、肉制品、蔬菜水果到鲜花、速冻食品以及水产品，“冷链

运输”已经逐渐渗透到我们社会生活的方方面面。珠海未来的农产品冷链物流行业潜力巨大，在发展的过程中应着重克服现有的不足。如上文所述，珠海市农产品冷链物流仍然存在较多问题，其中断“链”现象严重、各环节严重不平衡、单向的信息流和基础设施建设的整体规划缺乏等问题最为突出。为了进一步推进全市农业供给侧结构性改革、增加农民收入、保障农业有效供给、加快培育农业农村发展新动能、开创农业现代化建设新局面，珠海市海洋农业和水务局于 2017 年 4 月 7 日制定《珠海市海洋农业和水务局农业供给侧结构性改革的实施方案》（以下简称《方案》），以“创新、协调、绿色、开放、共享”发展理念为引领，突出增加绿色优质有效农产品供给，提高农产品供给质量和效率。因此，推动农产品冷链物流的均衡合理发展，相关政府部门及企业可从以下几个方面努力：

### （一）掌握珠海冷链物流发展方向，加大基础设施建设的力度，鼓励创新和培养人才

掌握冷链发展方向，才能在市场上具有竞争能力。珠海是中国南方的一个海滨城市和经济特区，有丰富的初级农产品资源，特别是渔业对于临海的珠海来说有很大的产业优势，是珠海的农业支撑。另外珠海的发展定位为旅游业，旅游业的发展需要更多物流来支撑。旅游业的发展必将促进珠海的食品需求，游客的衣食住行特别是“食”对冷链物流提出更高的要求。食品是游客对城市满意度高低的重要影响因素，保证食品的质量对于珠海旅游业发展也是一个关键因素。因而，将珠海市的冷链物流做精做好是必然的趋势。

政府需要对大型冷藏设施和运输工具、产品质量认证及追溯等重要项目给予必要的引导和扶持；鼓励金融机构对符合条件的农产品冷链物流企业加大融资支持；支持现有农产品流通市场基础设施的升级改造，推进农产品流通市场的标准化建设；鼓励发展农产品新型流通业态，提高重要农产品综合物流效率。从目前高栏港区的地域和经济特点来看，周边的斗门、平沙等地区均是广东省重点扶持的农业基地，发展“农市对接”或“农超对接”，可以此进行示范引领、经验推广。

以高栏港经济区为例，高栏港是国家一类对外开放口岸，近年来高栏港经济总量持续高速增长。然而，没有冷链物流设施的配套，成为高栏港最重要的配套缺失之一，导致绝大部分国际中转集装箱和珠三角地区集装箱冻品货源流向中国香港及深圳盐田，不利于高栏港集装箱货源聚集以及国际航线的开辟。因此，冷库是珠海港必不可少的配套设施，这是首要考虑的。其次，可引入冷链物流运营商。鉴于冷链物流的运营需要申请冻品经营资质及保税仓储资质，而珠海港作为码头投资运营商，具备丰富港口硬件设施条件及港口物流运营经验，通过引入冷链物流运营参与珠海港冷链物流的投资、建设及运营，可以充分利用珠海港及冷链物流运营商双方的资源及经验优势，确保冷链物流的顺利建设运营。最后，可充分发挥集疏运优势，开展冷链海铁联运。广珠铁路已于 2015 年底成功建成通车，铁路线直达高栏港码头前沿，并以货运为主，是全国为数不多的直接“建到港区”的货运铁路。珠海港打造冷链物流，可充分发挥海铁联运的优势，直接开展冷链物流“海铁联运”业务，使冷冻保存的货物可以方便地通达全国，能吸引更多的冷冻物品从珠海港中转。

为了培养专业人才，政府需要引导高等院校设置相关学科专业、开设相关课程，推动职业教育、技术培训和继续教育，打造农产品冷链物流行业的人才激励与柔性机制。面对

快速发展的冷链物流业，珠海市冷链物流人才的数量和质量远远不能满足冷链物流日益发展的需求。目前在珠海只有北京师范大学珠海分校开设冷链物流专业方向课，如何实现校企合作，为冷链行业输送高技能人才是今后努力的方向。此外，冷链物流人才的培养也可以依靠企业自身，由企业制定相关的培训手册，完善培训制度，在企业各个节点组织定期或者不定期培训，全方面培训企业员工。同时，《方案》中也提到，加快培育新型职业农民。

### （二）加强部门协调，完善法规与监督

农产品冷链物流环节多、产业链长，是一个跨部门、跨行业、跨区域的系统工程。因此，需要加快完善冷链物流的法律法规体系，进一步加大强制性国家标准的制定力度。应充分发挥现有部门和机构的作用，制定与国际接轨的冷链物流操作规范和技术标准，补充完善检测项目和内容，建立质量检查与监督机制。

《方案》中指出，强化农产品质量安全监管。推进农产品质量安全检验检测体系建设，完善市、区、镇农产品质量安全认证实验室配套设施建设；推进农产品标识溯源管理，试点建设全程可溯源、互联共享的农产品质量安全溯源管理平台和安全农产品生产示范基地；加强“三品一标”认证，对农产品认证“无公害、绿色、有机、地理标志”实行奖励政策，积极扶持“三品一标”企业建设农产品快速自检实验室。

此外，积极推动农户与超市的连接，减少产业链的中间环节，实现农产品直接供应给超市，建立从农田到餐桌的新型流通模式。农户和超市的对接是确保“菜篮子”工程质量安全的重要举措，不仅可以减少流通成本，还可以规避市场信息不对称的情况。有关政府部门在确保该模式运营的同时，完善超市、企业、合作户、农户的利益分配问题。

### （三）立足供应链，实现科学建设和运营

目前的农产品冷链仅存在于国外农产品、某些肉类产品流通过程中。大部分的果蔬、肉类的流通，仍然以传统物流为主，仅仅是为了增加农产品的储藏时间，才在产地和销地进入冷库冷藏。严格意义上说，珠海市的农产品冷链断“链”现象严重。冷链作为一个供应链系统，在经营冷链时，企业要从供应链整体出发，而不能只关注某个环节的得失。近几年来冷库的兴建，初步缓解了冷藏能力不足的问题。不过，同时也出现了由于缺乏规划而导致冷库利用率不足的情况。

此外，预冷和冷却能力、冷藏运输能力仍然非常滞后，制约着珠海冷链物流的发展。因此，农产品冷链物流的发展，尤其需要重点关注预冷冷却环节和冷库冷藏环节。蔬菜花卉生产及销售定位为供应中国澳门和中国香港，目前供应中国澳门、中国香港所需蔬菜、花卉的分级、包装，以及预冷的设备均没有，因此，建设任务的重点在于产后处理。

在源头要把好质量关。以金湾区为例，根据目前金湾区水果业发展的现状，番石榴产量最大，重点任务便是通过初加工提高其档次，打造产地绿色品牌，引进和培育番石榴果汁加工厂等。其次种植面积较大的荔枝、龙眼，通过加工荔枝干、龙眼干、桂圆肉、荔枝罐头、龙眼罐头等提高产品档次和附加值。现在国际上农业产品最高端的就是花卉（价值是普通产业 10 ~ 20 倍）、食用菌（普通产业的 5 ~ 10 倍）、特色水果。而珠海的花卉、特色水果都很有竞争力，关键是要树立品牌。

珠海金湾区可向政府申请一定的资金和政策支持，吸引企业投资建设生鲜海产品冷链物流园区。物流园可投资建立在白藤头海鲜市场，或将海鲜市场改造成综合物流园。该市场交通方便，紧邻珠海交通要道——湖心路口立交，以及海边，渔民打捞产品后可以最快的速度将货物交至该物流园区进行存储、加工、包装、销售、配送等。在销售渠道方面，采取线上线下相结合的方式完成。现下顾客主要包括现场买家和附近超市和农贸市场。线上销售主要面向近距离的社区、高校等社群客户以及远距离的零散和批发客户。

在销售终端，利用电子商务提供的营销渠道，可建立属于珠海的本地海鲜品牌，品牌营销是提高用户体验的较为直接有效的方法。结合当前海鲜水产电商经验来看，珠海水产品销售的电子商务模式可采取 O2O 与 C2B 相结合的方式。其中，O2O 模式强调在线支付与线下体验，对于海鲜水产市场的市场需求、品质分类保障及客户的习惯要充分调查，为消费者提供更优质的线下体验环境；C2B 不仅仅是先定制后生产，而是以个性化营销、柔性化生产、社会化物流三个支柱搭建成的消费者驱动模式。

**（四）推广冷链物流理念，大力发展第三方冷链物流**

通过对珠海市市民的随机走访调查及问卷调查发现：大部分的市民对于食品冷链物流没有清晰的概念，对于各类食品的冷藏冷冻温度要求并不了解；大部分市民购买冷冻冷藏食品返回途中没有保温措施；一些市民不会正确使用家用冰箱，导致冷链物流在最后环节断“链”。因此，加强对消费者冷链知识的宣传和培训，也是保证冷链质量的重要环节。为了提高公众的认知度和营造生鲜农产品保鲜保质销售的氛围，需要大力宣传全程冷链的重要性，推动冷链物流理念与技术在相关企业中的运用，鼓励冷链物流提供商运用供应链管理技术与方法，实现冷却和冷藏同步发展，促进生鲜农产品从产地到销地的一体化冷链物流运作。

从发达国家经验来看，第三方物流作为冷链物流市场的主体，在连接供产销各方、整合资源等方面优势明显。但是，珠海现有的第三方物流企业大多是从储运企业转型而来，经营方式和管理理念都较为落后。为了大力发展第三方冷链物流，一方面必须打破行业、地域及所有制等方面的限制，另一方面则需要合理配置资源和健全经营网络，培育和壮大一批经济实力雄厚、经营理念和管理方式先进及核心竞争力强的第三方冷链物流企业。

政府应鼓励物流企业，通过兼并重组、参股控股、合资合作等方式，整合现有生鲜农产品生产加工企业、批发市场、冷链物流企业以及港口、码头、航空航运交通枢纽的冷链物流资源。在此过程中，要加大政府的资金支持和政策引导，在税收、贷款等方面给予优惠，推动资源整合。政府投入资金，支持培植骨干企业，建设一些能起主导作用的大型批发市场和物流配送中心、产地加工企业，发展扶植一批能为社会提供公共服务、做到“门与门对接”的第三方物流企业。《方案》强调推进产业融合，培育农业产业新业态。重点培育一批起点高、规模大、带动力强的农产品加工龙头企业，鼓励农产品加工企业增资扩产，加快建设永呈农产品深加工项目、斗门区白蕉新港水产品加工物流园区，建设一批牛羊定点屠宰厂。通过发展农产品精加工业，全面提升农业资源价值和农产品附加值。

**（五）加强信息化，建立完善的冷链信息系统**

冷链企业作为冷链物流的节点，需要强大的信息网络来支撑。为了适应发展需要，冷链物流企业要打造双向的、更为完善的冷链信息系统。可以模仿西方发达国家，建立一个能满足消费者、供应商和零售商三方面需求的、一体化的冷链物流模式。在整个过程中均应有严格的温度控制，运用 RFID 技术、GPS 技术、无线通信技术及温度传感技术的有机结合，将温度变化记录在“带温度传感器的 RFID 标签”上，或“实时”通过“具有 GPS 及温度传感功能的终端结合无线通信技术”上传到企业的管理平台，对产品品质进行实时管理，打造一套适合冷链物流且能迅速响应客户需求的物流管理信息系统。但建立起这样一整套的冷链基础设施所需资金庞大，因此需要联合政府、行业组织、运营商和投资者，组成一个协调发展的多方协作体，共谋解决方案。另外，美国的冷链物流已从提供运输、仓储等功能性服务向提供咨询、信息和管理服务延伸，致力于为客户提供改进价值链的解决方案，与客户结成风险、利益共享的战略合作伙伴关系，这也可以成为珠海冷链物流信息化发展方向的借鉴。

# 第十四章　电商与快递物流

## 第一节　电商及跨境电商发展现状

### 一、珠海市电子商务发展基本情况

珠海市电子商务的发展与物流快递业的发展相互促进。珠海市物流业务发展增速最快的2015年，也是电子商务发展最快的一年，珠海市电子商务的发展给珠海市物流业的发展提供了发展动力。

#### （一）珠海市电子商务交易额年年攀升，带动快递业务量的增长

随着电子商务应用领域的扩大，珠海市电子商务交易规模迅速攀升。据广东省商务厅统计，2014年，珠海市电子商务整体交易额727.4亿元，列全省第7名。2015年，珠海市电商整体交易额达到923亿元，同比增长27%。其中B2B电子商务交易额占比达79.7%，高出全省平均水平0.7个百分点，网络零售交易额占比则达到20.3%。2016年，珠海市电子商务整体交易额达到1134.4亿元，同比增长25.7%。电子商务的发展推动了珠海市快递业务量的增长，2015年是珠海市电子商务发展增速最快的一年，也是珠海市快递业发展增速最快的一年。

#### （二）珠海市电商企业数量多

2015年注册地在珠海的网店账户淘宝平台为3011家，较2014年2531家，增长了18.97%。2015年珠海地区天猫店356家，较2014年306家，增幅为16.33%，珠海地区电子商务企业集中分布在消耗品类中。2015年，仅阿里巴巴注册的电商网络中，属于1688采购批发B2B平台的珠海电商企业达到13.54万家。这个数量较2014年增长了91.2%。这些电商企业主要集中在电子耗材、办公耗材、居家服饰、礼品、饮食等领域。2015年珠海区域品牌“双11”电子商务交易额达到16亿元。2016年，珠海市规模以上电子商务企业达到500家，高新区南方软件园、香洲区泰锋电器O2O体验馆、珠澳跨境区进出口商品直销体验中心、金湾区指点科技园等电子商务产业园区渐成规模。

另据阿里研究院发布的《2015年中国城市电子商务发展指数报告》显示，珠海列“电商百佳城市”第15名，属于电商应用领先型城市。与此同时，珠海市的电商服务指数水平较低，只有6.91，指标相对较高的是电商发展指数和电商应用指数，分别为13.55和

20.20。(如表 14 - 1 所示)

在阿里研究院 2017 年发布的《2016 年中国城市电子商务发展指数报告》中，珠海在“电商百佳城市”排名中位列第 14，排名相较 2015 年上升一位，各项分类指标均有所提高，其中电商应用指数上升为 21.78，电商服务指数上升为 7.03，电商发展指数也有所上升，为 14.40。(如表 14 - 2 所示)

**表 14 - 1　2015 年中国电商百佳城市排行榜**

| 排名 | 城市 | 省区 | 电商应用指数 | 电商服务指数 | 电商发展指数 |
|---|---|---|---|---|---|
| 1 | 杭州 | 浙江 | 23.542 | 67.877 | 45.709 |
| 2 | 广州 | 广东 | 26.960 | 39.205 | 33.082 |
| 3 | 深圳 | 广东 | 30.277 | 33.955 | 32.116 |
| 4 | 金华 | 浙江 | 22.531 | 33.082 | 27.806 |
| 5 | 北京 | 北京 | 19.335 | 31.470 | 25.402 |
| 6 | 上海 | 上海 | 18.461 | 32.155 | 25.308 |
| 7 | 泉州 | 福建 | 14.222 | 24.154 | 19.188 |
| 8 | 厦门 | 福建 | 18.960 | 12.930 | 15.945 |
| 9 | 苏州 | 江苏 | 18.634 | 12.965 | 15.799 |
| 10 | 中山 | 广东 | 21.586 | 9.933 | 15.760 |
| 11 | 东莞 | 广东 | 19.799 | 10.669 | 15.314 |
| 12 | 武汉 | 湖北 | 16.092 | 14.313 | 15.203 |
| 13 | 嘉兴 | 浙江 | 17.374 | 11.100 | 14.237 |
| 14 | 南京 | 江苏 | 16.631 | 10.869 | 13.750 |
| 15 | 珠海 | 广东 | 20.203 | 6.906 | 13.554 |
| 16 | 温州 | 浙江 | 15.670 | 10.553 | 13.111 |
| 17 | 佛山 | 广东 | 18.874 | 6.655 | 12.765 |
| 18 | 宁波 | 浙江 | 16.406 | 8.805 | 12.606 |
| 19 | 台州 | 浙江 | 14.016 | 10.742 | 12.379 |
| 20 | 成都 | 四川 | 13.903 | 10.424 | 12.163 |

**表 14 - 2　2016 年“电商百佳城市”排行榜**

| 排名 | 城市 | 省市区 | 电商应用指数 | 电商服务指数 | 电商发展指数 |
|---|---|---|---|---|---|
| 1 | 杭州 | 浙江 | 24.818 | 50.182 | 37.500 |
| 2 | 深圳 | 广东 | 32.199 | 33.946 | 33.073 |
| 3 | 广州 | 广东 | 27.710 | 35.927 | 31.819 |
| 4 | 金华 | 浙江 | 24.006 | 32.370 | 28.188 |
| 5 | 上海 | 上海 | 19.798 | 29.134 | 24.466 |
| 6 | 北京 | 北京 | 20.195 | 26.436 | 23.316 |
| 7 | 泉州 | 福建 | 13.590 | 26.574 | 20.082 |
| 8 | 武汉 | 湖北 | 17.833 | 17.646 | 17.739 |

续表

| 排名 | 城市 | 省市区 | 电商应用指数 | 电商服务指数 | 电商发展指数 |
|---|---|---|---|---|---|
| 9 | 厦门 | 福建 | 20.290 | 12.889 | 16.590 |
| 10 | 东莞 | 广东 | 21.844 | 11.101 | 16.472 |
| 11 | 中山 | 广东 | 22.758 | 9.148 | 15.953 |
| 12 | 苏州 | 江苏 | 19.928 | 10.939 | 15.433 |
| 13 | 南京 | 江苏 | 18.102 | 12.584 | 15.343 |
| 14 | 珠海 | 广东 | 21.779 | 7.028 | 14.403 |
| 15 | 嘉兴 | 浙江 | 17.445 | 9.749 | 13.597 |
| 16 | 温州 | 浙江 | 16.661 | 9.859 | 13.260 |
| 17 | 佛山 | 广东 | 20.202 | 6.219 | 13.210 |
| 18 | 宁波 | 浙江 | 17.834 | 8.523 | 13.178 |
| 19 | 合肥 | 安徽 | 16.922 | 9.048 | 12.985 |
| 20 | 台州 | 浙江 | 14.725 | 10.104 | 12.415 |

此外，根据阿里研究院2016年发布的《2015年中国城市电子商务发展指数报告》显示，珠海还入选了2015年中国大众电商创业最活跃的50个城市排行榜，排名第24。（见表14－3）

**表14－3　2015年中国大众电商创业最活跃的50个城市**

| 排名 | 城市 | 省区 | 排名 | 城市 | 省区 | 排名 | 城市 | 省区 |
|---|---|---|---|---|---|---|---|---|
| 1 | 广州 | 广东 | 18 | 宁波 | 浙江 | 35 | 成都 | 四川 |
| 2 | 金华 | 浙江 | 19 | 汕头 | 广东 | 36 | 福州 | 福建 |
| 3 | 深圳 | 广东 | 20 | 潮州 | 广东 | 37 | 济南 | 山东 |
| 4 | 杭州 | 浙江 | 21 | 揭阳 | 广东 | 38 | 合肥 | 安徽 |
| 5 | 中山 | 广东 | 22 | 绍兴 | 浙江 | 39 | 邢台 | 河北 |
| 6 | 东莞 | 广东 | 23 | 常州 | 江苏 | 40 | 连云港 | 江苏 |
| 7 | 温州 | 浙江 | 24 | 珠海 | 广东 | 41 | 宿迁 | 江苏 |
| 8 | 嘉兴 | 浙江 | 25 | 郑州 | 河南 | 42 | 石家庄 | 河北 |
| 9 | 莆田 | 福建 | 26 | 惠州 | 广东 | 43 | 衡水 | 河北 |
| 10 | 台州 | 浙江 | 27 | 武汉 | 湖北 | 44 | 长沙 | 湖南 |
| 11 | 泉州 | 福建 | 28 | 南京 | 江苏 | 45 | 保定 | 河北 |
| 12 | 上海 | 上海 | 29 | 无锡 | 江苏 | 46 | 镇江 | 江苏 |
| 13 | 苏州 | 江苏 | 30 | 丽水 | 浙江 | 47 | 江门 | 广东 |
| 14 | 佛山 | 广东 | 31 | 南通 | 江苏 | 48 | 秦州 | 江苏 |
| 15 | 湖州 | 浙江 | 32 | 青岛 | 山东 | 49 | 廊坊 | 河北 |
| 16 | 厦门 | 福建 | 33 | 扬州 | 江苏 | 50 | 威海 | 山东 |
| 17 | 北京 | 北京 | 34 | 徐州 | 江苏 | | | |

## 二、珠海市电子商务发展的政策扶持

### （一）珠海市政府大力扶持与引导，促进电商发展

珠海的电子商务发展迅猛，一方面是珠海市广大网络消费者的积极奉献，另一方面是政府对珠海市电商行业发展提供的政策扶持与引导。为进一步夯实电子商务产业基础、优化电子商务发展环境、提升电子商务应用水平、促进内外贸转型升级，珠海市政府出台了一系列的实施意见，为电商的发展铺好了平坦大道。

一是支持分类发展电子商务平台对公共服务平台建设项目。实际投资金额达500万元及以上的，按项目实际投资金额的30%，给予不超过300万元的一次性奖励；对各类交易平台建设项目实际投资金额达500万元及以上，且年交易额在1000万元以上的平台企业，按项目实际投资金额的10%，给予不超过200万元的一次性资金扶持；对经省政府及以上部门批准设立的大宗商品交易平台，且项目实际投资金额达1000万元及以上的，可按项目实际投资金额的10%，给予不超过300万元的一次性资金扶持。

二是引进和培育电子商务龙头企业开展重大项目引进工作，支持引入知名电子商务交易平台、创建电子商务示范项目，促进电子商务规模化、规范化、集群化、标准化发展。

三是推动发展跨境电子商务支持监管服务体系建设，支持通关监管场所的建设和运营，支持扩大跨境电子商务规模，推动电子商务“走出去”，同时加强产业聚集区建设。

四是提升电子商务创新应用水平鼓励传统企业应用电子商务，同时促进农村电子商务发展。对经商务部门认定的电子商务产业园，给予主办方和入园企业一定额度的资金扶持。鼓励电子商务创新发展。支持各区建立电子商务创业孵化机制，促进科技创新与成果转化。

五是强化电子商务产业支撑体系，推进电子商务安全和信用建设；加强电子商务市场监管，发挥电子商务行业协会作用；加强快递企业配套农村电子商务配送网点设施建设，对农村网点给予一次性政策，支持发展物流配送服务体系；建立多渠道、多层次、结构合理的电子商务人才培养体系。

### （二）2016年珠海拟投4000万元扶持电子商务发展

2016年5月，珠海市政府审议并通过了《珠海市关于加快电子商务发展的实施意见》（以下简称《实施意见》），以接续2013年制定的、2015年12月31日到期的《珠海市加快发展电子商务的若干政策》。

《实施意见》提出，珠海拟投入4000万元，为珠海市电子商务发展提速，跨境电子商务、农村电子商务等将得到更大力度扶持。《实施意见》共分六个部分、二十六条措施，包括支持分类发展电子商务平台、引进和培育电子商务龙头企业、推动发展跨境电子商务、提升企业电子商务创新应用水平、强化电子商务产业支撑体系，加强专项资金管理力度等方面。

在电商平台发展方面，珠海将对经认定的电子商务公共服务平台、大数据应用平台、物流信息服务平台等建设项目，且平台建设项目实际投资金额达到500万元及以上的，按项目实际投资金额的30%，给予不超过300万元的一次性奖励。对经省政府及以上部门批

准设立的大宗商品交易平台，且项目实际投资金额达1000万元及以上的，可按项目实际投资金额的10%，一次性给予不超过300万元的资金补助。

《实施意见》明确，对新引进的电子商务领先企业、创新型企业、网络支付企业或项目，按“一企一策”方式给予政策扶持。对经国家、广东省认定的电子商务示范基地分别给予500万元、200万元的一次性奖励；对经国家、广东省认定的电子商务示范企业分别给予100万元、50万元的一次性奖励。

跨境电子商务快速崛起，农村电子商务越来越受到重视。针对电子商务发展的新特点，《实施意见》特别提出，对入驻商家和年度交易额达到一定规模的跨境电子商务平台企业，以及跨境电子商务年进出口额达1000万美元以上的企业，给予一定比例的奖励。通过奖励、补助等方式，鼓励农产品经营者开展网络零售、大宗批发、网上预订、生鲜配送等电子商务；鼓励电商、物流、商贸等各类社会资源与农村加强合作，促进工业品、农业生产资料下乡和农产品进城。

2013年以来，珠海电子商务交易规模迅速攀升。据省商务厅统计，2014年，珠海市电子商务整体交易额727.4亿元，位列全省第7。2015年，珠海市电商整体交易额超过900亿元。但与先行地区相比，珠海电子商务还存在电商规模不大、应用水平较低、经营主体不强、专业人才缺乏、配套支撑体系不足等问题。

《实施意见》将为珠海电子商务新业态创造新空间，同时有利于珠海引进知名电子商务企业，全面提升珠海电子商务发展水平。

### （三）珠海将建港珠澳邮快件集散枢纽

2016年12月，国家发展研究中心和珠海市规划设计研究院编制完成《珠海市邮政设施发展与布局规划（2016—2020年）》（以下简称《规划》）。《规划》按照珠海功能区定位，结合各区产业特点、发展水平、设施状况、市场需求等，科学规划2016—2020年发展目标，并对2030年远景进行适当构想。

该《规划》开广东省之先河，首次将邮政管理部门编制的行业发展规划列入地方城市总体规划，不仅为珠海市邮快件未来发展提供用地保障，还将建设港珠澳邮快件集散枢纽等一批场站，为发展跨境电商提供有力配套设施。

《规划》指出，要充分发挥珠海毗邻港澳独特优势，以港珠澳大桥为龙头的立体综合交通枢纽，完善邮件、快件流通渠道，形成立足珠海、服务珠西、面向港澳、辐射大西南、通连国际、普惠民生的邮政快递服务网络。因此，《规划》提出“一通道、一枢纽、八中心”的邮政快递设施空间布局。“一通道”是指建设面向港澳邮件快件集散通道，打造港澳邮政业密切合作示范区；“一枢纽”是指在洪湾片区建设面向港澳、联通内地的区域性跨境邮快件集散枢纽；“八中心”包括上冲、金湾机场、横琴、南屏、金鼎、斗门、小林、桂山海岛8个邮快件集散中心。《规划》预计，邮快件集散枢纽和集散中心规划用地总面积约39.54公顷。

## 三、珠海市跨境电商发展现状

### （一）跨境电商出口试点启动，珠海迈进跨境电商时代

2015年5月12日，珠海易跨境有限公司152件价值23000多元的电子产品顺利在珠

澳跨境工业区办结通关手续，这是珠海跨境贸易电子商务首票出口货物，标志着珠澳跨境区率先在全市正式启动出口跨境贸易电子商务，珠海由此迈进“跨境电商时代”。珠澳跨境工业区开展的出口跨境电商采用的是“特殊区域出口模式”，充分利用珠澳跨境工业区珠海园区独特的地理优势和入区即退税的政策优势，将国内货物成批出口至跨境工业区进行仓储，实现出口退税，再根据境外客户订单情况，通过对信息流、资金流、物流的信息合一比对、实时监控、有效查验，实现了跨境电子商务业务在交易过程中所有申报数据可视、可控、可追溯。

跨境贸易电子商务作为一种新型贸易业态，正在改变传统的国际贸易格局，成为传统外贸企业转型升级、拉动经济增长的新亮点。保税区管委会负责人表示，保税区将充分发挥跨境工业区独特的区位优势和政策功能，率先启动跨境贸易电子商务，为珠海搭建一条进入国际市场的高速公路，从而提升国货竞争力，进一步扩大珠海境外市场。

**（二）横琴自贸试验区助力珠海跨境电商平台建设**

随着越来越多的人加入“海淘一族”行列，跨境电商的发展也越来越受到关注。2017年1月，在“一带一路”沿线国家及国际知识产权跨境交易综合平台启动仪式现场，珠海市跨境电商企业通过丝路智e通双边国家跨境交易平台，完成了第一笔与印度尼西亚的跨境交易。“一带一路”沿线国家及国际知识产权跨境交易综合平台的启动，推动了跨境电子商务企业和传统外贸企业参与跨境电子商务合作，以实现跨境电子商务与“一带一路”建设的衔接融合和创新发展。平台启用后，可提供数据中心服务、跨境电子支付服务、跨境结算及分账服务、跨境企业间的市集服务，其中就包括点到点视讯交易、电子化合同支持、跨境购物交易。

横琴新区目前已成立国际知识产权保护联盟，商标质押融资生态体系的成效也逐渐显现。境外商家品牌商品进口贸易商，可以借助横琴自贸区的通关平台、销售管道优势和商标质押融资申请“绿色通道”，方便快捷的把尚未引入中国市场的国外优秀品牌商户引入，连通印度尼西亚、柬埔寨、澳大利亚以及拉美国家。

**（三）阿里巴巴一达通落户珠海，全新出口模式引领跨境电商业务**

在“2016珠海跨境电商生态峰会”上，香洲区人民政府与珠海一达通企业服务有限公司签订了合作协议，标志着阿里巴巴集团旗下、全国最大的外贸综合服务平台——阿里巴巴一达通外贸综合服务平台正式入驻珠海。阿里巴巴一达通是代表国内最先进的理念和技术的跨境B2B全链条服务平台，为中小微企业提供通关、退税、外汇、物流、融资等一站式外贸综合服务，2015年该平台上有12万家中小外贸企业，出口额达到150亿美元。与传统的外贸代理服务不同，阿里巴巴一达通打造的全新服务体系，与阿里巴巴国际站、金融、物流等产品相结合，形成了跨境电子商务O2O交易闭环，并通过数据的累积和运用，在帮助广大中小微企业降低外贸交易成本的同时，解决订单及贸易融资难题，提升企业核心竞争力。

阿里巴巴一达通通过大数据解决双方的信任问题。有了这个平台，企业只要解决订单，其余资金流、物流、通关、退税、外汇等一系列的后续工作都可以交给平台去做。阿里巴巴一达通落户珠海等于降低了传统外贸交易的平台，助力更多的中小外贸企业腾飞。

目前该平台注册的珠海外贸企业已有近1000家。

**（四）三大片区联动，珠海跨境电商发展频频发力**

珠海并不是国家的跨境电商试点城市，但是，凭借自贸试验区和毗邻港澳的优势，珠海在跨境电商发展方面有望后来居上，实现“弯道超车”。2015年以来，珠海在跨境电商方面的动作不断：横琴自贸试验区进口商品直销体验中心试营业以来经营良好；珠海跨境工业区启动首单跨境电商出口业务；保税区与阿里巴巴共建电商平台。这些措施为珠海跨境电商的发展注入新的活力。

## 第二节　电商及跨境电商发展建议

### 珠海市电子商务行业发展建议

**（一）珠海市商务局提出完善电子商务政策体系等多项工作计划**

2016年，为提高珠海市电子商务发展水平，市商务局提出多项工作计划：

1. 完善电子商务政策体系

落实国务院、广东省促进电子商务加快发展的政策措施，编制全市电子商务发展规划，修订出台加快电子商务发展的政策措施。根据珠海市发展需要，争取增加电子商务专项资金规模。

2. 跟进试点城市和综试区申报工作

保持与上级部门工作对接，及时了解申报最新动态。借鉴中国（杭州）跨境电子商务综合试验区（以下简称杭州综试区）经验，征求有关部门和各区（功能区）意见，修改和完善创建综试区工作方案，抓紧推进前期各项准备工作。

3. 大力推进跨境电子商务

全面完善珠海市跨境电子商务零售进出口的业务模式，学习复制杭州综试区跨境电子商务B2B模式，建设跨境电子商务“单一窗口”，设立跨境电子商务产业园，促进珠海市跨境电子商务产业快速发展。

4. 引进知名电子商务企业和项目

继续加强与阿里巴巴、聚美优品、中外运电商等项目合作，抓紧落实敦煌网、大龙网、沱沱工社、苏宁云商、顺丰等在谈项目。鼓励本地企业自建平台或与第三方平台合作，开展电子商务。

5. 打造电子商务产业园

支持各区（功能区）和企业设立电子商务产业园，提供优惠条件和专业服务，吸引电商企业及其服务商落户，引导电子商务企业聚集发展和创新发展。支持珠澳跨境区和横琴自贸试验区，争取成为珠海市首批国家级或省级电商示范基地（园区）。

6. 完善电子商务服务体系

建立珠海市电子商务公共服务平台。鼓励港控集团、大横琴公司、保盛公司等本土企业创建外贸综合服务平台。鼓励建设物流服务信息平台。推动建立跨境电子商务、农业电子商务等成立行业组织。

### （二）珠海市跨境电子商务行业发展建议①

1. 充分发挥自贸区优势，完善直销中心保税展示模式

目前试营业的横琴进口商品直销体验中心，一周内销售额过百万元。但实际上直销中心是商家通过一般贸易进口方式把商品进口到国内，在直销中心销售，这部分商品已经缴纳关税、增值税和消费税，属于完税商品，现场可以直接购买。由于减少中间的流通成本，部分商品还是比其他渠道购买的便宜，但是该种模式不是真正意义上的跨境电商，仅仅是传统销售的方法，所谓跨境电商保税模式在横琴并没有真正实现。

2. 上海自贸区正在实行的保税展示销售模式是横琴的发展方向

商品在进境前先进行预归类及价格审核，完成备案申报，进入分拨仓库，完成预检验、报关、安检、查验。通过办理以上严格监管手续才能进入保税展示交易平台进行展销。商品销售完成后，再向海关集中进行报关完税，如若没有实现销售，同样可以返区离境，转移其他地区销售，这样可降低经营者风险，比较适合奢侈品等高价值高税率的商品。对顾客来说，由于减少了中间环节，就算是加上相关税费，价格还是相当的优惠。而且这种销售模式需要在指定监管区域进行销售，有自贸区以外的区域没办法获得的优势，这才是珠海横琴自贸区的核心竞争力。

3. 整合区域资源，促进三区互动

横琴自贸区、珠海保税区、珠澳跨境工业园珠海园区三个区域可以实现更好的合作，如公司主体可注册在横琴，享受税收优惠红利政策，保税区和跨境区则可利用自身仓储清关和物流优势，设立跨境电商海关监管渠道。区域的互动虽然涉及资源整合和利益分配，在操作上有所难度，但是其整合后带来的战略效应是非常明显的，对于带动珠海发展跨境电商全产业链有着积极的作用，对电商企业也更有吸引力。

4. 发挥长隆效应，打造旅游休闲新亮点

购物是旅游休闲中最重要的能够带动实体经济和本地经济的主要落点，长隆节假日期间客流数十万人次，可以以此为亮点，在长隆附近打造O2O直销中心，吸引全国各大电商入驻体验店打造线上线下体验店，支持线上扫码支付，游客只需线上购买支付，货物由电商平台直接从全国保税仓调配邮寄到家，从而将珠海打造成全国最大O2O展销中心和跨境电商平台汇聚地。

5. 打造跨境电商展会中心，以生态圈提升产业竞争力

目前珠海已有国际会展中心等一流会展设施，可以整合全球跨境电商资源打造全国首

① 珠海市跨境电子商务行业发展建议参考了粤港澳跨境电商联盟发起人徐嘉华的观点。

个标志性跨境电商产业展，可邀请全球各个国家在展会中心开设展馆推介本国资源，引入中国电商平台。可邀请系统服务商、清关服务商、运营商、金融解决方案商等跨境电商多个产业链条的企业参展，并提供资源对接项目推介等服务，完善珠海跨境电商生态圈，以生态圈提升产业竞争力。

此外，对于产业发展而言，人才是目前面临的最大问题，而且电商行业人才流动性很大，跨境电商是一场接力赛，是一个系统工程，海外供应链、海外物流、海关监管、检验检疫、税务、金融支付、交易平台、快递物流、信用认证、售后服务、系统支撑等环节缺一不可，对企业人才资源的整合能力提出了很高的要求。珠海一定要从跨境电商人才培养入手，出台促进跨境电商创新创业的相关政策，营造更好的产业氛围。

## 第三节　快递物流现状

### 一、珠海市快递市场发展迅速

#### （一）珠海市快递业务增长较快

自2013年以来，珠海市快递企业业务量及业务收入保持较高增长速度。据珠海市邮政局统计，2014年，全市快递企业业务总量为7967.9万件，相较2013年增长12%；快递业务收入累计完成7.01亿元，同比增长14.3%。2015年，业务总量尤为突出，达12531.65万件，同比增长57.28%，全年快递业务收入累计完成9.72亿元，同比增长率达38.66%。2016年，全市快递企业完成快递业务总量15544.47万件，同比增长率为24.04%，全年快递企业业务收入10.21亿元，同比增长5.04%。珠海市近三年快递业务总量及业务收入情况，如图14－1和图14－2所示。

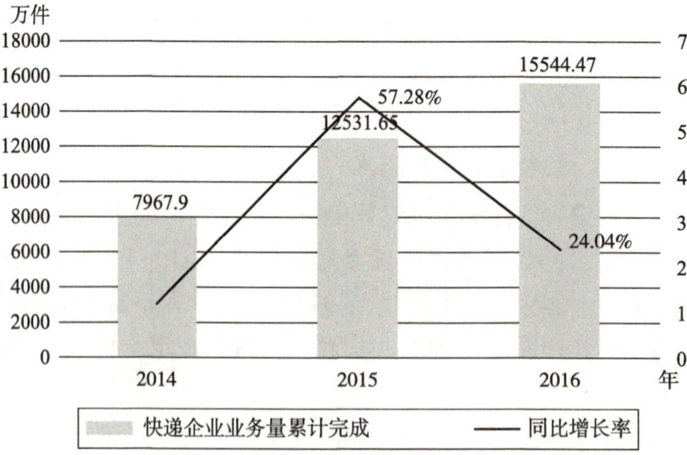


图14－1　2014—2016年珠海市快递业务情况

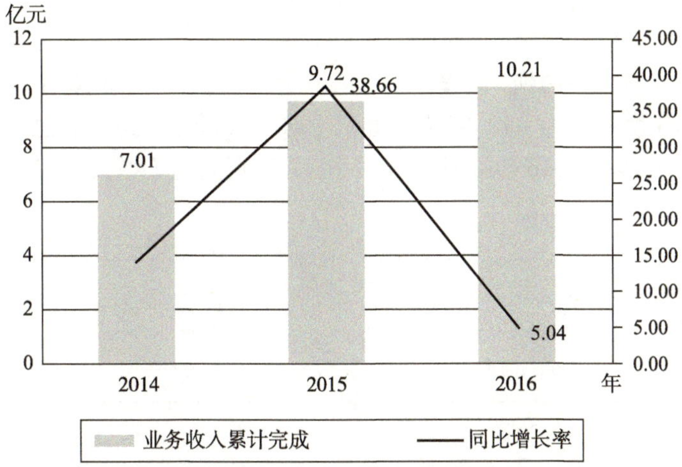


图 14-2 2014—2016 年珠海市快递业务收入情况

### （二）珠海市近三年增速波动较大，2015 年增速明显

总体来说，珠海市近三年快递业务总量增速波动较大，其中 2015 年珠海市每月同比增长率较高，2016 年增速明显下降。2015 年 6 月、12 月增幅最大，6 月累计完成快递业务总量 1247.29 万件，同比增长率达到 97.57%，12 月累计完成快递业务总量 1824.16 万件，同比增长率达到历史最高的 107.22%，2015 年 2 月为 5.7%，是当年增速最小月份。2016 年增幅逐渐下降，基本保持在 20% ~30%。（如图 14-3 所示）

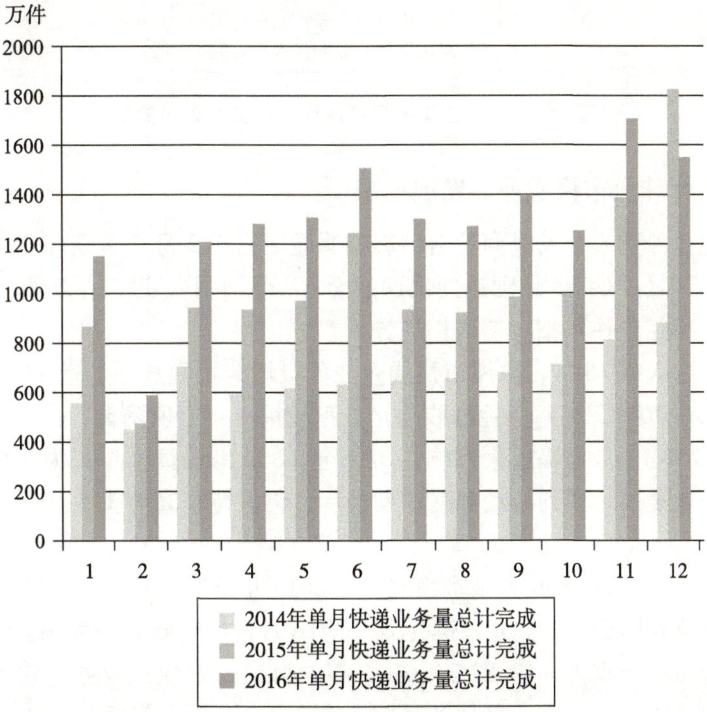


图 14-3 近三年每月完成快递业务总量

珠海市近三年快递业务收入与快递业务量的波动并不完全匹配，2015 年 6 月和 2016 年 6 月的快递业收入却呈现暴涨，分别创下当年的最高值，2015 年 6 月更是实现业务总收入 1. 27 亿元，同比增长率达到 127. 25%，达到历年最高水平，2016 年 6 月实现业务总收入 1. 10 亿元，同比增长率为 –12. 87%。近三年珠海市每月快递业务总收入起伏较大，全年业务总量呈增长趋势。2016 年 6 月、11 月和 12 月则呈现负增长。（如图 14 –4 所示）

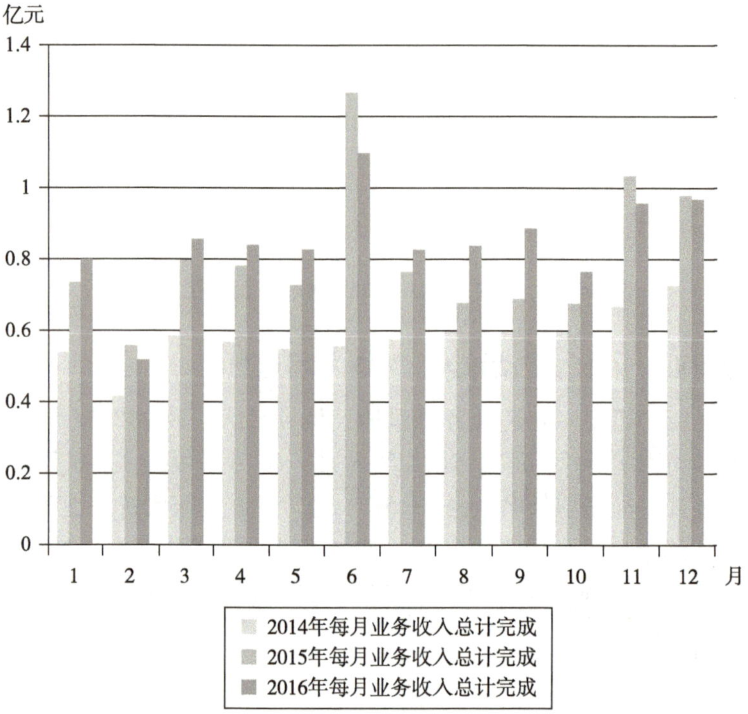


**图 14 –4　近三年每月完成快递业务收入示意图**

### （三）2016 年珠海市快递业的发展情况

珠海市快递业务受季节及电商业活动影响明显，每年 2 月春节期间业务量会呈明显下降趋势，“双 11”之后的 12 月则达到快递业全年最高水平。近三年珠海市每月快递业务总量虽有起伏，但相较往年整体呈增长趋势。

具体来看，进入 2016 年，珠海市快递企业务量增速明显放缓，前 11 个月，每月同比增长率均在 20% ~40%，而每月业务收入增长率较前 1 年有所降低，但也在波动中保持增长势头，受 2015 年 12 月增幅过大影响，2016 年 12 月出现负增长，为 –14. 9%。这标志着珠海市快递企业经过一系列波动和高速发展后，仍保持较高势头，并逐渐进入平稳增长期。（如图 14 –5 所示）

珠海市 2016 年快递业务收入基本稳定，受 2015 年增速的影响，2016 部分月份出现负增长。其中 6 月收入达到 1. 1 亿元，但受 2015 年 6 月快递业收入暴涨的影响，当月增长率反而出现负增长，增长率为 –12. 87%。2016 年珠海市每月快递业务总收入起伏不大，除因春节影响的 2 月收入较低外，其他各月收入在 0. 8 亿 ~1. 1 亿元。2016 年珠海市快递业

务收入整体增速放缓。(如图 14－6 所示)

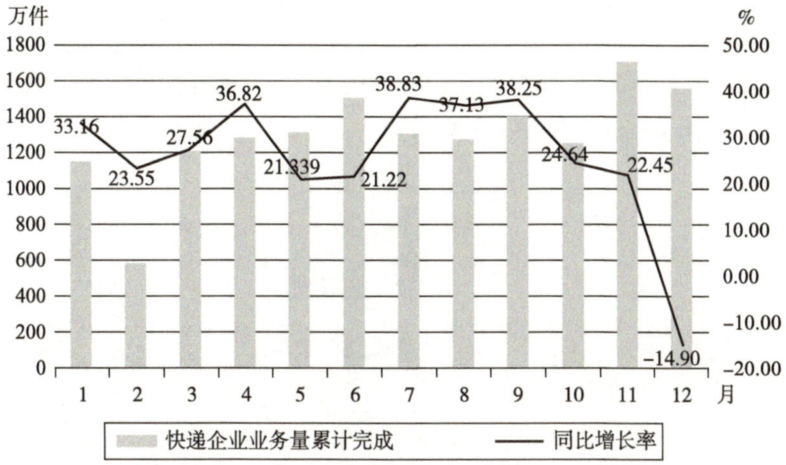


**图 14－5　2016 年珠海市快递业业务量增长率**

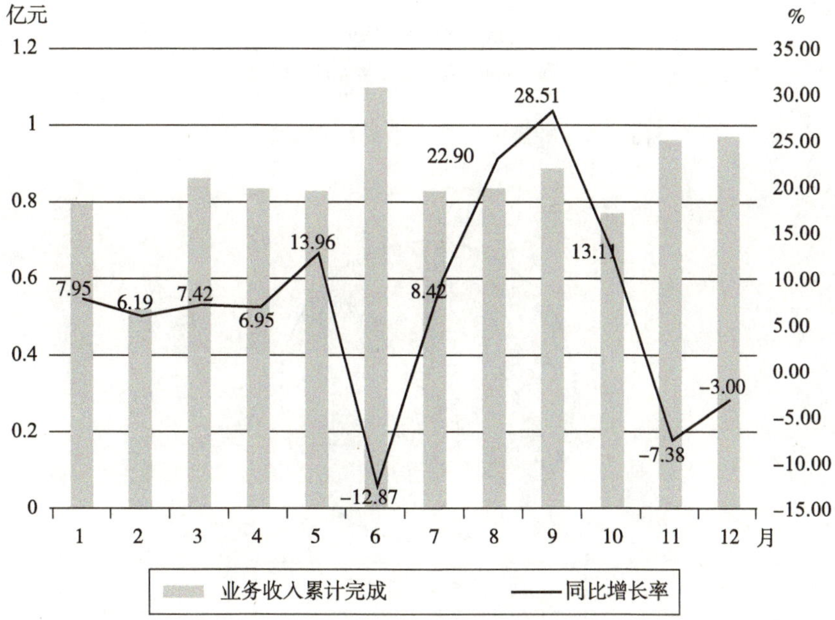


**图 14－6　2016 年珠海市快递业业务收入增长率**

## 二、快递业务各部分占比情况

### (一) 异地快递业务量逐渐增加，占比增大

根据珠海市邮政局统计信息显示，2014—2016 年，异地快递业务量逐渐增加，2014 年，异地快递业务总量仅完成 2809.63 万件；2016 年，异地快递业务量已达 4992.68 万件，同比增长 25.45%，占总业务量 82%。

三年来，同城快递业务量有所波动，但占比不断降低。2015 年，同城快递业务达 1318. 53 万件，同比增长 43. 68%；2016 年，同城快递业务量为 1003. 23 万件，仅占总体业务量 16%。自 2013 年起，国际/港澳台快递业务量逐步减少，年总量从 231. 008 万件降至 2015 年的 145. 33 万件，而 2016 年其业务量仅有 126. 86 万件，占总业务量 2%，同比减少 12. 71%。（如图 14 –7、图 14 –8 所示）

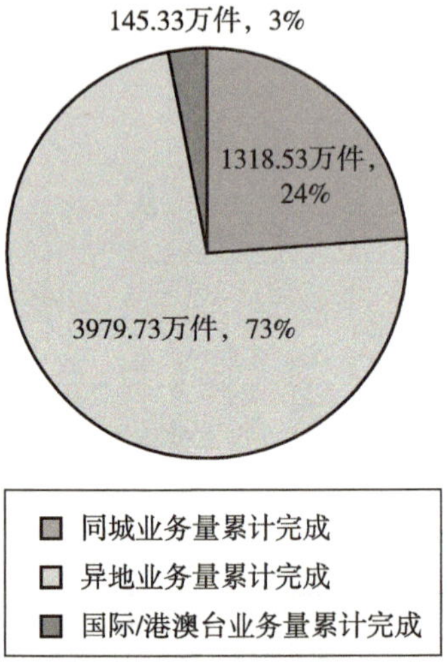


**图 14 –7　珠海市 2015 年各类快递业务量及占比**

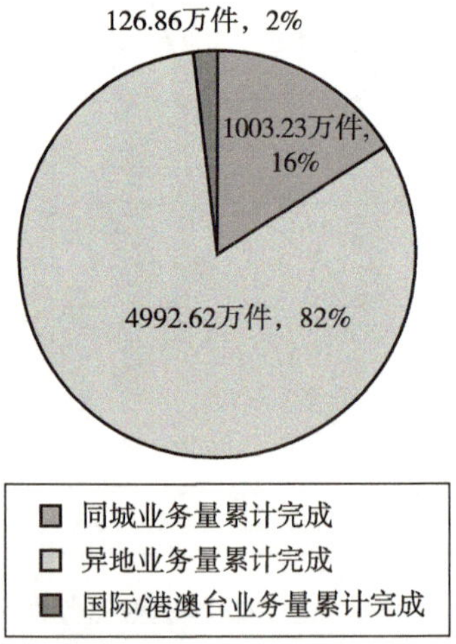


**图 14 –8　珠海市 2016 年各类快递业务量及占比**

### （二）珠海市快递业务总量全省占比小，2016 年增速明显下降

根据广东省邮政局统计数据显示，2015 年，珠海市快递业务总量累计完成 0. 54 亿件，在广东省排名第 9，占全省比例为 1. 08%，快递业务量年同比增长率为 40. 16%，略低于全省 49. 40% 的平均增速。全年快递业务收入累计完成 9. 72 亿元，排名第 7，占全省比例为 1. 58%，快递业务收入全年同比增长率为 38. 98%，略高于广东省 33. 53% 的平均增速。

（见表 14 -4）

**表 14 -4 2015 年广东省快递业务总量排名** 单位：亿吨

| 城市 | 累计完成 | 排名 | 同比 | 占全省比例% |
|---|---|---|---|---|
| 广州 | 19.52 | 1 | 40.41 | 38.94 |
| 深圳 | 14.01 | 2 | 47.12 | 27.95 |
| 珠海 | 0.54 | 9 | 40.16 | 1.08 |
| 汕头 | 1.17 | 6 | 65.12 | 2.34 |
| 佛山 | 2.03 | 4 | 46.01 | 4.06 |
| 韶关 | 0.07 | 19 | 35.68 | 0.15 |
| 河源 | 0.07 | 20 | 47.85 | 0.15 |
| 梅州 | 0.12 | 17 | 54.18 | 0.24 |
| 惠州 | 0.9 | 8 | 66.53 | 1.79 |
| 汕尾 | 0.1 | 18 | 69.19 | 0.2 |
| 东莞 | 7.51 | 3 | 61.9 | 14.98 |
| 中山 | 1.48 | 5 | 59.82 | 2.94 |
| 江门 | 0.43 | 10 | 42.97 | 0.87 |
| 阳江 | 0.18 | 12 | 97.76 | 0.36 |
| 湛江 | 0.17 | 13 | 70.53 | 0.34 |
| 茂名 | 0.12 | 15 | 64.91 | 0.25 |
| 肇庆 | 0.17 | 14 | 62.8 | 0.33 |
| 清远 | 0.12 | 16 | 73.17 | 0.24 |
| 潮州 | 0.25 | 11 | 64.62 | 0.49 |
| 揭阳 | 1.12 | 7 | 197.62 | 2.23 |
| 云浮 | 0.04 | 21 | 42.48 | 0.07 |
| 全省 | 50.13 | — | 49.4 | 100 |

资料来源：广东省邮政统计快报。

另据统计公报，2016 年珠海市快递业整体水平相对有较大下降。珠海市快递业务总量累计完成 0.60 亿件，在广东省业务量排名第 10，占全省比例下降为 0.79%。快递业务量年同比增长率仅为 11.09%，远低于全省 53.04% 的平均增长率。快递业务收入全年累计完成 9.96 亿元，排名第 10，占全省比例为 1.13%，快递业务收入全年同比增长率为 2.51%，远低于广东省 42.92% 的增速。（见表 14 -5）

**表 14 -5 2016 年广东省快递业务总量排名** 单位：亿件

| 城市 | 累计完成 | 排名 | 同比 | 占全省比例% |
|---|---|---|---|---|
| 广州 | 611.33 | 2 | 53.7 | 32.41 |
| 深圳 | 666.67 | 1 | 55.22 | 35.34 |
| 珠海 | 15.71 | 10 | 5.87 | 0.83 |
| 汕头 | 47.04 | 7 | 82.67 | 2.49 |

续表

| 城市 | 累计完成 | 排名 | 同比 | 占全省比例 |
|---|---|---|---|---|
| 佛山 | 65.8 | 5 | 40.09 | 3.49 |
| 韶关 | 4.69 | 19 | 19.04 | 0.25 |
| 河源 | 3.74 | 20 | 32.35 | 0.2 |
| 梅州 | 7.31 | 16 | 30.57 | 0.39 |
| 惠州 | 32.95 | 8 | 58.7 | 1.75 |
| 汕尾 | 5.37 | 18 | 81.58 | 0.28 |
| 东莞 | 229.21 | 3 | 33.61 | 12.15 |
| 中山 | 48.12 | 6 | 49.27 | 2.55 |
| 江门 | 17.19 | 9 | 36.68 | 0.91 |
| 阳江 | 8.71 | 13 | 48.1 | 0.46 |
| 湛江 | 13.84 | 11 | 74.83 | 0.73 |
| 茂名 | 8.25 | 15 | 32.17 | 0.44 |
| 肇庆 | 8.5 | 14 | 44.28 | 0.45 |
| 清远 | 5.65 | 17 | 40.21 | 0.3 |
| 潮州 | 12.08 | 12 | 92.51 | 0.64 |
| 揭阳 | 70.43 | 4 | 213.12 | 3.73 |
| 云浮 | 3.64 | 21 | 33.26 | 0.19 |
| 全省 | 1886.25 | — | 53.51 | 100 |

资料来源：广东省邮政统计快报。

## 第四节 快递物流运营模式

### 一、珠海市快递配送情况

2015年，珠海市有快递企业数量约200家，其中获得许可证的近100家，其余为分支机构，从业人员约5000人；邮政及快递企业共有交通运输车辆1186台，其中快递专用摩托车300台。顺丰速运、中通快递和申通快递分别在上冲设有分拣中心，圆通快递则在唐家镇设有分拣中心，韵达快递在前山区域设有分拣中心，各分拣中心较好的应用了自动化分拣设备，提高了末端配送的分拣效率。

据珠海市邮政局统计，珠海市EMS、顺丰速运、圆通快递、中通快递、韵达快递、申通快递、天天快递、百世汇通8家快递企业的快递业务量占全市快递业务量约80%，各快递企业网点数量总计约有近千家，大型社区和高校、园区往往同时有多家快递业务网点。表14－6为2016年末珠海市主要快递企业网点的统计数量。

表 14－6 珠海市主要快递企业网点数量

单位：家

| 序号 | 快递公司 | 网点数量 | 配送中心数量 |
|---|---|---|---|
| 1 | EMS | 24 | 1 |
| 2 | 顺丰速运 | 45 | 1 |
| 3 | 中通快递 | 62 | 1 |
| 4 | 申通快递 | 60 | 0 |
| 5 | 圆通快递 | 66 | 1 |
| 6 | 韵达快递 | 60 | 1 |
| 7 | 天天快递 | 37 | 0 |
| 8 | 百世汇通 | 48 | 0 |
| 合计 | — | 402 | 5 |

## 二、珠海市快递配送服务方式多样

珠海市快递企业的末端配送形式多样，配送服务水平良莠不齐，大部分配送网点都是依靠人工作业，快递配送方式比较简单粗放。根据配送对象和配送区域的不同，快递配送服务主要采取以下几种配送服务方式。

### （一）提供上门的配送服务

末端配送的最终要求是将客户所需的货物送达客户要求的地点，提供送货上门服务也成为快递业配送服务的主要需求。为了确保投递的成功，快递员通过电话联系货主约定上门配送时间，确认货主在接货地时，将货物配送至客户手中。然而在居民小区实行门禁管理，客户又不在配送地点的情况下，配送到门的配送服务较难实现。因此，珠海市快递企业主要针对部分写字楼和公共办公区域提供配送上门服务，这种方式效率较低，配送时间难控制，配送工作量较大。所以，并非所有的快递企业都提供配送上门服务。

### （二）设置临时取货点，集中取件

设置临时取货点，是指快递员在配送相对集中的地方，通知客户集中取件的一种方式。在配送量相对较大的情况下，快递员通常在相对固定的位置设置临时取货点，短信通知客户在指定时间进行取件。快递员将货物按电话号码尾数顺序摊摆在露天的场所，等待货主到临时取货点领取快递。这种配送方式受取货时间的制约，配送效率较低、配送不成功时有发生、配送地点受天气环境影响大，特别是雷雨天气，不仅取货不便，更有可能对配送货物的安全带来威胁。

### （三）业主委托物业管理部门代收快递

物业代收快递的方式主要针对居民小区的配送。在配送量较小，物业管理相对人性化的小区，部分小区物业提供快递免费代收服务。货主可以请物业管理部门代其收取快件包裹，在其下班时去园区物业管理处领取。这种配送方式不受配送时间的限制，相对灵活，但是出现货物丢失或需要理赔的情况时，容易出现纠纷。因此，大部分物业管理部门不愿代收快递。

### （四）固定的配送点进行配送、揽件

在配送量大的区域，快递公司会就近租赁场地作为固定配送点，特别是在高校和大型成熟社区内，快递公司往往在小区拥有固定配送点。快递货物到达配送点后，快递公司会通过短信和电话提醒货主领取快递。货主在配送点营业时间内都可进行货物的领取。固定配送点也提供上门配送服务，往往会加收 3 ~ 10 元不等的服务费。这种配送方式相对灵活，配送成功率高。但由于快递企业多，往往同一个社区需要多个不同的门店才能满足配送需求，既增加了快递门店经营总成本，又导致了客户需要往来不同快递点取货的不便。

### （五）借助第三方末端配送柜进行自助取件

自助取件是一种依靠末端配送柜进行快递配送的方式。为了解决快递员配送时间与客户取件的时间无法统一的情况下，借助末端配送柜进行快递暂存成为较为理想的解决方案。目前速递易、中国邮政、顺丰等企业都推出了自己的末端配送柜。末端配送柜被安放在大型商住小区及写字楼、超市、地铁站等公共区域，快递员通过支付一定的服务费用，可以借助配送柜进行快递包裹的配送，客户接收到带有快递柜取货凭证的短信后，在指定位置完成快件包裹的自助取件服务。

### （六）第三方代收服务点进行配送

第三方代收服务点配送是指借助连锁超市、经营门店或者专业代收服务点进行代收配送的配送方式。专业代收点可以代收多家快递企业的快件，实现集约效应，提高场所利用率。珠海市的第三方代收点集中在拱北口岸周边，依靠固定门店，为往来珠澳两地的货主提供代收、代寄服务。

## 三、珠海市智能末端快递柜增长迅速

### （一）第三方快递柜使用基本情况

智能快递柜在珠海开始大量投入使用是在 2014 年 5 月之后，珠海市速易达科技有限公司引入了“速递易”智能快递柜，并在全市范围进行布点，当年珠海市的智能快递柜数量有较大的增长，覆盖面主要集中在香洲、拱北、吉大、前山、南湾等中心城区。2015 年，陆续又有富友、日日顺、速来宝等几家智能快递柜企业开始铺设末端配送柜。截至 2016 年 12 月，智能快递柜总落地运行近 500 台，格口数约 30000 个。珠海智能柜主要以入驻社区为主，其中住宅区集中在夏湾、前山、新香洲、南湾一带，覆盖主城区约 80% 的社区，日派件量超过 25000 件，约占主城区日均物流快件总量的 10% 。

目前，珠海市的智能快递柜集中在城市的中心社区，尤其是资源充足的新社区，城市的老旧社区由于缺乏高水准的物业管理部门，加上快递业务量相对较少，智能快递柜的投放使用也较缓慢。而在工厂生活区及各大高校园区内，虽然聚集了大量的网购人群，每日的派件业务也非常大，但是由于各种具体原因，快递柜的安装与应用推广相对滞后。

### （二）智能快递柜遭遇的问题

#### 1. 快递员对收费代存取的智能快递柜有所抗拒

在智能快递柜应用后，快递员通过快递柜每派一件就得向运营方支付相应的派件费

用，智能快递柜无形在压缩快递员的盈利空间，快递包裹的投递利润被智能快递柜瓜分。因此，并不是所有的快递员都乐于使用这种收费的智能柜。虽然快递员在办卡后使用费会有所降低，但其与智能快递柜的竞争关系，使快递员担心被迫出局，而抗拒使用快递柜。

2. 收件人不认可快递柜超期收费的模式

收件人并不认可智能快递柜超期收费的模式，原因在于客户可能因出差等客观原因无法按时提取包裹时，将产生一笔额外的费用，无形之中增加了取件人的收件成本。甚至出现快递员未尽到告知义务，或短信未正常送达，导致投递信息通知不及时，从而领取包裹时需要交纳超期费用。

3. 破损或拒收货物导致收退问题，影响客户体验

快递货物户在邮寄过程中可能造成破损，客户有权拒收破损的包裹，而通过快递柜配送时，客户被动取走破损的包裹，侵害了客户的权益，且不利于明确赔偿责任。

4. 智能快递柜无法满足快递包裹规格多样性的要求

快件包裹规格多样、大小不一，快递柜无法完全满足货物尺寸要求。此外，部分物流企业的快递柜只支持本企业的业务，其他快递公司无法使用。这导致一个小区可能出现多个不同快递公司的快递柜，造成更大的资源浪费。

## 第五节　快递物流发展对策建议

**快递物流发展对策建议**

**（一）加速物流行业信息技术引进，推广智能快递柜的发展**

珠海市应根据《关于促进广东省快递业发展的指导意见》的建议，鼓励物流企业进行分拣中心建设，加大技术投入，提高分拣中心的配送效率。鼓励企业加快末端网点建设，因地制宜、整合利用现有商业设施、邮政便民服务设施等。加强共同配送末端网点建设，开展多种形式的投递合作，制定智能快递柜管理规范文件，推广使用快件箱等智能投递设施，加速物流行业信息技术引进。在城市小区推广发展基于智能快递柜的配送方式，通过政府政策引导和各方利益协调，以商业运营盈利补偿基本公益服务的模式，由房地产开发企业、物业服务企业或者其他第三方智慧社区运营企业投资建设末端配送设施。

**（二）建立公共云服务平台，整合邮政行业等公共服务体系数据，实现信息中心基础平台建设**

邮政快递服务是一项与市民日常生活密切相关的公共服务，在电信系统实行实名登记后，带有市民邮寄电话的快递信息成为更为重要的有效数据。政府部门作为管理部门，对于邮政数据的掌握既可以提升自身的管理水平，又可以通过邮件系统追溯做到危险品违禁物的事后跟踪，甚至可以做出风险预警，对危害社会的异常情况进行危险防范。基于此，政府部门应该整合邮政行业等公共服务体系数据，实现信息中心基础平台建设。依托智慧

珠海云计算中心建设，将公共服务行业信息纳入城市云服务器，实现信息中心基础平台建设，面向智慧城市的小区、市民提供云计算服务。开发基于大数据的应用，提升邮政行业公共服务及安全监管水平。

基于云计算的大数据技术可以创新政府管理方式、改善公共服务水平、拓展服务领域、提升服务效率。珠海的城市管理要实现智能，需要积极筹建云服务平台，将数字城市的各行业各部门的数据进行大数据管理和分析，从而使珠海城市管理服务水平和效率得以提升。

### （三）加强交通运输管理、城市配送运力需求管理，开辟特殊行业通道

经过近几年快递业的迅猛增长，珠海市物流快递企业反馈的问题依然是专用摩托车牌照数量有限，无法满足现今的行业需求。此外，大街上也常见各种改装的物流车辆。珠海市要做好物流末端配送，政府部门应该在加强交通运输管理的基础上，着力规范快递车辆的使用，同时还要加强车辆规范化运营，做好快递车辆驾驶员的交通安全培训，将快递车辆统一管理、统一标识、统一制发通行证件，规范和促进快递车辆严格遵守道路交通规则。定期开展城市配送运力需求调研，适时开辟特殊行业绿色通道，为珠海市的城市运输配送保驾护航。

### （四）做好标准化和规范化建设，积极推进珠海智慧邮政建设，合力打造智能末端投递平台

快递业末端配送规模大、需求多样，末端配送主体多、配送方式多样。珠海市邮政管理部门应在鼓励末端配送智能化的同时，做好行业标准及管理规范的制定。建议根据珠海市的具体情况制定《珠海市智能配送柜投递服务管理办法》，进一步规范智能快件箱设置、使用和管理。加强快递末端服务网点的标准化和规范化建设，将快递末端网点和共同配送网点、快递代理点等纳入统一监管体系，进行监督备案管理。重点强化快件安全、信息安全和用户权益的保护，加强智能快递网点的邮寄安全监管，强化安全保障制度的落实。

根据社区、商业大厦、交通枢纽、高校园区的具体情况，因地制宜、因势利导，积极鼓励和支持快递企业同社区物业、零售企业、园区综合服务平台、校园管理机构等各种社会资源开展智能配送平台建设，将智慧的邮政服务作为城市智慧服务的重要组成部分，以更加开放的态度，大力推广智能配送服务，推出珠海智能 APP 的移动应用，建立珠海市的公共信息服务平台，借助各方力量，合力打造珠海智能末端投递平台。

# 第十五章　应急物流

自然灾害、事故灾难、公共卫生和社会安全等突发事件，具有强大的毁伤能力，破坏人民正常生产生活，威胁人民生命财产安全，防范和处置突发事件工作任务繁重而艰巨。李克强总理曾指出："要加强应急管理，提高公共安全和防灾救灾减灾能力；健全分级负责、相互协同的抗灾救灾应急机制，中央统筹帮助支持，地方就近统一指挥，最大限度保护人民群众生命财产安全。"应急物流作为珠海市应急保障体系中的重要一环，是防范和应对突发事件的重要保障。

应急物流建设事关国计民生，意义十分重大。从宏观层面上来讲，它直接关系着国家社会和谐稳定和国防安全巩固，与国家、各级政府息息相关；从微观层面上来讲，则关系着百姓安康、生活幸福，与个人和群体利益也紧密相连。因此，为确保国家经济建设、国计民生能够面对突发事件应对自如，减少损失，我们应站在国家安全战略角度，高度重视应急物流建设，充分发挥应急物流为应对突发公共事件提供物资保障的作用，使突发公共事件的应对，由被动应对变为主动应对、由片面应对变为全面应对、由劣质应对变为优质应对。

## 第一节　应急物资及应急物流概述

### 一、应急物资及其分类

#### （一）应急物资的定义

应急物资，是指为应对严重自然灾害、突发性公共卫生事件、公共安全事件及军事冲突等突发公共事件应急处置过程中所必需的保障性物质。从广义上来概括，凡是在突发公共事件应对的过程中所用的物资都可以称为应急物资。

#### （二）应急物资的分类

在突发性自然灾害和突发性公共卫生事件中，应急物资是应急物流管理的重要内容。因此，有必要掌握应急物资的分类和管理。按应急物资的用途可分为 23 大类，具体如表 15 -1 所示。

**表 15－1　应急物资分类一览**

| 用途 | 细类 |
|---|---|
| 个人防护装备 | 呼吸防护 |
| | 躯体防护 |
| | 头部防护 |
| | 眼面部防护 |
| | 手部防护 |
| | 足部防护 |
| | 坠落防护 |
| | 耳部防护 |
| | 其他个人防护装备 |
| 搜救设备 | 生命探测设备 |
| | 破拆工具 |
| | 救捞设备 |
| | 降落与登乘/登高设备 |
| | 其他搜救类设备 |
| 医疗及防疫装备与药品 | 医疗携行急救装备 |
| | 手术器械 |
| | 诊察装备 |
| | 消毒供应装备 |
| | 检验装备 |
| | 防疫卫生装备及药品 |
| | 医用耗材 |
| | 常用应急药品 |
| | 医疗模块化装备 |
| | 兽医器械及兽用药 |
| | 其他医疗及防疫装备与药品 |
| 应急运输与特种作业交通设备 | 应急机动车辆 |
| | 应急船舶设备 |
| | 应急航空设备 |
| | 应急通行辅助装备 |
| | 非机动车辆 |
| | 铁路运输设备 |
| | 其他应急运输与特种作业交通设备 |

续表

| 用途 | 细类 |
|---|---|
| 大型工程机械设备 | 破冰除雪设备及器材 |
| | 挖掘推铲类设备 |
| | 起重机械 |
| | 桩工堵口设备 |
| | 机器人成套系统 |
| | 喷灌设备 |
| | 人工影响天气设备及器材 |
| | 钻井设备 |
| | 其他大型工程机械设备 |
| 能源动力设备及物资 | 柴/汽油发动机 |
| | 蓄电池、原电池（组）和其他电池 |
| | 应急发电设备 |
| | 液压/气压动力设备 |
| | 电动机 |
| | 燃料及气源 |
| | 其他能源动力设备及物资 |
| 应急照明设备及用品 | 佩戴式照明设备 |
| | 手持式照明设备 |
| | 移动式照明设备 |
| | 非电照明用品 |
| | 灯具及配件 |
| | 车载/船载照明设备 |
| | 其他应急照明设备及用品 |
| 洗消器材及设备 | 人员洗消 |
| | 洗消剂/粉类 |
| | 环境/设施类洗消 |
| | 其他洗消器材及设备 |
| 后勤支援装备 | 办公设备和用品 |
| | 水处理系统及设备 |
| | 燃料储存设备 |
| | 物料搬运装备 |
| | 其他后勤支援装备 |
| 非动力手工工具 | 通用手工工具 |
| | 特种工具 |
| | 其他非动力手工工具 |

续表

| 用途 | 细类 |
| --- | --- |
| 灭火及爆炸物处置设备 | 灭火类设备 |
| | 爆炸物处置设备 |
| | 其他灭火及爆炸物处置设备 |
| 拦污封堵器材装备 | 堵漏类器材 |
| | 危化泄漏处理组套 |
| | 拦污收集器材装备 |
| | 其他拦污封堵器材装备 |
| 泵类及通风排烟设备 | 排水泵类 |
| | 化工泵类 |
| | 排污泵类 |
| | 通风设备 |
| | 排烟设备 |
| | 其他泵类及通风排烟设备 |
| 安防及反恐防暴装备 | 安全检查设备 |
| | 安防系统与监控设备 |
| | 电子对抗设备 |
| | 非致命性反恐武器及实体防护设备 |
| | 侦察设备 |
| | 其他安防及反恐防暴装备 |
| 分析检测类仪器仪表 | 生物检测 |
| | 生物取样 |
| | 化学/物理检测 |
| | 化学/物理取样 |
| | 放射性样品取样 |
| | 工业仪器仪表 |
| | 工业过程测量仪表 |
| | 标准物质 |
| | 放射性检测 |
| | 其他分析检测类仪器仪表 |
| 监测预警仪器和装置 | 气象观测仪器 |
| | 水文仪器 |
| | 地震仪器 |
| | 海洋仪器 |
| | 岩土工程仪器 |
| | 光谱遥感仪器 |
| | 大地测量仪器 |

续表

| 用途 | 细类 |
| --- | --- |
| | 摄影测量用仪器及装置 |
| | 噪声与振动监测仪器 |
| | 绘图工具/量具 |
| | 其他监测预警仪器和装置 |
| 通信设备 | 通信发射/接收机 |
| | 卫星地面站设备 |
| | 散射通信设备 |
| | 通用无线电通信设备 |
| | 光通信设备 |
| | 载波通信系统设备 |
| | 有线电话交换机 |
| | 光通信交换设备 |
| | 通信网络设备 |
| | 电话单机 |
| | 数据数字通信设备 |
| | 收发合一中小型电台 |
| | 无线电发送与接收设备 |
| | 移动通信设备 |
| | 移动通信终端设备 |
| | 通信用配套设备及零件 |
| | 微波通信设备 |
| | 其他通信设备 |
| 信号标识类器材 | 警戒信号类 |
| | 指示信号类 |
| | 求救信号类 |
| | 其他信号标识类器材 |
| 信息技术设备 | 应用系统和软件 |
| | 计算机整套设备及其他硬件设备 |
| | 信息安全设备 |
| | 计算机网络设备 |
| | 其他信息技术设备 |
| 广播电视设备 | 音频节目制作和播控设备 |
| | 视频节目制作和播控设备 |
| | 广播电视发射接收设备 |
| | 显示信息的广播电视设备 |
| | 广播电视设备专用设备及装置零件 |

续表

| 用途 | 细类 |
|---|---|
| | 传声器、扬声器、耳机及类似装置 |
| | 其他广播电视设备 |
| 基本生活保障物资 | 救灾帐篷 |
| | 衣服类 |
| | 被褥类 |
| | 简易床 |
| | 方便食品 |
| | 饮用水 |
| | 塑料布 |
| | 背囊 |
| | 活动房屋 |
| | 简易厕所 |
| | 取暖制冷设备 |
| | 热水锅炉/水壶 |
| | 储水用具 |
| | 雨具 |
| | 蚊帐 |
| | 厨具及配套用品 |
| | 桌/椅/凳/柜 |
| | 婴幼儿用品 |
| | 其他基本生活保障物资 |
| 工程材料与机械加工设备 | 钢材 |
| | 水泥 |
| | 砂浆 |
| | 砂石料 |
| | 沥青 |
| | 砌筑块材 |
| | 预制构件 |
| | 木材、竹材及其制品 |
| | 袋类 |
| | 金属丝及其制品 |
| | 绳类 |
| | 布/膜/滤垫类 |
| | 建筑门窗、玻璃及五金配件 |
| | 管材、管件与扣件 |
| | 轻质墙板 |

续表

| 用途 | 细类 |
| --- | --- |
| | 保温材料 |
| | 防水、防潮及密封材料 |
| | 机械加工设备 |
| | 其他工程材料与机械加工设备 |
| 其他应急物资 | |

资料来源：广东省应急物资信用平台 http：//esplatform. gdemo. gov. cn/esep/FirstPage. do。

## 二、应急物流及其特点

应急物流是指为应对严重自然灾害、突发性公共卫生事件、公共安全事件及军事冲突等突发事件而对物资、人员、资金的需求进行紧急保障的一种特殊物流活动，它是以提供应急物资为目的，以追求时间效益最大化和灾害损失最小化为目标的特种物流活动。

应急物流与普通物流一样，由流体、载体、流向、流程、流量等要素构成，具有空间效用、时间效用和形质效用，但各要素与普通物流比较又有不同，具体如表 15 –2 所示。

**表 15 –2　应急物流与普通物流比较**

| 要素 | 普通物流 | 应急物流 |
| --- | --- | --- |
| 流体 | 一般性的物品，品种无所不包，物品来源单一 | 主要集中在救灾的物资，第一类为救生类：包括救生船、救生衣及救生设备等；第二类为生活类：包括衣被、食品、救灾帐篷、净水器等；第三类为医疗器械及药品。物品的来源复杂，有政府提供，社会捐赠等 |
| 载体 | 固定的设施与场所 | 固定的和机动的设施与场所共用 |
| 流向 | 按用户的需求，流向确定，可以充分安排 | 流向及救援地、目标事先无法确定 |
| 流速 | 完成物流的时间比较稳定 | 完成物流的时间延长或缩短 |
| 流量 | 物流的数量稳定 | 特定品种的物流流量激增，其他物品通常减少 |
| 流程 | 流程基本上可按合理化的原则进行安排 | 由于设施的损坏等，常使路程发生一定的改变 |

此外，应急物流多数情况下通过物流效率实现其物流效益，而普通物流既强调效率又强调效益。应急物流是一般物流活动的一个特例，它具有以下区别于一般物流活动的特点：

1. 突发性和不可预知性：这是应急物流区别于一般物流的一个最明显的特征；

2. 应急物流需求的随机性：应急物流是针对突发事件的物流需求，应急物流需求的随机性主要是由于突发事件的不确定性；

3. 时间约束的紧迫性；

4. 峰值性；

5. 弱经济性：普通物流既强调物流的效率，又强调物流的效益，而应急物流在许多情况下是通过物流效率的实现来完成其物流效益的实现，它不以营利为目的，而是以灾害损失最小化为目的；

6. 非常规性；

7. 服务对象仅限于突发性事件涉及的地区；

8. 政府与市场的共同参与性。

## 三、加强应急物流管理的必要性

### （一）应急物流是应急管理实施的终端支持

应急物流作为应急管理的关键环节，一定要贯穿应急事件的始终，只有在管理环节中及时实施，才可能既保障各单位对于上级发布的指令有一个良好的执行力，又确保对国家政策和指令有最快的反应，从而大大提高救援速度和救援质量，使国家和人民的生命财产损失降至最低。

### （二）应急物流是突发状况下安全稳定的根本保障

及时有效的应急物流，能在灾难发生的第一时间将必要的信息及物资传递到闭塞的灾区，最大限度地避免由于生活物资以及医药物资的严重短缺酿成恶性事件发生，也避免了次生灾难来临时损失面扩大化。与此同时，将有效、准确的第一信息传递出去，可以安稳灾民，破除谣言，协助政府做出正确的应急决策，确保灾区的安全和稳定。

### （三）应急物流是做好应对准备的重点建设工程

应急物流系统集成、整体优化理念，将有力促进现场救援的物资保障要素高度集成、环节衔接流畅、集约性能显著。在应急处置中，物流为有效应对社会突发公共事件提供了物质基础和现实条件。

应对事件的任何行动都离不开物流的保障和支援，信息流的畅通离不开物流系统将应急通信设备准确、及时保障到位；救灾人员作用的发挥依赖于救灾物资的伴随保障，灾区人民的生存、生活更需要物流的顺畅。因此，应急物流是做好应对准备的重点建设工程。

### （四）应急物流为应急管理提供强大的物资支撑

应急管理理论认为，突发事件可分为潜伏期、发展期、爆发期和痊愈期四个阶段。应急物流在突发事件潜伏期做好各种准备，发展期启动，在爆发期和痊愈期真正运作，体现价值。在应急行动中，大致可分为实施抢救的现场救援活动和实施物资保障的物流活动，国家实力不会自动地转化为抗灾救灾实力，应急物资必须经过包装加工、组配、储存、配送、分发等诸多环节，只有通过物流这一桥梁，才能为现场救援提供不间断的物资供应。

### （五）应急物流是国家安全保障系统的重要力量

应急物流主体功能包括：快速抢救受灾物资和各类设施、设备，减弱损失；及时补充物资，维系抢险救灾活动顺利进行；快速供应物资，帮助灾区重建；稳定民心，维护社会经济秩序安定四个方面。良好的应急物流体系，能够源源不断地将国民经济力量增值、输送到灾区，补充救灾物资消耗，恢复救灾力量，成为救灾能力的倍增器。

## 四、应急物流系统的组成

应急物流系统，是指为了完成突发性的物流需求，由各个物流元素、物流环节、物流实体组成的相互联系、相互协调、相互作用的有机整体。应急物流系统一般包含以下几个环节：应急物流协调指挥中心、物资供给端、物流中心以及物资需求端，各个部门间实现信息的双向传递，实时回馈信息，将物资供给者所提供的物资加工分类后配送到受灾区。

### （一）应急物流指挥中心

应急物流系统首先必须立即成立应急协调指挥中心，统筹指挥做好救援物资的筹集、运输、调度、配送等工作，中心本身并不进行物资采购、储存、运输等具体的业务，它主要负责根据收集来的信息，对各加盟物流中心的物资采购、储备、运输等方面进行指导工作，使整个应急体系高效有序地运作。

### （二）物资供应端

企业物流的供应部门一般有固定的合作厂商、固定的上游原料供货商，应急物流则不同，除了备用的应急物资储备，物资的供应端是多元且杂乱的。如果物资未加以整合分类就直接往灾区运送，将造成物资的浪费，配送低效率与物资重复运送等问题均可能会产生，因此如何对供应端进行统筹集结或直接指派成为应急物资供应端管理中的一个重要课题。

### （三）物流中心

其功能类似普通物流的配送中心，主要功能为将供给端送来的物资进行分拣、加工、包装等处理后分别送到各个需求点，减少物资再度转运、装卸的人力与时间成本，提高应急物资从物流中心到灾区灾民手中的输送效率。

应急物流中心应该是一个功能强大、适应性强、反应灵敏的信息网络中心，它由众多的普通商业物流中心、企业加盟而成，可以根据灾情，灵活抽调各加盟物流中心组成一个保障体系，保障体系可大可小，如果遇上“非典”这种全国性的灾害，还可以将多个地区性的应急物流中心联网，组成一个区域性、全国性的应急物流体系，实施应急保障，以使整个应急物流系统有序、高效、实时、精确。

### （四）物资需求端

灾害发生时造成的混乱让信息流通不畅，在第一时间内也许无法得到需求详细信息，因而必须通过事前的资料收集，针对灾害发生区的地理特性、人口分布、人口结构等相关特性进行分析，预测物资需求量。同时，随着救援活动的进行，物资需求端会逐渐的恢复本身应有的机能，对应急物资需求的急迫性以及需求量会不断地变化，应当及时进行信息反馈，关注需求的变化。

## 第二节　应急物流体系现状

### 一、珠海市突发事件的特点及分类

#### （一）珠海市突发事件的特点

珠海是地处珠江口、毗邻港澳的滨海城市，属南亚热带海洋性季风气候，属地震基本烈度Ⅶ度区，受多种灾害性气候影响，存在较多产生突发事件的自然条件。珠海市突发事件的主要特点如下：

1. 自然灾害极为突出

台风灾害（现统称热带气旋灾害）是影响珠海市最严重的自然灾害之一。台风往往带来狂风、暴雨、有时还伴有强对流天气（如龙卷风，飑线等），从而导致一系列次生灾害的产生。台风灾害的主要类型是风灾、台风暴雨形成的内涝灾害以及台风的强大风力、低气压导致的沿岸风暴潮灾害。此外，珠海每年均受暴雨影响，导致不同程度的内涝，个别年份在暴雨季节因西江上游洪水影响也会受洪涝灾害威胁。

2. 人为致灾因素逐步增加

工程拆迁、农村占地补偿、劳资纠纷事件、校园安全事件、涉港澳台突发事件等社会安全事件和水上交通事故、环境污染事故、危险化学品泄漏事故等事故灾难以及食品安全、烈性传染病、重大动植物疫情等公共卫生事件中的人为致灾因素逐步增加，往往对社会秩序造成严重的破坏，增加了协调处置突发事件的难度。

3. 突发事件的发展趋势与未来面临的主要风险

除传统风险外，由于目前处于地震活跃期，珠海市面临 5 ~ 6 级破坏性地震的风险。沿海填海地带的地面沉降和沙土液化的风险增加。外来物种入侵的可能性与危害增大。环境污染的威胁较为严重，台山核电站的建成运营增加了核事故的风险，航展安全任务更加艰巨。食品安全、网络与信息安全、涉港澳台事件的概率增加。

#### （二）珠海市突发事件的分类

根据突发事件的性质，珠海市突发事件可划分为自然灾害、事故灾难、公共卫生事件和社会安全事件 4 大类、23 分类、57 种。（见表 15 - 3）

**表 15 –3　珠海主要突发事件**

| 大类 | 分类 | 主要种类 |
|---|---|---|
| 自然灾害 | 气象灾害 | 热带气旋、暴雨内（洪）涝、干旱、低温、海面大风与大雾、强对流天气（飑线、龙卷风等）、雷暴、高温等 |
| | 海洋灾害 | 风暴潮、赤潮、海啸、咸潮、沙土液化等 |
| | 地震灾害 | 破坏性地震 |
| | 地质灾害 | 突发地质灾害（崩塌、山体滑坡、泥石流、地面塌陷等） |
| | 生物灾害 | 突发林木有害生物事件 |
| | | 植物疫情（危险性检疫病虫害等） |
| | | 外来生物入侵（桔小实蝇、薇甘菊、福寿螺等） |
| | 森林火灾 | 森林火灾（山火） |
| 事故灾难 | 工矿商贸事故 | 危险化学品事故 |
| | | 矿山事故 |
| | | 建设工程施工突发事故 |
| | | 特种设备事故 |
| | 火灾事故 | 火灾事故 |
| | 交通运输事故 | 道路交通事故 |
| | | 水上交通事故（碰撞、搁浅、风灾等九类事故） |
| | | 公共汽车运营突发事件 |
| | | 铁路行车事故 |
| | | 民用航空器飞行事故 |
| | 公共设施和设备事故 | 供水突发事件 |
| | | 排水突发事件 |
| | | 电力突发事件 |
| | | 燃气事故 |
| | | 地下管线突发事件 |
| | | 道路突发事件 |
| | | 桥梁突发事件 |
| | | 网络与信息安全事件（公网、专网、无线电） |
| | | 人防工程事故 |
| | 辐射事故 | 辐射事故 |
| | 环境污染和生态破坏事件 | 重污染天气（灰霾等） |
| | | 突发环境事件（水质污染、船只漏油事故等） |

续表

| 大类 | 分类 | 主要种类 |
| --- | --- | --- |
| 公共卫生事件 | 传染病疫情 | 重大传染病疫情 |
| | 群体性不明原因疾病 | 群体性不明原因疾病 |
| | 食品安全和职业危害 | 食品安全事件（贝类中毒等） |
| | | 职业中毒事件 |
| | 动物疫情 | 重大动物疫情（高致病性禽流感等） |
| | 其他严重影响公众健康和生命安全的事件 | 药品安全事件 |
| 社会安全事件 | 恐怖袭击事件 | 恐怖袭击事件 |
| | 刑事案件 | 重大恶性刑事案件 |
| | 经济安全事件 | 生活必需品供给事件 |
| | | 粮食供给事件 |
| | | 能源资源供给事件 |
| | | 金融突发事件（商业银行挤兑风险、信托银行敏感性债务等） |
| | | 经济商业安全事件（恶意欠薪、弃厂逃匿、非法集资、票据诈骗、合同诈骗等） |
| | 涉外与港澳台突发事件 | 涉外突发事件 |
| | | 涉港澳突发事件 |
| | | 涉台事件 |
| | 群体性事件 | 劳资纠纷类群体性事件 |
| | | 土地权益类群体性事件（强征拆迁、拆迁安置等） |
| | | 工程纠纷类群体性事件 |
| | | 医疗纠纷事件 |
| | | 聚众堵路堵桥事件 |
| | | 行业或工厂集体罢工事件 |
| | | 上访、聚集等群体性事件 |
| | | 民族宗教群体性事件 |
| | | 影响校园安全稳定事件 |
| | 其他 | 新闻舆论事件 |
| | | 旅游突发事件 |

## 二、珠海市应急物流体系

### （一）珠海市应急管理组织架构

珠海市政府是全市突发公共事件应急管理工作的最高行政领导机构，下设珠海市应急管理办公室，其工作职责具体为：负责相关类别的突发公共事件专项和部门应急预案的起草与实施，贯彻落实市政府有关决定事项；承担相关应急指挥机构办公室的工作；及时向市政府报告重要情况和建议，指导和协助区、镇人民政府做好突发公共事件的预防、应急准备、应急处置和恢复重建等工作。各区、镇人民政府是本行政区域突发公共事件应急管理工作的行政领导机构，负责本行政区域各类突发公共事件的应对工作。在此基础上，形成了“珠海市应急管理办公室”和“区县应急指挥中心”两级应急管理机构，其组织体系架构如图 15－1 所示。

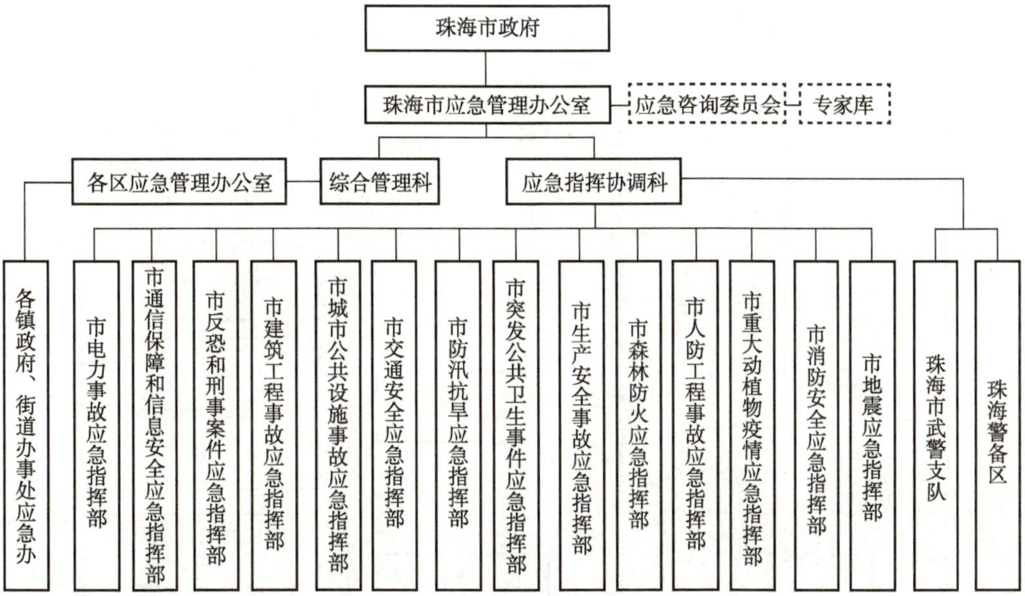


**图 15－1 珠海市应急管理组织架构**

## （二）珠海市应急物流体系框架

珠海市应急物流体系主要包括应急物流相关的法规和应急预案，交通局、民政局、卫生局、粮食局、民防局等市属单位参与构建的应急物资储备体系和应急物资调配体系。珠海市应急物流体系框架如图 15－2 所示。

## （三）珠海市专项应急预案目录

截至 2016 年，珠海市应急物流相关的应急预案体系包括国家颁布的指导性法律法规和应急总体预案、珠海市颁布的专项应急预案、部门应急预案等。

### 1. 珠海市专项应急预案目录

珠海市专项应急预案主要包括自然灾害类、事故灾难类、公共卫生类、社会安全类、应急保障类，如表 15－4 所示。

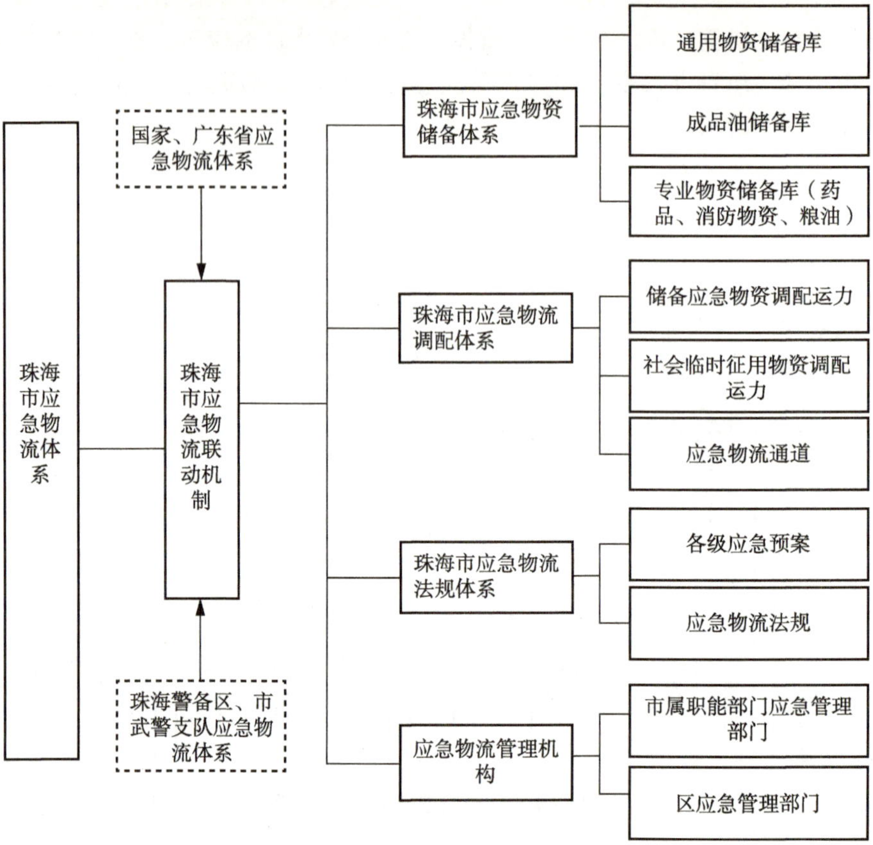


**图 15－2　珠海市应急物流体系框架**

**表 15－4　珠海市专项应急预案目录**

| 序号 | 名称 | 牵头编制部门 |
|---|---|---|
| 自然灾害类 | | |
| 1 | 珠海市地震应急预案 | 市科工贸信局 |
| 2 | 珠海市突发地质灾害应急预案 | 市国土资源局 |
| 3 | 珠海市防汛抗旱防风应急预案 | 市三防办 |
| 4 | 珠海市海洋灾害防治应急预案 | 市海洋农渔和水务局 |
| 5 | 珠海市处置森林火灾应急预案 | 市森林防火办 |
| 6 | 珠海市海洋赤潮防治应急预案 | 市海洋农渔和水务局 |
| 7 | 珠海市极端天气应急预案 | 市气象局 |
| 事故灾难类 | | |
| 8 | 珠海市矿山事故应急救援预案 | 市安监局 |
| 9 | 珠海市危险化学品事故应急预案 | 市安监局、市港口局、市公安局、市交通运输局 |
| 10 | 珠海市突发环境事件应急预案 | 市环保局 |
| 11 | 珠海市公路桥梁突发事件应急预案 | 市公路局 |

续表

| 序号 | 名称 | 牵头编制部门 |
| --- | --- | --- |
| 12 | 珠海市人防工程事故应急预案 | 市人防办 |
| 13 | 珠海市消防应急救援预案 | 市公安局 |
| 14 | 珠海市供水事故应急预案 | 市海洋农渔和水务局 |
| 15 | 珠海市排水事故应急预案 | 市海洋农渔和水务局 |
| 16 | 珠海市地下管线突发事件应急预案 | 市市政园林和林业局 |
| 17 | 珠海市电力供应应急预案 | 珠海供电局 |
| 18 | 珠海市燃气突发事件应急预案 | 市市政园林与林业局 |
| 19 | 珠海市核辐射应急预案 | 市环保局 |
| 20 | 珠海市网络与信息安全事件应急预案 | 市科工贸信局 |
| 21 | 珠海市船舶污染事故应急预案 | 珠海海事局 |
| 22 | 珠海市处置电网大面积停电事件应急预案 | 市科工贸信局 |
| 23 | 珠海市建设工程质量安全事故应急预案 | 市住房和城乡规划建设局 |
| 24 | 珠海市交通运输应急预案 | 市交通运输局 |
| 25 | 珠海市交通事故应急预案 | 市公安局 |
| 26 | 珠海市重大节假日运输应急预案 | 市交通运输局 |
| 27 | 珠海市海上搜救应急反应预案 | 珠海海事局 |
| 28 | 珠海海岛森林火灾应急预案 | 市森林防火办 |
| 29 | 珠海海岛旅游事故应急预案 | 市文体旅游局 |
| 公共卫生类 | | |
| 30 | 珠海市突发公共卫生事件应急预案 | 市卫生局 |
| 31 | 珠海市流感大流行卫生应急预案 | 市卫生局 |
| 32 | 珠海市突发重大动物疫情应急预案 | 市海洋农渔和水务局 |
| 33 | 珠海市重大食品安全事故应急预案 | 市食品药品监管局 |
| 社会安全类 | | |
| 34 | 珠海市群体性事件应急预案 | 市公安局 |
| 35 | 珠海市反恐怖袭击事件应急预案 | 市公安局 |
| 36 | 珠海市防空袭方案 | 市人防办 |
| 37 | 珠海市重大恶性刑事案件应急预案 | 市公安局 |
| 38 | 珠海市经济安全事件应急预案 | 市科工贸信局 |
| 39 | 珠海市影响校园安全稳定事件应急预案 | 市教育局 |
| 40 | 珠海市民族宗教群体性事件应急预案 | 市民族宗教事务局 |
| 41 | 珠海市涉外突发事件应急预案 | 市外事局 |
| 42 | 珠海市涉港澳突发事件应急预案 | 市外事局 |
| 43 | 珠海市涉台突发事件应急预案 | 市中国台湾“事务局” |
| 44 | 珠海市新闻舆论事件应急预案 | 市委宣传部 |
| 45 | 珠海市旅游突发事件应急预案 | 市文体旅游局 |

续表

| 序号 | 名称 | 牵头编制部门 |
|---|---|---|
| 46 | 珠海市珠海机场突发事件应急处置工作预案 | 珠港机场管理有限公司 |
| 47 | 珠海市口岸突发事件应急预案 | 市口岸局 |
| 48 | 珠海市金融突发事件应急预案 | 市金融工作局 |
| 49 | 珠海市上访、聚集事件应急预案 | 市公安局 |
| 应急保障类 | | |
| 50 | 珠海市自然灾害救助应急预案 | 市民政局 |
| 51 | 珠海市枯水期（咸潮期）保障中国澳门、珠海供水应急预案 | 市海洋农渔和水务局 |
| 52 | 珠海市生活必需品应急供应应急预案 | 市科工贸信局 |
| 53 | 珠海市重要资源（成品油等）应急保障预案 | 市科工贸信局 |
| 54 | 珠海市集中式饮用水源地突发事件应急预案 | 市环保局 |
| 55 | 珠海市突发公共事件医疗卫生救援应急预案 | 市卫生局 |
| 56 | 珠海市应急通信保障预案（专网） | 市科工贸信局 |
| 57 | 珠海市应对突发事件无线电业务保障应急预案 | 市科工贸信局 |

### 2. 珠海市市级部门应急预案目录

珠海市市级部门应急预案如表 15 –5 所示。

**表 15 –5　珠海市市级部门应急预案目录**

| 序号 | 预案名称 | 编制主责部门 |
|---|---|---|
| 自然灾害类 | | |
| 1 | 珠海市建设系统破坏性地震应急预案 | 市住房和城乡规划建设局 |
| 2 | 珠海市教育系统破坏性地震应急预案 | 市教育局 |
| 3 | 珠海市地震系统应急预案 | 市科工贸信局 |
| 4 | 珠海市地震应急宣传报道预案 | 市科工贸信局 |
| 5 | 珠海市教育系统气象灾害应急预案 | 市教育局 |
| 6 | 珠海市建设工程防御气象灾害工作预案 | 市住房和城乡规划建设局 |
| 7 | 珠海市建设工程防御台风灾害工作预案 | 市住房和城乡规划建设局 |
| 8 | 珠海市交通行业防汛应急预案 | 市交通运输局 |
| 9 | 珠海市防汛工作预案 | 市三防办 |
| 10 | 珠海市水库防御洪水方案 | 市海洋农渔和水务局 |
| 11 | 珠海市人防工程防汛应急预案 | 市人防办 |
| 12 | 珠海市汛期突发地质灾害应急预案 | 市国资源土局 |
| 13 | 珠海市防御超强台风工作预案 | 市三防办 |
| 14 | 珠海市防风工作预案 | 市三防办 |
| 15 | 珠海市三防应急工作预案 | 市三防办 |
| 16 | 珠海海事局防热带气旋应急预案 | 珠海海事局 |

续表

| 序号 | 预案名称 | 编制主责部门 |
|---|---|---|
| 17 | 珠海市农业重大自然灾害应急预案 | 市海洋农渔和水务局 |
| 18 | 珠海市突发林木有害生物事件应急预案 | 市政园林与林业局 |
| 19 | 珠海市外来有害生物入侵突发事件应急预案 | 市海洋农渔和水务局 |
| 20 | 珠海市高温中暑事件卫生应急预案 | 市卫生局 |
| 21 | 珠海市公路局公路桥梁应急救援预案 | 市公路局 |
| 事故灾难类 | | |
| 22 | 珠海市道路运输安全事故应急预案 | 市交通运输局 |
| 23 | 珠海市交通行业安全事故应急处理预案 | 市交通运输局 |
| 24 | 珠海市道路交通事故处置救援应急预案 | 市公安局 |
| 25 | 珠海市建设工程重大质量安全事故应急预案 | 市住房和城乡规划建设局 |
| 26 | 珠海市教育系统安全事故应急救援处置预案 | 市教育局 |
| 27 | 珠海市高层、地下建筑灭火预案 | 市公安局 |
| 28 | 珠海市教育系统消防应急处置预案 | 市教育局 |
| 29 | 珠海市烟花爆竹储存、经营事故安全事故应急预案 | 市安监局 |
| 30 | 珠海市环境突发环境事件应急监测预案 | 市环保局 |
| 31 | 珠海市特种设备事故应急预案 | 市质监局 |
| 32 | 珠海市智能电网示范项目建设应急预案 | 珠海供电局 |
| 33 | 珠海市口岸停电事件应急预案 | 市口岸局 |
| 34 | 珠海市电子政务网络应急预案 | 市科工贸信局 |
| 35 | 珠海市电子政务信息安全应急预案 | 市科工贸信局 |
| 36 | 珠海市无线电管理应急预案 | 市科工贸信局 |
| 37 | 珠海港珠澳大桥管线隧道建设应急预案 | 市推进港珠澳大桥建设工作领导小组办公室 |
| 38 | 珠海市公路局系统安全生产事故应急预案 | 市公路局 |
| 公共卫生类 | | |
| 39 | 珠海市鼠疫控制应急预案 | 市卫生局 |
| 40 | 珠海市突发急性职业中毒事件应急预案 | 市卫生局、市安监局 |
| 41 | 珠海市集中式饮用水源地突发事件应急预案 | 市环保局 |
| 42 | 珠海市教育系统突发传染病疫情应急预案 | 市教育局 |
| 43 | 珠海口岸突发公共卫生事件应急预案 | 市口岸局 |
| 社会安全类 | | |
| 44 | 珠海市商业银行应急预案 | 商业类银行珠海分行 |
| 45 | 珠海市口岸踩踏事件应急预案 | 市口岸局 |
| 46 | 珠海市口岸核生化和恐怖袭击事件应急预案 | 市口岸局 |
| 47 | 珠海市教育系统群体性事件应急预案 | 市教育局 |
| 48 | 珠海市边界纠纷事件应急处置预案 | 市民政局 |

续表

| 序号 | 预案名称 | 编制主责部门 |
|---|---|---|
| 49 | 珠海市清明节群众祭祀活动突发事件应急预案 | 市民政局 |
| 50 | 珠海市人力资源社会保障群体性事件应急预案 | 市人力资源和社会保障局 |
| 51 | 珠海市土地权益类群体性事件应急预案 | 市国土资源局 |
| 52 | 珠海市工程纠纷类群体性事件应急预案 | 市住房和城乡规划建设局 |
| 53 | 珠海市卫生系统医疗纠纷应急处置预案 | 市卫生局 |
| 54 | 珠海市聚众堵路堵桥事件应急预案 | 市公安局、市交通运输局 |
| 应急保障类 | | |
| 55 | 珠海市财政应急资金保障预案 | 市财政局 |
| 56 | 珠海市突发公共卫生事件医药物资供应保障预案 | 市食品药品监管局 |
| 57 | 珠海市突发事件殡葬应急处置预案 | 市民政局 |
| 58 | 珠海市突发事件应急疏散预案 | 市人防办、市民政局 |
| 59 | 珠海市红十字会突发事件应急预案 | 市红十字会 |

## （四）珠海市应急物流法律法规体系

主要应急物流法律法规如表 15 -6 所示。

**表 15 -6　珠海市应急物流法律法规体系**

| 国家法律法规 | | |
|---|---|---|
| 分类 | 法律 | 行政法规 |
| 自然灾害类 | 防洪法<br>防沙治沙法<br>中华人民共和国防震减灾法（修订） | 气象灾害防御条例<br>抗旱条例<br>森林防火条例 |
| 事故灾难类 | 大气污染防治法<br>安全生产法<br>道路交通安全法 | 高等学校消防安全管理规定<br>铁路安全管理条例<br>校车安全管理条例 |
| 公共卫生事件类 | 药品管理法<br>食品安全法<br>传染病防治法 | 农药管理条例<br>网络食品安全违法行为查处办法<br>畜禽规模养殖污染防治条例 |
| 社会安全事件类 | 网络安全法<br>反恐怖主义法<br>国家安全法 | 非法金融机构和非法金融业务活动取缔办法<br>人民币管理条例<br>公民出境入境管理法实施细则 |
| 综合类 | 测绘法<br>红十字会法<br>国防交通法 | 中华人民共和国无线电管理条例<br>汶川地震灾后恢复重建条例<br>中华人民共和国政府信息公开条例 |

续表

| 广东省法规规章 | | |
|---|---|---|
| 分类 | 地方性法规 | 省政府规章 |
| 自然灾害类 | 广东省社会力量参与救灾促进条例<br>广东省气象灾害防御条例<br>广东省地质环境管理条例 | 广东省突发气象灾害预警信号发布规定<br>广东省地震重点监视防御区防震减灾工作管理办法<br>广东省防汛防旱防风工作若干规定 |
| 事故灾难类 | 广东省道路交通安全条例<br>广东省安全生产条例<br>广东省城市垃圾管理条例 | 广东省珠江三角洲大气污染防治办法<br>广东省专职消防队建设管理规定<br>广东省地震重点监视防御区防震减灾工作管理办法 |
| 公共卫生事件类 | 广东省动物防疫条例<br>广东省食品安全条例<br>广东省突发公共卫生事件应急办法 | 广东省城市市容和环境卫生管理规定<br>广东省植物检疫实施办法 |
| 社会安全事件类 | 广东省禁毒条例<br>广东省食品生产加工小作坊和食品摊贩管理条例<br>广东省电梯使用安全条例 | 广东省实施《信访条例》办法<br>广东省群众治安联防组织的规定<br>广东省关于不得集会游行示威场所周边距离的规定 |
| 综合类 | 广东省突发事件应对条例<br>广东省村民委员会选举办法（修正）<br>广东省村务公开条例 | 广东省海上民用船舶动员征用规定<br>广东省见义勇为人员奖励和保障规定<br>广东省重大安全事故行政责任追究规定 |

## 第三节 提高应急物流管理水平的对策建议

### 一、构建协作一体化的应急物流系统

应急物流本身具有公益性的特点，这就要求珠海市根据政府机构设计和物流的运作流程，整合国家军队、各部门、各区县的相关资源，建立专业的应急物流中心；加强政府、各相关部门、区县政府、部队、武警以及珠海重点企业之间的信息沟通与协作，实现信息、技术和应急资源共享。利用珠海的地理优势，以及港珠澳大桥带来的交通利好，加强与港澳及周边地区的交流合作。我市与我国澳门、香港特区毗邻，但防灾减灾资源的优势互补和信息共享机制尚未形成，应急联动机制也尚未建立。同时，与中山市、江门市、深圳市、广州市等城市的区域合作机制需要不断创新、探索，最终形成多层次的联动应急物流体系。

### 二、进一步深化应急物流信息技术的应用

逐步建立和理顺救灾物资的储备、调配网络，及时进行市场监控，保证突发公共事件应急管理所需的医疗救护设备、防治药品、日常生活用品等物资的供应。加强政府与企业及个人的应急物资调配机制，建立健全应急物资综合管理调度系统，完善应急物资紧急生

产、采购、征用、市场调控与调运以及征用资源补偿等机制，开展台风、地质灾害、安全生产、环境污染和医疗卫生等突发公共事件峰值应急物资需求的研究，满足应急处置和恢复重建工作的需要。

## 三、应急运输保障能力立体化

依托公路、铁路、水路、民航等资源，调动社会各方力量，建立海陆空立体化应急运输管理体系。基于现有的金湾机场、九洲港、高栏港，进一步提升珠海市空运和海运的应急物资运输能力；广珠城际轨道和广珠铁路连通广州和珠海；珠海高速公路发达，有京珠高速、西部沿海高速和江珠高速；连通我国香港特区、澳门特区的港珠澳大桥的通车都为提升应急物资调配提供了坚实的基础。

应加强突发公共事件时的交通管制与疏导，保障重点保护关键基础设施和重大危险源的通达能力。确定紧急通行绿色通道，可以考虑高速公路、快速路、城市主干道以及单向车道数在两车道以上的部分次干道，发挥直升机在复杂条件下的特殊作用。探索建立应急条件下社会交通工具征用程序、补偿机制以及省、兄弟市、港澳地区交通工具的调用机制。最后，推进重点林区、城中村的应急通道建设。

## 四、提高物资保障能力建设，应急物资储备扁平化

整合全市应急物资资源，优化资源配置及布局，提高资源数量及质量，逐步形成以市级应急物资保障系统为枢纽，以区和部门应急物资管理系统为支撑，企业等社会应急物资保障系统为补充的应急物资保障体系，减少物资储备的层级，实现高效物资的分拨与调配。

采用多种方式，保持应急物资储备能力，如储备一定数量的应急物资实物、随时掌握市场储备动态、保持有关生产和技术能力，形成与其他兄弟市和毗邻地区建立物资调配供给渠道等。健全应急物资储备更新、损耗代偿的财政补偿政策；合理确定应急物资储备种类、方式和数量；合理规划现有各类应急物资储备布局；整合实物应急物资储备资源；形成覆盖各类突发公共事件的应急物资保障和储备体系。

此外，以民政、三防、公安、安监、环保、卫生、水上搜救中心等部门为主，建立各自救灾物资储备系统。扩大常备应急设备及救援物资的储备量，适当增加抢险新材料、新设备，并采取政府统一采购，专业部门负责维护的方式，逐步购置或租用一批大型专用应急设备，主要是涉及应急救援中使用的大型运输设备，救灾专业直升机，核、生物、化学等有毒有害物质的监测、检验、消除等特种大型设备，以及备用通信网络设施、GPS 车辆监控调度管理系统等。

# 第四篇

# 物流创新

# 第十六章　物流技术创新

## 第一节　物流设施设备

### 一、珠海市物流设施设备总体状况

物流设施设备是物流系统中的物质基础，伴随着物流的发展与进步，物流设施设备不断地提升与发展。它为现代物流运作夯实基础，是物流系统中的重要资产。另外，它还影响着物流活动的各个环节，是实现高效优质物流服务的决定性因素，保证物流系统安全运行和物流增值服务的实现。许多新的设施设备不断涌现，极大地减轻了人们的劳动强度，提高了物流运作效率和服务质量，降低了物流成本，在物流作业中起着重要作用，极大地促进了物流的快速发展。反之，物流业的快速发展对物流设施设备也提出了更高的要求。

#### （一）近年来珠海市物流设施设备建设与发展取得长足进步

截至 2016 年底，公路通车里程 1461.66 公里，其中高速公路通车里程 136.29 公里。基本形成贯通港口、机场、口岸三大节点的道路干线交通网络。纵向通道中，已建成高栏港高速、机场高速、广珠西线，部分建成机场北路、江珠高速；横向通道中，已建成粤西沿海高速、珠海大道，正在建设港珠澳大桥延长线即将完工。广珠货运铁路建成通车，直达高栏港南水作业区，市域内铁路线长度 25 公里。珠海机场按照 ICAO4E 级标准规划设计和建设，物流航空运输能力必然得到有力的保障，近年来与我国香港地区机场合作，也在不断取得新突破。

近年来，珠海物流设备也有了较快的发展，各种物流运输设备数量迅速增长，技术性能日趋现代化，集装箱运输得到了快速发展等。随着计算机网络技术在物流活动中的应用，先进的物流设备系统不断涌现，在这种背景下，珠海各产业发展过程使用物流设备的总体数量迅速增加，如运输设备、仓储设备、配送设备、包装设备、搬运装卸设备（如叉车、起重机等）、物流信息设备等。物流设备在珠海区域物流的各个环节都得到了一定的应用。目前，无论是在生产企业的生产、仓储，流通过程的运输、配送，物流中心的包装加工、搬运装卸，物流设备都得到了一定的应用。此外，珠海物流设备在其自动化水平和信息化程度上也有了一定的提高，工作效率得到了较大的提高。

## （二）珠海市物流设施设备建设与发展存在的不足

珠海市物流业虽然经过多年的发展取得了一定成效，但物流节点设施、物流企业、物流信息化、物流管理体制等物流业发展的基础总体而言仍相对薄弱，不能满足服务珠海市经济和辐射周边区域的需要。

总体来看，珠海物流基础设施建设多元化投入太少，交通运输基础设施总体规模仍然很小，现代物流设施还比较缺乏，如能够有效链接不同运输方式的大型综合货运枢纽、服务于区域或城市的物流园区（基地）、物流中心等，严重影响物流集散和运输效率的提高。另外，运输结构矛盾比较突出，各种运输方式尚未能形成合力分工的关系，市场交叉严重，在同类资源上进行盲目竞争，使各种运输方式不能合理地发挥各自的优势。

此外，现有物流设施陈旧、结构简单、规模小、标准化程度低，配套性、兼容性差的问题较为突出，造成了物流服务专业化水平较低，物流运作与服务环节衔接不畅，增加物流成本，降低经济效益。航空产业园、高新技术产业区等尚处于规划建设阶段，全市投入运营的物流园区只有高栏港物流园区。

珠海物流技术装备比较落后。物流装备水平仍然较低，各种运输方式之间装备标准不统一，物流器具标准不配套，物流包装标准与物流设施设备标准之间缺乏有效地衔接，在一定程度上延缓了物流机械化和自动化水平的提高，影响了运输工具的装载率、装卸设备的荷载率以及仓储设施的空间利用率。虽然珠海有个别企业的物流设备达到或接近国际先进水平，但自动化物流设施设备与国外相比，存在的差距还比较大，基础设施还很薄弱，需要不断提高珠海物流设施设备的整体技术水平。

珠海现有专业物流服务设施基本形成物流中心、配送中心、专业市场三级服务体系，其中专业市场包括综合批发市场、专业批发市场、货运市场等类型，但整体规模小，服务能力有限。

## （三）珠海市物流专业设施创新工作正在推进的三大工程

### 1. 珠港澳国际物流园及其通关中心建设——打造对接港澳辐射内地新的物流集散中心和通关中心

自 2013 年起，围绕如何承接中国香港产业辐射、挖掘大桥承载的各项经济功能、整合珠海的口岸资源、发挥珠海保税区的政策功能等优势，珠海市政府于 2014 年 4 月决定在港珠澳大桥西人工岛接珠海第一个货车落脚点的洪湾片区建设“珠港澳物流合作园”，并启动珠港澳物流合作园首期——珠海（保税）洪湾通关综合服务中心（以下简称通关中心）项目及实施建设。通关中心的建成能发挥以下五大作用：满足珠海市“十口归一”的查验格局，将珠海东部片区的香洲港、九洲港、拱北口岸、跨境口岸、豪通码头、加华码头、西域码头、洪湾港码头、保税区、横琴新区十个现场货物查验场所整合到通关中心，从而实现“货物集中查验、口岸高效放行”的创新监管体系；成为区域通关业务中心，形成集口岸报关、报检、保税、船代、货代、虚拟口岸、陆路口岸及为机场、港口等综合配套服务的口岸“窗口”，实现对本地关检功能的集聚；成为统一大保税的服务引擎，对珠港澳地区的机场、横琴新区、港口码头、物流园区、出口加工企业等提供综合一站式通关保税及物流相关服务，以此为引擎拉动保税相关产业的发展，形成珠海“一区多园化”的统一大保税服务格局；成为对接国际大通关的电子平台，通过建设国际大通关电子口岸平台和国际智慧物流公共信息平台将海关、国检、外管、国税等业务系统整合，并建立起与港澳贸易通的平台接口；成为综合性物流服务基地，集电商、快递、展示、交易、采购、结算、信息、甩挂、加工、配送、物联网、培训、商贸、商贸旅游和增值服务于一体。

2. 基于港口的高栏港物流园和基于铁路货站的西区铁路物流园建设——打造江海联运和江铁联运新的物流枢纽中心

高栏港处于西江出海口的虎跳门、崖门、鸡啼门三大口门之间，内河船可以通过西江出海航道直航至此。珠江流域两广、云、贵、川各省的外运物质可以通过水运到达高栏港，再输往世界各地。政府加强引导与扶持力度，以港口企业和航运公司为主体，实施珠海港“西江战略”，充分发挥珠海港连接西江、靠近国际航道的江海联运优势，鼓励并支持本地港口物流企业溯江而上，以资本为纽带，建立和加强与西江水系各港口物流企业的联盟关系。吸引和扶持航运企业开通和加密西江航线，建设以珠海港为枢纽，覆盖西江流域的便捷、高效、经济的水上物流大通道，开辟通江大海、沟通全球的西江流域与国际市场的联通渠道。研究筹建“江海联运中心”，完善珠海港与珠江水系驳船运输网络，为强化珠海港的主枢纽港地位提供水路集疏运保障。随着广珠铁路的通车运行，江铁联运成为可能。珠海港的腹地向内陆深度扩展，在显著增强临港产业国内配套采购物流服务能力的同时，引导大量腹地运输和物流业务向珠海集聚，大大提升了珠海物流体系对华南、华中、西南等地区的资源配置能力和腹地产业的国际市场开拓能力。

3. 珠海机场航空物流园建设——打造与中国香港机场协作配套的区域航空物流中心

以港珠澳大桥建成通车为契机，建设珠海机场航空物流园，构建珠海机场和香港机场之间双向的货运衔接，形成两地机场的管理、信息、技术、政策等多层面合作。

可立足于将珠海机场作为香港机场的货运基地，为香港机场货运分流。在此基础上，吸引香港机场注资珠海机场（珠海机场受中国香港机场托管多年拥有进一步合作基础），同时，将香港机场的优秀管理经验与珠海机场乃至内地机场共享，提升珠海机场服务和管理水平。而对于中国香港机场，不需要过多增加内地航线数量就可以经由珠海机场来吸引内地货源，尤其是西部货源，从而在容量饱和的情况下增加更多的服务可能。

珠海作为中国香港分拨中心的后盾，地价低、劳动成本低、政府支持力度大可以弥补香港地区的资源不足，而珠海服务水平有限、服务内容简单化、管理不足等缺点又可以由中国香港的优点和经验所弥补。两地机场相互合作，可以更好地扩展内地市场，共同提升，同时，也不容易形成过度竞争。

## 二、物流设施设备发展新趋势及其创新的对策建议

### （一）物流设施设备发展新趋势

珠海物流设施设备与发达地区之间的差距较大，从总体上表现为缺乏协调发展，尚未形成成熟统一的规划布局与高效的综合运输网络；缺乏整体的、科学的、流畅的业务流程，很难体现整体经营效率。与发达地区相比，珠海的物流业尚处于起步阶段，许多重要

设施处于垄断经营状态，这严重地阻碍了物流业的发展及运作。绝大部分企业，在体系、资金、技术以及设施上还很薄弱，如果我们不能及时借鉴发达国家的成熟经验，顺应物流设施设备的最近发展趋势，将会面临原料、信息、运输等一系列的压力和困难。

从国家政策引导，还有目前的一些行业数据来分析，物流设施正处于窗口期。物流设施在未来的发展有六大趋势，值得珠海物流产业发展借鉴和关注。

1. 网络化——物流产业发展的基本要求

物流产业的发展要强调物流专用设施的网络化。也就是说，物流专用设施应以投资、托管、加盟等方式形成网络。凡是考虑到网络化发展的基本上是做物流专用设施运营的，凡是不考虑网络化的，应该说就是注重物流专用设施开发建设的。

物流专用设施的网络化，包含两个要点：一个就是要想形成网络，首先要选择物流节点，点的选择是最为关键。二是要关注物流专用设施的产业整合，也就是说既然形成了一个网络，那么要为每一个入驻企业提供相应的服务。

2. 综合化——对物流节点提出了更高的要求

从物流专用设施的发展来看，有以下三个阶段阶段，第一个阶段是单纯作为仓储设施，在城市里面是混在一起的；第二个阶段把仓储与整个城市的发展相对独立；到了第三个阶段，就是物流产业新城，又与城市发展重新融合到一起，目前有一种趋势就是物流专用设施的 4.0 时代，也就是把互联网的概念和 O2O 的概念相融合。

3. 集聚化——物流专用设施的功能多样性

物流专用设施区有两大功能，一是业务发展的功能，通过企业入驻到物流专用设施里面，平台公司或者说物流的平台能够为入驻的企业提供相应的服务，包括能够以现有物流专用设施平台出去揽货，回来之后提供给物流专用设施的第三方企业，促进这些中小物流企业的成长。二是政府管理功能，目前物流企业处于发展初期，分布散乱，布局不合理，对城市的交通、环境各个方面都有不利影响，那么通过物流专用设施的聚合，便于政府对企业进行集中管理，所以未来的趋势就是要形成这种产业集聚，便于实现统一管理、业务整合和综合服务。

4. 专业化——为入驻企业提供增值服务

物流专用设施既讲综合化也讲专业化，实际上在物流专用设施的管理方面，要求越来越专业，必须能够为入住的企业提供保安、保洁、工程等基本的物业服务，另外还包括入驻企业的行政服务（行政许可），除了这些基本服务之外，更重要的发展趋势是为入驻企业提供增值服务。

5. 平台化——物流空间提供商和物流平台服务商

物流专用设施是一个四方平台，整合三方企业以及相关的上下游的企业，还有一些相关的辅助性企业都集聚到物流专用设施里面。物流专用设施平台具有两个功能，一个功能是空间平台，也就是说物流空间提供商；另一个就是物流平台的运营服务商。实际上未来的趋势就是整个的平台服务依据或者依靠信息平台来搭建的，以信息化为核心来展开。

6. 产业化——物流专用设施开发模式的可持续性

物流专用设施发展还有个发展趋势就是产业化。原来物流专用设施的发展，一种是政府主导模式，另一种是大的物流企业主导模式，后来又出现了政企联合开发等其他的方式。从目前来看，主流的模式应该是物流地产的开发模式。

随着现代物流的发展，物流设备作为其物质基础呈现出以下几个方面的发展趋势：

第一，大型化和高速化。大型化指设备的容量、规模、能力越来越大。大型化是实现物流规模效应的基本手段。一是弥补自身速度很难提高的缺陷而逐渐大型化，包括海运、铁路运输、公路运输。油轮最大载重量达到56.3万吨，集装箱船为6790TEU，在铁路货运中出现了装载716000吨矿石的列车，载重量超过5吨的载货汽车也已研制出来；管道运输的大型化体现在大口径管道的建设，目前最大的口径为1220毫米。这些运输方式的大型化基本满足了基础性物流需求量大、连续、平稳的特点。二是航空货机的大型化。正在研制的货机最大载重量为300吨，一次可装载30个12.2米（40英尺）的标准箱，比之前的货机运输能力（包括载重量和载箱量）高出50%～100%。

高速化指设备的运转速度、运行速度、识别速度、运算速度大大加快。提高运输速度一直是各种运输方式努力的方向，主要体现在对“常速”极限的突破。正在发展的高速铁路有三种类型：一是传统的高速铁路，目前日本和法国的技术最具商业价值，目前营运的高速列车最大商业时速已达270～275km/h；二是摆式列车，以瑞典为代表，商业时速已达200～250km/h；三是磁悬浮铁路，目前正处于商业实验阶段，1998年在日本实现了时速为539km/h的实验速度。德国、法国在高速铁路上开行的高速货运列车最高速度已达到200km/h。随着各项技术的逐步成熟和经济发展，普通铁路最终将会被高速铁路所取代。在公路运输中高速一般是指高速公路，目前各国都在努力建设高速公路网，作为公路运输的骨架。航空运输中，高速是指超音速，客运的超音速已由法国协和飞机所实现。货运方面双音速（亚音速和超音速）民用飞机正在研制中。无论如何，超音速化将是民用货机的发展方向。在水运方面，水翼船的时速已达70km/h，气垫船时速最高，而飞翼船的时速则可达到170km/h。在管道运输中，高速体现在高压力，美国阿拉斯加原油管道的最大工作压力达到8.2MPa。

第二，实用化和轻型化。由于仓储物流设备是在通用的场合使用，工作并不很繁重，因此应好用，易维护、操作，具有耐久性、无故障性和良好的经济性，以及较高的安全性、可靠性和环保性。这类设备批量较大、用途广，考虑综合效益，可降低外形高度，简化结构，降低造价，同时也可减少设备的运行成本。

第三，专用化和通用化。随着物流的多样性；物流设备的品种越来越多且不断更新。物流活动的系统性、一致性、经济性、机动性、快速化，要求一些设备向专门化方向发展，又有一些设备向通用化、标准化方向发展。

物流设备专门化是提高物流效率的基础，主要体现在两个方面，一是物流设备专门化，二是物流方式专门化。物流设备专门化是以物流工具为主体的物流对象专门化，如从客货混载到客货分载，出现了专门运输客货物的飞机、轮船、汽车以及专用车辆等设备和设施。运输方式专门化中比较典型的是海运，几乎在世界范围内放弃了客运，主要从事货运，管道运输就是为输送特殊货物而发展起来的一种专用运输方式。

通用化主要以集装箱运输的发展为代表。国外研制的公路、铁路两用车辆与机车，可直接实现公路铁路运输方式的转换，公路运输用大型集装箱拖车可运载海运、空运、铁运的所有尺寸的集装箱，还有客货两用飞机，水空两用飞机及正在研究的载客管道运输等。通用化的运输工具为物流系统供应链保持高效率提供了基本保证。通用化设备还可以实现物流作业的快速转换，可极大地提高物流作业效率。

第四，自动化和智能化。将机械技术和电子技术相结合，将先进的微电子技术、电力电子技术、光缆技术、液压技术、模糊控制技术隐蔽功用到机械的驱动和控制系统，实现物流设备的自动化和智能化将是今后的发展方向。例如，大型高效起重机的新一代电气控制装置将发展为全自动数字化控制系统，可使起重机具有更高的柔性，以提高单机综合自动化水平，自动化仓库中的送取货小车、智能式搬运车（AHV）、公路运输智能交通系统（ITS）的开发和应用已引起各国的广泛重视。此外，卫星通信技术及计算机、网络等多项高新技术结合起来的物流车辆管理技术正在逐渐被应用。

第五，成套化和系统化。只有当组成物流系统的设备成套、匹配时，物流系统才是最有效、最经济的。在物流设备单机自动化的基础上，通过计算机把各种物流设备组成一个集成系统，通过中央控制室的控制，与物流系统协调配合，形成不同机种的最佳匹配和组合，将会取长补短，发挥最佳效用。为此，成套化和系统化物流设备具有广阔发展前景，以后将重点发展的有工厂生产搬运自动化系统、货物配送集散系统、集装箱装卸搬运系统、货物自动分拣与搬运系统等。

第六，“绿色化”。“绿色”就是要达到环保要求，这涉及两个方面：一是与牵引动力的发展以及制造、辅助材料等有关，既要提高牵引动力，也要有效利用能源，减少污染排放，使用清洁能源及新型动力。二是与使用有关，包括对各物流设施的维护，合理调度，恰当使用等。

当前，伴随经济全球化以及世界范围内服务经济的发展，物流行业作为一个新兴的服务产业，正在全球范围内迅速兴起，跨国化、规模化和网络化等现象已经成为全球物流产业发展的重要趋势。在高新技术的支持下，发达国家物流业已经成为支柱产业，物流设施设备创新则成为提高物流运营效益、物流产业升级的关键因素。现代物流作为一个系统化的整体正在极大地改变着目前的商务模式和生产模式，物流设施设备创新越来越凸显其在物流产业发展中的重要作用和不可或缺的战略地位。其发展程度是衡量一个地区物流产业现代化程度和国际竞争力的重要标志之一。

### （二）珠海市物流设施设备创新发展的对策建议

借鉴国外物流设备发展的先进经验，结合珠海物流发展的实际情况及存在的主要问题，把握物流设施设备发展的最新发展趋势，从而加快珠海物流设施设备的发展。

首先要加大对物流基础设施的投资力度，注重多元化投资。对物流设施设备的实际应用情况进行调查研究，注重建设和发展技术含量高的物流设施设备，有意识的淘汰陈旧落后效率差、安全性能低的物流设备，配置先进物流机械设施，如运输系统中的新型机车、车辆、大型汽车、特种专用车辆，仓储系统中的自动化立体仓库、高层货架，搬运系统中的起重机、叉车、集装箱搬运设备、自动分拣和监测设备等。

其次要规范物流设备供应商的经营行为，鼓励其扩大经营规模，提高技术水平和设计能力，从而为物流企业提供更好的物流设备。另外，还要注重提高物流企业以及各级政府对物流设施设备在物流发展中的认识，使他们在进行物流设施设备系统规划。规划时能通盘考虑，避免使用不便和资源浪费。提升交通运输装备的专业化和清洁化水平，鼓励融资租赁等新方式在运输装备、机械设备更新和技术改造中的应用。

根据珠海物流专用设施的实际情况和现实条件，以主要产业布局和支持珠海市物流系统建设为核心出发点，按照“把握定位、抓住重点、提高起点、注重实效”的发展思路进行物流专用设施的创新发展。特别需要指明的是，物流专用设施应联动运作，系统配合，提高整体运作效率。

物流业是支撑经济社会发展的基础性、战略性产业。“十三五”期间中国将进一步把物流业降本增效和服务国家重大战略，作为降成本、补短板、推进供给侧结构性改革的重点任务，着力推动物流业创新发展。

与国内发达地区相比，珠海物流业目前尚处于发展中阶段。随着物流产业的不断发展和壮大，珠海交通、仓储等基础设施的投资不断加大，物流技术装备水平逐渐提高，对物流的认识水平也在不断提高，这些都为提高物流效率提供了良好的基础条件。

总之，珠海地区物流设施设备的创新，一方面，要加强物流基础设施和物流专用设施建设，支持第三方物流、多式联运等物流新模式发展等，突出创新驱动，引入多种投融资模式，创新体制机制。另一方面，要通过谋划构建国际物流大通道，构建联系珠江三角洲地区、辐射粤西、沟通港澳的珠江口西岸交通枢纽城市。以构建综合交通枢纽城市，服务于珠海的“三高一特”战略。同时，继续组织实施好现代物流基础设施工程、物流先进设备试点示范和行业标准制定修订等基础性工作，推进物流设施设备信息化、智能化、节能环保技术应用，促进物流业持续健康发展。为稳增长、调结构、惠民生发挥了重要的支撑和保障作用。

## 第二节 物流信息技术

物流信息技术既是现代信息技术在物流系统中的综合应用，也是现代物流区别传统物流的根本标志，还是物流技术中发展最快的领域，尤其是计算机网络技术的广泛应用，使物流信息技术达到了较高的应用水平。

从数据采集的条码技术到物联网技术中的计算机、互联网，各种物流终端设备硬件及计算机软件的综合，使物流信息技术的发展日新月异。同时，随着物流信息技术的不断发展，产生了一系列新的物流理念和新的物流经营方式，推进了物流的变革。在供应链管理方面，物流信息技术的发展也改变了企业应用供应链管理获得竞争优势的方式，成功的企业通过应用信息技术来支持它的经营战略并选择它的经营业务，通过利用信息技术来提高供应链活动的效率，增强整个供应链的经营决策能力。

### 一、物流行业信息技术应用的一般情况

物流需求的快速发展凸显了物流信息技术应用的不足，主要体现在以下几个方面。

### （一）信息技术应用和物流设备落后

信息技术和物流设备落后已成为制约中国物流企业发展的“瓶颈”。目前，信息技术在物流企业方面的应用不仅比较少，而且应用层次较低。根据中国仓储协会调查，2002 年绝大多数物流企业尚不具备运用现代信息技术处理物流信息的能力。在拥有信息系统的物流企业中，其信息系统的业务功能和系统功能还不完善，缺乏必要的订单管理、货物跟踪、仓库管理系统和运输管理系统等物流服务系统，物流信息资源的整合能力尚未形成。而且在国外物流企业得到广泛实用的条码技术、RFID、GPS 和 EDI 技术在中国物流企业的应用也不理想。另外，多数国内物流设备也都比较陈旧，包括立体仓库、条码自动识别系统、自动导向车系统、货物自动跟踪系统在内的物流自动化设施，应用不多。与国外以机电一体化、智能化为特征的物流管理自动化相比，相距甚远。

### （二）物流信息资源管理混乱

企业物流信息资源开发是物流信息化建设的核心任务，开发物流信息资源既是物流信息化的出发点，又是物流信息化的归宿。目前，许多物流企业的物流信息化工作没有解决好运作层和运作管理层的信息采集问题，以至于系统缺乏足够信息源，因而大大影响整个企业信息资源的开发利用。另外，不少企业忽视信息资源规划工作，缺乏统筹规划和统一的信息标准，致使设计、生产和经营管理信息不能快捷流通，不能共享，形成许多信息孤岛，企业还没有享受到信息化投资应产生的效益，从而严重阻碍了物流管理信息化的进程。

### （三）数据采集效率低且监管困难

中国当前主要依靠各个网点和物流节点的人工输入或条码扫描完成物流信息系统的数据采集工作。这样的数据采集十分被动，无法保证物流的时效性和数据的准确性。且人工采集的局限性体现在只能采集静态数据，无法将处于动态运输过程中的物品信息实时呈现，这种情况下，动态状况下的物品便处于一种信息真空区，货差和货损的风险因此大大增加。综上所述，大多数物流系统无法做到对物流信息实时有效的监控，因此监管极其困难。监管人员无法监管动态状况下的物流会引发一系列由于监管不力而导致的事故，因此如若可以实现对物品的追溯和实时跟踪将大大提高货物的安全性和可控性。

### （四）缺少公共物流信息平台

珠海目前的物流水平参差不齐，由于物流的运输环节门槛低，不少物流企业还停留在原始人工记账、收录信息等传统的经营管理方式上。珠海物流业可以参照国内外已有的模式，结合自身实际情况，应用信息化技术提升行业技术水平和工作效率，创建公共物流信息平台，整合物流资源，这也意味着物流业抵抗外来风险的能力会随之提高。

## 二、物流信息技术的创新应用模式

### （一）云计算

云计算将网络上分布的计算、存储、服务构件、网络软件等资源集中起来，基于资源虚拟化的方式，为用户提供方便快捷的服务，它可以实现计算与存储的分布式与并行处理。“云”可以理解为计算机群像云一样分布在世界各地，无边无际，并且可以随时更新。通俗来讲，就是软件和数据不在你的电脑上，而在网站上。很多软件不用安装在你的电脑上，也不用安装多个系统，只要有一个全功能的浏览器，它就可以接入云计算。总之，云计算就是计算送到云端，数据送到云端，软件送到云端，任何设备只要有浏览器就可以接入网站，网站上有公用信息和个人信息，大家就不用买 PC，升级软件，让互联网这片“云”成为每一个网民的数据中心和计算中心。

云计算从炙手可热的概念逐渐走向了实际应用，技术变革正在给物流行业的发展带来深远影响。云计算在物流中有如下应用。

*1. 云计算为物流行业有效整合信息资源*

中国物流服务市场基本上还处于分散、割裂、封闭和无序竞争状态，物流信息化水平相对滞后，多数物流企业缺乏规范的物流流程和信息化标准，资源不足严重限制了物流活动向专业化、信息化方向发展。究其原因在于没有形成优势互补、强强联合、共同发展的局面，而且分散单一的功能也不能满足一体化的物流需要。结合当前互联网发展趋势，实现物流信息的资源整合势在必行。

通过云计算对信息资源进行统一整合，提高了物流企业对整个系统信息资源的有效管理，同时对业务进行支撑的可用性也大大提高。云计算架构灵活的扩展性，随着整个系统资源和需求的部署而动态进行。云计算的基础本身就是虚拟化，能够把单个的物理资源整合起来划分给更多的用户使用。云计算高效的资源整合为物流企业带来的成本优势也是非常明显的。现在 IT 设备的淘汰率比较高，更新周期缩短，后期的运维费用也较高。采用云计算的理念来整合资源，投资相对减少很多，不用多占建筑资源，设备更新相对节省，人员的配置也将减少。

*2. 云计算为物流行业构建云平台*

物流行业足够大，涉及面广，天生具有全球化的特点。以服务为核心业务的网络遍布全国和全球。其中国际货代、报关行、仓储和集卡运输等物流公司及相关链条上的公司，由于与国际机构的紧密合作，平均信息化水平已经高于其他行业。但是公司与公司之间，同一个公司不同的分公司之间，信息不能互联互通，尚未能通过互联网来实现全程的服务。

解决这样的问题，正是云计算平台的优势。云计算平台采用云计算核心集成技术“单点登录、统一认证、数据同步、资源集成”，云计算物联网互融技术“端、传、网、计、控”五联，一切将变得简单、便捷、高质、低价、有效、安全。实现物流企业经营全程电子化，实现在线询价、在线委托、在线交易、在线对账和在线支付等服务，让买卖双方尽享电子商务“门到门”服务的便捷，降低成本，提升效率，降低差错率。实现国际物流各类服务商和供应商之间订单的数据交换、物流信息的及时共享、交易的支付和信贷融资等完整的一条龙服务。将国际物流业务操作系统和服务平台作为切入点，通过云平台，建立用户基础，构建互联互通网络，深入挖掘用户特征，提高用户黏性，开展快速营销，牢牢把握住客户资源。

3. 云计算为物流行业提供云存储

云存储为物流企业提供空间租赁服务。随着物流企业自身不断发展，企业的数据量随之不断增长。数据量的增长意味着更多的硬件设备投入，更多的机房环境设备投入，更多的运行维护成本和人力成本投入。通过高性能、大容量云存储系统，可以满足物流企业不断增加的业务数据存储和管理服务。同时，大量专业技术人员的日常管理和维护可以有效地保障云存储系统运行安全，确保数据不会丢失。

云存储为物流企业提供远程数据备份和容灾。数据安全对于物流行业来说也是至关重要的，大量的客户资源、平台资源、应用资源、管理资源、服务资源、人力资源不仅要有足够的容量空间去存储，而且还需要实现数据的安全备份和远程容灾。不仅要保证本地数据的安全性，而且还要保证当本地发生重大的灾难时，可通过远程备份或远程容灾系统进行快速恢复。通过高性能、大容量云存储系统和远程数据备份软件，可以为物流企业提供空间租赁和备份业务租赁服务，物流企业也可租用 IDC 数据中心提供的空间服务和远程数据备份服务功能，建立自己的远程备份和容灾系统。

云存储为物流企业提供视频监控系统。通过云存储、物联网等技术建立的视频监控平台，所有监控视频集中托管在数据中心，在远程服务器上运行应用程序，应用客户端通过互联网访问它，并通过在服务器层级将数据处理的计算能力和存储端的海量数据承载能力整合到单一的监控中心或多个分级监控中心。客户通过网络登录管理网页，即可及时、全面、准确地掌握物品的可视化数据和信息，可以远程、随时查看已录好的监控录像。

**（二）大数据**

随着大数据时代的到来，大数据技术可以通过构建数据中心，挖掘出隐藏在数据背后的信息价值，从而为企业提供有益的帮助，为企业带来利润。面对海量数据，物流企业在不断增加大数据方面投入的同时，不应仅仅把大数据看作一种数据挖掘、数据分析的信息技术，而应该把大数据看作一项战略资源，充分发挥大数据给物流企业带来的发展优势，在战略规划、商业模式和人力资本等方面做出全方位的部署。

所谓物流的大数据，即运输、仓储、搬运装卸、包装及流通加工等物流环节中涉及的数据、信息等。通过大数据分析可以提高运输与配送效率、减少物流成本、更有效地满足客户服务要求。将所有货物流通的数据、物流快递公司、供求双方有效结合，形成一个巨大的即时信息平台，从而实现快速、高效、经济的物流。信息平台不是简单地为企业客户的物流活动提供管理服务，而是通过对企业客户所处供应链的整个系统或行业物流的真个系统进行详细分析后，提出具有客观指导意义的解决方案。大数据在物流中如下应用。

1. 大数据在物流决策中的应用

在物流决策中，大数据技术应用涉及竞争环境的分析与决策、物流供给与需求匹配、物流资源优化与配置等。

在竞争分析中，为了达到利益的最大化，需要与合适的物流或电商等企业合作，对竞争对手进行全面的分析，预测其行为和动向，从而了解在某个区域或是在某个特殊时期，应该选择的合作伙伴。

物流的供给与需求匹配方面，需要分析特定时期、特定区域的物流供给与需求情况，从而进行合理的配送管理。供需情况也需要采用大数据技术，从大量的半结构化网络数据，或企业已有的结构化数据，即二维表类型的数据中获得。

物流资源的配置与优化方面，主要涉及运输资源、存储资源等。物流市场有很强的动态性和随机性，需要实时分析市场变化情况，从海量的数据中提取当前的物流需求信息，同时对已配置的资源进行优化，从而实现对物流资源的合理利用。

2. 大数据在物流企业行政管理中的应用

在企业行政管理中也同样可以应用大数据相关技术。例如，在人力资源方面，在招聘人才时，需要选择合适的人才，对人才进行个性分析、行为分析、岗位匹配度分析；对在职人员同样也需要进行忠诚度、工作满意度等分析。

3. 大数据在物流客户管理中的应用

大数据在物流客户管理中的应用主要表现在客户对物流服务的满意度分析、老客户的忠诚度分析、客户的需求分析、潜在客户分析、客户的评价与反馈分析等方面。

4. 大数据在物流智能预警中的应用

物流业务具有突发性、随机性、不均衡性等特点，通过大数据分析，可以有效了解消费者偏好，预判消费者的消费可能，提前做好货品调配，合理规划物流路线方案等，从而提高物流高峰期间物流的运送效率。

### （三）机器人

在物流产业高速发展的今天，机器人技术的应用程度已经成为决定企业间相互竞争和未来发展的重要衡量因素。目前，机器人技术在物流中的应用主要集中在包装码垛和装卸搬运两个作业环节，随着新型机器人技术的不断涌现，其他物流领域也出现了机器人的应用案例。

1. 机器人技术在包装码垛作业中的应用

企业为了提高自动化程度和保证产品质量，通常需要高速物流线贯穿整个生产和包装过程。以码垛作业为例，目前欧洲、美国和日本的包装码垛机器人在码垛市场的占有率超过了90%，绝大多数包装码垛作业由机器人完成。码垛机器人能适应于纸箱、袋装、罐装、箱体、瓶装等各种形状的包装成品码垛作业。包装码垛机器人在中国物流行业中也已得到广泛应用，较典型的案例有蒙牛乳业、可口可乐、珠江啤酒等，他们借助机器人技术实现包装码垛作业的自动化，节约了成本，提高了物流效率和企业利润，但与发达国家相比，国内包装码垛机器人在研发生产及应用方面仍存在很大差距。

2. 机器人技术在装卸搬运中的应用

装卸搬运是物流系统中最基本的功能要素之一，存在于货物运输、储存、包装、流通加工和配送等过程中，贯穿于物流作业的始末。

搬运机器人的出现，不仅可以充分利用工作环境的空间，而且提高了物料的搬运能力，大大节约了装卸搬运过程中的作业时间，提高了装卸效率。部分发达国家已制定出人工搬运的最大限度，超过限度的搬运必须由搬运机器人来完成。目前，搬运机器人的最大负载可达到500公斤。搬运机器人与其他机器人设备相比，在价格方面便宜很多，而且技术较为成熟，被越来越多的物流企业所接受。在国外如英国泰晤士港、日本川崎港以及荷兰鹿特丹港均规划建设了自动化运转的集装箱码头，在使用自动搬运机器人后，堆场的工作效率大幅提高。

3. 机器人在物流其他方面的应用

目前，世界各国都在致力于机器人的研发，新型机器人不断涌现，并在冷链物流、医药物流及仓储作业中开始应用。德国KUKA公司专门为冷冻食品行业的物流开发了一款能在－30℃环境下工作的机器人，开创了机器人技术在冷链物流中应用的先河。另外，在医药物流方面，由德国ROWA公司研发的“机械手式自动化药房”是典型代表，这种自动化药房是由一个机械手进行药盒搬运，实现药品的进库与出库，并且能实现药盒的密集存储和数量管理。

## （四）物联网

2011年以来，政府为了加快物联网技术在物流业的应用发展，不断出台物流信息化发展政策，如表16－1所示。

表16－1　2011—2016年国家出台的物流信息政策汇总

| 时间 | 文件 | 文件内容 |
|---|---|---|
| 2011－8 | 《国务院办公厅关于促进物流业健康发展政策措施的意见》 | 该意见指出要加大物流企业的土地支持力度、进行物流体制改革、完善技术创新等，促进物流业健康发展 |
| 2012 | 《物联网“十二五”发展规划》 | 将超高频和微波RFID标签、智能传感器等领域明确为支持重点，并明确在物流、医疗、交通等九大领域开展示范工程 |
| 2013－12 | 《煤炭物流发展规划》 | 推动物联网、云计算等新一代信息技术在煤炭物流领域创新应用的同时，支持优势煤炭物流企业创新合作方式和服务模式，从而提升煤炭物流服务水平 |
| 2014－09 | 《物流业发展中长期规划（2014—2020年）》 | 指出要鼓励物流企业功能整合和技术创新，不断提升专业化服务水平，积极发展定制化物流服务，满足日益增长的个性化物流需求 |
| 2015－09 | 《关于开展现代物流创新发展城市试点工作的通知》 | 指出鼓励物流企业加强大数据、云计算、物联网、移动互联网等先进信息技术的应用，开展技术应用和经营模式创新，来加快物流业的现代化发展 |
| 2016－03 | 《政府工作报告》 | “十三五”期间要促进物联网、云计算、大数据等信息技术广泛应用，并加强与传统物流业态深度融合，促进物流领域的深刻变革 |
| 2016－07 | 《国家发展改革委印发〈“互联网＋”高效物流实施意见〉的通知》 | 指出要加大物流企业的信息化、智能化水平，提高物流业的效率，提高物流企业的整体竞争力 |

在物联网技术集成的全面感知、可靠传送和智能处理三大技术类型中，中国物流领域的应用主要集中在以 RFID 识别和空间定位技术为主的各类感知技术和传送技术方面，而物联网智能处理技术在未来的应用前景广阔。

1. 物流运输与配送

RFID 技术是应用最广泛的物联网技术，主要用于感知定位、过程追溯、信息采集、物品分拣等；GPS/GIS 技术主要用于在物流运输和配送环节的车辆和物品进行定位、追溯、监控等；视频与图像处理技术、扫描、红外线、激光等其他感知技术在运输中的安全防盗、分拣等环节都有一定的应用。在物流最后"一公里"配送环节，综合应用物联网技术可以大大提高拣选效率，加快配送速度，并掌握预期的到达时间。

2. 仓储

国内的物流公司面对分散在全国各地的货物和大范围的物流作业，运用互联网技术和局域网相结合的网络与通信技术组建物流信息网络系统，来管理货物的实时移动状况；通过传感技术与 GPS/GIS 等技术结合应用，可以感知仓储中的物品实况及当时环境，同时运用机器人、无人搬运车、语音提示等智能化仓储终端技术可以更好完成货物搬运、识别、堆码垛等自动化工作，目前在大中型的物流中心运用比较普遍。随着物联网技术日臻成熟，未来在中小型物流企业和物流中心也拥有非常广阔的应用前景。

3. 增值服务

借助物联网技术实现对企业信息增值和产品增值服务。国外的一些国际知名的大型物流企业在增值服务上的收入都远远高于物流配送、运输等传统业务。中国在运用物联网技术实现增值服务方面还是比较少，这也是物联网技术在中国未来物流企业中发展和应用的一个重要方向。

### （五）"车货配"公共物流信息平台

公路物流市场三大领域：零担物流、快递物流、整车物流，其中整车物流市场最大，占据公路物流领域近 2/3 的市场。据有关数据显示，市场规模达到 2 万亿元以上。在过去，整车物流市场中的车与货的匹配主要靠个体信息中介，由一个人或者几个人完成为司机找货和为货找司机的工作。由于个体信息中介的资源的局限性，导致车货配的效率较低，同时，中介费用较高。为此，我们可以为司机群体搭建互联网道场的公共运力池平台，就是以司机为出发点，最大化地把社会货运车辆聚合到互联网平台上。车货信息获取的渠道发生了改变，从挂黑板进入到挂手机的新方式，手机找车配货的方式会成为主流。

同时，公共运力池平台要实现车货配，必须要能做到以下几点：第一，完成运力的聚合，平台上已经拥有足够量的社会车辆；第二，司机已经熟练并习惯平台上的操作；第三，平台交易和支付的流程已经顺畅。

## 三、物流信息技术创新及应用的对策及建议

### （一）重视机器人技术的研发和推广应用

我国的机器人技术发展还比较落后，机器人需要的许多关键原部件需要进口，国产机

器人价格没有优势，机器人产业化发展较慢，市场一直处于培育期，缺少有效的机器人产业发展策略。为此，中国政府、相应研究机构和有实力的企业都应重视机器人技术的研发和推广应用，在机器人关键技术上加大研究力度，注重机器人的基础技术研究，并把重点放在机器人的应用研究上，使机器人技术的研究和应用相互促进。可以借鉴我国台湾地区机器人学会的做法，制订机器人产业人才培养计划，为各类机器人应用企业培养机器人技术人员和管理人员，企业也应端正对机器人和机器人技术人才的认识，放眼长远，注重长效，重视相关人才的引进和培养。

### （二）加大计算机网络和信息技术的支撑力度

作为未来发展趋势的第四方物流，主要依靠强大的资源整合能力和先进的信息管理技术，为客户提供一套完整的、独特的、广泛的和更为复杂的供应链解决方案。与传统物流相比，现代物流的最大优势在于通过计算机网络和信息技术的支撑，建立分布式信息处理系统和基于互联网络的云处理技术，实现物流信息管理平台上的资源共享，从而促进物流企业之间加强战略合作，实现优势互补和多方共赢。例如，建立车货配平台，帮助车和货能够快速地互相配对。

### （三）尽快建立物联网体系

建立物联网体系，通过推进运输、配送、仓储、采购一体化的电子商务和现代物流工程，能够有效完善、延伸和扩展物流服务网络体系，将原本分散、无序的商品流、信息流高度联系起来，形成多层次、全方位的供应链网络结构，为顾客提供实时的信息服务，也能实现物流企业内部的集约经营、高效运作和有效控制。与此同时，加快现代物流信息技术的发展有利于现代物流业向专业化方向发展。珠海港目前进出港货物包括煤炭、石油、天然气、钢材、水泥、化肥、粮食等多种商品。不同商品需要各种不同的专门物流运输设备，这为珠海港发展多层次专业化细分物流市场打下了物质基础。而现代物流业的专业化发展能够有效避免行业内部的同质化竞争，进而避免企业之间展开的恶性竞争。

### （四）鼓励和支持企业的“智能快递柜”建设

为了解决最后“一公里”的末端配送问题，智能快递柜的使用无疑给末端配送提供了一种较优的解决方案。珠海市的智能快递柜仍集中在城市的香洲、拱北、吉大、前山、南湾等中心城区，尤其是资源充足的新社区，城市的老旧社区由于缺乏高水准的物业管理部门，加上快递业务量相对较少，智能快递柜的投放使用也较缓慢。而在工厂生活区及各大高校园区内，虽然聚集了大量的网购人群，每日的派件业务也非常大，但是智能快递柜的安装与应用推广相对滞后。政府应鼓励和支持企业完成更多小区的“智能快递柜”的建设工作。如支持邮政信箱和智能快递柜合作；给予安装智能快递柜的企业一定的贷款支持等。

### （五）加快物流标准化建设

现代物流信息技术的开发与推广能够加快物流技术和装备的标准化体系建设。标准化体系建设又能够实现物流运输方式之间的无缝连接，进而大大提高物流运输的效率，这对于建立多式联运的现代物流体系而言，其重要性不言而喻。珠海港应积极借鉴国外先进临港物流产业发展经验，结合国际标准和国内物流产业发展实践，加快推进集装箱等物流装卸设施、条形码等物流技术装备以及报关等物流服务的标准化建设。

**（六）加快现代物流信息建设**

政府可以出台相关政策，允许物流企业通过加速折旧等形式，加快管理信息系统的更新换代，鼓励企业加大研发投入力度，开发适合我国物流管理现状，具有自主知识产权的软、硬件系统，整合和拓展物流活动。

# 第十七章 物流管理创新

## 第一节 物流联盟

物流联盟是为了达到比单独从事物流活动所取得的更好效果，企业间形成的相互信任、共担风险、共享收益的物流伙伴关系。狭义的物流联盟存在于非物流企业之间，广义的物流联盟包括第三方物流。

### 一、珠海市发展物流联盟的必要性

#### （一）从资金和资源上来看，可以节约交易费用

物流联盟是企业间以物流为合作基础，为提高运作效率、进行优势互补的一种融合，通过建立物流联盟，可以稳定交易关系，降低交易费用。

当各企业分散运作时，它们必须各自搜寻货源，找到货源后，它们还必须与货主进行沟通交流，还可能要搜寻不同物流企业对同样产品的开价信息。而物流联盟建立以后，则可以由联盟统一进行货源的搜寻和与货主沟通交流，可以使物流联盟和货主双方在搜寻和信息方面的费用大大降低，同时，也可以节省大量的讨价还价和相关的决策费用。

珠海市物流企业普遍存在资金、资源的不足等制约企业发展的“瓶颈”外，另又存在运输、仓储资源的大量闲置，在规模和网络方面与国外甚至周边城市的物流企业相比存在很大的差距，通过资源共享发展物流企业战略联盟，可以避免重复投资和资源浪费，节约交易费用和决策费用。

#### （二）从竞争和市场格局上来看，可以获取协同效应，避免恶性竞争

协同效应是系统学中的概念，物流联盟协同效应是指各企业在联盟战略管理的支配下，联盟内部各企业的功能耦合而成的联盟整体性功能超出各物流企业的功能之和。

物流企业不同于生产企业，它的产品是提供物流服务，而物流服务队可达性和时效性的要求非常明显。物流联盟往往能比单个物流企业承接更多的货源，联盟通过合理化的运作，能使单位成本更低，因而能提供给货主更低的费率。

珠海当前物流企业之间的竞争，仍然停留在比较初级的阶段，各方不是在服务质量上进行竞争，而是在价格方面的相互拼杀，这只会带来两败俱伤的后果。

物流联盟建立后，合作企业双方组建的物流系统会趋向功能复杂的完整的一体化系

统，双方就各自的优势能力开展合作，物流水平得到迅速提升，这就是物流领域内的共生经济效应。在共生系统中，合作企业通常会产生一些新的效益和能力，这些效益和能力是企业单独存在时无法达到的，如隐含性知识的传递。建立物流企业战略联盟，通过协议形成有效的竞争模式，有利于缓解珠海物流企业之间的恶性竞争，获取协同效应。

**（三）从外部环境上来看，可以抓住外部机遇，提升实力**

无论是粤港澳大湾区的规划，还是港珠澳大桥的最终竣工，都意味着珠海面临着其他城市物流企业的竞争。珠海物流企业将面临两种选择，要么被兼并和收购，在竞争中被淘汰出局，或者被兼并收购重组；要么从货源、资金、网络的规模化入手，整合企业内外部的资源，走联盟发展之路。

目前，珠海的企业物流服务功能比较单一，大多数企业只是在某一具体物流服务功能上具有优势，建立战略联盟有利于各方实现功能互补，形成比较完整的物流供应链，通过提供一站式物流服务，提高企业物流服务水平。

许多珠海单个物流企业没能力承接的货源，通过物流联盟能顺利地运营，同时通过企业间的协调，在不增加成本的情况下，可以提供更多的产品和服务。通过与相关企业建立联盟关系，借助合作伙伴的力量则可以绕过各种壁垒。

## 二、国内常见物流联盟形式

**（一）按照物流企业所处价值链的位置分**

1. 纵向物流联盟

纵向物流联盟，即垂直一体化，该方式是基于供应链一体管理的基础形成的，指上游和下游企业发挥各自的核心能力，从原材料采购到产品生产、销售、服务的全过程实施一体化合作，形成物流战略联盟。往往由物流企业与价值链上的上下游企业，如生产企业、货代企业、物流信息服务企业等，结成战略联盟。物流企业专门从事物流活动，联盟伙伴从事其最具优势的环节，从而使联盟发挥出强大的整合优势，能够按照最终客户的要求为其提供最大价值的同时，也使联盟总利润最大化。

2. 横向物流联盟

横向物流联盟，即水平一体化，由处于平行位置的几个物流企业结成联盟，包括第三方物流。目前，国内真正能提供物流全方位服务的大型物流企业尚不存在，因此，横向一体化物流联盟能够弥补现有物流市场条块分割的现状。物流企业达成联盟，相互独立地从事相似的业务，通过资源共享，实现规模化、集约化经营。横向联盟的基础在于资源共享，实现方式主要为共同运输、仓储、装卸、配送等。这样一来，不仅有利于优化资源配置，也减少了物流企业的恶性竞争，促使物流业健康的发展，提高物流行业整体的盈利水平。

3. 混合模式

混合模式，是指以一家物流企业为核心，联合一家或几家处于平行位置的物流企业和处于上下游位置的中小物流企业加盟组成。这些物流企业通过签订联盟契约，共同采购，共同配送，构筑物流市场，形成相互信任、共担风险、共享收益的集约化物流伙伴关系。

混合模式是包含纵向联盟与横向联盟的新型合作模式，是为了扩大物流企业的地理服务范围，在全球范围内建立物流服务网络。网络联盟在中国仍处于初始阶段，这源于中国物流企业资源、能力都有差距，表现为缺乏信息网络技术、物流管理人才等。网络联盟是全方位的合作模式，随着科技的发展，市场竞争的日趋激烈，网络联盟的发展将更有利于各行业的资源共享，从而促使物流企业运用现代信息技术，扩大经营规模，提高服务水平。

### （二）按照联盟中企业涉及的产权分类

1. 合资式联盟

合资式联盟是指双方共同出资，以股权关系为纽带，共同承担风险和享受收益。股权式联盟又可分为合资企业和股权参与两种。合资企业是联盟双方共同出资，组成新的企业实体。股权参与是联盟双方通过相互交换股份，以维持彼此间的合作关系。股权参与无须盟员投入资产，如机器设备、厂房、人力资源等，盟员之间保持着较高的独立性。出资双方的核心业务通常是互补的，而且都保持各自的独立性。

2. 契约式联盟

当物流企业联盟内各成员的核心业务比较雷同，合作伙伴又不愿意建立独立的合资公司来实现规模扩张或范围延伸时，为了实现更加灵活的市场运作，就产生了对契约式联盟的需求。契约式联盟是联盟成员以契约的形式建立起的合作关系，并不需要联盟企业互相持股或者创建合资公司，而是选择功能性协议的方式，即两个或两个以上公司在一个或几个具体领域内进行局部合作，如交叉进行的仓储、分销、配送等。契约式联盟具有较高的灵活性，不必创立新的经济实体，比合资式联盟更具弹性。同时，由于契约性协议便于修改，也允许联盟根据市场变化及时调整或变更协议内容，表 17－1 是按照产权方式划分的类型。

**表 17－1　物流联盟分类一览**

| 联盟内容 | 合资式战略联盟 | 契约式战略联盟 |
|---|---|---|
| 联盟实体 | 要求组成法人地位的经济实体，对资源配置、出资比例、管理结构和利益分配均有严格规定 | 无须组成经济实体，结构比较松散，协议本身在某种意义上只是无限制性的“意向备忘录” |
| 联盟地位 | 各方按照出资比例有主次之分，股权大小决定发言权的大小 | 各方一般都处于平等和互相依赖的地位，相对保持经营上的独立性 |
| 利益分配 | 按出资比例分成，各出资方的利益体现在最后的分配上 | 企业在各自承担的工作环节上进行经营活动，取得相应的利益 |
| 风险性 | 初始投入较大，转置成本较高，难撤离，灵活性差，风险大，政府的政策限制也很严格 | 投入小，灵活性强，可以避开政府的政策限制 |
| 联盟效率 | 有利于扩大企业的资金实力，合作上比较持久和稳定 | 联盟中的企业对联盟的控制力差，松散的组织缺乏稳定性和长远利益 |

## 三、珠海市建立物流联盟的尝试

### （一）纵向物流联盟——产业联动

1. 制造业与物流业

在珠海市，物流产业集群与制造业集群普遍存在于各个区域。制造业集群，如斗门区的伟创力工业园、珠澳跨境工业园、珠海高新区工业园等；物流产业集群则主要体现为各类物流中心、物流园区和物流港区，如高栏港国际物流园区、空港国际物流园区、珠港澳国际物流园区三大国际物流园区，富山物流中心、斗门港物流中心、金鼎物流中心和桂山港物流中心四个物流中心，上冲商贸配送中心、南屏配送中心、莲洲农产品配送中心和金湾商贸配送中心四个配送中心。

从物流空间学角度来说，珠海的多数物流园区和制造业集群地理位置相邻，为集群联动模式提供了非常好的条件，如伟创力制造（珠海）有限公司（以下简称伟创力）与珠海斗门珠船集装箱码头有限公司（以下简称珠船集装箱）之间的密切合作。

伟创力为全球500强企业之一，是全球领先的电子合约制造供应商。其工业园中数十家企业的原材料、零部件、产品物流活动跨度大，范围广泛，涉及较多的跨区域及国际进出口物流业务。珠船集装箱与伟创力建立战略合作伙伴关系后，承接了伟创力的大部分物流业务。在合作中，珠船集装箱利用其母公司珠江船务企业（集团）有限公司在我国香港地区拥有私家码头、多个大型仓库及多个内河码头公共装卸作业泊位经营权的优势，为珠海地区的伟创力的进出口空运货物提供了高效的陆、海空联运服务，为伟创力成为全球知名的外包业务承接商提供了物流支持。

2. 物流业与商贸业

目前珠海市的商贸与物流之间的沟通处于初级阶段，商贸企业外包业务的物流层次不高，以运输、仓储、装卸搬运等常规物流外包业务为主的流通企业占主体。大型的零售企业因为资金实力和规模发展需要，通常以自营物流为主。比如，珠海的沃尔玛连锁超市分店，建立有自己的物流中心来从事运输、仓储、配送、订单管理等业务。中小型零售企业则以供应商物流和物流外包这两种模式为主。

珠海斗门区的批发市场发展比较早，有珠海义乌小商品城、斗门区水产品批发市场、中心干货批发市场、粉洲盛富市场、金坑市场、德润水产批发市场等。珠海金湾区的批发市场也比较多，有白藤头水产批发市场、唐人街市场、白藤湖水产批发市场、红旗市场、金宝丽购物车，涉及食品、服装、家具、日用品等多个种类，从性质上看民营企业占有绝对优势地位。

绝大部分批发市场基本没有物流服务，停留于摊位出租层面。而批发市场内业主的物流业务外包比重最大，但停留在单一种类的运作模式，业务内容多数是代理存储、库存保管、搬运和运输等单一服务，基本上还处于以简单货物运输为主要形式的传统物流业阶段。批发市场内批发商的采购物流和销售物流都由批发商、客户自行处理，自请搬运工或者委托货运站发运，自行加工、仓储，彼此之间缺乏合作，也缺少物流企业对批发商的物流业务进行一体化和系统化的整合处理，专业化和组织化的程度较低。因此，商贸业和物流业的联盟在现有基础上仍存在较大的提升空间。

### （二）横向联盟——联运

1. 海铁联运

2016 年 4 月，珠海港首条海铁联运集装箱班列：高栏—清远线路正式开通，以高栏港站为起点，清远源潭站为终点，上行货物以煤炭为主，下行货物以陶瓷为主；11 月，珠海港集团在四川遂宁设立办事处，努力为“川货南下、广货北上”提供海铁联运渠道；12 月，高栏—云南多式联运物流通道正式开通；2017 年 4 月 17 日，“营口—高栏—衡阳”北粮南运海铁大通道正式开通，珠海港货源腹地首次延伸至中国北方地区。通过这条通道，北方粮食装箱后，在辽宁营口港经大船运抵高栏港，再经铁路中转至衡阳客户手中，相比原经长江中转的物流路径，节省了 7 ~ 10 天的运输时间，实现了船东、铁路、港口、货主共赢的局面。

截至 2016 年，高栏港已开通至清远（源潭）、韶关、衡阳、贵州、昆明等地的多式联运物流通道；并且，在稳定现有海铁联运通道的基础上，将继续沿铁路向粤北、湘南、西南等地区深入推进通道业务。

2. 江海联运

随着港珠澳大桥即将建成通车与西江黄金水道的开发利用，将为西江航运物流业发展带来新机遇。西江作为珠江水系的主干流，具有重要的经济价值和战略地位，为此，国家交通运输部已经制定《关于推进珠江水运科学发展的若干意见》，全面支持西江航运业的发展。

西江港口联盟成立于 2009 年，目前已经有 30 家成员单位，成为西江流域开展港口投资、港航合作、产业融合的有效平台。“十二五”期间，珠海对港口码头的投入近 140 亿元，新建泊位 39 个，其中万吨级泊位 11 个，已经形成了公、铁、海、水多式联运体系，成为最具成本优势的西江出海门户。2016 年，西江流域经珠海港中转货物吞吐量突破 2500 万吨，同比增长 12%。随着港珠澳大桥即将建成通车，珠海港有望凭借后发优势，重构连接港澳与西江地区的资本、产业、物流、人才交流的桥头堡，打造成为西江流域的港航物流中心。

### （三）典型物流企业——珠海港控股集团有限公司

珠海港控股集团有限公司（以下简称珠海港集团），是 2008 年在原珠海市港口企业集团基础上组建的大型国有独资企业，主要从事港口、土地及其配套设施的开发、建设、管理和经营。目前其已成为珠西地区最大的港航企业，被评为珠江航运十大明星企业，资产规模由 28 亿元迅速增长至 150 多亿元。

珠海港集团大力构建“港口物流、综合能源、港城配套”三大发展引擎，目前控股 17 家企业、参股 11 家企业。集团业务覆盖集装箱码头、干散货码头、油气化学品仓储物流、船代、理货、报关、水上运输、专业运输、航道疏浚、供应链管理、软件开发与维护、工程建设与管理、管道燃气供应、电力能源投资、物流地产开发等行业，已形成以集装箱码头经营为主，干散货码头经营为辅的完备港口运营服务体系。表 17 - 2 和表 17 - 3

分别为珠海港集团的合作模式。

**表 17－2　珠海港集团成员及合作模式一览**

| 序号 | 成员企业 | 合作模式 |
|---|---|---|
| 1 | 珠海港高栏港务有限公司 | 横向联盟/股权式战略联盟 |
| 2 | 珠海港股份有限公司 | 横向联盟/股权式战略联盟 |
| 3 | 珠海港弘码头有限公司 | 横向联盟/股权式战略联盟 |
| 4 | 珠海港信息技术股份有限公司 | 横向联盟/股权式战略联盟 |
| 5 | 珠海港龙建设工程有限公司 | 纵向联盟/股权式战略联盟 |
| 6 | 珠海港远洋运输有限公司 | 横向联盟/股权式战略联盟 |
| 7 | 珠海港中石化船舶燃料销售有限公司 | 纵向联盟/股权式战略联盟 |
| 8 | 珠海港洪湾港务有限公司 | 横向联盟/股权式战略联盟 |
| 9 | 珠海国际货柜码头（高栏）有限公司 | 横向联盟/股权式战略联盟 |
| 10 | 珠海城市管道燃气有限公司 | 非物流联盟 |
| 11 | 珠海港普洛斯物流园有限公司 | 横向联盟/股权式战略联盟 |
| 12 | 珠海港开发建设有限公司 | 横向联盟/股权式战略联盟 |
| 13 | 中油（珠海）石化有限公司 | 纵向联盟/股权式战略联盟 |
| 14 | 珠海港鑫和码头有限公司 | 横向联盟/股权式战略联盟 |
| 15 | 珠海市航务疏浚打捞工程有限公司 | 横向联盟/股权式战略联盟 |
| 16 | 珠海市航务发展有限公司 | 横向联盟/股权式战略联盟 |
| 17 | 珠海市港金实业发展有限公司 | 非物流联盟 |

**表 17－3　非珠海港集团成员及合作模式一览**

| 序号 | 合作企业 | 合作项目 | 合作模式 |
|---|---|---|---|
| 1 | 欧洲港口集团 | 共同出资设立珠海欧港（高栏）有限公司，携手打造华南纸浆物流分拨中心 | 横向联盟/股权式战略联盟 |
| 2 | 印度尼西亚爱凯尔股份有限公司 | 正式签署战略合作意向协议，双方将大力推进水铁联运、驳船航线、物流运输等领域合作 | 横向联盟/契约式战略联盟 |
| 3 | 广州港集团 | 共同建设华南地区物流新格局，为广东省参与国家“一带一路”战略打造重要物流引擎 | 横向联盟/契约式战略联盟 |
| 4 | 中海外（巴基斯坦）有限公司 | 签署合作协议<br>合作共建瓜达尔港 | 横向联盟/契约式战略联盟 |
| 5 | 中国供销农产品批发市场控股有限公司 | 签署战略合作协议，双方将发挥各自优势，在农产品物流、跨境电子商务等领域开展积极合作 | 横向联盟/股权式战略联盟 |

续表

| 序号 | 合作企业 | 合作项目 | 合作模式 |
|---|---|---|---|
| 6 | 杭州铁集货运股份有限公司 | 合作开展多式联运项目 | 以项目为管理联盟模式 |
| 7 | 贵州贵定县 | 共同投资贵州昌明国际陆港 | 纵向联盟/股权式战略联盟 |
| 8 | 大龙网<br>中国香港真宝物流（国际）有限公司 | 签署跨境电商项目战略合作框架协议，携手共建珠海港跨境电商产业基地项目 | 以项目为管理联盟模式 |
| 9 | 珠海格力电器股份有限公司 | 格力空调出口的业务合作 | 纵向联盟/契约式战略联盟 |

从表 17－2 和表 17－3 中可以看出，珠海港集团物流联盟模式呈现出多样化、多元化的特点。从珠海港集团的物流实践可以看出，进一步培养大型物流企业，优化物流联盟关系，是珠海物流发展的方向和必由之路。

## 四、珠海市发展物流联盟提高物流水平的对策建议

### （一）强化合作意识，树立长期战略目标

由于联盟成员加入联盟的目的各不相同，且由于管理风格和地区文化的差异，使联盟企业之间容易产生猜疑和偏见，造成物流联盟管理极为复杂。因此，为了维持良好的联盟关系，首先，应加强联盟各方的沟通和协商，增强信任，摒弃偏见，减少差异，营造良好的合作环境；其次，通过联盟向对方学习，提高企业自身竞争力，尽快将联盟的成果最大限度地转化为己方的竞争优势。

### （二）确立核心竞争力，加强合作和互补

#### 1. 进行目标任务的价值链分解

分析为完成任务要经历的价值链环节，并对自己的核心竞争力及完成目标任务所需的能力进行描述，进行差距分析与目标确定，找出企业现有能力和完成目标任务所需能力之间的差距，以决定完成任务的方式和需要的联盟伙伴，以及企业完成任务所预期的效益目标。

#### 2. 选择合适的联盟伙伴

适当的合作伙伴是建立物流联盟的首要关键环节。联盟伙伴应该在相应的技术、技能、人员或资源方面互补，取长补短。

在选择时应该注意以下原则：

（1）核心竞争力原则。也就是说，要求加入这一联盟的伙伴必须具有并能为联盟贡献自己的核心竞争力，而且这一核心竞争力又正是联盟所需并与其他伙伴的核心竞争力相异与相融的。

（2）总成本核算原则。联盟企业总的成本（含联结成本）不能大于各个体独立完成全部任务的费用。

(3) 时间性原则。各伙伴企业要有较高的敏捷反应能力，以适应任务目标的变化。

(4) 风险最小化原则。在选择联盟伙伴时应最大限度地回避或减少联盟整体运行风险。

3. 保持在联盟中的控制能力

对于物流在企业战略中占关键地位而企业自身物流管理水平又较低的企业，寻找物流伙伴组建物流联盟将会在物流设施、运输能力、专业管理技巧上收益极大，在选择合作伙伴时要注意选择合作的多样 性或只将企业一部分物流服务分出去与他人合作，以避免物流伙伴掌握顾客资源后在整个供应链中占据支配地位而使企业受制于人，从而保证企业获得长期稳定的利润。对于物流在企业战略中不占关键地位，但物流水平却很高的企业，可以寻找伙伴共享物流资源，成为物流联盟的领导者，通过增大物流量来获得规模效益，降低成本。

### （三）信息技术和信息系统的配合

物流联盟要求其对变化的环境应迅速做出反应，这不可避免地要求信息的全面性、及时性和准确性。联盟的管理效益取决于个体企业之间的协调，协调的优劣又取决于信息分享的效果。为了解决上述问题，必须在物流管理中加强信息管理，尽快建立集成化的管理信息系统，以压缩流程时间、提高需求预测精度，协调好各成员之间的关系，从而促使他们共享关键信息。

### （四）建立激励和协调机制

联盟组织的运行是一个复杂的过程。由于联盟伙伴之间是既合作又竞争的双重关系，如有些物流企业之间组建的物流联盟内部各物流企业，本来就是某一物流服务或市场中的直接竞争对手，或具有潜在竞争能力有可能通过联盟取得技术或资源后发展成为竞争对手，因此，各方在合作前，应建立明确的目标和规则，对联盟的任务、性质、各方的权利义务及惩罚机制制定详细的协议，为联盟的运作管理打下规范化的基础，以避免日后产生纠纷。同时，需要构建联盟的原则性规范文件，确立联盟的加盟办法、运行基本程序及有关仲裁办法等，规定和明确联盟各项业务应符合的标准规范和通行惯例等。

## 第二节 物流金融

### 一、物流金融概述

物流金融，一般是指第三方物流提供商在供应链业务活动中，运用金融工具有效地组织和调剂物流领域中货币资金流动，使物流产生价值增值的融资活动。物流金融业务涉及物流企业、客户和金融机构（以商业银行为主）三个主体。物流企业与金融机构合作为资金需求企业提供融资，不仅降低了中小企业融资的门槛、盘活闲置的库存，还可以提升物流企业的业务能力和经济效益，帮助金融机构扩大业务规模和降低信贷风险。

### （一）物流金融的分类

根据业务内容分类，物流金融可分为物流结算金融、物流仓单金融、物流授信金融。物流结算金融是指利用各种结算方式为物流企业及其客户融资的金融活动，主要有代收货款、垫付货款、承兑汇票等形式。物流仓单金融以融通仓为主要业务形式，它是指生产经营企业先以其采购的原材料或产成品作为质押物或反担保品存入融通仓并以此获得合作金融机构的贷款。物流授信金融是指金融机构根据物流企业的规模、经营业绩、运营现状、资产负债比例以及信用程度，授予物流企业一定的信贷额度，物流企业直接利用这些信贷额度向相关企业提供灵活的质押贷款业务，由物流企业直接监控质押贷款业务的全过程，金融机构则基本上不参与该质押贷款项目的具体运作。

### （二）物流金融与供应链金融的区别

在理论界，物流金融常被认为是供应链金融的一部分，或者它们被看作同一种融资方式的两个称谓。在实务的操作过程中，常常将两者发生的业务不加以过多区别，认为供应链金融和物流金融通常具有不可分割性。但细分物流金融和供应链金融的业务种类和融资过程，两者还是存在差异。物流企业作为物流金融业务的主要运作方，为贷款企业提供融资服务；供应链金融则是以金融机构为主，物流企业仅作为金融机构的辅助部门提供物流运作服务。开展物流金融业务时，中小企业以其自有资源提供担保，融资活动的风险主要由融资企业产生；供应链金融的担保以核心企业为主或由核心企业承担连带责任，风险由核心企业及上下游企业产生。

## 二、珠海物流业发展物流金融的意义及现状

### （一）珠海物流业发展物流金融的意义

在物流金融业务中，物流企业与商业银行合作，发挥信息筛选、质押物评估和管理、质押物监管等职能，从而有效地帮助商业银行控制信贷风险。作为直接与企业打交道的第三方，物流企业对客户经营状况更加了解。因此，商业银行可以利用物流企业对客户购货渠道、库存量、销售量情况的了解，帮助其进行风险识别、筛选客户。物流企业还能发挥掌握行业交易信息的优势，协助商业银行评估质押物的市场价值。此外，物流企业在运输和保管货物过程中可以代替商业银行直接占有质押物，充当监管方分角色。正是由于物流企业在物流金融业务中占有居住轻重的地位，越来越多的商业银行在开展业务中要与物流企业建立战略合作伙伴的关系。

对于企业来说，可以通过成本领先优势、差异化优势和集中战略获得持续的竞争优势。物流行业普遍存在企业市场份额小、成本透明的现象，因此采用差异化战略有助于物流企业摆脱低层次的价格竞争，提升竞争的层次，从而获得持续的市场竞争优势。开展物流金融业务正是物流企业实现与其他物流企业产品差异化的途径。在物流金融业务中，物流企业不仅获得了为客户提供运输、保管等方面服务的物流运营费，而且还能收取货物评估和质押监管费，增加企业的利润来源。更重要的是，在长期与商业银行合作并成为战略合作伙伴后，物流企业可以形成竞争对手难以跨越的门槛，从而获得企业的持续竞争力。

作为一项物流增值服务，物流金融业务能为珠海的中小型物流公司拓宽业务范围，培育竞争力提供方向。因此，珠海市的物流企业在开展物流金融业务中可以先与商业银行合作来增加客户资源和运营收入，在企业规模扩大后再将业务向物流授信金融的方向发展，通过主导物流金融业务来获取更大的利润。

### （二）珠海物流金融发展现状

1. 商业银行携手物流企业，拓展金融业务

珠海华润银行等商业银行，把发展物流金融业务作为新的利润源，通过与物流企业合作实现双赢。

珠海华润银行是华润集团金融板块华润金融控股有限公司下属企业。珠海华润银行前身是珠海城市合作银行，成立于1996年12月23日，是经中国人民银行批准，由珠海市11家城市信用合作社改制设立的地方性股份制商业银行，于1998年6月更名为珠海市商业银行股份有限公司。2010年1月，华润股份有限公司和珠海市政府对珠海市商业银行成功实施战略重组，注册资本56.38亿元人民币。截至2017年7月，珠海华润银行已在珠海、深圳、中山、佛山、东莞、惠州、广州、横琴设立8家分行、99家支行，以及2家控股村镇银行，员工总数超过2600人。

华润集团希望依托集团拥有的消费品、电力、地产等战略产业，通过产融协同，打造全新的生意模式，从而提升华润集团的整体价值和核心竞争力。产融协同是指珠海华润银行可以依托集团产业的核心企业，利用核心企业在交易中的核心主导地位，运用创新性的个性化产品组合和业务模式，为产业链条上各个节点的客户提供金融服务，并同步实现与产业的客户资源共享和客户资源转化。因此，珠海华润银行在开展物流金融业务上有客户资源优势。

而物流企业与珠海华润银行合作，通过为银行预付类和现货类物流金融产品的担保物提供物流和监管服务，为企业创收增加渠道。珠海华润银行物流金融产品如表17－4所示。

**表17－4 珠海华润银行物流金融产品一览**

| 产品种类 | 产品名称 |
|---|---|
| 应收类产品 | 国内保理 |
|  | 反向保理 |
|  | 租赁融资保理 |
| 预付类产品 | 保兑仓业务 |
|  | 先票/款后货业务 |
|  | 未来货权质押业务 |
| 现货类产品 | 非标准仓单质押 |
|  | 现货质押授信 |

2. 物流金融产品多样化

供应链管理是物流服务的更高层次表现形态。随着企业业务范围的延伸，一些物流企

业已不再满足于仅为客户提供仓储、运输、配送等简单的物流服务，而是将业务扩展到为客户寻找和筛选供应商、建立销售渠道、进行零库存管理和提供咨询服务等供应链管理领域。因此，珠海的一些物流公司也更名为供应链管理公司。供应链是一条连接供应商到用户的物流链、信息链、商业链和资金流，由此供应链管理公司提供的物流金融服务能触及客户更多的业务环节、种类也变得更加多样化。

如今，物流金融产品已经从早期的仓单质押、保兑仓、融通仓等形式，逐步发展形成覆盖企业产业链前端采购、中端生产以及后端销售全过程，形成了物流金融产品系列。同时，物流公司或供应链管理公司服务对象所在行业差异大，各行业有不同的产业组织和行业特点，这就要求物流公司或是供应链管理公司能够针对客户需求量身打造物流金融产品方案。因此，当前物流金融产品出现了专业化、特色化的趋势。物流公司或是供应链管理公司协助商业银行根据客户货物的特性、库存变化规律、货物运输方式、客户和上下游企业资金结算规律等，专业化设计相关物流金融产品，为企业提供更好的金融服务。

3. 物联网技术助推物流金融服务水平提高

物联网是通过各种信息传感设备，实时采集任何需要监控、连接、互动的物体或过程，采集其各种需要的信息，与互联网结合形成的一个巨大的网络。对于物流金融服务提供方来说，利用物联网技术可以简化业务操作，还可实现操作过程可视化。

平安银行将物流网技术应用到了为汽车制造企业提供的物流金融服务中，如通过智能监管方式防范业务中的物流监管方风险及抵/质押资产风险。智能监管方式是指通过在抵/质押车辆上加载监管设备，并应用物联网、信息通讯等技术对抵/质押车辆实物进行实时监管，同时对相应车辆的合格证实施监管。因为智能监管使银行方能直接了解抵/质押物的情况，通过智能监管设备使监管信息对称化，从而使因为物流监管企业本身运营状况出现问题而导致银行受到损失的风险大大减低。同时，由监管方监管不当导致的货物损失、毁坏的这种抵/质押资产风险也会因为信息传递变得更加及时而降低。

## 三、珠海物流金融发展存在的问题

### （一）物流企业还未达到与商业银行合作的标准

目前，物流企业主要是作为物流金融业务中的监管方代替商业银行对质押货物进行管理和控制。无论是从商业银行控制风险的角度来说，还是从融资企业保证货物安全的角度，物流金融业务对物流企业的规模和管理水平都有着较高的要求。因此，商业银行选择合作伙伴要考察企业的资质、规模、管理等各方面条件。所以，对于珠海众多中小型物流企业来说，想通过与商业银行合作来增加业务量并不是一件容易的事。

### （二）物流企业面临的业务风险大

现阶段，珠海物流企业在开展物流金融业务中面临的主要风险来自质押物的筛选和监管。在质押物筛选方面，物流企业要协助商业银行选择流通性好、易保存、市场价格波动小的货物。但即便选择了价格波动小的货物做质押物，也会存在价值变动的风险，此时还应当确定适当的质押率。质押物监管方面的风险和物流企业的管理水平和技术水平相关。物流企业的业务人员在开展物流金融业务时，往往会因为企业内部管理机制、业务培训等不成熟或不健全出现操作方面的风险。例如，仓单没有按照规范办理挂失或者质押手续，或是业务人员可能会违背社会道德，在没有仓单的情况下向客户发货，导致质押物价值减少。但是，物流企业如能通过物联网技术对质押货物实施全程监控和处理就能大大降低监管风险，然而这是大多数珠海物流企业现在还做不到的。

### （三）物流金融业务标准与规范缺少统一性

目前，珠海市物流金融业务的开展方既有商业银行也有物流公司。虽然商业银行和物流企业在业务上有合作，但在业务流程、业务规范上双方都是根据自身情况制定要求，这不仅对需要获得物流金融服务的中小企业在业务申请和开展上造成不便，也使双方在业务合作过程中出现业务流程难衔接、手续复杂和重复的情况，从而带来物流金融业务效率低、风险大的后果。

## 四、珠海物流金融发展前景

当前，虽然珠海物流企业物流金融业务参与程度不高，能提供的物流金融产品种类也很单一，主要是协助商业银行监管货物或是提供物流结算金融服务，在物流金融业务中并没有处于主导地位，但物流金融市场未来发展空间大，随着珠海物流业整体水平的提高，物流企业可以有更多的机会参与物流金融业务，以此获得利润增长。

### （一）“互联网+金融”推动物流金融朝高效率、低风险方向发展

物流金融业务的最大风险来自于信息不对称。这种信息不对称即体现在金融机构对融资企业的还款能力、经营状况、资金流转情况的不确定，又体现在金融机构与物流公司在质押物监管上存在信息不对称。因此，金融机构会通过抬高融资门槛、提高融资利息率、严格筛选物流企业来降低风险，但这都会限制物流金融业务的开展。在“互联网+”发展的背景下，大数据处理技术和信息技术对金融业务逐渐渗入，这既在一定程度上加强了金融机构、融资企业和物流公司的沟通，也为融资企业的筛选、质押物监管提供了高效率低成本的途径。

借助大数据处理技术，金融机构对贷款客户的监管，将从传统的财务报表等静态数据信息的审核，转变为动态交易数据的实时监控，这将金融机构面临的业务风险降到最低。例如，金融机构可以对客户的生产数据、订单数量、现金流量、资产负债等方面的数据进行全方位分析，实现贷款前的良好风险控制。此外，在物流金融业务开展过程中，大数据处理技术帮助金融机构对数据的变化进行预测，实现业务过程全程化监管。物联网这种新的信息技术在物流金融业务中的应用，使业务中资金流向、信息流与物流、担保物跟踪与监控具有可视化并便于操作，这有效地消除了金融机构和物流企业在合作中就担保物监管存在的信息不对称风险。

### （二）物流信息化平台带来了资源的融合

物流企业在仓储、运输、配送等物流环节直接连接着贸易交易双方，拥有积累客户物流、信息流、资金流等信息资源的优势，物流企业可以充分利用这种优势开展物流金融增值服务。建立物流信息化平台是物流业今后发展的方向之一，平台不仅可以整合物流资

源、降低交易成本，更能为物流金融的跨界发展创造可行性，而且还可直接对接金融机构，将金融机构的专业服务同物流公司掌握的大量信息连接，在为金融机构发掘客户的同时，也增加了物流企业与金融机构的合作机会。

**（三）物流金融业务逐步实现规范化**

物流金融业务的开展一直缺乏相关法律的支持，随着物流金融业务量的增加，这种状况会逐渐改善。2013 年，商务部发布中国物资储运协会等单位起草的《动产质押监管服务规范》和《动产监管企业评估指标》两项标准。这两项标准是物流金融业务走向规范化和标准化的开端，但仅涉及物流金融业务领域的动产质押业务，不足以规范物流金融的全部活动。因此，未来随着物流金融业务的不断发展，物流金融相关的法规、标准仍需不断完善。

# 第十八章　物流体制机制创新

加快珠海市物流业体制机制创新，不仅是提高珠海市物流业竞争力的需要，也是更好地抓住港珠澳大桥通车机遇和粤港澳大湾区建设机遇，从而提升珠海市国际化发展水平的需要，是珠海市物流业“壮身强体”的关键之举。

## 第一节　物流业“供给侧”改革

《中共珠海市委关于制定国民经济和社会发展第十三个五年规划的建议》指出：“加快发展高端服务业，强化城市集聚辐射功能，建设对接港澳，辐射大西南的航运中心、物流中心、科技创新中心和总部经济基地。”“整合口岸资源，优化提升保税区功能，规划建设港珠澳大桥国家级产业物流园，大力发展港口航运，保税物流和跨境电商，争取成为国家跨境电子商务综合试验区。”珠海市委市政府高度重视珠海物流业的发展，不仅从总体上明确了珠海市物流业发展定位，而且指出了珠海市物流业近期发展的主要任务。2016 年 8 月，珠海市政府成立珠海市现代物流业领导小组办公室，明确珠海市商务局统筹全市物流业发展的政府管理职能，这为推动珠海市物流业进一步发展和改革奠定了良好的组织基础。

### 一、“供给侧”改革的背景和物流业“供给侧”改革

#### （一）“供给侧”改革的背景

当前，中国经济在经历三十多年高速成长以后，正步入一个新的发展阶段，即所谓经济发展“新常态”（这个状态已初步展开）。“新常态”意味着中国经济发展必须从过去那种数量第一、速度崇拜、高代价、低效能的非均衡高速经济发展模式向集约节约、低碳低耗、优质高效的均衡中高速或中速经济发展模式变换。

众所周知，中国加工制造业在世界范围内保持了较好竞争力（被称为“世界工厂”），但中国在技术研发、市场营销、商品流通等方面相对落后，其中，与生产相比，流通成为“短板”，中国产的日用品卖到全世界，但在国际市场上控制中国日用品销售渠道的机构很少由中国流通企业主导。这表明，中国流通业竞争力与加工制造业竞争力相比，流通业相

对落后，这种“结构失衡”状况已大大影响到中国产业经济国际竞争力的整体发挥。所以，按照国务院印发的《物流业发展中长期规划（2014—2020年）》中所强调的：“加快发展现代物流业，对于促进产业结构调整、转变发展方式、提高国民经济竞争力和建设生态文明具有重要意义。”在未来相当长一段时间里不断提升物流业组织化、社会化、集约化、规范化、国际化水平是物流业发展和改革的核心问题所在。

### （二）物流业“供给侧”改革

“供给侧”改革主要任务是“三去一补一降”，即去杠杆、去库存、去产能，补短板，降成本。“供给侧”改革是以提高供给质量为出发点，对要素配置欠缺合理性的结构进行相应调整。其目的是增强供给结构对市场需求变化的适应能力，提高供给的时效性与灵活性，扩大有效供给，促进全要素生产效率的提高，使广大人民群众的需要得到更好满足。

从社会再生产角度来看，物流供给侧改革其实就是实现供需链的改善，即聚焦物流业从物流装备、业务模式等方面进行供需链的调整与改革，以促进社会经济协调发展。

现代流通理论早已证明，大部分产品从生产领域到消费领域全过程，生产加工时间往往只占总时间的5%以内，而流通时间占95%以上，同时，随着贸易范围的扩大和销售过程的复杂化，生产加工成本只占最终产品总价格的“小头”，而整个流通成本则占最终产品总价格的“大头”。因此，西方发达国家早在20世纪六七十年代即提出所谓“第三利润源泉”理论，即通过挖掘流通潜力，拓展企业新的利润空间，从而提升企业整体竞争力。所以，在经济条件日益全球化条件下，特别是在中国经济发展面临“新常态”下，通过供应链管理向物流这块“黑暗大陆”要效率、要效益，不仅是借鉴发达国家发展经验的必然之举，也是实现中国经济发展转型升级的必由之路。

物流业“供给侧”改革，其核心有三：是体制机制创新、科学技术进步和全要素升级。二是供给侧改革首先要强调制度供给，而其核心是制度创新。三是用制度支持创新、用技术保证进步、用资本维护成长。

实现物流业“供给侧”改革，需要从多方面入手，既要加强物流市场“生态”的建设，改变物流业当前“小、散、乱”局面，又要充分推进基于“互联网+物流”新模式的发展，借助互联网工具，将传统物流模式中落后的环节加以淘汰和升级，从而实现更加集中的更高效率的大规模物流协同。

具体来说，物流业“供给侧”改革包括：

第一，完善物流服务体系。首先，我们的物流体系要满足大规模工业化、城市化、市场化、信息化和全球化进程的需求；其次，物流业要更加灵敏、更加柔性，经营也要更有弹性。不同于工业化时期的供给，消费升级下的物流需求更加个性化、精细化、定制化。

第二，优化物流服务结构。发挥各种运输方式的比较优势并实现互联互通，同时还应推动并形成基于互联互通基础上的大规模协同。比如，各种运输方式的衔接、联运程度的提高等。

第三，提升物流服务能力。从长远来看，必须建立一个具有强大的综合运输体系和物流服务体系，在此基础上以合理的运输结构、顺畅的运营流程，为经济发展提供有力支撑。物流业是服务于生产和生活的，随着经济结构的调整和消费的升级，越来越要求物流服务更加精细化、精益化，这是未来提升物流服务能力需要关注的重点方位。

此外，物流空间布局也是“供给侧”改革的重要内容。过去，物流业的布局在节点、枢纽之间协同性不够，物流业布局和工业生产能力布局没有很好地匹配，特别是一些人为的政绩工程导致了某些产品在空间上的迂回调拨和流动，以致造成了不必要的资源浪费，其追根溯源是不按经济规律办事的结果。

党的“十九大”报告指出：让市场机制在资源配置中发挥决定性作用，同时更好地发挥政府的作用。这应成为指导物流业“供给侧”改革的基本指针，在物流业发展的方方面面都必须摆正市场与政府的基本关系。

## 二、珠海市物流业“供给侧”改革面临的现状及对策建议

### （一）珠海市物流业“供给侧”改革面临的现状

1. 受产业规模制约，物流市场存在有效需求不足

全市产业规模总体偏小，未能形成强有力的产业支撑，产业集聚效应不够，导致物流市场有效需求不足。根据国家发改委综合运输研究所、珠海市规划设计研究院提供的物流产业发展规划研究报告资料显示，珠海市货运量与地区生产总值的比值高于广东省平均水平，较高的货运量与地区生产总值的比值说明，珠海市物流需求多由货物中转产生，而本市经济产生的物流需求相对不足。这一状况使本市物流业发展面临两难境地：一方面，加大物流基础设施投入，物流市场供需矛盾将更加突出；另一方面，不增强珠海市物流体系的服务能力，珠海市得天独厚的区位优势和“依港兴市”战略的实施就无法完成。

2. 物流资源整合力度不强，体制机制有待完善

目前，我市物流基础设施逐步完善，承载能力充足，但因物流资源整合力度不强，以致无法发挥支撑作用。市场定位与功能划分不明确，相互之间缺乏协调与合作，造成资源浪费和市场无序竞争。物流运作与服务环节衔接不畅，服务差异化程度弱，专业化水平较低，物流成本较高，竞争力较弱。在物流（扶持）政策方面，目前虽有一些引导物流业发展的相关政策，但扶持政策面窄、力度不大、针对性不强。如，对洪湾片区物流资源整合问题，保税区通关中心、西域码头、珠海渔港、洪湾商贸物流中心等建设迟缓，且物流资源分属多个管理部门，物流载体分割，缺乏统筹整合，不利于发挥物流资源的规模集聚效应。

3. 物流企业“小”“散”“弱”的格局未根本性改变

尽管全市有各类从事物流相关业务的企业近千家，但大多数企业仅从事传统的运输、仓储、货代等单一业务，具有显著区域竞争力的大型物流企业集团及第三方物流服务缺乏，第三方物流企业不足百家且规模普遍较小，目前仅有5A级物流企业两家、4A级物流企业两家。

4. 物流现代化水平不高、公共信息平台滞后

全市物流企业运作主要靠人力为主，RFID技术、机械手等自动化装备应用范围较小，自动化智能化运作水平有待提高。全市物流企业，包括物流高新企业基本没有应用机械手

进行物流业务操作。公共信息平台建设滞后，全市尚未真正建成物流公共信息平台，物流各相关环节信息资源尚待整合，一些重要部门如港口、机场、铁路货站、邮政等专用信息系统尚未与电子口岸联网，已建立的信息系统缺乏有效沟通与共享。物流行业标准化建设滞后，影响物流业的协调发展和高效运作。

### （二）珠海市物流业“供给侧”改革的对策建议

随着2017年底港珠澳大桥建成通车，珠海市与我国香港地区的联系将更为紧密，珠海作为唯一与中国香港陆路相连的城市，如何利用大桥建成通车机遇，深化珠港澳物流合作，提升珠海市国际化发展空间，同时迎接可能挑战，是当前实现珠海市物流业进一步发展的重要突破口。此外，“一带一路”倡议的落实，粤港澳大湾区的规划和建设，国家南海战略的加速推进，横琴自贸区建设的不断完善等，将为珠海市经济社会发展创造重要历史窗口期，因此，加速推进珠海市物流体制机制改革，实现珠海市物流业的转型发展，从而助飞珠海市经济新的跨越，意义重大。

物流业发展有其自身规律，根据现代物流业发展趋势，结合珠海市物流业基本情况和经济社会发展面临的新形势，珠海市物流业“供给侧”改革应贯彻以下原则。

1. 合作发展原则

在港珠澳大桥即将建成通车的历史性机遇来临之际，加强珠港澳三地物流合作，积极开展三地的机场合作、港口合作、国际物流园区的招商合作等，是珠海市物流业适应新形势深化改革的第一要务；同时，积极开展与内地政府、企业、物流园区的合作以及珠海市物流业内部的合作（如海铁联运、公铁联运），包括物流业与制造业之间的联动等都是推动合作发展的重要体现。

2. 融合发展原则

物流业发展越来越呈现与贸易、金融、电商、信息、国际商务等融合发展趋势，特别是随着全球供应链管理的兴起，单一的物流服务越来越难以适应复杂的现代经济生活需要，注重提供“一揽子”的物流解决方案越来越成为现代物流发展趋势。这种融合发展的趋势和要求同样应成为珠海市物流业改革和发展的重要原则。

3. 整合发展原则

现代产业发展呈现规模化、大型化、系统化趋势，以此可实现降低成本获得规模效益的功效。物流业整合发展包括企业与企业之间的整合发展和部门与部门之间的整合发展。企业与企业之间的整合包括一方面在竞争兼并中形成大型的物流企业集团，另一方面通过网络技术、平台、契约等形成松散的整体。珠海市物流业发展领导小组成立，致力于整合珠海市公路部门、港口部门、航空部门、铁路部门等，使之心往一处想劲往一处使，不断拆除部门之间的掣肘，最终形成统一的大物流系统，属部门与部门间的整合，是在新形势下提升珠海市物流业整体发展实力的必要之举。

4. 集聚发展原则

同类企业集中在一起，并向上下游延伸，就会产生范围经济，物流园区的形成或设立就是引导物流业集聚发展的具体表现。通过物流园区的建设主动顺应物流业集聚发展规律，是人们掌握规律运用规律的具体体现。珠海市必须进一步加大物流园区建设支持力度，助力珠海市物流业的集聚发展。

5. 创新发展原则

创新是经济进步的永恒主题，没有物流业的创新发展就没有现代物流业的形成。要提升珠海市物流业竞争力，必须积极推动珠海市物流企业的创新，包括企业的技术创新和管理创新，此外，政府部门管理体制创新，优化企业发展环境，同样是必不可少的。

## 第二节 物流业降本增效问题

促进物流业的降本增效是党中央、国务院深化“供给侧”改革的重点之一。2017 年 3 月召开的全国人民代表大会上，李克强总理在政府工作报告中明确指出：要通过深化改革、完善政策、降低全社会的物流成本。

### 一、物流业降本增效的主要内容

国务院办公厅出台的《关于进一步推进物流降本增效促进实体经济发展的意见》，给物流行业带来重大利好。一方面通过推动物流体系优化降低物流的社会成本；另一方面通过优化政府部门的管理，直接减轻物流企业负担。物流业降本增效的主要内容包括：

1. 加强物流规划，推动多规合一

物流规划与国民经济发展计划、城市总体规划、土地利用规划、交通规划、产业规划等结合配套。国家规划与地方规划协调，相邻省区规划协商，区域规划服从国家规划。发挥城乡规划对物流业发展的支持和保障作用，避免各种规划相互掣肘、无法落实的痼疾。规划的原则：坚持供给创新、坚持需求引领、坚持产业集聚、坚持开放融合、坚持集约节约使用土地。

2. 明确物流用地政策

要求综合考虑在土地利用总体规划、城市总体规划中的物流发展用地，统筹安排物流及配套公共服务设施用地选址和布局。要求确保规划和物流用地落实，禁止随意变更。对纳入国家和省级示范的物流园区新增物流仓储用地给予重点保障。提倡通过“先租后让”“租让结合”等多种方式向物流企业供应土地。各地应研究建立重点物流基础设施建设用地审批绿色通道，提高审批效率。

3. 改革物流监管方式

优化道路运输的通行管理，规范公路货运执法行为；深化放管服改革，实现全国通关一体化；努力解决货运车辆进城难、通行收费高、超载超限严重、危化品运输事故多等问题。

4. 税收支持和绿色物流政策

结合增值税立法，统筹研究统一物流各环节增值税税率。实施营改增以来的物流业实际税负增加问题，有望得到某种程度地解决。

未来物流服务越来越讲求安全、品质、准时、新鲜度。绿色物流包括提高效率、减少排放、新能源汽车和动力使用、绿色环保包装、工作环境改善；生活、生产、生态融合。

5. 加强交通设施综合匹配和物流节点建设

中国物流通道已基本完备，高速公路和高速铁路均居世界第一位。但是各种交通运输方式的匹配衔接不足，多式联运的条件不具备。结合编制国家级物流枢纽布局和建设规划，布局和完善一批具有多式联运功能、支撑保障区域和产业经济发展的综合物流枢纽。改变传统的物流通道和节点的布局，消除同质化、低水平的物流设施建设。支持地方建设城市共同配送中心、加强配送车辆停靠作业管理，结合实际设置专用临时停车位等停靠作业区域，鼓励多站合一，资源共享。

6. 规范发展物流金融

支持设立现代物流产业发展投资基金，同时，发挥物流企业的中介作用，发展供应链金融产品和融资服务方案。实际上，物流企业参与金融产品的活动，是支持金融业服务实体经济的重要保证。

7. 加快物流信息系统建设

信息系统由企业信息、行业信息、政府信息等共同组成。加强物流数据开放共享，推进公路、铁路、航空、水运、邮政及公安、工商、海关、质检等领域相关物流数据开放共享，向社会公开相关数据资源。先进的物流信息系统包括条码化管理、自动识别、无线传输、集成传感等物联网感知技术广泛应用；电子单证全面推广；仓储、运输、配送等业务信息系统集成；上下游、基地间信息透明共享，货物可在线跟踪，满足客户自动化查询需求；业务操作全流程实时可视、可控，为运营管理提供实时数据支持。

8. 推动先进物流装备技术和管理技术的研发和应用

推动关键物流技术装备产业化，推广应用智能物流装备，引导企业对物流成本进行精细化管理，提高物流管理水平。例如，自动分拣机、机械手、机器人、包装机和包装材料的应用。中国的医药物流、快递、电商物流业中技术应用水平领先。但绝大多数物流企业的技术装备还较为落后，在管理技术的研发应用方面的差距也比较大。

9. 提升物流企业的运营能力

物流行业的根本问题在运营上，方向是提升物流企业供应链服务能力，依托供应链、延伸产业链并创造价值链。发展嵌入式物流、集成式物流等，不断创新运营模式、商业模式、盈利模式等。推动物流业与制造业深度融合和联动发展，大力支持第三方物流发展，以对接制造业转型升级需求，提供精细化、专业化物流服务。

10. 大力推进物流标准化建设和物流诚信体系建设

物流标准是物流运行的基石。物流技术标准包括物品编码标准、物流模数标准、物流建筑设计标准、集装尺寸、物流术语名词标准、物流单证标准、物流标志、图示和识别标准、计量单位标准等，物流服务标准包括各种服务流程、规范、评估、评价标准。加强物流标准的配套衔接。推广 1200mm × 1000mm 标准托盘和 600mm × 400mm 包装基础模数，从商贸领域向制造业领域延伸，促进包装箱、托盘、周转箱、集装箱等上下游设施设备的标准化。

可以看出，物流业降本增效设及物流业方方面面，实际上是要实现物流系统的再造。当然，降制度性成本是降本增效最重要的内容，同时，企业提高物流技术和运营水平。

## 二、珠海市物流业降本增效面临的现状及对策建议

### （一）珠海市物流业降本增效面临的现状

珠海市物流基础设施日趋完善。已基本形成贯通口岸、港口、机场、铁路货站四大节点的干线交通网络，专业物流服务设施基本形成物流园区、物流中心、配送中心三级服务体系。物流服务能力逐步提升，为进一步加快发展奠定了较好基础。

随着港珠澳大桥建成通车，珠海市的区位优势进一步提升，珠海市将由原来的交通末梢城市，成为内地唯一一座与港澳陆路相连并方便通向国际的区域性枢纽城市。港珠澳大桥建成通车，方便我国香港与珠海之间的公路货物运输，珠海去香港地区的行车时间和行车成本会降低；在港口方面，陆路通过港珠澳大桥与中国两纵两横大动脉相连，云、贵、川（渝）的货物可直接运至珠海抵达我国香港地区，水路通过两江可达广西、贵州部分内陆城市，可大大拓展珠海港经济腹地；在空港方面，珠海机场距离香港机场的行驶距离大大缩短，为两个空港的进一步合作创造了条件。

当然，珠海市物流业发展也面临挑战：首先，是周边城市竞争带来的挑战。深圳、广州等地不仅社会物流量大，规模效益好，而且物流服务规范化、国际化水平较高，对珠海市社会物流量形成较强的分流力。其次，港珠澳大桥建成通车，一方面能加强珠海和我国香港地区、澳门地区的联系，另一方面有可能由于我国香港地区国际物流能力的巨大“磁吸力”而使珠海变成物流“路过”型城市，这种可能性值得研究和应对。

### （二）珠海市物流业降本增效的对策建议

#### 1. 进一步完善并实施珠海市物流产业发展规划

《珠海市物流产业发展规划（2015—2020年）》（以下简称《规划》）已经过市政府常务会通过并实施，随着粤港澳大湾区建设的开展，特别是港珠澳大桥建成通车，《规划》的部分内容随着形势变化出现部分不适应的地方，应做局部修改，如珠港澳国际物流合作园的加快建设问题、珠海机场与中国香港机场的合作问题等。同时，应加快该规划的全面实施，使科学规划发挥应有价值。

#### 2. 制定并加快出台物流产业发展配套扶持政策、加大招商力度

与《规划》相配套，应制定并加快出台物流产业发展配套扶持政策，如建立珠海物流产业发展基金，引进和培育物流园区龙头企业，支持港澳物流企业进驻珠港澳国际物流合作园，支持物流企业拓展“一带一路”等。横琴自贸区是珠海市的一张名片，在国内跨境电商业务日益升温的形势下，要充分用足有关政策，一方面引进国内大型电商（如京东）投资和落户珠海，另一方面应积极培育本地跨境电商物流企业［如广丰（保税）物流］发展壮大，尽可能协助解决其运营中面临的需政府协调解决的困难，使珠海市成为国内重

要的商贸和消费型城市。

3. 积极推动珠海机场和香港机场深度合作

珠海机场作为我国香港地区分拨中心的后盾，地价低、劳动成本低、政府支持力度大，可以弥补中国香港的资源不足；另外，珠海服务水平有限、服务内容简单化、管理不足等缺点又可以由中国香港的优点和经验所弥补。对于香港机场，无须过多增加内地航线数量就可以经由珠海机场来吸引内地货源，尤其是西部货源，从而在香港机场目前容量饱和的情况下增加更多的服务空间可能。

因此，以港珠澳大桥通车为契机，构建珠海机场和中国香港机场之间的双向货运衔接机制，可将珠海机场作为香港机场的货运基地，为香港机场货运分流，在此基础上，吸引香港机场注资珠海机场，实现珠海机场与香港机场的深度合作。

4. 加快珠海物流基础设施建设，努力改善政府办事效率特别是跨境物流的通关效率

由于审批程序、经费预算等原因，珠海市基础设施建设特别是重点物流园区建设进程缓慢，已越来越影响到珠海市物流业的发展。因重点物流园区建设进度对珠海市对接港澳吸引跨境（国际）物流资源和国内物流资源方面影响重大；因此，加快重点物流园区建设，如珠港澳国际物流园（特别是通关中心）的投资建设（探索建立珠港澳国际物流园三地物流大联盟机制）、机场西值廊的土地审批等应纳入政府重点督办项目，与此相关，重点物流园区内的一些“卡脖子”路段、“卡脖子”工程同样应引起重视并加快解决，另外，港口集疏运体系中的公共配套设施需要加快完善。

此外，应加快推进横琴、保税、洪湾片区一体化发展；协调各货物监管部门，实现“一地三检”合署办公的创新机制；争取设立国际机场口岸、延长通关时间、提高通关速度等都在改善政府办事效率之列。

5. 加强与内地政府、企业、物流园区合作，拓展珠海物流发展的腹地空间

珠海市本地加工业规模有限，珠海市物流服务需求不足，一直是珠海市物流业发展的困境所在，要打破这个困境，利用珠海市独特的区位优势和港珠澳大桥通车机遇，向内地拓展珠海物流发展的腹地空间，是解除这一困境的重要出路。事在人为，珠海市各部门应主动加强与内地政府、企业、物流园区合作。市政府现代物流业领导小组可制定一些考核指标，对同内地加强物流合作的单位和个人加以考核和奖励。

6. 扶持物流企业创新创业

物流联盟、供应链管理、物流金融、智慧物流建设等，是现代物流创新重要形式。企业考虑自身发展需要，会尝试适合自身的创新创业，政府部门应加以扶持引导，特别是那些可引领珠海市物流业未来发展的创新创业要给予支持。德昌顺智慧物流园积极尝试建设线下线上结合的综合物流平台和物流创意企业快速孵化基地，值得政府有关部门加以关注和扶持。

7. 向上级反映并争取出台充分发挥港珠澳大桥作用的“一揽子”珠海先行先试政策

港珠澳大桥建设是国家落实“一国两制”的重要构成部分，为了让这一举世瞩目的壮举更好地造福于“大桥两端”的人民，成为彪炳史册的伟大工程，珠海市必须站在国家高

度承担起不言而喻的重大使命。为此，珠海市政府应向省政府汇报反映：为了让港珠澳大桥充分发挥作用，以及为了港珠澳大桥建成通车后“只能成功不能失败”，国家有关部门和省政府应给予珠海市一系列便于港珠澳大桥充分发挥作用的先行先试政策。具体需要哪些“一揽子”政策可专门研究并提出，但抓紧启动这一工作是当务之急的事情。

8. 进一步加强城市、农村配送系统的建设

珠海市是国内知名宜居城市，在粤港澳大湾区规划和建设中确立为广东省三个副中心之一。完善的城市配送系统是现代城市高效运转的支撑，特别是现代人生活越来越智能化、个性化，人们对城市物流服务水平的高低越来越挑剔背景下，珠海市要提升宜居城市品质，必须下大力气加强城市配送系统建设，以增强宜居城市的“舒适度”。另外，落实“十九大”提出的美丽乡村建设精神，珠海市进一步完善农村配送系统，同样是一个有许多工作可做的方面。

9. 开展珠海市物流标准化工作的试点与推广

珠海市物流标准化工作比较薄弱，一方面企业的物流标准化应用意识不强，另一方面政府对推广物流标准化的支持力度不够。下一步，政府部门应设立专门资金支持物流标准化工作的应用与推广。

10. 发挥大学作用，积极开展政校企合作

珠海市有多所大专院校设置物流专业，培养多层次物流人才。未来应加强珠海市高校中物流院系与物流企业的合作，联合培养物流人才。一方面，企业为大学生实习提供基地；另一方面，学校为企业提供适合本地需要且留得住的物流人才；此外，大专院校可与珠海市物流采购商会联合开展企业员工培训等。在为政府决策和企业发展提供智力支持方面，发挥高校专家团队的智囊作用也是不可忽视的。总之，各高校可以在科技研发、项目咨询、业务培训等方面为政府和企业提供智力支持。

# 第五篇

# 他山之石

# 第十九章　欧盟及其主要国家的物流体制与物流政策

现代物流业的兴盛必然以良好的市场法制环境为依托和动力，发达国家普遍高度重视物流产业发展的政策指引、立法规制和合理规划。健全完善的物流法制是物流业发达国家的成功经验之一。

中国的物流产业虽然起步较晚，但发展的速度很快，现已经成为国民经济的重要增长源。由于诸多因素的限制，中国的物流法律制度明显落后，制约了物流产业的健康发展。随着物流业的发展，完善物流法律制度的要求越来越迫切，特别是综合性的物流服务法律制度，把以前分散的法律制度结合起来，形成物流法律体系尤为重要。美国、日本和欧盟都是市场经济发达的国家和地区，也是物流产业非常兴盛的国家和地区，他们在物流法律法规的完善及宏观政策的引导方面各有特色。

因此，加强对西方发达国家现代物流法律的研究并加以借鉴（本章着重研究欧盟及其主要国家物流体制和物流政策），逐步完善中国物流政策法律体系，对推动中国物流业的发展具有重要的意义。

## 第一节　欧盟物流体制和物流政策

作为新兴服务业的物流业，对欧洲各国经济产生了重要的影响。为此，欧盟委员会及成员国政府积极扶持并参与该产业的建设，形成了各自的物流体制并制定了相应的物流政策。

### 一、欧盟物流体制

欧盟物流体制基本上是采取政府监督控制、企业自主经营的市场运作模式。

#### （一）政府监督控制

以德国为例，德国货运管理部门是联邦货运交通局（BAG），在联邦货运交通法中规定联邦货运交通局的任务就是监督和控制。为了更好地实行监督功能，联邦货运交通局对所有参加运输的人员办公室内及办公室外（公路、高速公路、停车场）的经营活动进行监督，其中也包括对发货人、中介人或运输公司的经营活动进行监督。联邦货运交通局规定，如违反规定，要受到主管局的惩罚或联邦货运交通局的制裁。

### （二）政府投资基础设施

德国的货运中心是以提高货物运输的经济性和合理性，发展综合交通运输体系为主要目的。德国的货运中心建设遵循“联邦政府统筹规划，州政府扶持建设，企业自主经营”的原则，具体内容如下：

1. 联邦政府统筹规划

联邦政府在统筹考虑交通干线、主枢纽规划建设的基础上，通过广泛调查生产力布局、物流现状，根据各种运输方式衔接的可能，在全国范围内规划物流园区的空间布局、用地规模与未来的发展。为引导各州按统一规划建设物流园区，德国交通主管部门还对规划建设的物流园区给予资助，未按规划建设的则不给予资助。

2. 州政府扶持建设

州政府提供建设所需要的土地、公路、铁路、通信等交通设施，把物流园区场地出租给物流企业，与其按股份制形式共同出资，由企业自己选举产生咨询管理委员会。该委员会代表企业与政府打交道，与其他物流园区加强联系，但不具有行政职能。同时还负责兴建综合服务中心、维修保养厂、加油站、清洗站等公共服务设施，为成员企业提供信息、咨询、维修等服务。

### （三）企业自主经营

入驻物流园区的企业自主经营、照章纳税，依据自身经营需要建设相应的库房、堆场、车间，并配备相关的机械设备和辅助设施。

以不来梅市货运中心为例，除德国政府设立海关负责进出口货物验关外，政府在货运中心不再设其他管理机构，也不再征收除法定税费以外的其他税费。

货运中心自身的经营管理机构采取股份制形式，市政府出资 25%，货运中心的 50 户经营企业共同出资 75%，由经营企业选举产生的咨询管理委员会推举经理负责货运中心的管理活动，这实际上是企业“自治”的方式。企业按实有工作人员除每人每月向货运中心交纳 380 德国马克管理费外，货运中心不再收取任何费用。

货运中心主要为企业提供信息、咨询、维修等服务，并代表 50 家企业与政府打交道，以及与其他货运中心联系，但不具有行政职能。提供良好的公共设施和优良的服务，是货运中心整个活动的宗旨。因此，货运中心一般都建有综合服务中心、维修保养厂、加油站、清洗站、餐厅等，有的还开办驾驶员培训中心等实体，这些实体都是作为独立的企业实行经营，为货运中心的企业提供尽可能全面的服务。

良好的设施、优质的服务，使货运中心不仅取得显著的社会效益，而且取得巨大的经济效益。不来梅市货运中心的投入产出比为 1 ∶ 6，投资 2.03 亿德国马克，而实现的效益为 12.15 亿德国马克。

欧盟提出了一项整体运输安全计划，其目的是监控船舶状态。通过测量船舶的运动、船体的变形情况和海水的状况，就可以提供足够的信息，避免发生事故；或者是在事故发生之后，确定造成事故的原因。

### （四）统一标准，协调发展

为提高欧洲各国之间频繁的物流活动效率，欧盟组织之间采取了一系列协调政策与措施，大力促进物流体系的标准化、共享化和通用化。例如，由全欧铁路系统及欧盟委员会提出的“在未来20年内，努力建立欧洲统一的铁路体系，实现欧洲铁路信号等铁路运输关键系统的互用”，就是这一努力的具体体现。

另外，为了优化整个欧盟地区的物流资源，使之实现资源共享，还建立了欧洲空运集团（European Air Group），它由7个成员国（比利时、法国、德国、意大利、荷兰、西班牙和英国）组成，并在荷兰的Eindhoven空军基地建立了空运联合协调中心（Air Transport Coordination Cell），该中心的职责是规划并协调空中运输，支持紧急事件处理、空中加油、重要人物运输和医疗抢救等工作。

### （五）行业协会扩大行业影响力

欧洲的运输与物流业组织——欧洲货代组织（FFE），为了整个行业的利益和长远大计，积极在欧洲乃至国际上扩大行业影响力。

FFE的成员中包括了世界上9家最大的货代企业和物流企业，分别为ABX，Dachser，Danzas，Exel，Geodis，Geologistics，Kuenhne&Nagel，Panalpina和Schenker，这9家企业合起来共拥有15.5万名雇员，每年货物运输量2亿吨，每年营业额高达300亿欧元。为了达到扩大行业影响力的目的，FFE全面采用IT管理，进一步扩大在本行业和相关行业的影响力。

## 二、欧盟物流政策

1986年2月，由欧共体理事会签署了《单一欧洲法案》，其主要内容是在1992年底前实现商品、资本、劳务、人员自由流动的统一大市场。为了统一市场的顺利建成，改革决策机制，实行“特定多数表决制”，不再坚持过去的一致通过原则。该法案于1987年正式生效。1991年12月9日至10日，在荷兰的马斯垂克举行的第46届欧洲共同体首脑会议上签订了《马斯垂克条约》，通过并草签了《欧洲经济与货币联盟条约》和《政治联盟条约》，合称《欧洲联盟条约》。这一条约是对《罗马条约》的修订，它为欧共体建立政治联盟和经济与货币联盟确立了目标与步骤，是《罗马条约》成立的基础。《单一欧洲法案》和《马斯垂克条约》这两个重要的欧共体文件，前者宣告关税壁垒的结束，货物、人员、资金可以在欧共体的15个成员国内自由流动；后者确定启动欧洲统一货币，为欧盟发展物流服务业奠定了法律基础。

### （一）大力推进物流标准化工作建设

在推进物流业标准化进程中，欧洲各国的主要做法是：

第一，对物流基础设施装备制定基础性和通用性标准，如统一托盘标准、车辆承载标准、物品条形码标准等。

第二，对安全和环境制定强制性标准，如清洁空气、综合环境责任等。

第三，支持行业协会对各种物流作业和服务制定物流用语标准，如欧洲物流协会制定的物流用语标准、物流从业人员资格标准等。

欧盟组织之间采取了一系列协调政策与措施，大力促进物流体系的标准化、共享化和通用化，如由全欧铁路系统及欧盟委员会提出在未来20年内建立欧洲统一的铁路体系，实现欧洲铁路信号等铁路运输关键系统的互用就是这一措施的具体体现。在欧盟国家的企业和市场上，统一的欧盟标识、欧盟标准随处可见，由于欧盟国家经济的先进性，这些标准或标识相当一部分已成为国际统一的标准和标识，促进了全球物流系统的标准化、效率化。

### （二）发展物流基础设施要素建设，促进质量与安全保障的政策法律

在物流技术设施要素建设方面，欧盟各国政府通过直接投资或者一定的政策倾斜，规划和建设公路、港口、铁路、航空等运输基础设施网络以及与多种运输方式相互衔接的物流中心。在政策法规上，政府制定适当减免一些税赋的法规，也有一些国家的地方政府同时采取一些其他配套措施来调动本地的积极性。德国的物流基础设施要素建设特色体现在货运中心建设上。

培育和建设货运中心是德国加强现代物流业建设的一项重要举措，为此，德国政府的政策法规强调联邦政府统筹规划、州政府扶持建设、企业自主经营的发展模式。联邦政府在统筹考虑交通干线、主枢纽规划、生产力布局、物流现状的基础上，根据各种运输方式衔接的可能，在全国范围内规划物流园区的空间布局、用地规模与未来发展。州政府提供建设用地及交通设施，并把物流园区场地租给企业，与其按股份制形式共同出资。为保障这一切的顺利进行，德国制定了相关的政策法规。

在软件环境建设上，欧洲各国政府实施放宽管制政策，如英国铁路的私有化、意大利放松对运输价格的管制、荷兰和德国减少了对承运人资格的管制等。不再对运力的投放、运价、市场进入和退出条件、运输种类等进行严格的控制，建立起了开放透明的物流市场。由于安全问题涉及全社会的公共利益，因此，各国将管制的目标转为加强对运输经营资质的认证、规制和标准的制定和监督管理。

在安全管理方面，英国的经验值得借鉴。道路运输作为物流的重要环节，在英国得到很好的规制。英国的道路运输市场管理是通过运输营运执照制度展开的。自1933年开始实行的控制运输能力的执照制度，限制持有执照的专业运输企业车队的规模和经营范围，以保护铁路的货源。经过半个多世纪的发展，英国的道路运输执照制度经历了以保护铁路为目标，到以安全、效率和环境为目标，以及从着重数量控制到着重质量控制的演变过程。

英国目前的道路运营执照制度主要关心安全问题，通过对进入道路运输行业的经营者的质量控制，而达到安全的目标。营业执照专门由一个发放执照的管理部门负责，分设于英格兰、威尔士和苏格兰所划定的各个交通区域之内。在北爱尔兰的道路货物运输的营业执照则由该省的环境局负责。营运执照的质量控制制度是基于对营运执照持有人的质量控制，即对营业执照持有者安全、合法和以适当的专业技能经营的能力，用适当的程序加以核实。

### （三）政府对物流业实行优惠、扶持政策

政府对物流业实行优惠、扶持政策，主要体现在：一是对物流基础设施进行直接投

资。比利时政府投资建设某一配送中心时，曾提供了大约17.5%～25%的投资；法国中央政府要求各级地方政府资助配送中心的建设，并对物流基础设施建设提供一定资助。二是对物流配送中心建设提供优惠政策。

## 第二节 欧盟主要国家物流体制和物流政策

### 一、德国物流体制与物流政策

#### （一）物流体制

德国物流体制基本采取的是政府监督控制、企业自主经营的市场运作模式。

德国货运管理的部门是联邦货运交通局（BAG），联邦货运交通法中规定联邦货运交通局的任务就是监督和控制。为了更好地实行监督功能，联邦货运交通局对所有参加运输的人员在办公室内及在办公室外（公路、高速公路、停车场）的经营活动进行监督，其中也包括发货人、中介人或运输公司的经营活动。如违反规定，要受到主管局的惩罚或联邦货运交通局制裁。

对货运村等基础设施的规划和建设方面则遵循联邦政府统筹规划，州政府、市政府扶持建设，入驻后企业自主经营的发展模式。联邦政府通过对经济布局、物流现状进行调查，并根据各种运输方式衔接的可能性，在全国范围内对货运村的布局、用地规模与未来发展进行合理科学的规划。州政府提供建设所需要的土地，建设需要的公路、铁路、通信等交通设施，把货运村场地出租给物流企业，与其按股份制形式共享收益，企业则自己选举产生咨询管理委员会管理货运村场地。在物流园区的建设和运营过程中，州及地方市政府还扮演了主要投资人的角色。承租企业则依据自身的经营需要建设相应的库房、堆场、车间，配备相关的机械设备和附属设施，以中心为基地，把服务触角伸向广阔的市场。

#### （二）物流（法规）政策

德国的物流发展战略是：加大投资；应用现代化技术；减少行政干预，增加市场调节；网络化的国际合作；环境保护政策支持。德国政府提出“长距离运输以铁路、水路为主，两头的衔接与疏通以公路为主”的运输战略。大力培育和建设货运中心则成为战略实施的重要环节，德国已先后兴建了20多个货运中心，到2010年，全国总共建设30～40个货运中心。在推进措施方面、德国政府通过新的通信技术来帮助改善物流，并促进货运装卸、货运代理和运输商之间的合作。德国还将继续发展联运，包括建造新的转运站，联运中新技术的引进，以及建设新型物流中心，作为完善货运进程的前提。

此外，德国还特别注重发挥物流协会的作用。德国物流协会是德国最大的物流专业协会之一，现有6000多个会员。职业培训是德国物流协会的一项重点工作，1994年协会成立了物流研究会，主要从事物流人员的职业培训和新技术培训。德国物流协会其他工作还包括：协助政府做好物流规划、制定政策、规范秩序、协调管理；开展物流研究，指导行业发展；举行大型活动，如每年在柏林举办物流运输大会；分区举办研讨会。全德国被划分为25个工作区，每年举办4~6次研讨会，进行情况交流，宣传推广新项目；编辑出版杂志，邮寄给各会员单位；提供信息和咨询服务；组织会员评比活动等。

德国物流协会不断扩大规模，形成网络，引导、研究和发展物流事业，为德国物流业发展发挥着越来越大的作用。德国物流协会还成立了德国物流有限责任公司，作为经济实体，主要负责物流技术推广应用和信息咨询服务方面的工作。

## 二、英国物流体制与物流政策

20世纪60年代末期，英国组建了物流管理中心。以工业企业高级顾客委员形式出现，协助企业制订物流人才的培训计划，组织各类物流专业性的会议，到了70年代，正式组建了全英国管理协会。该协会会员多半是从事出口业务、物资流通、运输的管理人员。协会以提高物流管理的专业化程度，并为运输、装卸等部门管理者和其他对物流有兴趣的人员提供一个相互交流的中心场所。

因此，英国一再灌输综合性的物流理念，并致力于发展综合物流体制，以全面规划物资的流通业务。这一模式强调为用户提供综合性的服务。物流企业不仅向用户提供和联系铁路、公路、水运、空运等交通运输工具，而且向用户出租仓库并提供其他的配套服务。在这一指导思想下建立的综合物流中心向社会提供以下几类业务：建立送物中心；办理海关手续；提供保税和非保税仓库；货物担保；医疗服务；消防设备；道路和建筑物的维护；铁路专用线；邮政电传系统；代办税收；就业登记以及具有住、购物等多种功能的服务中心等。

英国多功能综合物流中心的建立，对整个欧洲影响很大，也形成了英国综合性的物流体制。此外，计算机技术在英国的物流体系中也起到了举足轻重的作用。计算机辅助仓库设计、仓库业务的计算机处理，为英国现代物流揭开了新的一页。

### （一）英国物流体制

英国的道路运输市场管理是通过运输营运执照制度展开的，自1933年实行的控制运输能力的执照制度，限制持有执照的专业运输企业车队的规模和经营范围，以保护铁路的货源。经过半个多世纪的发展，英国的道路运输执照制度经历了以保护铁路为目标，到以安全、效率和环境为目标，以及从着重数量控制到着重质量控制的执照制度的演变过程。

英国目前的道路运营执照制度主要关心的还是安全，通过对进入道路运输行业的经营者的质量控制，而达到安全的目标。营业执照的发放专门由一个发放执照的管理部门负责，分设于英格兰、威尔士和苏格兰所划定的各个交通区域之内。在北爱尔兰的道路货物运输的营业执照则由该省的环境局负责。营运执照的质量控制制度是基于对营运执照持有人的质量控制，即对营业执照持有者安全、合法和以适当的专业技能经营的能力，用适当的程序加以核实。

1. 对于物流基础设施

由于投资大、周期长、风险大，企业一般不愿意投资，英国政府在其中发挥了重要作用。比如，在2000—2010年交通发展战略中提出投入1800亿英镑，用于改善交通运输基础设施，综合运输信息化建设等方面的项目。此外，英政府还出台土地、财税等方面的优惠措施，推进大型货运枢纽，物流基地，物流中心和公共配送中心等物流基础设施建设。

2. 政府发挥监督和引导作用

英国政府对流通并未实行完全放开、任其发展的政策，而是通过经济、法律和行政手段进行积极有效的管理，为物流业的发展创造了良好的制度环境。

（1）政策改革促进物流发展。在英国，道路运输、物流设施建设等方面受到政府和地方自治团体的管理。政府通过大力实施打破垄断、放松管制的政策措施，给物流行业创造出充分自由、公平竞争的市场环境。如上世纪 60 年代运输政策的变化使运输公司的营业范围得以扩大，对物流的发展起到了催化剂的作用，而改革以前，英国对大型车辆的重量有所限制，所以一般物流公司的车辆相对较小。而仓库业的管理、监督则由地方自治团体负责，即使是临时中转库的建设也必须得到地方自治团体的同意。随着英国高速公路的发展，企业需要重新对基础设施进行布局建设，而地方自治团体积极的推波助澜，促使物流成为英国服务性行业中就业人口较多的行业。此外，欧盟在促进欧洲统一市场形成的过程中，制定和大力推行统一的贸易政策、运输政策、关税政策、货币政策等，极大地促进了货物在全欧洲范围内的自由流动。

（2）制订规划导向产业发展。物流战略规划是政府在一定时期内实施物流战略的行为纲领，它明确了物流产业的发展目标、实施步骤和战略措施、资金保障等，是促进物流产业发展的有效措施。例如，英国 10 年运输规划等都对物流业的发展提出了明确目标和要求，从理念到行动、从战略到资金、从措施到步骤都给予了充分的保证，促进了物流业的持续发展。

（3）加强物流基础设施建设。例如，英国在 2000 — 2010 年交通运输发展战略中提出投入 1800 亿英镑，用于改善交通运输基础设施、综合运输信息化建设和提高运输安全性等方面的项目。同时，出台土地政策、财税政策等有利于物流业发展的政策措施，促进大型货运枢纽、物流基地、物流中心和公共配送中心等新型物流基础设施发展。

3. 企业创新服务模式

英国第三方物流的快速发展，在很大程度上取决于流通领域经营策略的变化。随着企业普遍专注于价值链中的核心环节，积极推进企业内部物流活动社会化，仓储、出货运输、运费单据审计支付、进货运输、运费汇总分配和交叉配送等已成为物流外包的重点环节，促进了第三方物流的迅速增长。英国第三方物流在商业领域发展的一大特色是：已从货物配送发展到店内物流，即零售店将从开门到关门，从清扫店堂到补货上架等原先由商店营业员负责的一系列工作，全部交给第三方物流商完成。此外，由于在欧洲市场差异较大，不同的市场对物流服务要求也不同，英国第三方物流企业为制造商提供广泛的服务，包括制作不同语言的标签和包装，帮助制造商在欧洲的不同市场进行销售，并根据不同地区的发展水平提供相应的有针对性的物流服务。

4. 行业协会作用突出

英国物流管理协会在物流业的快速发展起到积极的作用，如跟踪和分析整个欧洲物流产业发展状况，引导和促进整个行业的发展；提供配送中心选址、规划、经营等方面的咨询和信息，帮助成员企业降低成本、提高效率，促进成员企业的发展；提供教育和培训，并形成了相应的物流从业资格制度；规范行业行为，参与制定物流行业标准；联络和交流作用等。

5. 推进物流“电子信息化”的发展

英国物流成本低、效率高的一个最根本原因就是其“电子信息化”程度高，对电子信息化工具和相应的物流信息化配套设施的广泛运用，使得物流装卸储运基本实现“物流电子信息化”操作。英国物流行业重视对物流信息化工具技术的研究，有专门的物流信息管理研究机构为物流的“电子信息化”流通提供服务。英国运输研究所负责研究物流车、船装载技术，通过对火车、汽车、船舶和集装箱物流运输的各项经济技术指标进行仔细的对比分析，对物流包装、分散运输各自的优越性及适用的品种、适用范围进行比较，提出了建立包、散结合，公路、铁路、水路运输共存互补的“物流信息化”科学运输体系。

6. 物流技术设施现代化程度高

现代物流的迅速发展和效率改进，离不开持续不断的应用先进适用的物流技术。从叉车、托盘（第二次世界大战时期）、集装箱（20 世纪 50 年代）、高层货架仓库、自动化仓库（20 世纪 60 年代、20 世纪 70 年代），到计算机仓储管理系统（20 世纪 80 年代）以及条形码、无线射频技术、互联网、电子商务、智能交通系统、ERP 等（20 世纪 90 年代及最近）等，给物流效率持续不断的改进带来技术上的支持。

同时，英国物流仓储和物流加工业等行业较为发达，物流储备和装卸设施相互配套建设，储运现场作业的速度很快，极大地减少了物流在储、运等环节的损失和停留的时间，有效地降低了流通成本。物流加工业生产集中度相当高，较好地产生了规模效应；物流相关行业的高集中度，便于产品的生产流通。

7. 物流教育培训体系日趋完善

物流业的发展加大了物流人才的需求，而英国等发达国家已经形成了较为合理的物流人才教育培训体系。60 年代末期，英国物流管理中心，开始以工业企业高级顾客委员形式出现，协助企业制订物流人才的培训计划，组织各类物流专业性的会议，到了 70 年代，正式组建了全英国管理协会。英国皇家物流 ILT 是世界上最早的物流与运输专业组织，也是最具权威的组织之一。在其近百年的发展历程中，形成和完善了自己一整套的物流和运输职业资质标准和认证体系。英国皇家物流 ILT 物流和运输认证标准及相应的培训课程被欧洲、北美、亚洲、大洋洲和非洲的众多国家广泛采用，更有 35 所著名大学开设由英国皇家物流 ILT 批准的有关物流和交通运输的学士、硕士及博士课程。英国皇家物流 ILT 物流证书还得到了其他国际专业组织和著名学府的广泛承认，如国际物流学会、欧洲物流认证委员会等，英国物流与运输专业著名大学如 ASTON 大学承认英国皇家物流 ILT 证书作为其硕士学位学分。

8. 促进物流可持续发展

交通运输与物流的发展带来了诸如安全、环保、资源的利用等一系列社会问题，针对这些问题英国物流行业研究和制定了相应的政策措施解决此类问题。如提出的“可持续运输”“建设安全、高效、清洁和公正的运输系统”“绿色物流”“连续、和谐的运输发展”“有效利用运输资源”等理念和战略措施。

### （二）英国物流（法规）政策

在2010—2015年，英国政府颁布了相关的货物运输的管理条例，英国政府认为：一个有效的货运系统有助于英国经济的发展。以一个合理的成本和对环境、社区最小的影响收到货物是至关重要的。政府希望帮助运输公司降低成本、减少温室气体排放，并且能够通过有效和适当的监管确保货物安全、可靠。

1. 针对危险货物的运输

2001年9月11日美国遭到恐怖袭击之后，英国与联合国一起合作，发展和执行加强国际和国内危险品运输的安全措施。危险货物公路和铁路运输安全。原来很多货物对于运输者、公众或环境并没有造成危险。但是，许多货物可能造成风险并被联合国划分为危险品。运输危险品时，需要最小化事故风险。

为此，政府通过遵守国际和国家规定，监管危险货物公路和铁路运输安全，遵守国际民航组织的规定，监管危险货物空运安全，应用由国际海事组织制“国际海上危险货物运输准则”，监管危险货物海运安全。

2. 货物拨款

政府部门通过税收转移支持模式（MSRS）和 货物水运拨款（WFG）计划 支持从公路运输转为铁路或水路运输。2013—2014年运作拨款预算是1863万英镑，2014—2015年总量相似。

政府通过拨款奖励使用铁路或水路运输降低成本的行为，鼓励公司选择优先铁路或水路而不是公路运输。

3. 重型载货车辆道路使用者征税

为了确保国外和英国承运人使用英国道路时做出贡献，政府针对所有12吨及以上货车的英国道路使用，引入了重型载货车辆使用者税。2014年，增加在英格兰和威尔士单一车道公路对于超过7.5吨载重车辆的速度限制。

4. 车速、驾驶员工作时间和行车记录仪货物运输监管以及欧盟规章和指南的执行

5. 成立降低HGV排放特别小组

为了降低排放，2011年物流增长评审中成立柴油效率HGV工作组，来鉴别和改进减低HGV排放的措施。从2012年1月起，试验加长的HGV半拖挂车，来见证是否可以减少温室气体排放和类似事故。物流增长评审后开始低碳货车试验，鼓励和帮助英国道路货物承运公司经营人购买和使用低碳货车。

2014年，工作组出版了HGV使用甲烷和生物甲烷的建议。

此外，英国物流质量的控制几乎涵盖了流通全过程的所有环节。英国物流从实用出发，根据理论将复杂的质量检验简化，形成了英国物流以目测为主的现场快速检测以及以多级复检为特征的质量保证体系。同时，英国物流对质量的严格要求，极大促进了物流市场以及物流的健康发展。英国物流还积极配合欧盟推进物流产业的标准化进程。针对物流基础设施、装备制定的基础性和通用性标准；针对安全和环境制定的强制性标准；支持行业协会对各种物流作业和服务制定相关的行业标准。

# 第二十章　中国香港物流发展与物流政策

## 第一节　中国香港贸易与物流发展

### 一、对外贸易

对外贸易一直是我国香港地区经济增长最重要的动力源泉。自1997年回归至2016年，我国香港地区对外贸易①总额年均增速达5.28%，其中货物贸易年均增速为5.48%，服务贸易年均增速为4.28%，均高于同期本地生产总值3.22%的增长速度。贸易及物流业作为中国香港经济的四大支柱产业之一，2016年，该行业增加值占中国香港GDP的22.7%，占比位居四大支柱产业之首。如图20－1所示。在四大支柱产业中，贸易及物流业也一直是吸纳就业人数最多的行业。2000—2015年，该行业吸纳就业人数占总就业人数的比重一直维持在20%以上。

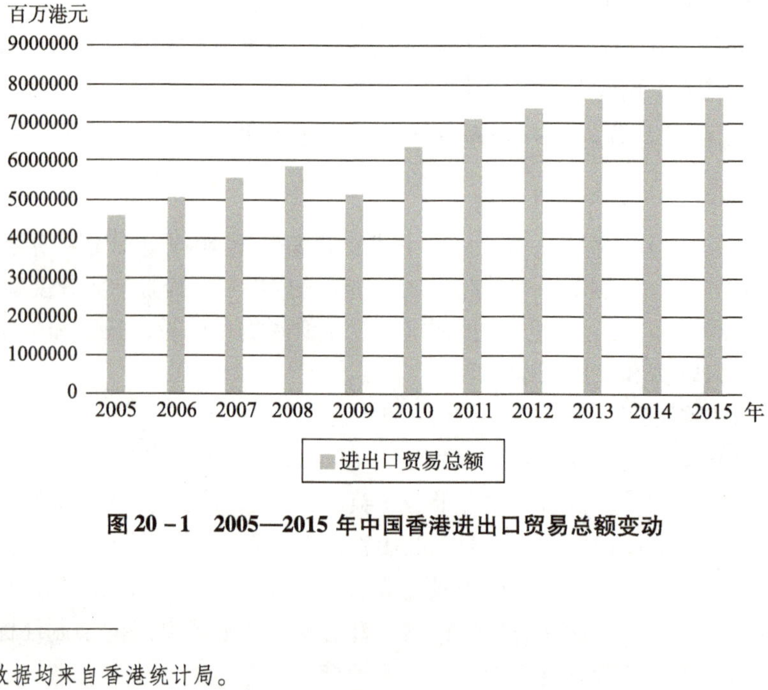


**图20－1　2005—2015年中国香港进出口贸易总额变动**

① 本章数据均来自香港统计局。

### （一）进口贸易

受亚洲金融危机的影响，1998 年，我国香港地区进口贸易增速跌至 -11.5%。2000 年后，中国香港逐渐从危机中恢复，进口贸易增速止跌向稳，2003—2007 年间，年均增长速度为 10% 左右。此后，受 2008 年全球金融危机冲击以及中国香港自身经济结构调整的影响，进口贸易增速逐渐回落。2016 年，商品进口贸易总额为 40083.84 亿港元，增长率为 -0.9%。内地一直是我国香港地区进口的最大供应地，所占份额由 1997 年的 37.67% 增至 2015 年的 49.03%，如图 20-2。

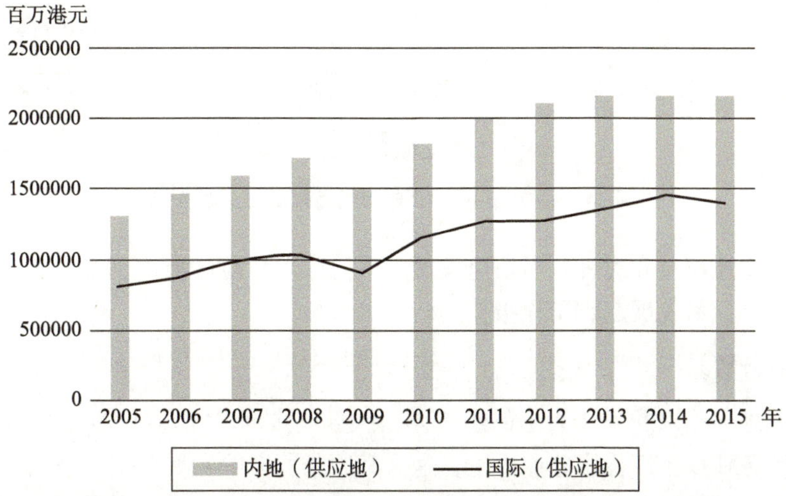


**图 20-2 2005—2015 年中国香港进口额（百万港元）变动图**

### （二）转口贸易

20 世纪 80 年代中国香港地区转口港再度兴盛使得转口贸易重新进入上升通道。1980—1989 年，转口贸易年均增速曾高达 31.20%。虽然自 90 年代中期转口贸易增幅开始下降，但其在中国香港地区对外贸易中所占地位仍非常重要。目前，转口贸易几乎占据中国香港对外贸易的全部活动。2016 年，中国香港地区转口贸易额为 35453.72 亿港元，占整体出口贸易额的 98.81%，可见中国香港地区出口贸易基本上就是转口贸易，中国香港地区本土产品出口影响甚微。

中国香港地区作为亚洲贸易中心和全球贸易枢纽，为内地及亚洲其他新兴工业化国家转运来自欧美市场的原材料、零配件、高技术产品、资本物品等，再将加工贸易制成品经过中国香港转运到欧美消费市场，如图 20-3。

### （三）离岸贸易

20 世纪 90 年代中期以后，在我国香港地区转口贸易增幅开始下降的同时，离岸货品贸易发展势头迅猛，货物贸易规模不断扩大，2000 年，超过转口贸易额，成为新的贸易增长点。2016 年，离岸贸易规模已经达到 42830 亿港元，是同期转口贸易额的 1.22 倍。2002—2015 年，离岸贸易年均增速为 8.74%，高于同期转口贸易 7.27% 的年均增速。长

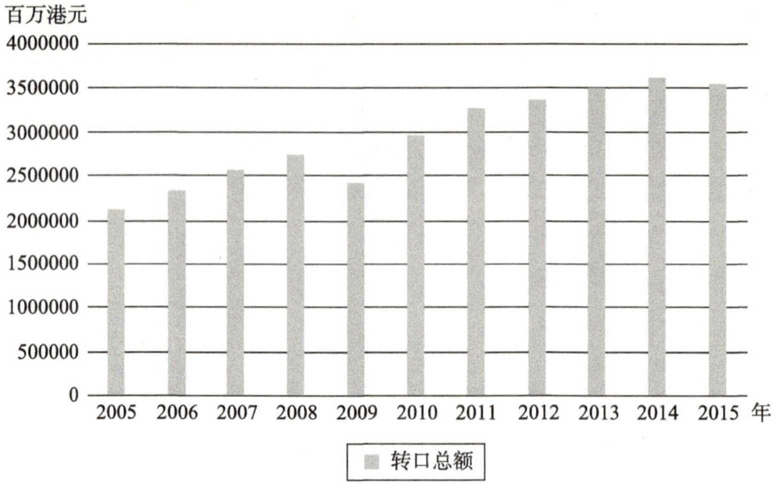


**图 20－3　2005—2015 年中国香港转口总额变动**

江三角洲地区生产制造和对外贸易快速发展，珠江三角洲地区港口迅速崛起，都对促进我国香港地区离岸贸易发展起到了积极作用。

### （四）服务贸易

我国香港地区是以服务业为主的经济体，服务业占 GDP 比重目前高达 90% 以上，并且中国香港服务业以生产性服务业为主，这为其服务贸易的发展奠定了坚实基础。自回归以来，我国香港地区服务输出和服务输入的增长速度均高于同期 GDP 增速。1997—2015 年，服务输出和服务输入年均增速分别为 6.60% 和 3.30%。服务输出的高速增长使得 2009 年我国香港地区服务贸易进出口首次呈现贸易顺差，并且此后逐步扩大。在中国香港货物贸易持续赤字的情况下，服务贸易大量顺差对平衡中国香港本地国际收支发挥了重要作用。

2016 年，我国香港地区服务贸易总额高达 13446 亿港元，占当年 GDP 的 54%，服务贸易开放度位居世界前列。据联合国贸易和发展会议（UNCTAD）统计，2015 年我国香港地区服务贸易总额在全球排名第 18 位，占全球服务贸易总额的 1.89%；同时我国香港地区在全球服务输出地区中排名第 16 位，在全球服务进口地区中排名第 20 位。

## 二、物流发展

### （一）产业概况

航运、物流和航空业总体共占中国香港本地生产总值约 6%，提供约 20 万个职位。

我国香港地区港口提供航班频密且覆盖面广的班轮服务，每星期约有 410 班集装箱班轮服务，航线遍达全球约 520 个目的地，加上一流的机场和陆路跨境口岸和运输设施，令我国香港成为具备广阔服务网络的区域枢纽港。

另外，中国香港船舶注册提供优质的船舶注册服务，船舶注册吨位也持续上升。根据 2012 年 11 月由丹麦船东协会出版的丹麦航运统计数字，我国香港地区为全球排行第三的船舶注册地。截至 2012 年 12 月底，我国香港地区船舶注册的总注册吨位 7890 万，船只数目 2193 艘，较去年同期增长 15%。2016 年，在我国香港地区注册的船舶吨位数突破一亿总吨，注册船只数目达到 2513 艘，位列全球第四大船舶注册地。按注册船舶总吨数计算，全球船舶注册地前三位分别为巴拿马、利比里亚和马绍尔群岛。

我国香港地区国际机场是全球最繁忙的货运机场，亦是全球十大最繁忙的客运机场之一。截至 2016 年底，约有 100 家航空公司每周提供约 6700 航班，来往于中国香港等约 170 个航点。在机场岛上工作的人数大约为 65000 人，而在机场岛以外由航空业间接及连带创造的职位更是以倍计。

### （二）市场角色

我国香港地区位于远东贸易航道要冲，且地处正在迅速发展的亚太区中心，具有优越的地理位置，是区内的枢纽港和国际航运中心。《中华人民共和国国民经济和社会发展第十三个五年规划纲要》在国家层面再次肯定，支持中国香港巩固和提升其作为国际航运中心的地位，以及发展高价值货物存货管理及区域分销中心。中国香港作为亚洲区内首选的运输及物流枢纽，拥有自由港地位、四通八达及频密的对外交通、便捷多模式联运网络、经验丰富的专业人才、高效的清关，完善的知识产权保护等优厚条件。同时，也具有相当规模的贸易环境，除了是船东的集中地，海事保险和国际仲裁服务的市场也很成熟。

未来，中国香港会继续致力推动运输基建，发挥“超级联系人”的角色，扮演内地航运业“走出去”的平台，为海外企业进入内地市场提供专业服务，促进航运和航空高增值服务业的进一步发展。

### （三）市场发展前景

1. 近期市场变化情况

中国香港海运港口局公布，2016 年 8 月，中国香港港口货柜吞吐量按年跌 2.9%，至 165.6 万 TEU，并且是连续下跌 26 个月；而 2016 年首 8 个月累计货柜吞吐量则按年跌 9.4%，至 1249 万 TEU，并且是自 2011 年后全年货柜吞吐量连跌五年，仍未走出出口衰退阴霾。

相比中国香港，2016 年首 8 个月计，全球最繁忙货柜港口排名前 5 位依次为上海、新加坡、深圳、宁波舟山和中国香港地区。据上海国际港务集团数据，8 月和去年同期相比，上海港货柜吞吐量仍保持走高态势，共处理 331 万 TEU，按年上升 6.5%。

2. 市场发展前景预测

中国香港政府于 2014 年 12 月 1 日公布《中国香港港口发展策略 2030 研究》（以下简称《2030 研究》）。预计，中国香港的港口总货量直至 2030 年平均每年将增长 1.5%，总货柜量预计会增加至 3150 万 TEU，主要受到国际转口货运增长带动。此外，由于跨境运输已改以河运取代陆路拖运为主、远洋船船身尺寸变大及国际转运吞吐量增加等原因，吞吐量将多集中于葵青货柜码头。

同时，《2030 研究》预计，中国香港的航空交通需求也将持续上升，机场于 2030 年的客运量及货运量，将由 2013 年的近 6000 万人次及 410 万吨分别增加至约 1 亿人次及

890 万吨。中国香港国际机场三跑道系统运作后，每年的客运量、货运量和航空交通量，将会由目前的5650 万人次、400 万吨和35.2 万架次，分别增加至9700 万人次、890 万吨和60.2 万架次。新增容量可满足中国香港国际机场最少至2030 年的航空交通需求，巩固中国香港作为国际及区域航空交通枢纽的地位。

## 三、贸易与物流的相关性分析

内地是中国香港第一大转口市场。在中国香港转口贸易货值中，以内地为目的地的转口货值的比重由1997 年的35.7%提高到2016 年的54%；以内地为来源地的转口货值基本稳定在60%左右，2016 年达到61%，如图20－4。

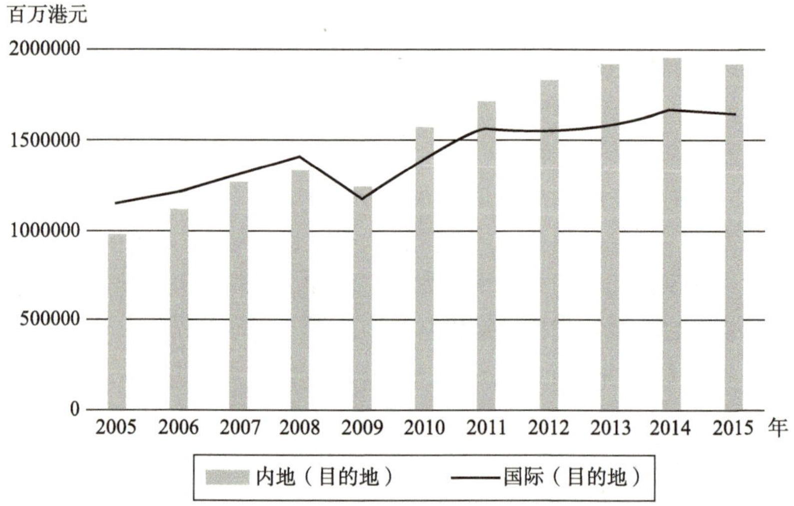


**图20－4　2005 年—2015 年中国香港转口额组成**

由图20－4 可知，中国香港对外贸易以转口贸易为主，而在转口贸易中，对内地的转口贸易基本和国际转口贸易货值各占一半。中国香港作为内地最重要的转口港，贸易及物流业的发展对内地对外贸易的发展和贡献也不容忽视。其作为亚洲地区的物流枢纽，具有完善的基础设施和高效的服务体系，航空和港口货运发达，为中国香港成长为国际贸易中心提供了坚实的基础。

因此，中国香港数据统计处选取2005—2016 年的以内地为目的地的转口货值来代表中国香港贸易，选取同时间段的以水运、空运方式在中国香港装卸的货运量，以考察中国香港主要的物流方式与国内转口贸易的相关性。见表20－1。

**表20－1　2005—2016 年中国香港国内转口额与空运水运货运量数据一览**

| 时间 | 国内转口额（百万港元） | 空运（千吨） | 水运（千吨） |
|---|---|---|---|
| 2005 | 967923 | 3402 | 230139 |
| 2006 | 1115941 | 3580 | 238238 |
| 2007 | 1267722 | 3742 | 245433 |
| 2008 | 1335687 | 3628 | 259402 |

续表

| 时间 | 国内转口额（百万港元） | 空运（千吨） | 水运（千吨） |
|---|---|---|---|
| 2009 | 1236577 | 3347 | 242966 |
| 2010 | 1566999 | 4128 | 267815 |
| 2011 | 1716656 | 3918 | 277444 |
| 2012 | 1831732 | 4025 | 269282 |
| 2013 | 1924463 | 4127 | 276055 |
| 2014 | 1955821 | 4376 | 297737 |
| 2015 | 1916082 | 4380 | 256559 |
| 2016 | 1924906 | 4521 | 256730 |

采用 SPSS19.0 分析结果见表 20－2。

**表 20－2　贸易与物流相关性分析结果**

| | | 国内转口额 | 空运货运量 | 水运货运量 |
|---|---|---|---|---|
| 国内转口额 | Pearson 相关性 | 1.000 | — | — |
| | 显著性（双侧） | — | — | — |
| 空运货运量 | Pearson 相关性 | 0.913** | 1.000 | — |
| | 显著性（双侧） | 0.000 | — | — |
| 水运货运量 | Pearson 相关性 | 0.648* | 0.528 | 1.000 |
| | 显著性（双侧） | 0.031 | 0.910 | — |

注：**：在 0.01 水平（双侧）上显著相关。
*：在 0.05 水平（双侧）上显著相关。

空运和水运都和国内转口货值显著相关，尤其是空运，这说明在一定程度上物流交通设施和货运量能够相互促进影响。

而港珠澳大桥通车后，货物由珠海到葵青货柜码头的行车时间，将由目前的 3.5 小时减至 65 分钟，同时，赤腊角机场与珠海之间的行车时间也由 4 小时缩减至 45 分钟。随着珠海机场基建和货运服务体系的完善，可以预见，以国内目的地的中国香港转口货物将有相当一部分分流到珠海。

## 第二节　中国香港物流设施与物流政策

### 一、产业与市场

#### （一）明确的产业定位

中国香港政府十分重视本港港口、航运及物流业的发展，把“贸易、运输和物流”定为长远发展的七个主要战略之一。

物流战略的主要目标是：提高中国香港港口和机场的货运流量；推动基础建设发展，

使中国香港能够充分利用“信息物流”的发展良机；便利本港公司为经过中国香港或始于中国香港的供求链运作提供物流服务，在中国香港缔造更具生产力的物流环境；扩展有形和无形的服务范围；巩固及提升中国香港作为区域枢纽港和国际航运中心的地位。

### （二）充分竞争的物流市场

中国香港物流以海运和空运为主，港口和机场是物流网络规划中的重要节点。中国香港的海运历史悠久，有独特的制度优势，共有800多家与海运相关的公司，提供各种优质海事服务，包括船舶管理、船舶经纪及租赁、海事保险、船舶融资及海事法律及仲裁等，中国以至亚太区重要的国际航运服务枢纽。以海事保险为例，在国际保障及补偿组织的13个成员协会当中，有7个在中国香港提供服务，是伦敦境外最大的服务群组。

### （三）前瞻性的规划

中国香港物流业正继续朝着高增值服务的方向发展，成为高价值货物的存货管理和区域分销中心。为提供高增值的第三方物流服务，中国香港已分阶段在中国香港机场、青衣和屯门设立增值物流园，让有效率的货物处理程序成为多样化物流系统的组成部分。

为配合日益增长的服务需求，政府先后在青衣规划两块合共4.8公顷的物流用地，兴建现代化的物流中心。现代化的物流中心不仅提供仓储服务，还提供一系列的高增值服务。这些物流中心采用电子和无线电频率识别（RFID）等高技术精确地处理和记录货物，也有全自动设施和严密的保安系统处理货物进出中心。2016年初于青衣又规划了约2.1公顷的物流用地，在屯门西预留了约19公顷物流用地。

## 二、设施与网点

中国香港各项海、陆、空基础设施非常完善，同时还强调不同设施之间的衔接，从而形成四通八达的全方位立体交通网络。

### （一）港口航运

《2030研究》预计中国香港港口货运量在未来仍有增长，为配合未来直至2030年的吞吐量增长需求，中国香港必须提升现有货柜码头的处理能力及相关基础设施。

研究中建议采取一系列改善措施，包括：将昂船洲公众货物装卸区升级为现代货柜处理设施，供远洋轮船或内河船只使用，从而改善营运效率；将现有能够容纳远洋轮船的内河码头泊位发展为远洋及内河两用设施；在葵青货柜码头提供更多驳船泊位，以舒缓河运货柜吞吐量增加所造成的挤塞；有效利用码头周边的土地及其他设施，以提升营运效率和应付未来转运量增长。

### （二）机场空运

鉴于中国香港的航空交通需求持续上升，机场现有双跑道系统预计将于数年内饱和，加上区域内其他国际机场（包括新加坡樟宜、首尔仁川、广州白云及深圳宝安机场等）都已规划扩建，中国香港政府正全力协助机管局推进三跑道系统的规划工作，争取三跑道系统于2023年落成启用，新增容量可满足中国香港国际机场最少至2030年的航空交通需求，巩固中国香港作为国际及区域航空交通枢纽的地位。届时每年的客运量、货运量和航空交通量，将会分别增加至9700万人次、890万吨和60.2万架次。2016年8月1日宣布正式启动中国香港国际机场三跑道系统建造工程，新跑道将于2022年启用，整个建造工程将于2024年完成。

考虑到中国香港国际机场未来的扩展计划，包括三跑道系统的规划，以及与大屿山发展的协同效应等，机管局预备配套筹建机场北商业区。目前北商业区发展蓝图的布局规划大纲研究已完成，并准备分两阶段做零售及酒店发展，首阶段零售发展的总楼面面积约为20万平方米。

为了应付中短期的航空交通需求，机管局正展开机场中场范围发展计划，兴建一座客运廊，提供20个飞机停泊位；在西停机坪兴建28个停机位，飞机停泊位数目预计会增加至180个。

凭借综合的多式联运网络，中国香港国际机场已成为通往内地的主要门户。

### （三）本地铁路和道路快线

中国香港已建立珠江三角洲道路快线，发展来自中国内地特定口岸、货运站或内陆港口的货物运输。充分利用由九广铁路发展连接内地的货运铁路系统，在平湖发展货运站，把内陆口岸、货运站或内陆港口联结为物流快线的一部分。

同时，全力发展本地铁路基建项目，保证西港岛线、南港岛线（东段）及观塘线沿线以及南港岛线（东段）、沙田至中环线（沙中线）的施工进度、通车，在此基础上可形成两条策略性铁路走廊，分别是“东西走廊”和“南北走廊”。“东西走廊”将把西铁线与马鞍山线连接起来；而“南北走廊”则把现有东铁线延伸过海至金钟站。

### （四）跨境运输基建项目

广深港高速铁路中国香港段的建造工程于2010年1月开工。2011年12月26日，广深港高铁广深段正式开通。根据港铁公司最新估算，高铁中国香港段要延至2018年通车。

而港珠澳大桥内地段已接近完工，港珠澳大桥中国香港段预计于2017年底完工。2013年，中国香港、中国澳门和广东省三地政府组成了跨界通行政策协调小组，就大桥的跨境交通安排开展有关政策研究工作，根据大桥的功能和特性，制订完善的计划，让大桥配合本地道路系统，发挥最大的经济效益。

## 三、监管与服务

### （一）多种对外推广方式

中国香港物流一直致力于对外推广。中国香港港口发展局和航运发展局于2013年分别到台北和上海访问，向当地业界推广中国香港航运业群组所提供的各类航运及相关服务。2013年11月，举办了第三届亚洲航运及物流研讨会，吸引超过1600名本地、内地至亚洲、欧、美不同国家地区等业界代表参与。2014年6月，赴希腊参与大型国际航运展览，向当地航运界推介中国香港在提供高增值服务业的优势，如船舶注册、海事法律、仲裁、船舶管理、租赁和融资等，推介当地企业以中国香港作为亚洲区航运业务的首选地点。政府2017年向立法会提交修订《税务条例》的草案，推出税务优惠，吸引公司来港发展飞机租赁业务。

## （二）多样化的监管

### 1. 多个组织和监管机构

中国香港设立“物流发展督导委员会”，由财政司司长担任主席，以督促快落实发展中国香港物流业的各项措施；同时设立一个新的“中国香港物流发展局”，为政府与业界人士商议及协调业内事务和推行合作计划提供渠道；经济局辖下的港口及航运局小组会重组成为“港口航运物流发展组”，负责协助制定政策及协调活动。

中国香港航运产业迈向高增值服务发展是必然趋势，在此趋势下，2016 年，成立了“中国香港海运港口局”。其中一个工作重点是致力扩展在海外和内地的海运业推广工作，引进知名的海运企业，鼓励它们利用中国香港的商贸和高增值海运服务，将中国香港打造成为区内的主要海运服务中心。通过新的航运组织，可以更有效地集结政府和业界资源力量，进一步推动在政策及产业研究、海外市场推广、人才培训等方面的工作。

### 2. 改善公共交通服务，配合物流交通

重组巴士路线及提升转乘接驳服务，推出改善三条过海行车隧道交通流量分布的措施。利用费率不同来调整交通流量，比如，调高红隧现时偏低的收费，并同时调低东隧收费，以提供诱因吸引驾驶者由红隧转用东隧，以达至分流及缓解红隧拥堵的效果；在政府收费隧道和道路设置“停车拍卡”式电子缴费设施等。

### 3. 强化安全管理措施

对于货运车辆，推进提升行车安全的措施，如更新与车辆安全及车辆规格有关的法例，修订车辆牌照及驾驶执照服务的安排。

对于货运船只，提升海上安全的改善措施，如加强船长的培训；要求船长接受定期体格检验；为船员的作息安排制定指引；在船只安装记录设备监察驾驶室情况；修订现行法例，要求相关船只安装三种航行及通信设备（船舶自动识别系统 AIS、雷达和高频无线电话）。

航空方面，《2011 年空运（航空服务牌照）（修订）规例》加强了牌照局的财务监管能力，并规定牌照持有人就具体事项向牌照局做出通报及提交年度财务报表等，使牌照局更有效地评估牌照持有人持续经营航空服务的能力。

## （三）信息技术支撑

充分利用现有的信息科技基建，以协助各类物流企业建立物流系统，从而方便在中国香港运送及处理货物。推行各项有助推动物流服务电子化、提升营运效率的对策，例如，推出“电子平台转插软件启动计划”，预留 300 万元资助 100 家物流企业安装有关软件，协助他们便捷地连接大型货运电子平台，鼓励业界更广泛地应用信息科技。

在促进电子信息化物流方面，政府提供资助进行“粤港和亚洲跨境供应链可视化的可行性研究”，分析提高跨境供应链透明度可以为物流业带来的经济效益、技术上的可行性，以及商业上的营运模式。研究结果将有助进一步探讨如何更广泛地透过电子平台提升供应链透明度，增强本地物流企业的竞争力。

中国香港所有的集装箱码头都遵循自由港政策，港口基础设施几乎全部由私人企业投资建设，由私人企业经营管理。各码头服务商投入大量资本改善物流信息技术，建立自己的物流信息平台，在提高自身业务作业效率的同时，也为客户提供服务。各码头广泛使用新一代码头管理系统，系统使用业界标准的 Java 与 XML 等开放式平台技术，具备在不同电脑系统上运作的延展性。通过该码头管理系统协调自动化系统进行计划、协调和监督，码头管理系统存有码头每个集装箱的详尽资料，提供多种查询、报告及分析工具，协助管理集装箱储存。自动化系统与“信息交换服务”和闸口程序自动化系统联通，并具有显示堆场三维地图的特别功能，能随时提供码头各个标准箱的准确位置。通过这些先进技术，缩短船只靠泊的时间，加快集装箱车在码头的周转。

# 第二十一章　广州市、深圳市物流发展与物流政策

## 第一节　广州市物流发展与物流政策

广州是广东省省会、国家历史文化名城，地处中国南部、广东省中南部、珠江三角洲中北缘，是西江、北江、东江三江汇合处，濒临中国南海，南接东莞市和中山市，隔海与我国香港地区、澳门地区相望，是海上丝绸之路的起点之一，中国的“南大门”，是广佛都市圈、粤港澳都市圈、珠江三角洲地区都市圈的核心城市。中国重要的中心城市、国际商贸中心和综合交通枢纽。广州的总部经济发展能力居全国前三位，在广州投资的外资企业达2.7万家；世界500强企业288家，其中120家把总部或地区总部设在广州。截至2016年底，广州常住人口为1400多万人。

广州市是改革开放排头兵、创新发展先行者，以制度创新为核心，贯彻实施“一带一路”建设等，在构建开放型经济新体制、探索粤港澳经济合作新模式、建设现代物流产业等方面成效显著，同时也是中国（广东）自由贸易试验区建设成为粤港澳深度合作示范区、二十一世纪海上丝绸之路重要枢纽和全国新一轮改革开放先行地。其现代物流业及商贸领域发展的经验对珠海市的物流业的发展具有重要的启示和借鉴意义。

### 一、广州市物流发展

广州市在有效应对国际金融危机持续影响、国内经济发展“三期叠加”等一系列风险挑战的局面下，把握引领经济发展新常态，紧紧围绕全面建设国家中心城市，始终坚持发展是第一要务，全力以赴稳增长、调结构、促改革、惠民生、防风险、保稳定。本文将首先从GDP总量及产业情况、财政预算、交通运输、贸易经济等方面对广州市的物流及商贸环境进行基本情况的介绍。

#### （一）GDP总量及产业情况

根据国家统计局公布的数据，2006—2016年，广州市国民经济保持了健康稳定的发展趋势，近十年来的GDP平均增长率为12.69%，远高于国家的平均增长率。2016年，广州市实现地区生产总值（GDP）19610.94亿元，按可比价格计算，比上年增长8.35%。如图21-1所示。

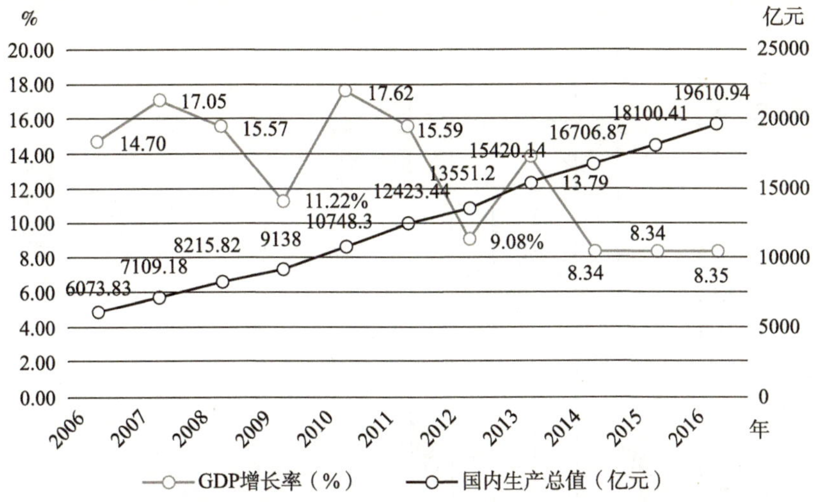


**图 21－1　2006—2016 年广州市 GDP 总值及 GDP 增长率示意**

2007—2016 年，广州市三类产业增加值都稳定增长，第一产业增加值由 2007 年的 149.87 亿元增长到 2016 年的 240.04 亿元；第二产业增加值由 2007 年的 2806.76 亿元增长到 2016 年的 5925.87 亿元；第三产业增加值由 2007 年的 4152.54 亿元增长到 2016 年的 13445.05 亿元。从所占比重来看，第一产业和第二产业的占比有所减少，第三产业占比有较大的增长。2016 年，第一产业增加值 240.04 亿元，占比比 2015 年下降 0.03%；第二产业增加值 5925.87 亿元，占比比 2015 年下降 1.42%；第三产业增加值 13445.03 亿元，占比比 2015 年增长 1.45%。第一、二、三产业增加值的比例为 1.22 ∶ 30.22 ∶ 68.56。第二、三产业对经济增长的贡献率分别为 23.0% 和 77.0%。如表 21－1 所示。

### （二）国内外贸易

根据市商务委员会和广州市统计局公布的数据，广州市 2006—2016 年，社会商品零售总额由 2006 年的 2182.8 亿元增长到 2016 年的 8706.49 亿元，11 年间增长了 2.98 倍；货物进出口总额由 2006 年的 63761.61 百万美元增长到 2016 年的 129706 百万美元，11 年间增长了 1.03 倍。如表 21－2 所示。

其中，2016 年全年社会消费品零售（国内贸易）总额 8706.49 亿元，比上年增长 9.0%。按地域来看，城镇消费品零售额 8472.80 亿元，增长 9.2%；乡村消费品零售额 233.69 亿元，增长 3.6%。分行业看，批发零售贸易业零售额 7625.58 亿元，增长 9.2 %；住宿餐饮业零售额 1080.91 亿元，增长 7.7 %。批发零售业商品销售总额 55972.75 亿元，增长 10.0 %。限额以上批发和零售业企业和个体户（含产业）实现零售额 4140.35 亿元，增长 5.7%，占全市批发和零售业零售额的 54.3%。在限额以上批发和零售业企业和个体户销售商品分类中，中西药品类零售额增长 12.9%，汽车类零售额增长 9.6%，日用品类零售额增长 22.9%，通信器材类零售额增长 10.9%，金银珠宝类零售额增长 1.4%，粮油、食品类零售额增长 12.5%。全年全市限额以上批发零售业通过公共网络实现商品零售额 738.21 亿元，比上年增长 24.6%，拉动社会消费品零售总额增长 1.8 个百分点，占社会消费品零售总额的 8.5%。

表 21 - 1　2007—2016 年三次产业增加值及占比一览

| 年份 | 国内生产总值（亿元） | GDP 增长率（%） | 第一产业增加值（亿元） | 第二产业增加值（亿元） | 第三产业增加值（亿元） | 第一产业增加值占比（%） | 第二产业增加值占比（%） | 第三产业增加值占比（%） |
|---|---|---|---|---|---|---|---|---|
| 2007 | 7109. 18 | 17. 05 | 149. 87 | 2806. 76 | 4152. 54 | 2. 11 | 39. 48 | 58. 41 |
| 2008 | 8215. 82 | 15. 57 | 167. 72 | 3198. 96 | 4849. 13 | 2. 04 | 38. 94 | 59. 02 |
| 2009 | 9138 | 11. 22 | 172. 28 | 3405. 16 | 5560. 77 | 1. 89 | 37. 26 | 60. 85 |
| 2010 | 10748. 3 | 17. 62 | 188. 6 | 4002. 3 | 6557. 5 | 1. 75 | 37. 24 | 61. 01 |
| 2011 | 12423. 44 | 15. 59 | 204. 54 | 4576. 98 | 7641. 92 | 1. 65 | 36. 84 | 61. 51 |
| 2012 | 13551. 2 | 9. 08 | 213. 8 | 4720. 7 | 8616. 8 | 1. 58 | 34. 84 | 63. 59 |
| 2013 | 15420. 14 | 13. 79 | 228. 87 | 5227. 38 | 9963. 9 | 1. 48 | 33. 90 | 64. 62 |
| 2014 | 16706. 87 | 8. 34 | 218. 7 | 5590. 97 | 10897. 2 | 1. 31 | 33. 47 | 65. 23 |
| 2015 | 18100. 41 | 8. 34 | 226. 84 | 5726. 08 | 12147. 4 | 1. 25 | 31. 64 | 67. 11 |
| 2016 | 19610. 94 | 8. 35 | 240. 04 | 5925. 87 | 13445 | 1. 22 | 30. 22 | 68. 56 |

资料来源：广州市统计局统计资料整理。

**表 21－2 2006—2016 年贸易经济统计一览**

| 年份 | 社会商品零售总额（亿元） | 货物进出口总额（百万美元） |
|---|---|---|
| 2006 | 2182.8 | 63761.61 |
| 2007 | 2595 | 73493.56 |
| 2008 | 3140.1 | 81952 |
| 2009 | 3615.8 | 76736.79 |
| 2010 | 4476.4 | 103767.56 |
| 2011 | 5243 | 116171 |
| 2012 | 5977.3 | 117131.05 |
| 2013 | 6882.8 | 118888.48 |
| 2014 | 7144.5 | 130589.8 |
| 2015 | 7988 | 133867.68 |
| 2016 | 8706.49 | 129706 |

全年商品进出口（对外贸易）总值 8566.92 亿元，比上年增长 3.1%（1297.06 亿美元，比上年下降 3.1%）。其中，商品出口总值 5187.05 亿元，增长 3.0%；商品进口总值 3379.87 亿元，增长 3.3%。进出口差额（出口减进口）1807.18 亿元，比上年增加 44.3 亿元。全市旅游购物出口 1269.5 亿元，增长 18.1%；纳入统计的跨境电子商务进出口 146.8 亿元，增长 1.2 倍。如表 21－3 所示。

**表 21－3 2016 年进出口总值（对外贸易）及其增长速度一览表**

| 指标 | 绝对数（亿元） | 比上年增长（%） |
|---|---|---|
| 进出口总值 | 8566.92 | 3.1 |
| 出口值 | 5187.05 | 3.0 |
| 其中：一般贸易 | 1903.56 | －2.2 |
| 加工贸易 | 1680.37 | －3.1 |
| 其中：机电产品 | 2692.16 | 5.4 |
| 高新技术产品 | 928.94 | 8.7 |
| 进口值 | 3379.87 | 3.3 |
| 其中：一般贸易 | 1845.80 | 9.8 |
| 加工贸易 | 1076.93 | －6.9 |
| 其中：机电产品 | 1466.06 | －0.9 |
| 高新技术产品 | 907.93 | －3.6 |
| 进出口差额（出口减进口） | 1807.18 | |

2016 年广州新签外商直接投资项目 1757 个，比上年增长 23.0%。合同外资金额 99.01 亿美元，增长 18.4%。实际使用外商直接投资金额 57.01 亿美元，增长 5.3%。全年经核准境外投资协议金额 62.18 亿美元，比上年增 7.4%；对外承包工程和对外劳务合作完成营业额 4.56 亿美元，比上年下降 46.7%；承包工程和劳务合作年末在外人员共

2. 50 万人。

## （三）物流发展

从广州市统计局公布的数据来看，广州市 2006—2016 年，旅客运输量由 2006 年的 43777 万人增长到 2016 年的 113329 万人，11 年间增长了 1. 58 倍；货物运输量由 2006 年的 42320 万吨增长到 2016 年的 112701 万吨，11 年间增长了 1. 66 倍。如表 21 –4 所示。

**表 21 –4　2006—2016 年旅客和货物运输量统计**

| 年份 | 旅客运输量（万人） | 货物运输量（万吨） |
|---|---|---|
| 2006 | 43777 | 42320 |
| 2007 | 51180 | 45142 |
| 2008 | 55385 | 48360 |
| 2009 | 57053 | 51797 |
| 2010 | 62596 | 56644 |
| 2011 | 67756 | 64132 |
| 2012 | 76069 | 75175 |
| 2013 | 89269 | 88289 |
| 2014 | 98062 | 95645 |
| 2015 | 101549 | 105525 |
| 2016 | 113329 | 112701 |

其中 2016 年铁路、公路、水运、民航、管道运输货物分别为 4951. 70 万吨、76374. 92 万吨、30339. 18 万吨、124. 92 万吨、910. 56 万吨；铁路、公路、水运、民航运输旅客分别为 14357. 40 万人、91322. 65 万人、246. 47 万人、7403. 23 万人。全年交通运输、仓储和邮政业实现增加值 1377. 42 亿元，比上年增长 12. 6%。如表 21 –5 所示。

**表 21 –5　2016 年完成货物和旅客运输量及其增长速度统计表**

| 指标 | 单位 | 数量 | 比上年增长（%） |
|---|---|---|---|
| 货物运输总量 | 万吨 | 112701. 28 | 11. 6 |
| 铁路 | 万吨 | 4951. 70 | 2. 9 |
| 公路 | 万吨 | 76374. 92 | 7. 1 |
| 水运 | 万吨 | 30339. 18 | 27. 1 |
| 民航 | 万吨 | 124. 92 | 7. 3 |
| 管道 | 万吨 | 910. 56 | 0. 5 |
| 客运量 | 万人 | 113329. 75 | 6. 8 |
| 铁路 | 万人 | 14357. 40 | 5. 2 |
| 公路 | 万人 | 91322. 65 | 7. 3 |
| 水运 | 万人 | 246. 47 | –13. 2 |
| 民航 | 万人 | 7403. 23 | 5. 1 |

全年港口货物吞吐量 54356. 12 万吨，增长 4. 3%；其中外贸货物吞吐量 12643. 52 万

吨，增长5.4%。港口集装箱吞吐量1884.97万TEU，增长7.0%。全年广州白云国际机场旅客吞吐量5977.66万人次，机场货邮行吞吐量215.26万吨，分别增长8.3%和7.5%。

## 二、广州市物流政策

物流是社会经济发展的“晴雨表”，以上广州市社会经济各项成绩的取得离不开物流的支撑和推动，建设国际航运中心、物流中心、贸易中心和现代金融服务体系是推动广州市近年来经济社会发展的关键措施。通过强化海港、空港等国际枢纽带动功能，实施一批行动计划，建成高效便捷的交通体系、流通体系、服务体系，进一步做实华南区域中心，扩大国际国内影响力，实现了城市功能整体的跃升。

### （一）强化国际航运枢纽功能，建设国际航运中心

近年来全面实施建设广州国际航运中心行动计划，进一步夯实基础设施，完善集疏运体系，促进航运要素集聚，建设航运功能区、航空经济示范区，培育壮大临港、临空产业，进一步提升广州港和白云国际机场在全球港口和机场体系中的地位和资源配置能力。

1. 提升港口通过能力

第一，实施广州港深水航道拓宽工程、珠江口公共锚地设施建设，有序推进南沙港区四期、南沙港区通用码头、南沙国际邮轮码头等一批重点工程规划建设。第二，推进新沙港区二期工程建设，加快黄埔新港、新沙港区技改扩能，实施内河港区升级改造，加快老旧港区散货码头搬迁和转型升级，保留必要的客货运功能，加强城市生活、商务、休闲功能。第三，发展江海、公水、铁水、海空、空铁等多式联运，推动海港、空港、铁路港联动发展，优化港口公路运输网络，引导集装箱向南沙港区集聚。第四，加快智慧航运建设，建设港航基础数据库、航运物流信息平台和航运交易信息平台。

2. 拓展港口航运合作

拓展内陆经济腹地方面：第一，围绕建设华南、中南和西南地区出海大通道，加强与珠江口、“珠江—西江经济带”沿线城市港口合作，在港口航线、航运物流和航运服务实现优势互补。第二，与区域泛珠腹地城市共建无水港。拓展海外合作方面：第一，加强与国际班轮公司、航运中心合作，努力增加外贸集装箱班轮航线。第二，鼓励企业在海上丝绸之路沿线国家港口城市投资基础设施、物流园区和临港产业，支持设立境外办事处。第三，建立和完善21世纪海上丝绸之路国际港口城市交流合作机制，举办21世纪海上丝绸之路沿线国家港口城市论坛，积极争取港口航运类国际性会议主办权，吸引国际性港航企业和组织在广州设立分支机构。

3. 培育壮大临港产业

第一，大力发展现代航运物流。大力发展保税物流、集装箱物流、冷链物流、商品汽车物流、粮食物流、大宗生产资料物流等现代航运物流业，进一步发展内贸、近洋集装箱运输，扩大远洋航线覆盖范围。第二，加快壮大现代航运服务业。加快建设南沙粤港澳航运服务示范区和黄埔临港经济区，大力发展航运交易、航运金融、航运经纪、航运法律服务、邮轮游艇、船舶租赁等现代航运服务业，打造临港总部经济和港航服务业集聚区。第三，积极发展临港工业。依托南沙港区、黄埔港区重点发展汽车、石化、电子信息、新材

料、钢材深加工、核电装备、高压输变电设备、隧道机械、数控机床等产业。建设南沙国际汽车产业基地、龙穴产业基地、大岗装备制造基地和番禺现代产业基地。

### （二）完善现代物流基础设施和服务体系，建设国际物流中心

广州市充分发挥“海港”和“空港”枢纽双引擎叠加优势，完善现代物流基础设施和服务体系，推进现代物流创新发展试点，进一步提升物流的社会化、专业化水平，强化国家物流标准化示范城市、国家综合运输服务示范城市地位，打造国际物流枢纽城市。

#### 1. 畅通国际国内物流通道

第一，强化空港、海港国际货运枢纽地位，拓展空中和海上航线，争取“十三五”期间白云国际机场新开通 30 条全货运航线，广州港新增 30 条国际班轮航线，促进国际通关、换装、多式联运有机衔接，增强广州市进出口货物集散能力，建设亚太航空货运物流中心。第二，拓展广州铁路货运枢纽国际服务功能，加快建设中欧班列的广州始发基地，积极向国家争取设立铁路一类口岸。第三，加强与周边国家和地区的跨境物流体系建设，畅通陆水联运通道，策划一批关键通道、关键节点和重点工程，畅通面向东盟、21 世纪海上丝绸之路沿线国家和丝绸之路经济带的国际运输走廊。

#### 2. 优化物流基础设施布局

加快形成“4 +4 +8 +12”的“骨干物流网络 + 区域物流网络 + 专业物流网络 + 市内配送网络”的物流基础设施体系：第一，依托港口、机场、公铁联运货运场站等大型交通枢纽和口岸，建设空港国际物流园区等 4 个国际物流园区。第二，打造白云现代商贸物流园区等 4 个以城市区域为物流服务范围的多功能物流园区。第三，形成江高农产品物流基地等 8 个与产业联动的专业物流基地。第四，完善城市物流配送网络，在中心城区东、南、西、北部布局 12 个城市共同配送中心，为终端客户或特定客户提供高频率、小批量、多批次配送服务，在城市社区和村镇布局建设共同配送末端网点。

#### 3. 推动重点领域物流发展

第一，充分利用自贸试验区及保税港区、保税物流园区、出口加工区等海关特殊监管区的政策优势，加快发展制造业物流、保税物流、空港物流、冷链物流、国际物流和智慧物流，增强辐射带动能力。第二，继续深化分销、共同配送、供应链集成服务等物流经营模式，探索打造大宗商品流通服务生态圈。第三，规划建设综合服务功能强的第三方、第四方物流服务中心，建立和完善现代物流服务体系。

#### 4. 培育壮大骨干物流企业

第一，鼓励物流配送企业规模化发展，支持优势物流企业通过重组、参股、控股、承包、兼并、收购、托管和特许经营等方式实现规模扩张。第二，鼓励制造企业分离外包物流业务，引导大型制造企业自营物流机构向社会化、专业化的第三方、第四方物流企业转型发展。第三，发展培育 3 ~5 家百亿级具有本土特色的综合型物流企业。鼓励物流企业参与国际竞争，力争培育 1 ~2 家具有国际竞争力的现代物流企业。

#### 5. 大力发展跨境电商

其措施包括：第一，加快推进跨境贸易电子商务公共服务平台建设，实现政府部门

间、政府监管部门与经营主体间的标准化信息流通和互联共享。第二，分类建设海港型和空港型跨境电子商务集中监管园区，把南沙保税港区、白云机场综合保税区、广州保税区等海关监管区建设成为国家级跨境电子商务示范园区，加快建设状元谷跨境贸易电商监管中心，实现海关、国检、国税、电商企业、物流企业在状元谷园区内现场通关。第三，鼓励支持跨境电子商务企业通过规范的“海外仓”等模式，融入境外零售体系，健全进出口商品供应链管理。第四，大力推进监管体系、通关流程、检验检疫流程、金融服务、财税政策等服务创新，营造良好的发展环境。

此外，广州市还主动适应和对接国际投资贸易新规则，积极开展国内贸易流通体制改革发展综合试点，加快推进中国（广州）跨境电子商务综合试验区建设，提高贸易便利化水平，发挥市场在资源配置中的决定性作用以及流通对生产和消费的先导作用，实现千年商都向现代化商都转型，打造国际贸易中心。

## 三、广州物流发展对珠海的启示和借鉴意义

通过以上对广州物流产业发展的梳理可见，广州市在“一带一路”和自贸区战略、珠江三角洲地区世界级城市群建设和区域合作、国际商贸中心定位和“三中心一体系”建设的历史机遇下物流产业快速发展，但是也存在以下两方面的问题：第一，物流的传统竞争优势难以为继，竞争新优势尚未形成；第二，全球高端资源要素整合能力不强。珠海市物流产业面临着比广州市更为严峻的国内区域和城市间竞争、整体实力不足等问题，广州市的发展经验和教训能给予珠海的启示有很多。

### （一）明确物流产业定位和空间布局

广州市根据自身区位特征和资源禀赋，明确提出了完善现代物流基础设施和服务体系，建设国际物流中心和国际航运中心。珠海市也需要因地制宜，据珠海市区位特征、社会经济发展状况拥有横琴自贸片区、高栏港等独特资源，在产业定位上，珠海市现代物流业是支撑和引领珠海市产业升级壮大、服务粤港澳大湾区乃至大西南经济区的战略性产业。积极参与“一带一路”建设，深化区域合作，构建现代物流体系，到 2020 年将珠海打造成华南地区重要的国际物流中心。

在空间布局上，布局高栏港国际物流园区、空港国际物流园区、珠港澳国际物流园区 3 大国际物流园区，富山物流中心、斗门港物流中心、金鼎物流中心和桂山港物流中心 4 个物流中心，上冲商贸配送中心、南屏配送中心、莲洲农产品配送中心和金湾商贸配送中心 4 个配送中心。

### （二）推进物流标准化体系建设

根据推广广州市物流产业迅速做大做强的经验，发现物流标准化体系建设至关重要。珠海市在物流标准化体系方面也需加大建设力度。

#### 1. 加快建设商贸物流标准化体系

以托盘标准化及其循环共用、城市配送体系标准化建设为重点，推动建立完善的物流业标准化体系，形成在生产、运输、仓储、配送、销售等环节实现配套设施的无缝对接和循环共用，提高物流运行效率，合理利用社会资源，降低物流成本。加强标准化推广应

用。积极推动城市配送标准及冷链标准等物流标准在商贸物流企业中实施及推广，提升商贸物流企业物流标准化水平。

2. 提升发展城市物流配送标准化体系

完善城市物流配送网络体系，优化完善“大型城市物流配送基地—城市配送中心—社区配送集散点”三级城市配送体系，建成高效城市配送平台，推动公共物流仓储、城市配送车辆建设。提高城市配送集约化水平。推动电商物流发展，优化城市物流末端配送模式，支持和鼓励城市物流配送企业与连锁经营实体、便民服务设施、社区服务组织等开展多种形式的服务合作，促进线上线下融合发展，鼓励开展末端集中配送和自提储物柜试点。

3. 推动建设智慧物流标准化体系

建设互联互通的智慧化物流信息服务平台，推动商贸企业与物流企业信息互通、联动发展，提高生产、流通和物流企业的及时响应能力。鼓励发展自动化物流仓储中心，支持企业利用信息化手段，将订单运营、分拣加工、客户服务等功能进行整合，建立智慧化仓储管理信息系统。鼓励电子商务和商贸物流企业充分运用信息化管理手段，提高物流效率、降低物流成本。

4. 引导发展冷链物流服务标准化体系

推进冷链物流基地建设，依托骨干农产品批发市场改造建设一批综合性冷链物流基地和配送中心，鼓励大型零售企业建设冷链物流基地。提升冷链运输水平，鼓励具有一定规模的冷链物流企业更换、新增节能环保的冷链运输车辆，引导和鼓励企业使用标准化托盘、容器、包装等运输工具。完善冷链物流标准体系，以冷链物流通用类和基础类标准以及一些行业亟须的冷链物流标准的修订为主，解决冷链物流领域存在的“瓶颈”问题。

### （三）促进新型物流平台建设与传统商贸融合

根据广州市物流平台整合的经验发现，建设新型物流平台必须与传统商贸融合，否则就会出现平台空置，资源利用不足的状况。具体可供借鉴的措施有：第一，需建设一批有影响力的电子商务交易平台、专业服务平台和公共服务平台。第二，完善塑料、煤炭、有色金属、木材等大宗商品交易价格指数发布平台。第三，支持离岸贸易、大宗商品交易、跨境电商等新型贸易业务发展，大力发展电子商务，建设珠江西岸电子商务中心。第四，发展壮大第三方支付平台，促进批发零售业与电子商务融合发展。促进大宗商品市场、零售行业和专业市场的电子商务应用。

### （四）推进制度创新和政策支持

1. 加快推进物流管理体制改革，进一步简政放权，探索建立物流领域的“负面清单”，建设“大通关”体系，学习广州国际贸易“单一窗口”，完善珠海各口岸管理部门“信息互换、监管互认、执法互助”合作机制，推行“联合查验、一次放行”等通关新模式，扩大进口货物直通放行试点企业和商品范围。

2. 研究制定与国际接轨的航运税费政策，争取启运港退税政策试点。创新船舶注册模式和管理制度，争取第二船籍港制度试点和港澳船舶按国内航线管理等市场一体化政策。

3. 继续推进城市共同配送试点，打造现代化的城市共同配送服务体系。

4. 开展物流政策创新，完善支持物流企业发展的用地政策，建设国际贸易结算中心，建设大宗商品期货保税交割仓库。

## 第二节 深圳市物流发展与物流政策

深圳，简称“深”，广东省省辖市、计划单列市、副省级市、国家区域中心城市、超大城市。地处广东省南部，珠江三角洲东岸，与我国香港地区一水之隔，东临大亚湾和大鹏湾，西濒珠江口和伶仃洋，北部与东莞、惠州接壤，南隔深圳河与中国香港相连。深圳是中国改革开放建立的第一个经济特区，是中国改革开放的窗口，已发展为有一定影响力的国际化城市，创造了举世瞩目的“深圳速度”，同时享有“设计之都”“钢琴之城”“创客之城”等美誉。深圳市域边界设有中国最多的出入境口岸。截至 2016 年底，深圳常住人口为 1190 多万人。

深圳市主动把握“一带一路”倡议、中国（广东）自由贸易试验区、粤港澳湾区经济，及深圳“东进”战略的发展机遇，按照“四个全面”“四个率先”“两区三市”的总体要求，以创建国家现代物流创新发展试点城市为契机，大力发展现代物流业。坚持创新发展主线，坚持全球化战略，以市场为导向、以企业为主体，以海空双港为龙头，物流业规模持续扩大，运行效率不断提升，企业实力显著增强，服务环境日益优化，支柱产业地位持续巩固，深圳逐渐成为具有全球竞争力和影响力的国际化物流枢纽城市。

深圳市现代物流业近年来的迅速发展对推动珠海市现代物流业发展，建设珠江西岸重要的国际物流中心具有重要启示和借鉴意义。

### 一、深圳市物流发展

深圳现代物流业发展取得显著成绩，物流业规模不断扩大，物流实力不断增强，新兴业态不断涌现，支柱产业地位进一步巩固提升，为全市经济发展和产业转型升级发挥了重要作用。本文将首先从物流的产业地位、行业运行效率、物流枢纽地位、行业领军企业、物流政策体系、行业交流平台及“一带一路”等方面对深圳市的物流及商贸环境进行基本情况的介绍。

#### （一）物流的支柱产业地位更加巩固

近五年来，深圳物流业规模保持较快增长，支柱产业地位不断巩固。据深圳市统计局资料显示，2015 年，深圳实现物流业增加值 1782.7 亿元，“十二五”期间年均增速达到 11.2%；物流业增加值占 GDP 的比重达到 10.2%，“十二五”期间提高 0.45 个百分点，自 2014 年以来连续两年占比超过 10%；全市实现社会货运量 32475 万吨、社会货运周转量 2253 亿吨公里和社会物流总额 35294 亿元，增幅分别达到 24.1%、36.2% 和 35.2%；全市完成快递业务量 14 亿件，比 2011 年增长 5.8 倍；全市快递业务实现收入 223 亿元，比 2011 年增长 3.4 倍。全市交通运输、邮政业基础设施共完成固定资产投资约 1500 亿元，占全市固定资产投资的比重达到45%。如图21－2所示。

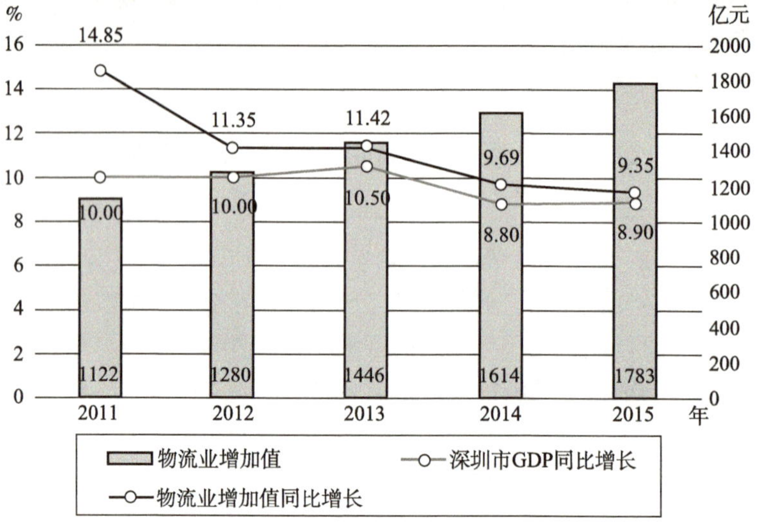


**图21－2　2011—2015年物流业增加值、同比增速及同期GDP增速示意**

## （二）行业运行效率领先全国

“十二五”期间，深圳物流业运行效率持续提升。2011—2015年，据深圳市统计局资料显示，深圳社会物流总费用各年份同比增速水平逐渐收窄，社会物流总费用占GDP比重持续降低。2015年，深圳社会物流总费用占GDP的比重为13.3%，较“十一五”末期降低1.6个百分点，低于全国平均水平约3个百分点。“十二五”期间，深圳物流业单位物流货值不断提升，2011—2015年深圳年均单位物流货值11534元/吨，比“十一五”末期增加1562元/吨，增幅达15.7%。如图21－3所示。

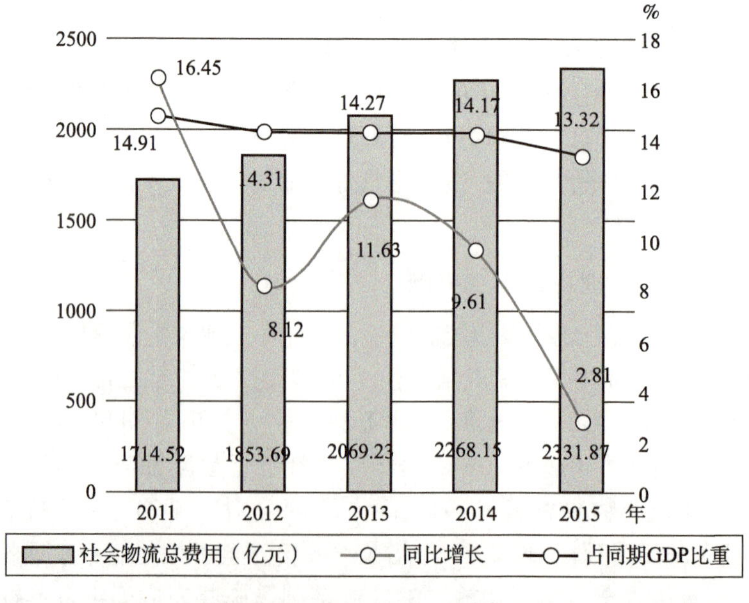


**图21－3　2011—2015年社会物流总费用、同比增速及占GDP比重示意**

### （三）物流枢纽地位作用突出

依托国际枢纽港与区域性航空枢纽建设，深圳港与深圳机场的国际物流枢纽功能不断增强。截至2015年末，据深圳市统计局资料显示，挂靠深圳港的国际集装箱班轮航线达254条，深圳港与泰国林查班港、印尼国家港口集团、非洲吉布提港和马来西亚巴生港等港口建立友好关系，深圳国际友好港数量达到18个，形成了远近洋、干支线、内外贸相结合的全球性航运网络体系。2015年，深圳港集装箱吞吐量达到2420万标箱，连续三年稳居全球第三大集装箱港。如图21－4所示。

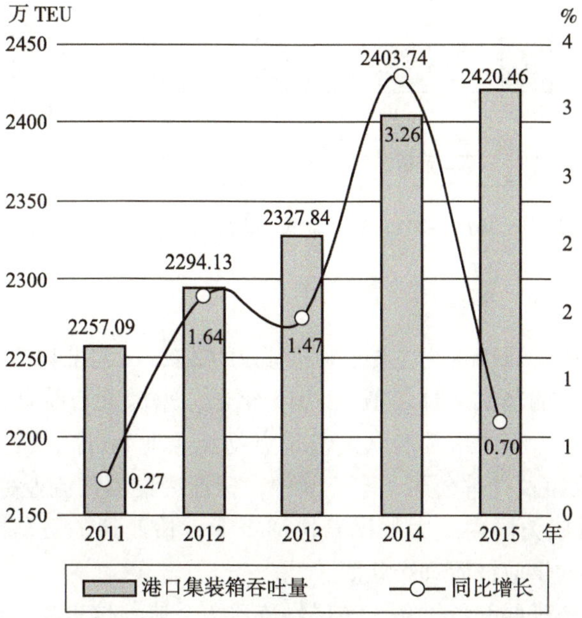


图21－4 2011—2015年深圳港集装箱吞吐量及同比增速变化图

深圳机场积极实施国际化战略，致力打造亚太快件集散中心，货邮吞吐规模稳步增加，国际物流份额比重不断提升。2015年，深圳机场通航国家达到12个，通航国际城市达到19个。深圳机场货邮吞吐量达到101.4万吨，连续13年位居全国第四；全货机达到4767架次，承运货邮吞吐量达43%。深圳机场全货机航线34条，货运航线网络覆盖国内外31个城市。如图21－5所示。

深圳加快推进市域大通道规划建设，丹平快速一期、南坪快速二期、清平高速二期、新彩通道建成通车，外环高速、南坪三期、坂银通道、深华快速路、丹平快速路二期顺利推进。2015年末，全市道路通车里程6520公里，道路网密度达到7.0公里/平方公里。

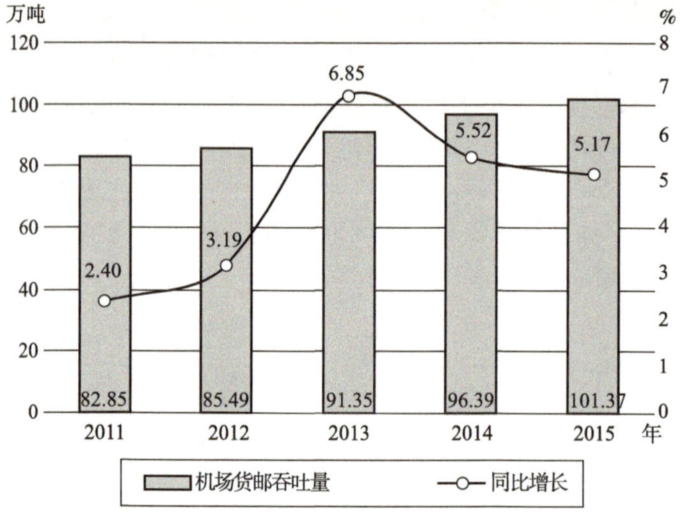


**图 21－5　2011—2015 年深圳机场货邮吞吐量及同比增速示意**

## （四）行业领军企业不断涌现

深圳现代物流业坚持以市场为主导、以企业为主体，一大批物流领军和创新型企业成为深圳现代物流业发展的坚实主体。截至 2015 年末，据深圳市统计局资料显示，深圳各类物流企业逾 1.7 万家，其中市政府认定的重点物流企业 86 家，营业收入超百亿元的物流企业 10 家，物流上市及挂牌公司 8 家。其中，招商局集团物流业务布局全球 15 个国家 28 个港口；顺丰速运成为国内最大的民营快递企业；怡亚通、飞马国际、腾邦、华鹏飞成为国内第一批上市的供应链管理企业。

深圳物流企业不断延伸服务链条，拓展物流和资金流、信息流、商贸流紧密融合的增值服务模式，积极向制造、金融、贸易、电商等行业跨界融合，涌现出了“O2O 供应链商业生态圈”模式、“快递＋电商”模式、“物流与金融一体化”模式、“以大数据分析为基础的物流透明 3.0 管理”模式等创新成果。

## （五）物流政策体系日益优化

深圳市政府和物流主管部门积极发挥政府引导职能，制订和修订完善产业与空间专项规划、出台产业促进措施、保障重要物流基础设施建设、支持重点物流企业和物流项目发展，为现代物流业发展营造了良好的政策环境。如表 21－6 所示。2014 年，深圳市政府发布《关于促进深圳电子商务物流业发展的若干措施》，是全国首个规范和促进电商物流业发展的政策性文件。2015 年，深圳市共计发放现代物流业发展专项资金 20245 万元，大力支持市重点物流企业、航空物流与港航物流企业，以及建设物流公共信息平台的物流企业。

表 21-6 深圳市出台的物流领域相关政策文件一览

| 序号 | 名称 | 年份 |
|---|---|---|
| 产业规划 | | |
| 1 | 深圳市现代物流业发展“十二五”规划 | 2011 |
| 2 | 深圳市现代物流业转型升级研究 | 2014 |
| 3 | 深圳市物流公共信息平台建设规划及实施方案研究 | 2015 |
| 促进政策、技术标准与管理规范 | | |
| 1 | 食品冷链技术与管理规范 | 2011 |
| 2 | 深圳市全市性物流公共信息服务平台项目认定管理实施细则 | 2012 |
| 3 | 深圳市现代物流业发展专项资金管理办法 | 2013 |
| 4 | 关于促进深圳电子商务物流业发展的若干措施 | 2014 |
| 5 | 深圳市发展快递业管理规定 | 2014 |

### （六）物博会打造行业交流平台

中国（深圳）国际物流与交通运输博览会（以下简称“物博会”）迄今已连续成功举办10届，展会为国内外知名物流企业展示形象、做大品牌、拓展市场搭建了专业诚信的合作平台，助力深圳打造成为国际化交通物流枢纽城市，对推动、引领深圳乃至中国现代物流业转型与创新发展发挥了重要作用。2015年，深圳物博会展览面积达6万平方米，设立了15大展区、1600多个展位，组织了25项主题鲜明、内容丰富的论坛及活动；纳米比亚、越南、孟加拉国、沙特阿拉伯等国家首次参展，国际展商比例高达40%。物博会的成功举办，为深圳物流业在国际、国内市场树立了良好品牌形象，提升了深圳物流业的区域影响力和行业美誉度。

### （七）“一带一路”建设成效显著

随着“一带一路”建设的深入实施及“走出去”战略的不断推进，深圳物流领军企业成为战略实施的重要力量。招商局集团形成了“深圳总部＋全国网络＋全球布局”的物流发展格局。顺丰速运在中国香港地区、中国澳门地区、中国台湾地区、韩国、日本、马来西亚、新加坡及美国设立网点，开展国际派收业务。越海物流积极拓展“一带一路”沿线国家和地区市场，打造越海全球平行汽车供应链项目。

## 二、深圳市物流政策

深圳市现代物流业虽然取得了巨大的成就，但是与国际物流业发达地区相比，深圳现代物流业在航运航空枢纽建设、物流信息化水平、物流成本、物流公共设施保障等方面，存在以下问题：

第一，航运航空功能枢纽功能有待增强。近年来国内外港口竞争加剧，海港航线资源与集装箱货源抢夺激烈，深圳港集装箱吞吐量增速逐步放缓，未来深圳港依靠规模发展的优势可能遭遇“瓶颈”。深圳港及其后方陆域在保税物流、国际中转、集装箱拆拼、航运贸易、航运物流金融服务、航运物流信息服务等高附加值、衍生服务方面仍有较大提升空间。深圳机场的国际航线仍然短缺，国际航线网络尚不完善，国际航空货邮服务能力仍有较大改善空间。

第二，物流信息化和物流技术应用水平有待提高。与全球发达物流枢纽城市相比，深圳物流信息平台的建设及运用水平仍然不高，开展物流信息平台建设的企业数量不多，现有信息平台间的数据互联互通暂未实现。传统物流仓储、运输类企业的自动化、智能化水平仍有较大提升空间，对物流追踪与货物管理、智能调度与高效储运等技术的运用有待进一步普及。

第三，社会物流成本不断攀升。物流企业大多属于中小微企业，普遍存在融资难、融资贵的难题。受企业员工工资、仓储租金上涨等因素影响，生产要素成本不断上升。“营改增”政策的实施，也提高了部分物流企业的经营成本。

第四，物流公共设施保障相对不足。物流业作为国民经济基础性产业，公共设施保障能力是城市经济整体运行的重要前提。然而，深圳土地空间资源紧缺，仓储等基础物流、城市共同配送、快递分拨中心及末端服务场所等民生物流土地供给存在较大缺口。部分物流园区功能变更，需要转型升级以适应现代物流业发展的要求。物流通道能力需要进一步提升，以满足物流日益增长的设施需求。

深圳为解决现代物流产业跨越式发展中存在的问题及制约因素，以创新发展为主线，以“全链条、建平台、树标准、创模式、优环境、促民生”为思路，重点突出交通物流融合发展创新、供应链管理服务体系创新、深港国际物流服务体系创新、港口物流服务体系创新四大领域，促进空港、海港、信息港高效联动，物流、商流、信息流、资金流融通汇聚，促进交通物流一体化、集装化、网络化、社会化、智能化发展，推动深圳现代物流业向更广领域、更高层次、更高水平发展，努力建成以全国物流创新发展示范区、国际物流合作引领区、国际多式联运中心、全球供应链管理中心、深港共建国际航运中心（“两区”“三中心”）为内核的、具有全球竞争力和影响力的国际化物流枢纽城市。

具体政策措施有：

**（一）打造全国物流创新发展示范区**

以建设国家物流创新发展试点城市为契机，充分发挥政府的引导作用，以创新管理、规划引导为抓手，营造适应现代物流业创新发展的市场环境，推动交通物流融合发展，打造创新环境优良、创新业态多元、创新企业涌现、创新能力辐射的全国现代物流创新发展示范。

**（二）打造国际物流合作引领区**

依托深圳东西部港区和深圳物流企业全球布局的网络资源，发挥借助中国（广东）自由贸易试验区和中国（深圳）跨境电子商务综合试验区的政策优势，布局国际物流服务网络，完善深港联动的国际物流服务体系，构建开放共享的跨境电商物流体系，推动深圳现代物流业更大范围、更广深度的参与全球分工合作，为深圳打造国家“一带一路”战略支点发挥重要支撑作用。

### （三）打造国际多式联运中心

顺应腹地经济社会发展需求，进一步增强深圳港在连接腹地与国内、国际两种资源、两个市场中的门户枢纽地位，加强多种运输方式的衔接，以多式联运体系建设为核心，以海铁联运、水水联运、无水港、公路港建设为重点，以宝安国际机场升级为国际枢纽机场为契机，研究拓展空铁联运、空海联运等多式联运方式，扩大深圳港、深圳机场货源腹地。

### （四）打造全球供应链管理中心

增强供应链管理服务功能，鼓励传统运输、仓储企业向供应链上下游延伸，积极拓展融资租赁、商业保理、管理咨询等新兴业务，打造集物流控制、信息、结算、专业服务于一体的全球供应链管理中心。

### （五）共建深港国际航运中心

进一步巩固深圳港作为国家战略资源和重要基础设施支撑的核心地位，依托深圳港“两翼、六区、三主”的总体格局，充分发挥中国香港在航运业服务业和深圳港远洋集装箱运输优势，积极拓展并完善现代港口的物流和产业服务功能，加大深圳港基础设施建设，加快推动深圳现代航运服务业创新驱动发展，率先建设成为“具有竞争力、环境友好、安全可靠、可持续发展、深港合作特色”的国际航运中心。

### （六）统筹规划物流重大工程

依托重大项目，推进深圳现代物流业创新发展，实施“一带一路”、航运航空物流、供应链管理、陆路物流通道、物流园区、物流信息平台、电商物流、物流标准化、民生物流等多项重大工程，包括了白商贸物流园、飞马国际供应链创新中心、顺丰供应链总部、深圳宝安国际机场三跑道及 T4 航站区建设工程、深圳港大铲湾港区二期集装箱码头工程、盐田港区东港区超大深水泊位工程、深圳至中山跨江通道工程、供应链 O2O 综合服务平台、泛亚国际生鲜冷链物流中心、深圳市粮食社会化应急储备基地等共计 40 余项的“千亿级投资项目”。

总之，深圳市要积极推动深圳现代物流服务模式创新，加强物流基础平台建设，增强物流枢纽辐射带动能力，打造适应国际中转、采购、配送、转口贸易业务要求的国际物流体系，构建覆盖华南、服务全国、辐射全球的物流服务网络。着力建设国际化物流枢纽城市，为深圳建设全国经济中心城市提供重要支撑。

## 三、深圳物流发展对珠海的启示和借鉴意义

通过深圳的经验发现：改革和开放是繁荣的必由之路。物流产业继续发挥了深圳在全国新一轮改革开放中的引领作用，充分利用了国际国内两个资源，以开放合作拓展发展空间，促进了要素有序流动、资源高效配置、市场深度融合。珠海要借鉴深圳物流产业发展的经验教训，积极参与到粤港澳大湾区建设，着力构建全方位、宽领域、多层次的改革开放合作新格局。

第一，积极参与“一带一路”建设。珠海要根据自身资源禀赋，秉持亲诚惠容，坚持

共商共建共享原则，充分发挥珠海地缘、商缘、人缘优势，以设施联通、贸易畅通、民心相通为重点，全面深化与“一带一路”沿线国家的战略合作，成为建设海上丝绸之路的战略支撑。主动参与“信息丝绸之路”建设，推进海港、空港、信息港等多港联动。积极推进经贸合作，争取在重点国别、优先领域、关键项目取得突破性进展。

第二，努力建设全球一流湾区城市。以世界著名湾区城市为标杆，立足珠海、携手港澳、协同珠江三角洲地区，打造高端产业形态，强化要素配置能力，促进基础设施建设互联互通，彰显宜居城市国际化风范。加快粤港澳大湾区建设，提升湾区经济发展能级，在更大范围集聚资源、拓展市场、外溢发展，努力建设创新能力卓越、产业层级高端、交通网络发达、辐射功能强大的全球一流湾区城市。

第三，构建全方位对外开放战略平台。按照“依托港澳、服务内地、面向世界”的要求，高标准建设中国（广东）自由贸易试验区珠海横琴片区，加快横琴自贸区物流业开发开放，进一步推动贸易投资便利化，构建与国际贸易投资规则相适应的制度框架，推进体制机制和法治建设等方面的创新，打造中国自贸区建设的新标杆。

第四，开创区域合作新局面。增强经济特区城市辐射带动功能，先行先试，在协调发展中拓宽发展空间，积极推动泛珠江三角洲地区区域合作，加快珠中江一体化进程，强化与阳江、茂名、湛江、云浮等经济圈建设，打通与周边城市战略通道，加强经济、社会、生态环境等领域的全方位合作，不断扩大珠海的经济腹地空间。全面提升珠广、珠深、珠港、珠澳合作水平，深化社会、民生、科技、文化、教育、环保等领域交流合作，为港澳长期繁荣稳定发挥重要作用。

具体物流产业而言，启示主要有：

### （一）推动物流服务模式创新

实施物流标准化工程，鼓励重点物流企业参与物流技术标准和服务规范的制定，积极推进与国际通行标准对接，建立绿色物流评估标准和认证体系。支持物流先进技术和高端装备研发，加强物流信息平台建设，推动信息技术、智能仓储、车载及手持终端等在物流全流程的使用。增强供应链管理服务功能，鼓励传统运输、仓储企业向供应链上下游延伸，积极拓展融资租赁、商业保理、管理咨询等新兴业务，打造集物流控制、信息、结算、专业服务于一体的供应链管理中心。到 2020 年，使珠海物流业增加值占 GDP 比重达 10% 左右。

### （二）加强物流基础平台建设

发挥物流园区资源要素优势和集聚效应，推动物流企业和金融保险、信息服务等配套企业融合发展，构建功能完善、便捷高效的物流平台网络。加强骨干物流网络与城市共同配送体系建设，鼓励发展智能快件箱、冷链储藏柜等新型社区配送设施，形成层级合理、规模适当、需求匹配的物流仓储配送网络，提高“最后一公里”的配送能力。积极构建服务全球贸易和营销网络、跨境电子商务的物流平台体系，打造全国性跨境电商物流集散中心。

### （三）增强物流枢纽辐射带动能力

加强与国内物流枢纽的跨区域合作，促进区域物流一体化发展，打造适应国际中转、采购、配送、转口贸易业务要求的国际物流体系，构建覆盖华南、服务全国、辐射全球的物流服务网络。支持民营航空公司发展，支持航空公司在珠海金湾机场开通货运航线，拓展国际航空物流市场。支持建立深港澳台货运代理企业协作联盟，增辟中国—东盟、中国—西亚、中国—东盟等地区的主要物流通道，打造中国珠江西岸重要的国际物流中心。

# 附 录

# 附录一　国家、广东省重要物流（相关）政策

## 1. 物流业发展中长期规划（2014—2020 年）

物流业是融合运输、仓储、货代、信息等产业的复合型服务业，是支撑国民经济发展的基础性、战略性产业。加快发展现代物流业，对于促进产业结构调整、转变发展方式、提高国民经济竞争力和建设生态文明具有重要意义。为促进物流业健康发展，根据党的十八大、十八届三中全会精神和《中华人民共和国国民经济和社会发展第十二个五年规划纲要》《服务业发展“十二五”规划》等，制订本规划。规划期为 2014—2020 年。

### 一、发展现状与面临的形势

#### （一）发展现状

“十一五”时期特别是国务院印发《物流业调整和振兴规划》以来，中国物流业保持较快增长，服务能力显著提升，基础设施条件和政策环境明显改善，现代产业体系初步形成，物流业已成为国民经济的重要组成部分。

产业规模快速增长。全国社会物流总额 2013 年达到 197.8 万亿元，比 2005 年增长 3.1 倍，按可比价格计算，年均增长 11.5%。物流业增加值 2013 年达到 3.9 万亿元，比 2005 年增长 2.2 倍，年均增长 11.1%，物流业增加值占国内生产总值的比重由 2005 年的 6.6% 提高到 2013 年的 6.8%，占服务业增加值的比重达到 14.8%。物流业吸纳就业人数快速增加，从业人员从 2005 年的 1780 万人增长到 2013 年的 2890 万人，年均增长 6.2%。

服务能力显著提升。物流企业资产重组和资源整合步伐进一步加快，形成了一批所有制多元化、服务网络化和管理现代化的物流企业。传统运输业、仓储业加速向现代物流业转型，制造业物流、商贸物流、电子商务物流和国际物流等领域专业化、社会化服务能力显著增强，服务水平不断提升，现代物流服务体系初步建立。

技术装备条件明显改善。信息技术广泛应用，大多数物流企业建立了管理信息系统，物流信息平台建设快速推进。物联网、云计算等现代信息技术开始应用，装卸搬运、分拣包装、加工配送等专用物流装备和智能标签、跟踪追溯、路径优化等技术迅速推广。

基础设施网络日趋完善。截至 2013 年底，全国铁路营业里程 10.3 万公里，其中高速铁路 1.1 万公里；全国公路总里程达到 435.6 万公里，其中高速公路 10.45 万公里；内河航道通航里程 12.59 万公里，其中三级及以上高等级航道 1.02 万公里；全国港口拥有万

吨级及以上泊位2001个，其中沿海港口1607个、内河港口394个；全国民用运输机场193个。2012年全国营业性库房面积约13亿平方米，各种类型的物流园区754个。

发展环境不断优化。“十二五”规划纲要明确提出“大力发展现代物流业”。国务院印发《物流业调整和振兴规划》，并制定出台了促进物流业健康发展的政策措施。有关部门和地方政府出台了一系列专项规划和配套措施。社会物流统计制度日趋完善，标准化工作有序推进，人才培养工作进一步加强，物流科技、学术理论研究及产学研合作不断深入。

总体上来看，中国物流业已步入转型升级的新阶段。但是，物流业发展总体水平还不高，发展方式比较粗放。主要表现为：一是物流成本高、效率低。2013年全社会物流总费用与国内生产总值的比率高达18%，高于发达国家水平1倍左右，也显著高于巴西、印度等发展中国家的水平。二是条块分割严重，阻碍物流业发展的体制机制障碍仍未打破。企业自营物流比重高，物流企业规模小，先进技术难以推广，物流标准难以统一，迂回运输、资源浪费的问题突出。三是基础设施相对滞后，不能满足现代物流发展的要求。现代化仓储、多式联运转运等设施仍显不足，布局合理、功能完善的物流园区体系尚未建立，高效、顺畅、便捷的综合交通运输网络尚不健全，物流基础设施之间不衔接、不配套问题比较突出。四是政策法规体系还不够完善，市场秩序不够规范。已经出台的一些政策措施有待进一步落实，一些地方针对物流企业的乱收费、乱罚款问题突出。信用体系建设滞后，物流业从业人员整体素质有待进一步提升。

### （二）面临的形势

当前，经济全球化趋势深入发展，网络信息技术革命带动新技术、新业态不断涌现，物流业发展面临的机遇与挑战并存。伴随全面深化改革，工业化、信息化、新型城镇化和农业现代化进程持续推进，产业结构调整和居民消费升级步伐不断加快，中国物流业发展空间越来越广阔。

物流需求快速增长。农业现代化对大宗农产品物流和鲜活农产品冷链物流的需求不断增长。新型工业化要求加快建立规模化、现代化的制造业物流服务体系。居民消费升级以及新型城镇化步伐加快，迫切需要建立更加完善、便捷、高效、安全的消费品物流配送体系。此外，电子商务、网络消费等新兴业态快速发展，快递物流等需求也将继续快速增长。

新技术、新管理不断出现。信息技术和供应链管理不断发展并在物流业得到广泛运用，为广大生产流通企业提供了越来越低成本、高效率、多样化、精益化的物流服务，推动制造业专注核心业务和商贸业优化内部分工，以新技术、新管理为核心的现代物流体系日益形成。随着城乡居民消费能力的增强和消费方式的逐步转变，全社会物流服务能力和效率持续提升，物流成本进一步降低、流通效率明显提高，物流业市场竞争加剧。

资源环境约束日益加强。随着社会物流规模的快速扩大、能源消耗和环境污染形势的加重、城市交通压力的加大，传统的物流运作模式已难以为继。按照建设生态文明的要求，必须加快运用先进运营管理理念，不断提高信息化、标准化和自动化水平，促进一体化运作和网络化经营，大力发展绿色物流，推动节能减排，切实降低能耗、减少排放、缓解交通压力。

国际竞争日趋激烈。随着国际产业转移步伐不断加快和服务贸易快速发展，全球采购、全球生产和全球销售的物流发展模式正在日益形成，迫切要求中国形成一批深入参与国际分工、具有国际竞争力的跨国物流企业，畅通与主要贸易伙伴、周边国家便捷高效的国际物流大通道，形成具有全球影响力的国际物流中心，以应对日益激烈的全球物流企业竞争。

## 二、总体要求

### （一）指导思想

以邓小平理论、“三个代表”重要思想、科学发展观为指导，深入贯彻党的十八大和十八届二中、三中全会精神，全面落实党中央、国务院各项决策部署，按照加快转变发展方式、建设生态文明的要求，适应信息技术发展的新趋势，以提高物流效率、降低物流成本、减轻资源和环境压力为重点，以市场为导向，以改革开放为动力，以先进技术为支撑，积极营造有利于现代物流业发展的政策环境，着力建立和完善现代物流服务体系，加快提升物流业发展水平，促进产业结构调整和经济提质增效升级，增强国民经济竞争力，为全面建成小康社会提供物流服务保障。

### （二）主要原则

市场运作，政府引导。使市场在资源配置中起决定性作用和更好发挥政府作用，强化企业的市场主体地位，积极发挥政府在战略、规划、政策、标准等方面的引导作用。

优化结构，提升水平。加快传统物流业转型升级，建立和完善社会化、专业化的物流服务体系，大力发展第三方物流。形成一批具有较强竞争力的现代物流企业，扭转“小、散、弱”的发展格局，提升产业规模和发展水平。

创新驱动，协同发展。加快关键技术装备的研发应用，提升物流业信息化和智能化水平，创新运作管理模式，提高供应链管理和物流服务水平，形成物流业与制造业、商贸业、金融业协同发展的新优势。

节能减排，绿色环保。鼓励采用节能环保的技术、装备，提高物流运作的组织化、网络化水平，降低物流业的总体能耗和污染物排放水平。

完善标准，提高效率。推动物流业技术标准体系建设，加强一体化运作，实现物流作业各环节、各种物流设施设备以及物流信息的衔接配套，促进物流服务体系高效运转。

深化改革，整合资源。深化物流业管理体制改革，进一步简政放权，打破行业、部门和地区分割，反对垄断和不正当竞争，统筹城市和乡村、国际和国内物流体系建设，建立有利于资源整合和优化配置的体制机制。

### （三）发展目标

到2020年，基本建立布局合理、技术先进、便捷高效、绿色环保、安全有序的现代物流服务体系。

物流的社会化、专业化水平进一步提升。物流业增加值年均增长8%左右，物流业增加值占国内生产总值的比重达到7.5%左右。第三方物流比重明显提高。新的物流装备、技术广泛应用。

物流企业竞争力显著增强。一体化运作、网络化经营能力进一步提高，信息化和供应链管理水平明显提升，形成一批具有国际竞争力的大型综合物流企业集团和物流服务品牌。

物流基础设施及运作方式衔接更加顺畅。物流园区网络体系布局更加合理，多式联运、甩挂运输、共同配送等现代物流运作方式保持较快发展，物流集聚发展的效益进一步显现。

物流整体运行效率显著提高。全社会物流总费用与国内生产总值的比率由2013年的18%下降到16%左右，物流业对国民经济的支撑和保障能力进一步增强。

## 三、发展重点

### （一）着力降低物流成本

打破条块分割和地区封锁，减少行政干预，清理和废除妨碍全国统一市场和公平竞争的各种规定和做法，建立统一开放、竞争有序的全国物流服务市场。进一步优化通行环境，加强和规范收费公路管理，保障车辆便捷高效通行，积极采取有力措施，切实加大对公路乱收费、乱罚款的清理整顿力度，减少不必要的收费点，全面推进全国主要高速公路不停车收费系统建设。加快推进联通国内、国际主要经济区域的物流通道建设，大力发展多式联运，努力形成京沪、京广、欧亚大陆桥、中欧铁路大通道、长江黄金水道等若干条货畅其流、经济便捷的跨区域物流大通道。

### （二）着力提升物流企业规模化、集约化水平

鼓励物流企业通过参股控股、兼并重组、协作联盟等方式做大做强，形成一批技术水平先进、主营业务突出、核心竞争力强的大型现代物流企业集团，通过规模化经营提高物流服务的一体化、网络化水平，形成大小物流企业共同发展的良好态势。鼓励运输、仓储等传统物流企业向上下游延伸服务，推进物流业与其他产业互动融合，协同发展。鼓励物流企业与制造企业深化战略合作，建立与新型工业化发展相适应的制造业物流服务体系，形成一批具有全球采购、全球配送能力的供应链服务商。鼓励商贸物流企业提高配送的规模化和协同化水平，加快电子商务物流发展，建立快速便捷的城乡配送物流体系。支持快递业整合资源，与民航、铁路、公路等运输行业联动发展，加快形成一批具有国际竞争力的大型快递企业，构建覆盖城乡的快递物流服务体系。支持航空货运企业兼并重组、做强做大，提高物流综合服务能力。充分发挥邮政的网络、信息和服务优势，深入推动邮政与电子商务企业的战略合作，发展电商小包等新型邮政业务。进一步完善邮政基础设施网络，鼓励各地邮政企业因地制宜地发展农村邮政物流服务，推动农资下乡和农产品进城。

### （三）着力加强物流基础设施网络建设

推进综合交通运输体系建设，合理规划布局物流基础设施，完善综合运输通道和交通枢纽节点布局，构建便捷、高效的物流基础设施网络，促进多种运输方式顺畅衔接和高效

中转，提升物流体系综合能力。优化航空货运网络布局，加快国内航空货运转运中心、连接国际重要航空货运中心的大型货运枢纽建设。推进“港站一体化”，实现铁路货运站与港口码头无缝衔接。完善物流转运设施，提高货物换装的便捷性和兼容性。加快煤炭外运、“北粮南运”、粮食仓储等重要基础设施建设，解决突出的运输“卡脖子”问题。加强物流园区规划布局，进一步明确功能定位，整合和规范现有园区，节约、集约用地，提高资源利用效率和管理水平。在大中城市和制造业基地周边加强现代化配送中心规划，在城市社区和村镇布局建设共同配送末端网点，优化城市商业区和大型社区物流基础设施的布局建设，形成层级合理、规模适当、需求匹配的物流仓储配送网络。进一步完善应急物流基础设施，积极有效地应对突发自然灾害、公共卫生事件以及重大安全事故。

## 四、主要任务

### （一）大力提升物流社会化、专业化水平

鼓励制造企业分离外包物流业务，促进企业内部物流需求社会化。优化制造业、商贸业集聚区物流资源配置，构建中小微企业公共物流服务平台，提供社会化物流服务。着力发展第三方物流，引导传统仓储、运输、国际货代、快递等企业采用现代物流管理理念和技术装备，提高服务能力；支持从制造企业内部剥离出来的物流企业发挥专业化、精益化服务优势，积极为社会提供公共物流服务。鼓励物流企业功能整合和业务创新，不断提升专业化服务水平，积极发展定制化物流服务，满足日益增长的个性化物流需求。进一步优化物流组织模式，积极发展共同配送、统一配送，提高多式联运比重。

### （二）进一步加强物流信息化建设

加强北斗导航、物联网、云计算、大数据、移动互联等先进信息技术在物流领域的应用。加快企业物流信息系统建设，发挥核心物流企业整合能力，打通物流信息链，实现物流信息全程可追踪。加快物流公共信息平台建设，积极推进全社会物流信息资源的开发利用，支持运输配载、跟踪追溯、库存监控等有实际需求、具备可持续发展前景的物流信息平台发展，鼓励各类平台创新运营服务模式。进一步推进交通运输物流公共信息平台发展，整合铁路、公路、水路、民航、邮政、海关、检验检疫等信息资源，促进物流信息与公共服务信息的有效对接，鼓励区域间和行业内的物流平台信息共享，实现互联互通。

### （三）推进物流技术装备现代化

加强物流核心技术和装备研发，推动关键技术装备产业化，鼓励物流企业采用先进适用技术和装备。加快食品冷链、医药、烟草、机械、汽车、干散货、危险化学品等专业物流装备的研发，提升物流装备的专业化水平。积极发展标准化、厢式化、专业化的公路货运车辆，逐步淘汰栏板式货车。推广铁路重载运输技术装备，积极发展铁路特种、专用货车及高铁快件等运输技术装备，加强物流安全检测技术与装备的研发和推广应用。吸收引进国际先进物流技术，提高物流技术自主创新能力。

### （四）加强物流标准化建设

加紧制订并组织实施物流标准中长期规划，完善物流标准体系。按照重点突出、结构

合理、层次分明、科学适用、基本满足发展需要的要求，完善国家物流标准体系框架，加强通用基础类、公共类、服务类及专业类物流标准的制定工作，形成一批对全国物流业发展和服务水平提升有重大促进作用的物流标准。注重物流标准与其他产业标准以及国际物流标准的衔接，科学划分推荐性和强制性物流标准，加大物流标准的实施力度，努力提升物流服务、物流枢纽、物流设施设备的标准化运作水平。调动企业在标准制修订工作中的积极性，推进重点物流企业参与专业领域物流技术标准和管理标准的制定和标准化试点工作。加强物流标准的培训宣传和推广应用。

**（五）推进区域物流协调发展**

落实国家区域发展整体战略和产业布局调整优化的要求，继续发挥全国性物流节点城市和区域性物流节点城市的辐射带动作用，推动区域物流协调发展。按照建设丝绸之路经济带、海上丝绸之路、长江经济带等重大战略规划要求，加快推进重点物流区域和联通国际国内的物流通道建设，重点打造面向中亚、南亚、西亚的战略物流枢纽及面向东盟的陆海联运、江海联运节点和重要航空港，建立省际和跨国合作机制，促进物流基础设施互联互通和信息资源共享。东部地区要适应居民消费加快升级、制造业转型、内外贸一体化的趋势，进一步提升商贸物流、制造业物流和国际物流的服务能力，探索国际国内物流一体化运作模式。按照推动京津冀协同发展、环渤海区域合作和发展等要求，加快商贸物流业一体化进程。中部地区要发挥承东启西、贯通南北的区位优势，加强与沿海、沿边地区合作，加快陆港、航空口岸建设，构建服务于产业转移、资源输送和南北区域合作的物流通道和枢纽。西部地区要结合推进丝绸之路经济带建设，打造物流通道，改善区域物流条件，积极发展具有特色优势的农产品、矿产品等大宗商品物流产业。东北地区要加快构建东北亚沿边物流带，形成面向俄罗斯、连接东北亚及欧洲的物流大通道，重点推进制造业物流和粮食等大宗资源型商品物流发展。物流节点城市是区域物流发展的重要枢纽，要根据产业特点、发展水平、设施状况、市场需求、功能定位等，加强物流基础设施的规划布局，改善产业发展环境。

**（六）积极推动国际物流发展**

加强枢纽港口、机场、铁路、公路等各类口岸物流基础设施建设。以重点开发开放试验区为先导，结合发展边境贸易，加强与周边国家和地区的跨境物流体系和走廊建设，加快物流基础设施互联互通，形成一批国际货运枢纽，增强进出口货物集散能力。加强境内外口岸、内陆与沿海、沿边口岸的战略合作，推动海关特殊监管区域、国际陆港、口岸等协调发展，提高国际物流便利化水平。建立口岸物流联检联动机制，进一步提高通关效率。积极构建服务于全球贸易和营销网络、跨境电子商务的物流支撑体系，为国内企业“走出去”和开展全球业务提供物流服务保障。支持优势物流企业加强联合，构建国际物流服务网络，打造具有国际竞争力的跨国物流企业。

**（七）大力发展绿色物流**

优化运输结构，合理配置各类运输方式，提高铁路和水路运输比重，促进节能减排。大力发展甩挂运输、共同配送、统一配送等先进的物流组织模式，提高储运工具的信息化水平，减少返空、迂回运输。鼓励采用低能耗、低排放运输工具和节能型绿色仓储设施，推广集装单元化技术。借鉴国际先进经验，完善能耗和排放监测、检测认证制度，加快建立绿色物流评估标准和认证体系。加强危险品水运管理，最大限度地减少环境事故。鼓励包装重复使用和回收再利用，提高托盘等标准化器具和包装物的循环利用水平，构建低环境负荷的循环物流系统。大力发展回收物流，鼓励生产者、再生资源回收利用企业联合开展废旧产品回收。推广应用铁路散堆装货物运输抑尘技术。

## 五、重点工程

### （一）多式联运工程

加快多式联运设施建设，构建能力匹配的集疏运通道，配备现代化的中转设施，建立多式联运信息平台。完善港口的铁路、公路集疏运设施，提升临港铁路场站和港站后方通道能力。推进铁路专用线建设，发挥铁路集装箱中心站作用，推进内陆城市和港口的集装箱场站建设。构建与铁路、机场和公路货运站能力匹配的公路集疏运网络系统。发展海铁联运、铁水联运、公铁联运、陆空联运，加快推进大宗散货水铁联运、集装箱多式联运，积极发展干支直达和江海直达等船舶运输组织方式，探索构建以半挂车为标准荷载单元的铁路驮背运输、水路滚装运输等多式联运体系。

### （二）物流园区工程

在严格符合土地利用总体规划、城市总体规划的前提下，按照节约、集约用地的原则，在重要的物流节点城市加快整合与合理布局物流园区，推进物流园区水、电、路、通信设施和多式联运设施建设，加快现代化立体仓库和信息平台建设，完善周边公路、铁路配套设施，推广使用甩挂运输等先进运输方式和智能化管理技术，完善物流园区管理体制，提升管理和服务水平。结合区位特点和物流需求，发展货运枢纽型、生产服务型、商贸服务型、口岸服务型和综合服务型物流园区，以及农产品、农资、钢铁、煤炭、汽车、医药、出版物、冷链、危险货物运输、快递等专业类物流园区，发挥物流园区的示范带动作用。

### （三）农产品物流工程

加大粮食仓储设施建设和维修改造力度，满足粮食收储需要。引进先进粮食仓储设备和技术，切实改善粮食仓储条件。积极推进粮食现代物流设施建设，发展粮食储、运、装、卸“四散化”和多式联运，开通从东北入关的铁路散粮列车和散粮集装箱班列，加强粮食产区的收纳和发放设施、南方销区的铁路和港口散粮接卸设施建设，解决“北粮南运”运输“卡脖子”问题。推进棉花运输装卸机械化、仓储现代化、管理信息化，加强主要产销区的物流节点及铁路专用线建设，支持企业开展纺织配棉配送服务。加强“南糖北运”及产地的运输、仓储等物流设施建设。加强鲜活农产品冷链物流设施建设，支持“南菜北运”和大宗鲜活农产品产地预冷、初加工、冷藏保鲜、冷链运输等设施设备建设，形成重点品种农产品物流集散中心，提升批发市场等重要节点的冷链设施水平，完善冷链物流网络。

**（四）制造业物流与供应链管理工程**

支持建设与制造业企业紧密配套、有效衔接的仓储配送设施和物流信息平台，鼓励各类产业聚集区域和功能区配套建设公共外仓，引进第三方物流企业。鼓励传统运输、仓储企业向供应链上下游延伸服务，建设第三方供应链管理平台，为制造业企业提供供应链计划、采购物流、入厂物流、交付物流、回收物流、供应链金融以及信息追溯等集成服务。加快发展具有供应链设计、咨询管理能力的专业物流企业，着力提升面向制造业企业的供应链管理服务水平。

**（五）资源型产品物流工程**

依托煤炭、石油、铁矿石等重要产品的生产基地和市场，加快资源型产品物流集散中心和物流通道建设。推进晋陕蒙（西）宁甘、内蒙古东部、新疆等煤炭外运重点通道建设，重点建设环渤海等大型煤炭储配基地和重点煤炭物流节点。统筹油气进口运输通道和国内储运体系建设，加快跨区域、与周边国家和地区紧密连接的油气运输通道建设，加强油气码头建设，鼓励发展油船、液化天然气船，加强铁矿石等重要矿产品港口（口岸）物流设施建设。

**（六）城乡物流配送工程**

加快完善城乡配送网络体系，统筹规划、合理布局物流园区、配送中心、末端配送网点三级配送节点，搭建城市配送公共服务平台，积极推进县、乡、村消费品和农资配送网络体系建设。进一步发挥邮政及供销合作社的网络和服务优势，加强农村邮政网点、村邮站、“三农”服务站等邮政终端设施建设，促进农村地区商品的双向流通。推进城市绿色货运配送体系建设，完善城市配送车辆标准和通行管控措施，鼓励节能环保车辆在城市配送中的推广应用。加快现代物流示范城市的配送体系发展，建设服务连锁经营企业和网络销售企业的跨区域配送中心。发展智能物流基础设施，支持农村、社区、学校的物流快递公共取送点建设。鼓励交通、邮政、商贸、供销、出版物销售等开展联盟合作，整合利用现有的物流资源，进一步完善存储、转运、停靠、卸货等基础设施，加强服务网络建设，提高共同配送能力。

**（七）电子商务物流工程**

适应电子商务快速发展需求，制订全国电子商务物流发展规划，结合国家电子商务示范城市、示范基地、物流园区、商业设施等建设，整合配送资源，构建电子商务物流服务平台和配送网络。建成一批区域性仓储配送基地，吸引制造商、电商、快递和零担物流公司、第三方服务公司入驻，提高物流配送效率和专业化服务水平。探索利用高铁资源，发展高铁快件运输。结合推进跨境贸易电子商务试点，完善一批快递转运中心。

**（八）物流标准化工程**

重点推进物流技术、信息、服务、运输、货代、仓储、粮食等农产品及加工食品、医药、汽车、家电、电子商务、邮政（含快递）、冷链、应急等物流标准的制修订工作，积极着手开展钢铁、机械、煤炭、铁矿石、石油石化、建材、棉花等大宗产品物流标准的研究制订工作。支持仓储和转运设施、运输工具、停靠和卸货站点的标准化建设和改造，制定公路货运标准化电子货单，推广托盘、集装箱、集装袋等标准化设施设备，建立全国托盘共用体系，推进管理软件接口标准化，全面推广甩挂运输试点经验。开展物流服务认证试点工作，推进物流领域检验检测体系建设，支持物流企业开展质量、环境和职业健康安全管理体系认证。

**（九）物流信息平台工程**

整合现有物流信息服务平台资源，形成跨行业和区域的智能物流信息公共服务平台。加强综合运输信息、物流资源交易、电子口岸和大宗商品交易等平台建设，促进各类平台之间的互联互通和信息共享。鼓励龙头物流企业搭建面向中小物流企业的物流信息服务平台，促进货源、车源和物流服务等信息的高效匹配，有效降低货车空驶率。以统一物品编码体系为依托，建设衔接企业、消费者与政府部门的第三方公共服务平台，提供物流信息标准查询、对接服务。建设智能物流信息平台，形成集物流信息发布、在线交易、数据交换、跟踪追溯、智能分析等功能为一体的物流信息服务中心。加快推进国家交通运输物流公共信息平台建设，依托东北亚物流信息服务网络等已有平台，开展物流信息化国际合作。

**（十）物流新技术开发应用工程。**

支持货物跟踪定位、无线射频识别、可视化技术、移动信息服务、智能交通和位置服务等关键技术攻关，研发推广高性能货物搬运设备和快速分拣技术，加强沿海和内河船型、商用车运输等重要运输技术的研发应用。完善物品编码体系，推动条码和智能标签等标识技术、自动识别技术及电子数据交换技术的广泛应用。推广物流信息编码、物流信息采集、物流载体跟踪、自动化控制、管理决策支持、信息交换与共享等领域的物流信息技术。鼓励新一代移动通信、道路交通信息通信系统、自动导引车辆、不停车收费系统以及托盘等集装单元化技术普及。推动北斗导航、物联网、云计算、大数据、移动互联等技术在产品可追溯、在线调度管理、全自动物流配送、智能配货等领域的应用。

**（十一）再生资源回收物流工程**

加快建立再生资源回收物流体系，重点推动包装物、废旧电器电子产品等生活废弃物和报废工程机械、农作物秸秆、消费品加工中产生的边角废料等有使用价值废弃物的回收物流发展。加大废弃物回收物流处理设施的投资力度，加快建设一批回收物流中心，提高回收物品的收集、分拣、加工、搬运、仓储、包装、维修等管理水平，实现废弃物的妥善处置、循环利用、无害环保。

**（十二）应急物流工程**

建立统一协调、反应迅捷、运行有序、高效可靠的应急物流体系，建设集满足多种应急需要为一体的物流中心，形成一批具有较强应急物流运作能力的骨干物流企业。加强应急仓储、中转、配送设施建设，提升应急物流设施设备的标准化和现代化水平，提高应急物流效率和应急保障能力。建立和完善应急物流信息系统，规范协调调度程序，优化信息流程、业务流程和管理流程，推进应急生产、流通、储备、运输环节的信息化建设和应急信息交换、数据共享。

## 六、保障措施

### （一）深化改革开放。

加快推进物流管理体制改革，完善各层级的物流政策综合协调机制，进一步发挥全国现代物流工作部际联席会议的作用。按照简政放权、深化行政审批制度改革的要求，建立公平透明的市场准入标准，进一步放宽对物流企业资质的行政许可和审批条件，改进审批管理方式。落实物流企业设立非法人分支机构的相关政策，鼓励物流企业开展跨区域网络化经营。引导企业改革“大而全”“小而全”的物流运作模式，制定支持企业分离外包物流业务和加快发展第三方物流的措施，充分整合利用社会物流资源，提高规模化水平。加强与主要贸易对象国及台港澳等地区的政策协调和物流合作，推动国内物流企业与国际先进物流企业合作交流，支持物流企业“走出去”。做好物流业外资并购安全审查工作，扩大商贸物流、电子商务领域的对外开放。

### （二）完善法规制度

尽快从国民经济行业分类、产业统计、工商注册及税目设立等方面明确物流业类别，进一步明确物流业的产业地位。健全物流业法律法规体系，抓紧研究制修订物流业安全监管、交通运输管理和仓储管理等相关法律法规或部门规章，开展综合性法律的立法准备工作，在此基础上择机研究制订物流业促进方面的法律法规。

### （三）规范市场秩序

加强对物流市场的监督管理，完善物流企业和从业人员信用记录，将其纳入国家统一的信用信息平台。增强企业诚信意识，建立跨地区、跨行业的联合惩戒机制，加大对失信行为的惩戒力度。加强物流信息安全管理，禁止泄露转卖客户信息。加强物流服务质量满意度监测，开展安全、诚信、优质服务创建活动。鼓励企业整合资源、加强协作，提高物流市场集中度和集约化运作水平，减少低水平无序竞争。加强对物流业市场竞争行为的监督检查，依法查处不正当竞争和垄断行为。

### （四）加强安全监管

加强对物流企业的安全管理，督促物流企业切实履行安全主体责任，严格执行国家强制标准，保证运输装备产品的一致性。加强对物流车辆和设施设备的检验检测，确保车辆安全性符合国家规定、设施设备处于良好状态。禁止超载运输，规范超限运输。危险货物运输要强化企业经理人员安全管理职责和车辆动态监控。加大安全生产经费投入，及时排查整改安全隐患。加大物流业贯彻落实国家信息安全等级保护制度力度，按照国家信息安全等级保护管理规范和技术标准要求同步实施物流信息平台安全建设，提高网络安全保障能力。建立健全物流安全监管信息共享机制，物流信息平台及物流企业信息系统要按照统一技术标准建设共享信息的技术接口。道路、铁路、民航、航运、邮政部门要进一步规范货物收运、收寄流程，进一步落实货物安全检查责任，采取严格的货物安全检查措施并增加开箱检查频次，加大对瞒报货物品名行为的查处力度，严防普通货物中夹带违禁品和危险品。推广使用技术手段对集装箱和货运物品进行探测查验，提高对违禁品和危险品的发现能力。加大宣传教育力度，曝光违法违规托运和夹带违禁品、危险品的典型案件和查处结果，增强公众守法意识。

**（五）完善扶持政策**

加大土地等政策支持力度，着力降低物流成本。落实和完善支持物流业发展的用地政策，依法供应物流用地，积极支持利用工业企业旧厂房、仓库和存量土地资源建设物流设施或者提供物流服务，涉及原划拨土地使用权转让或者租赁的，应按规定办理土地有偿使用手续。认真落实物流业相关税收优惠政策。研究完善支持物流企业做强做大的扶持政策，培育一批网络化、规模化发展的大型物流企业。严格执行鲜活农产品运输“绿色通道”政策。研究配送车辆进入城区作业的相关政策，完善城市配送车辆通行管控措施。完善物流标准化工作体系，建立相关部门、行业组织和标准技术归口单位的协调沟通机制。

**（六）拓宽投资融资渠道**

多渠道增加对物流业的投入，鼓励民间资本进入物流领域。引导银行业金融机构加大对物流企业的信贷支持，针对物流企业特点推动金融产品创新，推动发展新型融资方式，为物流业发展提供更便利的融资服务。支持符合条件的物流企业通过发行公司债券、非金融企业债务融资工具、企业债券和上市等多种方式拓宽融资渠道。继续通过政府投资对物流业重点领域和薄弱环节予以支持。

**（七）加强统计工作**

提高物流业统计工作水平，明确物流业统计的基本概念，强化物流统计理论和方法研究，科学划分物流业统计的行业类别，完善物流业统计制度和评价指标体系，促进物流统计台账和会计核算科目建设，做好社会物流总额和社会物流成本等指标的调查统计工作，及时准确反映物流业的发展规模和运行效率；构建组织体系完善、调查方法科学、技术手段先进、队伍素质优良的现代物流统计体系，推动各省（区、市）全面开展物流统计工作，进一步提高物流统计数据质量和工作水平，为政府宏观管理和企业经营决策提供参考依据。

**（八）强化理论研究和人才培养**

加强物流领域理论研究，完善中国现代物流业理论体系，积极推进产学研用结合。着力完善物流学科体系和专业人才培养体系，以提高实践能力为重点，按照现代职业教育体系建设要求，探索形成高等学校、中等职业学校与有关部门、科研院所、行业协会和企业联合培养人才的新模式。完善在职人员培训体系，鼓励培养物流业高层次经营管理人才，积极开展职业培训，提高物流业从业人员业务素质。

**（九）发挥行业协会作用**

要更好地发挥行业协会的桥梁和纽带作用，做好调查研究、技术推广、标准制定和宣传推广、信息统计、咨询服务、人才培养、理论研究、国际合作等方面的工作。鼓励行业协会健全和完善各项行业基础性工作，积极推动行业规范自律和诚信体系建设，推动行业健康发展。

## 七、组织实施

各地区、各部门要充分认识促进物流业健康发展的重大意义，采取有力措施，确保各项政策落到实处、见到实效。地方各级人民政府要加强组织领导，完善协调机制，结合本地实际抓紧制定具体落实方案，及时将实施过程中出现的新情况、新问题报送发展和改革委及交通运输部、商务部等有关部门。国务院各有关部门要加强沟通，密切配合，根据职责分工完善各项配套政策措施。发展改革委要加强统筹协调，会同有关部门研究制定促进物流业发展三年行动计划，明确工作安排及时间进度，并做好督促检查和跟踪分析，重大问题及时报告。

## 2. 关于进一步推进物流降本增效促进实体经济发展的意见

物流业贯穿一、二、三产业，衔接生产与消费，涉及领域广、发展潜力大、带动作用强。推动物流降本增效对促进产业结构调整和区域协调发展，培育经济发展新动能，提升国民经济整体运行效率具有重要意义。按照党中央、国务院关于深入推进供给侧结构性改革、降低实体经济企业成本的决策部署，为进一步推进物流降本增效，着力营造物流业良好发展环境，提升物流业发展水平，促进实体经济健康发展，经国务院同意，现提出以下意见：

### 一、深化“放管服”改革，激发物流运营主体活力

（一）优化道路运输通行管理。2017 年年内实现跨省大件运输并联许可全国联网，由起运地省份统一受理，沿途省份限时并联审批，一地办证、全线通行。参照国际规则，优化部分低危气体道路运输管理，促进安全便利运输。完善城市配送车辆通行管理政策，统筹优化交通安全和通行管控措施。鼓励商贸企业、物流企业协同开展共同配送、夜间配送。

（二）规范公路货运执法行为。推动依托公路超限检测站，由交通部门、公路管理机构负责监督消除违法行为、公安交通部门单独实施处罚记分的治超联合执法模式常态化、制度化，避免重复罚款，并尽快制定可操作的实施方案在全国范围内强化督促落实。原则上所有对货车超限超载违法行为的现场检查处罚一律引导至经省级人民政府批准设立的公路超限检测站进行。货车应主动配合进站接受检查。各地公路超限检测站设置要科学合理，符合客观工作实际。公路货运罚款按照国库集中收缴制度的有关规定缴入国库，落实罚缴分离。依据法律法规，抓紧制定公路货运处罚事项清单，明确处罚标准并向社会公布。严格落实重点货运源头监管、“一超四罚”依法追责、高速公路入口称重劝返等措施。严格货运车辆执法程序，执法人员现场执法时需持合法证件和执法监督设备。完善公路货运执法财政经费保障机制。完善全国公路执法监督举报平台，畅通投诉举报渠道。

（三）完善道路货运证照考核和车辆相关检验检测制度。进一步完善道路货运驾驶员从业资格与信用管理制度，运用信息化手段推进违法失信计分与处理，积极推进年审结果签注网上办理和网上查询，在部分省份探索实行车辆道路运输证异地年审。2017 年年内将货运车辆年检（安全技术检验）和年审（综合性能检测）依据法律法规进行合并，并允许普通道路货运车辆异地办理，减轻检验检测费用负担。

（四）精简快递企业分支机构、末端网点备案手续。指导地方开展快递领域工商登记“一照多址”改革。进一步简化快递企业设立分支机构备案手续。完善末端网点备案制度。严格落实快递业务员职业技能确认与快递业务经营许可脱钩政策。

（五）深化货运通关改革。2017 年年内实现全国通关一体化，将货物通关时间压缩三分之一。加快制定和推广国际贸易“单一窗口”标准版，实现一点接入、共享共用、免费

申报。

## 二、加大降税清费力度，切实减轻企业负担

（六）完善物流领域相关税收政策。结合增值税立法，统筹研究统一物流各环节增值税税率。加大工作力度，2017 年年内完善交通运输业个体纳税人异地代开增值税发票管理制度。全面落实物流企业大宗商品仓储设施用地城镇土地使用税减半征收优惠政策。

（七）科学合理确定车辆通行收费水平。选择部分高速公路开展分时段差异化收费试点。省级人民政府可根据本地区实际，对使用电子不停车收费系统（ETC）非现金支付卡并符合相关要求的货运车辆给予适当通行费优惠。严格做好甘肃、青海、内蒙古、宁夏四省（区）取消政府还贷二级公路收费工作。落实好鲜活农产品运输“绿色通道”政策。

（八）做好收费公路通行费营改增相关工作。2017 年年内出台完善收费公路通行费营改增工作实施方案，年底前建成全国统一的收费公路通行费发票服务平台，完成部、省两级高速公路联网收费系统改造，推进税务系统与公路收费系统对接，依托平台开具高速公路通行费增值税电子发票。

（九）加强物流领域收费清理。开展物流领域收费专项检查，着力解决“乱收费、乱罚款”等问题。全面严格落实取消营运车辆二级维护强制性检测政策。完善港口服务价格形成机制，改革拖轮计费方式，修订发布《港口收费计费办法》。清理规范铁路运输企业收取的杂费、专用线代运营代维护费用、企业自备车检修费用等，以及地方政府附加收费、专用线产权或经营单位收费、与铁路运输密切相关的短驳等两端收费。

## 三、加强重点领域和薄弱环节建设，提升物流综合服务能力

（十）加强对物流发展的规划和用地支持。研究制定指导意见，进一步发挥城乡规划对物流业发展的支持和保障作用。在土地利用总体规划、城市总体规划中综合考虑物流发展用地，统筹安排物流及配套公共服务设施用地选址和布局，在综合交通枢纽、产业集聚区等物流集散地布局和完善一批物流园区、配送中心等，确保规划和物流用地落实，禁止随意变更。对纳入国家和省级示范的物流园区新增物流仓储用地给予重点保障。鼓励通过“先租后让”“租让结合”等多种方式向物流企业供应土地。对利用工业企业旧厂房、仓库和存量土地资源建设物流设施或提供物流服务，涉及原划拨土地使用权转让或租赁的，经批准可采取协议方式办理土地有偿使用手续。各地要研究建立重点物流基础设施建设用地审批绿色通道，提高审批效率。

（十一）布局和完善一批国家级物流枢纽。加强与交通基础设施配套衔接的物流基础设施建设。结合编制国家级物流枢纽布局和建设规划，布局和完善一批具有多式联运功能、支撑保障区域和产业经济发展的综合物流枢纽，并在规划和用地上给予重点保障。

（十二）加强重要节点集疏运设施建设。统筹考虑安全监管要求，加强铁路、公路、水运、民航、邮政等基础设施建设衔接。统筹利用车购税等相关资金支持港口集疏运铁路、公路建设，畅通港站枢纽“微循环”。

（十三）提升铁路物流服务水平。着力推进铁路货运市场化改革，发挥铁路长距离干线运输优势，进一步提高铁路货运量占全国货运总量的比重。探索发展高铁快运物流，支

持高铁、快递联动发展。支持铁路运输企业与港口、园区、大型制造企业、物流企业等开展合资合作，按需开行货物列车。加快一级和二级铁路物流基地建设，重点加强进厂、进园、进港铁路专用线建设，推动解决铁路运输“最后一公里”问题。鼓励企业自备载运工具的共管共用，提高企业自备载运工具的运用效率。大力推进物联网、无线射频识别（RFID）等信息技术在铁路物流服务中的应用。

（十四）推动多式联运、甩挂运输发展取得突破。做好第二批多式联运示范工作，大力推广集装箱多式联运，积极发展厢式半挂车多式联运，有序发展驮背运输，力争2017年年内开通驮背多式联运试验线路。大力发展公路甩挂运输。完善铁路货运相关信息系统，以铁水联运、中欧班列为重点，加强多式联运信息交换。

（十五）完善城乡物流网络节点。支持地方建设城市共同配送中心、智能快件箱、智能信包箱等，缓解通行压力，提高配送效率。加强配送车辆停靠作业管理，结合实际设置专用临时停车位等停靠作业区域。加强交通运输、商贸流通、供销、邮政等相关单位物流资源与电商、快递等企业的物流服务网络和设施共享衔接，逐步完善县乡村三级物流节点基础设施网络，鼓励多站合一、资源共享。加强物流渠道的安全监管建设，实现对寄递物流活动全过程跟踪和实时查询。

（十六）拓展物流企业融资渠道。支持符合条件的国有企业、金融机构、大型物流企业集团等设立现代物流产业发展投资基金，按照市场化原则运作，加强重要节点物流基础设施建设，支持应用新技术新模式的轻资产物流企业发展。鼓励银行业金融机构开发支持物流业发展的供应链金融产品和融资服务方案，通过完善供应链信息系统研发，实现对供应链上下游客户的内外部信用评级、综合金融服务、系统性风险管理。支持银行依法探索扩大与物流公司的电子化系统合作。

## 四、加快推进物流仓储信息化标准化智能化，提高运行效率

（十七）推广应用高效便捷物流新模式。依托互联网、大数据、云计算等先进信息技术，大力发展“互联网+”车货匹配、“互联网+”运力优化、“互联网+”运输协同、“互联网+”仓储交易等新业态、新模式。加大政策支持力度，培育一批骨干龙头企业，深入推进无车承运人试点工作，通过搭建互联网平台，创新物流资源配置方式，扩大资源配置范围，实现货运供需信息实时共享和智能匹配，减少迂回、空驶运输和物流资源闲置。

（十八）开展仓储智能化试点示范。结合国家智能化仓储物流基地示范工作，推广应用先进信息技术及装备，加快智能化发展步伐，提升仓储、运输、分拣、包装等作业效率和仓储管理水平，降低仓储管理成本。

（十九）加强物流装载单元化建设。加强物流标准的配套衔接。推广1200mm×1000mm标准托盘和600mm×400mm包装基础模数，从商贸领域向制造业领域延伸，促进包装箱、托盘、周转箱、集装箱等上下游设施设备的标准化，推动标准装载单元器具的循环共用，做好相关运输工具的衔接提升物流效率，降低包装、搬倒等成本。

（二十）推进物流车辆标准化。加大车辆运输车治理工作力度，2017年年内完成60%不合规车辆运输车更新淘汰。保持治理超限超载运输工作的延续性、合理确定过渡期和实

施步骤，适时启动不合规平板车拖车等车型专项治理工作，分阶段有序推进车型替代和分批退出，保护合法运输主体的正当权益，促进道路运输市场公平有序竞争。推广使用中置轴汽车列车等先进车型，促进货运车辆标准化、轻量化。

## 五、深化联动融合，促进产业协同发展

（二十一）推动物流业与制造业联动发展。研究制定推进物流业与制造业融合发展的政策措施，大力支持第三方物流发展，对接制造业转型升级需求，提供精细化、专业化物流服务，提高企业运营效率。鼓励大型生产制造企业将自营物流面向社会提供公共物流服务。

（二十二）加强物流核心技术和装备研发。结合智能制造专项和试点示范项目，推动关键物流技术装备产业化，推广应用智能物流装备。鼓励物流机器人、自动分拣设备等新型装备研发创新和推广应用。支持具备条件的物流企业申报高新技术企业。

（二十三）提升制造业物流管理水平。建立制造业物流成本核算制度，分行业逐步建立物流成本对标体系，引导企业对物流成本进行精细化管理，提高物流管理水平。

## 六、打通信息互联渠道，发挥信息共享效用

（二十四）加强物流数据开放共享。推进公路、铁路、航空、水运、邮政及公安、工商、海关、质检等领域相关物流数据开放共享，向社会公开相关数据资源，依托国家交通运输物流公共信息平台等，为行业企业查询和组织开展物流活动提供便利。结合大数据应用专项，开展物流大数据应用示范，为提升物流资源配置效率提供基础支撑。结合物流园区标准的修订，推动各物流园区之间实现信息联通兼容。

（二十五）推动物流活动信息化、数据化。依托部门、行业大数据应用平台，推动跨地区、跨行业物流信息互联共享。推广应用电子运单、电子仓单、电子面单及电子化单证。积极支持基于大数据的运输配载、跟踪监测、库存监控等第三方物流信息平台创新发展。

（二十六）建立健全物流行业信用体系。研究制定对运输物流行业严重违法失信市场主体及其有关人员实施联合惩戒的合作备忘录，对失信企业在行政审批、资质认定、银行贷款、工程招投标、债券发行等方面依法予以限制，构建守信激励和失信惩戒机制。

## 七、推进体制机制改革，营造优良营商环境

（二十七）探索开展物流领域综合改革试点。顺应物流业创新发展趋势，选取部分省市开展物流降本增效综合改革试点，深入推进物流领域大众创业、万众创新，打破地方保护和行业垄断，破除制约物流降本增效和创新发展的体制机制障碍。探索建立物流领域审批事项的“单一窗口”，降低制度性交易成本。强化科技创新、管理创新、机制创新，促进物流新业态、新模式发展，形成可复制、可推广的发展经验。

各地区、各有关部门要认真贯彻落实党中央、国务院的决策部署，充分认识物流降本增效对深化供给侧结构性改革、促进实体经济发展的重要意义，加强组织领导，明确任务分工，结合本地区、本部门实际，深入落实本意见和《国务院办公厅关于转发国家发展改

革委营造良好市场环境推动交通物流融合发展实施方案的通知》（国办发〔2016〕43 号）、《国务院办公厅关于转发国家发展改革委物流业降本增效专项行动方案（2016—2018 年）的通知》（国办发〔2016〕69 号）明确的各项政策措施，完善相关措施细则扎实推进工作。要充分发挥全国现代物流工作部际联席会议作用，加强工作指导和督促检查，及时协调解决政策实施中存在的问题，确保各项政策措施的贯彻落实。

## 3. 国务院办公厅关于积极推进供应链创新与应用的指导意见

供应链是以客户需求为导向，以提高质量和效率为目标，以整合资源为手段，实现产品设计、采购、生产、销售、服务等全过程高效协同的组织形态。随着信息技术的发展，供应链已发展到与互联网、物联网深度融合的智慧供应链新阶段。为加快供应链创新与应用，促进产业组织方式、商业模式和政府治理方式创新，推进供给侧结构性改革，经国务院同意，现提出以下意见。

### 一、重要意义

**（一）落实新发展理念的重要举措**。

供应链具有创新、协同、共赢、开放、绿色等特征，推进供应链创新发展，有利于加速产业融合、深化社会分工、提高集成创新能力，有利于建立供应链上下游企业合作共赢的协同发展机制，有利于建立覆盖设计、生产、流通、消费、回收等各环节的绿色产业体系。

**（二）供给侧结构性改革的重要抓手**。

供应链通过资源整合和流程优化，促进产业跨界和协同发展，有利于加强从生产到消费等各环节的有效对接，降低企业经营和交易成本，促进供需精准匹配和产业转型升级，全面提高产品和服务质量。供应链金融的规范发展，有利于拓宽中小微企业的融资渠道，确保资金流向实体经济。

**（三）引领全球化提升竞争力的重要载体**。

推进供应链全球布局，加强与伙伴国家和地区之间的合作共赢，有利于我国企业更深更广融入全球供给体系，推进“一带一路”建设落地，打造全球利益共同体和命运共同体。建立基于供应链的全球贸易新规则，有利于提高中国在全球经济治理中的话语权，保障我国资源能源安全和产业安全。

### 二、总体要求

**（一）指导思想**。

全面贯彻党的十八大和十八届三中、四中、五中、六中全会精神，深入贯彻习近平总书记系列重要讲话精神和治国理政新理念新思想新战略，认真落实党中央、国务院决策部署，统筹推进“五位一体”总体布局和协调推进“四个全面”战略布局，坚持以人民为中心的发展思想，坚持稳中求进工作总基调，牢固树立和贯彻落实创新、协调、绿色、开放、共享的发展理念，以提高发展质量和效益为中心，以供应链与互联网、物联网深度融合为路径，以信息化、标准化、信用体系建设和人才培养为支撑，创新发展供应链新理念、新技术、新模式，高效整合各类资源和要素，提升产业集成和协同水平，打造大数据支撑、网络化共享、智能化协作的智慧供应链体系，推进供给侧结构性改革，提升我国经济全球竞争力。

**（二）发展目标。**

到2020年，形成一批适合我国国情的供应链发展新技术和新模式，基本形成覆盖我国重点产业的智慧供应链体系。供应链在促进降本增效、供需匹配和产业升级中的作用显著增强，成为供给侧结构性改革的重要支撑。培育100家左右的全球供应链领先企业，重点产业的供应链竞争力进入世界前列，中国成为全球供应链创新与应用的重要中心。

## 三、重点任务

**（一）推进农村一、二、三产业融合发展。**

1. 创新农业产业组织体系。鼓励家庭农场、农民合作社、农业产业化龙头企业、农业社会化服务组织等合作建立集农产品生产、加工、流通和服务等于一体的农业供应链体系，发展种养加、产供销、内外贸一体化的现代农业。鼓励承包农户采用土地流转、股份合作、农业生产托管等方式融入农业供应链体系，完善利益联结机制，促进多种形式的农业适度规模经营，把农业生产引入现代农业发展轨道。（农业部、商务部等负责）

2. 提高农业生产科学化水平。推动建设农业供应链信息平台，集成农业生产经营各环节的大数据，共享政策、市场、科技、金融、保险等信息服务，提高农业生产科技化和精准化水平。加强产销衔接，优化种养结构，促进农业生产向消费导向型转变，增加绿色优质农产品供给。鼓励发展农业生产性服务业，开拓农业供应链金融服务，支持订单农户参加农业保险。（农业部、科技部、商务部、银监会、保监会等负责）

3. 提高质量安全追溯能力。加强农产品和食品冷链设施及标准化建设，降低流通成本和损耗。建立基于供应链的重要产品质量安全追溯机制，针对肉类、蔬菜、水产品、中药材等食用农产品，婴幼儿配方食品、肉制品、乳制品、食用植物油、白酒等食品，农药、兽药、饲料、肥料、种子等农业生产资料，将供应链上下游企业全部纳入追溯体系，构建来源可查、去向可追、责任可究的全链条可追溯体系，提高消费安全水平。（商务部、国家发展改革委、科技部、农业部、质检总局、食品药品监管总局等负责）

**（二）促进制造协同化、服务化、智能化。**

1. 推进供应链协同制造。推动制造企业应用精益供应链等管理技术，完善从研发设计、生产制造到售后服务的全链条供应链体系。推动供应链上下游企业实现协同采购、协同制造、协同物流，促进大中小企业专业化分工协作，快速响应客户需求，缩短生产周期和新品上市时间，降低生产经营和交易成本。（工业和信息化部、国家发展改革委、科技部、商务部等负责）

2. 发展服务型制造。建设一批服务型制造公共服务平台，发展基于供应链的生产性服务业。鼓励相关企业向供应链上游拓展协同研发、众包设计、解决方案等专业服务，向供应链下游延伸远程诊断、维护检修、仓储物流、技术培训、融资租赁、消费信贷等增值服务，推动制造供应链向产业服务供应链转型，提升制造产业价值链。（工业和信息化部、国家发展改革委、科技部、商务部、人民银行、银监会等负责）

3. 促进制造供应链可视化和智能化。推动感知技术在制造供应链关键节点的应用，促进全链条信息共享，实现供应链可视化。推进机械、航空、船舶、汽车、轻工、纺织、食品、电子等行业供应链体系的智能化，加快人机智能交互、工业机器人、智能工厂、智慧物流等技术和装备的应用，提高敏捷制造能力。（工业和信息化部、国家发展改革委、科技部、商务部等负责）

**（三）提高流通现代化水平。**

1. 推动流通创新转型。应用供应链理念和技术，大力发展智慧商店、智慧商圈、智慧物流，提升流通供应链智能化水平。鼓励批发、零售、物流企业整合供应链资源，构建采购、分销、仓储、配送供应链协同平台。鼓励住宿、餐饮、养老、文化、体育、旅游等行业建设供应链综合服务和交易平台，完善供应链体系，提升服务供给质量和效率。（商务部、国家发展改革委、科技部、质检总局等负责）

2. 推进流通与生产深度融合。鼓励流通企业与生产企业合作，建设供应链协同平台，准确及时传导需求信息，实现需求、库存和物流信息的实时共享，引导生产端优化配置生产资源，加速技术和产品创新，按需组织生产，合理安排库存。实施内外销产品“同线同标同质”等一批示范工程，提高供给质量。（商务部、工业和信息化部、农业部、质检总局等负责）

3. 提升供应链服务水平。引导传统流通企业向供应链服务企业转型，大力培育新型供应链服务企业。推动建立供应链综合服务平台，拓展质量管理、追溯服务、金融服务、研发设计等功能，提供采购执行、物流服务、分销执行、融资结算、商检报关等一体化服务。（商务部、人民银行、银监会等负责）

**（四）积极稳妥发展供应链金融。**

1. 推动供应链金融服务实体经济。推动全国和地方信用信息共享平台、商业银行、供应链核心企业等开放共享信息。鼓励商业银行、供应链核心企业等建立供应链金融服务平台，为供应链上下游中小微企业提供高效便捷的融资渠道。鼓励供应链核心企业、金融机构与人民银行征信中心建设的应收账款融资服务平台对接，发展线上应收账款融资等供应链金融模式。（人民银行、国家发展改革委、商务部、银监会、保监会等负责）

2. 有效防范供应链金融风险。推动金融机构、供应链核心企业建立债项评级和主体评级相结合的风险控制体系，加强供应链大数据分析和应用，确保借贷资金基于真实交易。加强对供应链金融的风险监控，提高金融机构事中事后风险管理水平，确保资金流向实体经济。健全供应链金融担保、抵押、质押机制，鼓励依托人民银行征信中心建设的动产融资统一登记系统开展应收账款及其他动产融资质押和转让登记，防止重复质押和空单质押，推动供应链金融健康稳定发展。（人民银行、商务部、银监会、保监会等负责）

**（五）积极倡导绿色供应链。**

1. 大力倡导绿色制造。推行产品全生命周期绿色管理，在汽车、电器电子、通信、大型成套装备及机械等行业开展绿色供应链管理示范。强化供应链的绿色监管，探索建立统一的绿色产品标准、认证、标识体系，鼓励采购绿色产品和服务，积极扶植绿色产业，推动形成绿色制造供应链体系。（国家发展改革委、工业和信息化部、环境保护部、商务部、质检总局等按职责分工负责）

2. 积极推行绿色流通。积极倡导绿色消费理念，培育绿色消费市场。鼓励流通环节推广节能技术，加快节能设施设备的升级改造，培育一批集节能改造和节能产品销售于一体的绿色流通企业。加强绿色物流新技术和设备的研究与应用，贯彻执行运输、装卸、仓储等环节的绿色标准，开发应用绿色包装材料，建立绿色物流体系。（商务部、国家发展改革委、环境保护部等负责）

3. 建立逆向物流体系。鼓励建立基于供应链的废旧资源回收利用平台，建设线上废弃物和再生资源交易市场。落实生产者责任延伸制度，重点针对电器电子、汽车产品、轮胎、蓄电池和包装物等产品，优化供应链逆向物流网点布局，促进产品回收和再制造发展。（国家发展改革委、工业和信息化部、商务部等按职责分工负责）

**（六）努力构建全球供应链。**

1. 积极融入全球供应链网络。加强交通枢纽、物流通道、信息平台等基础设施建设，推进与“一带一路”沿线国家互联互通。推动国际产能和装备制造合作，推进边境经济合作区、跨境经济合作区、境外经贸合作区建设，鼓励企业深化对外投资合作，设立境外分销和服务网络、物流配送中心、海外仓等，建立本地化的供应链体系。（商务部、国家发展改革委、交通运输部等负责）

2. 提高全球供应链安全水平。鼓励企业建立重要资源和产品全球供应链风险预警系统，利用两个市场两种资源，提高全球供应链风险管理水平。制定和实施国家供应链安全计划，建立全球供应链风险预警评价指标体系，完善全球供应链风险预警机制，提升全球供应链风险防控能力。（国家发展改革委、商务部等按职责分工负责）

3. 参与全球供应链规则制定。依托全球供应链体系，促进不同国家和地区包容共享发展，形成全球利益共同体和命运共同体。在人员流动、资格互认、标准互通、认可认证、知识产权等方面加强与主要贸易国家和“一带一路”沿线国家的磋商与合作，推动建立有利于完善供应链利益联结机制的全球经贸新规则。（商务部、国家发展改革委、人力资源社会保障部、质检总局等负责）

## 四、保障措施

**（一）营造良好的供应链创新与应用政策环境。**

鼓励构建以企业为主导、产学研用合作的供应链创新网络，建设跨界交叉领域的创新服务平台，提供技术研发、品牌培育、市场开拓、标准化服务、检验检测认证等服务。鼓励社会资本设立供应链创新产业投资基金，统筹结合现有资金、基金渠道，为企业开展供应链创新与应用提供融资支持。（科技部、工业和信息化部、财政部、商务部、人民银行、质检总局等按职责分工负责）

研究依托国务院相关部门成立供应链专家委员会，建设供应链研究院。鼓励有条件的地方建设供应链科创研发中心。支持建设供应链创新与应用的政府监管、公共服务和信息共享平台，建立行业指数、经济运行、社会预警等指标体系。（科技部、商务部等按职责分工负责）

研究供应链服务企业在国民经济中的行业分类，理顺行业管理。符合条件的供应链相关企业经认定为国家高新技术企业后，可按规定享受相关优惠政策。符合外贸企业转型升级、服务外包相关政策条件的供应链服务企业，按现行规定享受相应支持政策。（国家发展改革委、科技部、工业和信息化部、财政部、商务部、国家统计局等按职责分工负责）

**（二）积极开展供应链创新与应用试点示范。**

开展供应链创新与应用示范城市试点，鼓励试点城市制定供应链发展的支持政策，完善本地重点产业供应链体系。培育一批供应链创新与应用示范企业，建设一批跨行业、跨领域的供应链协同、交易和服务示范平台。（商务部、工业和信息化部、农业部、人民银行、银监会等负责）

**（三）加强供应链信用和监管服务体系建设。**

完善全国信用信息共享平台、国家企业信用信息公示系统和“信用中国”网站，健全政府部门信用信息共享机制，促进商务、海关、质检、工商、银行等部门和机构之间公共数据资源的互联互通。研究利用区块链、人工智能等新兴技术，建立基于供应链的信用评价机制。推进各类供应链平台有机对接，加强对信用评级、信用记录、风险预警、违法失信行为等信息的披露和共享。创新供应链监管机制，整合供应链各环节涉及的市场准入、海关、质检等政策，加强供应链风险管控，促进供应链健康稳定发展。（国家发展改革委、交通运输部、商务部、人民银行、海关总署、税务总局、工商总局、质检总局、食品药品监管总局等按职责分工负责）

**（四）推进供应链标准体系建设。**

加快制定供应链产品信息、数据采集、指标口径、交换接口、数据交易等关键共性标准，加强行业间数据信息标准的兼容，促进供应链数据高效传输和交互。推动企业提高供应链管理流程标准化水平，推进供应链服务标准化，提高供应链系统集成和资源整合能力。积极参与全球供应链标准制定，推进供应链标准国际化进程。（质检总局、国家发展改革委、工业和信息化部、商务部等负责）

**（五）加快培养多层次供应链人才。**

支持高等院校和职业学校设置供应链相关专业和课程，培养供应链专业人才。鼓励相关企业和专业机构加强供应链人才培训。创新供应链人才激励机制，加强国际化的人才流动与管理，吸引和聚集世界优秀供应链人才。（教育部、人力资源社会保障部、商务部等按职责分工负责）

**（六）加强供应链行业组织建设。**

推动供应链行业组织建设供应链公共服务平台，加强行业研究、数据统计、标准制修订和国际交流，提供供应链咨询、人才培训等服务。加强行业自律，促进行业健康有序发展。加强与国外供应链行业组织的交流合作，推动供应链专业资质相互认证，促进中国供应链发展与国际接轨。（国家发展改革委、工业和信息化部、人力资源社会保障部、商务部、质检总局等按职责分工负责）

国务院办公厅

2017 年 10 月 5 日

# 4. 快递暂行条例

（征求意见稿）

## 第一章　总则

**第一条**　为了促进快递业健康发展，保障快递安全，保护快递用户合法权益，加强对快递业的监督管理，根据《中华人民共和国邮政法》和其他有关法律，制定本条例。

**第二条**　在中华人民共和国境内从事快递业务经营、接受快递服务以及对快递业实施监督管理，适用本条例。

**第三条**　地方各级人民政府应当创造良好的快递业营商环境，支持经营快递业务的企业创新商业模式和服务方式，引导经营快递业务的企业加强服务质量管理，健全规章制度，完善安全保障措施，为用户提供迅速、准确、安全、方便的快递服务。地方各级人民政府应当确保政府相关行为符合公平竞争要求和相关法律法规，维护快递业竞争秩序，不得出台违反公平竞争，可能造成地区封锁和行业垄断的政策措施。

**第四条**　任何单位或者个人不得利用信件、包裹、印刷品以及其他寄递物品（以下简称快件）从事危害国家安全、社会公共利益或者他人合法权益的活动。除有关部门依法对快件进行检查外，任何单位或者个人不得非法检查他人快件。任何单位或者个人不得私自开拆、隐匿、毁弃、倒卖他人快件。

**第五条**　国务院邮政管理部门负责对全国快递业实施监督管理。国务院公安、国家安全、海关、工商行政管理、质检等有关部门在各自职责范围内负责相关的快递监督管理工作。省、自治区、直辖市邮政管理机构和按照国务院规定设立的省级以下邮政管理机构负责对本辖区的快递业实施监督管理。县级以上地方人民政府有关部门在各自职责范围内负责相关的快递监督管理工作。

**第六条**　国务院邮政管理部门和省、自治区、直辖市邮政管理机构以及省级以下邮政管理机构（以下统称邮政管理部门）应当与公安、国家安全、海关、工商行政管理、质检等部门相互配合，建立健全快递安全监管机制，加强对快递业安全运行的监测预警，收集、共享与快递业安全运行有关的信息，依法处理影响快递业安全运行的事件。

**第七条**　依法成立的快递行业组织应当保护企业合法权益，加强行业自律，促进企业守法、诚信、安全经营，引导企业不断提高快递服务质量和水平。

**第八条**　国家加强快递业诚信体系建设，建立健全快递业信用记录、相关信息公开、信用评价制度，依法实施联合惩戒措施，提高快递业信用水平。

**第九条**　国家鼓励经营快递业务的企业和寄件人使用可降解、可重复利用的环保包装材料，鼓励经营快递业务的企业采取措施回收快件包装，实现包装材料的减量化利用和再利用。

## 第二章 发展保障

**第十条** 国务院邮政管理部门应当制定快递业发展规划，促进快递业健康发展。县级以上地方人民政府应当将快递业发展纳入本级国民经济和社会发展规划，在城乡规划和土地利用总体规划中统筹考虑快件大型集散、分拣等基础设施用地的需要。

**第十一条** 国家鼓励和引导经营快递业务的企业采用先进技术，促进自动化分拣设备、机械化装卸设备、智能末端服务设施、电子快递运单以及快件信息化管理系统的推广应用。

**第十二条** 县级以上地方人民政府公安、交通运输等部门和邮政管理部门应当加强协调配合，建立健全快递运输保障机制，依法保障快递服务车辆通行和临时停靠的权利，不得禁止快递服务车辆依法通行。县级以上地方人民政府公安、交通运输等部门会同邮政管理部门，对快递专用电动三轮车的行驶时速、装载质量等作出规定，并对快递服务车辆加强统一编号和标识管理。经营快递业务的企业应当对其从业人员加强道路交通安全培训。快递从业人员应当遵守道路交通安全法律、法规的规定，按照操作规范安全、文明驾驶车辆。快递从业人员因执行工作任务造成他人损害的，由快递从业人员所属的经营快递业务的企业依照《中华人民共和国侵权责任法》第三十四条的规定承担侵权责任。

**第十三条** 企业事业单位、住宅小区管理单位应当根据实际情况，采取与经营快递业务的企业签订合同、设置快件收寄投递专门场所等方式，为开展快递服务提供必要的便利。鼓励多个经营快递业务的企业共享智能末端服务设施，为用户提供便捷的快递末端服务。进入企业事业单位、住宅小区的快递从业人员应当遵守企业事业单位、住宅小区管理单位在车辆通行、停靠等方面的相关规定。

**第十四条** 国家鼓励快递业与制造业、农业、商贸业等行业建立协同发展机制，推动快递业与电子商务融合发展，加强信息沟通，共享设施和网络资源。国家引导和推动快递业与铁路、公路、水路、民航等行业的标准对接，支持在大型车站、码头、机场等交通枢纽配套建设快件运输通道和接驳场所。

**第十五条** 鼓励经营快递业务的企业依法开展进出境快递业务，支持在重点口岸建设进出境快件处理中心，在境外依法开办快递服务机构并设置快件处理场所。海关、出入境检验检疫、邮政管理等部门应当建立协作机制，完善进出境快件管理，推动实现快件便捷通关。

## 第三章 经营主体

**第十六条** 经营快递业务，应当依法取得快递业务经营许可。邮政管理部门应当根据《中华人民共和国邮政法》第五十二条、第五十三条规定的条件和程序核定经营许可的业务范围和地域范围，向社会公布取得快递业务经营许可的企业名单，并及时更新。

**第十七条** 经营快递业务的企业及其分支机构开办的快递末端网点无须办理营业执照，只需自开办之日起20日内向所在地邮政管理部门备案。

**第十八条** 两个以上经营快递业务的企业可以使用统一的商标、商号或者快递运单经营快递业务。前款规定的经营快递业务的企业应当签订书面协议明确各自的权利义务，遵守共同的服务约定，在服务质量、安全保障、业务流程等方面实行统一管理，为用户提供统一的快件跟踪查询和投诉处理服务。用户的合法权益因快件发生延误、丢失、损毁或者内件短少而受到损害的，用户可以要求该商标、商号或者快递运单所属企业赔偿，也可以要求实际提供快递服务的企业赔偿。

**第十九条** 经营快递业务的企业应当依法保护从业人员的合法权益。营快递业务的企业应当对其从业人员加强职业操守、服务规范、作业规范、安全生产、车辆安全驾驶等方面的教育和培训。

## 第四章 快递服务

**第二十条** 经营快递业务的企业在寄件人填写快递运单前，应当提醒其阅读快递运单的服务合同条款，告知相关保价规则和保险服务项目。寄件人交寄贵重物品的，应当事先声明；经营快递业务的企业可以要求寄件人对贵重物品予以保价。

**第二十一条** 寄件人交寄快件，应当如实提供以下事项：

（一）寄件人姓名、地址、联系电话；

（二）收件人姓名（名称）、地址、联系电话；

（三）寄递物品的名称、性质、数量。

除信件和已签订安全协议用户交寄的快件外，经营快递业务的企业收寄快件，应当对寄件人身份进行查验，并登记身份信息，但不得在快递运单上记录除姓名（名称）、地址、联系电话以外的用户身份信息。寄件人拒绝提供身份信息或者提供身份信息不实的，经营快递业务的企业不得收寄。

**第二十二条** 经营快递业务的企业应当规范操作，防止造成快件损毁。法律法规对食品、药品等特定物品的运输有特殊规定的，寄件人、经营快递业务的企业应当遵守相关规定。

**第二十三条** 经营快递业务的企业应当将快件投递到约定的收件地址、收件人或者收件人指定的代收人，并告知收件人或者代收人当面验收。收件人或者代收人有权当面验收。

**第二十四条** 无法投递的快件，经营快递业务的企业应当退回寄件人；属于进出境快件，经营快递业务的企业应当依法办理海关和检验检疫手续。无法投递又无法退回的快件，依照下列规定处理：

（一）属于信件，自确认无法退回之日起超过 6 个月无人认领的，由经营快递业务的企业在所在地邮政管理部门的监督下销毁；

（二）属于信件以外其他快件的，经营快递业务的企业应当登记，并按照国务院邮政管理部门的规定处理；

（三）属于进境快件的，交由海关依法处理；发现有动植物、动植物产品或者其他依法应当实施检疫的物品的，由海关通知出入境检验检疫部门处理。

**第二十五条** 快件发生延误、丢失、损毁或者内件短少的，对保价的快件，应当按照经营快递业务的企业与寄件人约定的保价规则确定赔偿责任；对未保价的快件，依照民事法律的有关规定确定赔偿责任。国家鼓励保险公司开发快件损失赔偿责任险种，鼓励经营快递业务的企业投保。

**第二十六条**　经营快递业务的企业应当实行快件寄递全程信息化管理，公布联系方式，保证与用户的联络畅通，向用户提供业务咨询、快件查询等服务。用户对快递服务质量不满意的，可以向经营快递业务的企业投诉；经营快递业务的企业应当自接到投诉之日起 7 日内作出处理，并向用户反馈处理结果。

**第二十七条**　经营快递业务的企业停止经营的，应当提前 10 日向社会公告，书面告知邮政管理部门，交回快递业务经营许可证，并依法妥善处理尚未投递的快件。经营快递业务的企业或者其分支机构因不可抗力或者其他特殊原因暂停快递服务的，应当及时向邮政管理部门报告，向社会公告暂停服务的原因和期限，并依法妥善处理尚未投递的快件。

## 第五章　快递安全

**第二十八条**　经营快递业务的企业收寄快件和寄件人交寄快件，应当遵守《中华人民共和国邮政法》第二十四条关于禁止寄递或者限制寄递物品的规定。禁止寄递物品的目录及管理办法，由国务院邮政管理部门会同国务院有关部门制定并公布。

**第二十九条**　经营快递业务的企业收寄快件，应当依照《中华人民共和国邮政法》的规定验视内件，并做出验视标识。寄件人拒绝验视的，经营快递业务的企业不得收寄。经营快递业务的企业受寄件人委托，长期、批量提供快递服务的，应当与寄件人签订安全协议，明确双方的安全保障义务。

**第三十条**　经营快递业务的企业可以自行或者委托第三方企业对快件进行安全检查。对经过安全检查的快件，做出安全检查标识。经营快递业务的企业委托第三方企业对快件进行安全检查的，不免除委托方对快件安全承担的责任。

**第三十一条**　经营快递业务的企业发现用户交寄禁止寄递物品的，应当拒绝收寄；发现已经收寄的快件中有疑似禁止寄递物品的，应当立即停止分拣、运输、投递。对快件中依法应当没收、销毁或者可能涉及违法犯罪的物品，经营快递业务的企业应当立即向有关部门报告并配合调查处理；对其他禁止寄递物品以及限制寄递物品，经营快递业务的企业应当按照法律、行政法规或者国务院有关主管部门的规定处理。

**第三十二条**　经营快递业务的企业应当建立快递运单及电子数据管理制度，妥善保管用户信息等电子数据，定期销毁快递运单，采取有效技术手段保证用户信息安全。具体办法由国务院邮政管理部门会同国务院有关部门制定。经营快递业务的企业及其从业人员不得出售、泄露或者非法提供快递服务过程中知悉的用户信息。发生或者可能发生用户信息泄露的，经营快递业务的企业应当立即采取补救措施，并向所在地邮政管理部门报告。

**第三十三条**　经营快递业务的企业应当依法建立健全安全生产责任制，确保快递服务安全。经营快递业务的企业应当依法制定突发事件应急预案，定期开展突发事件应急演练；发生突发事件的，应当按照应急预案及时、妥善处理，并立即向所在地邮政管理部门报告。

## 第六章　监督检查

**第三十四条**　邮政管理部门应当加强对快递业的监督检查。监督检查应当以下列事项为重点：

（一）从事快递活动的企业是否依法取得快递业务经营许可；

（二）经营快递业务的企业的安全管理制度是否健全并有效实施；

（三）经营快递业务的企业是否妥善处理用户的投诉、保护用户合法权益。

**第三十五条** 邮政管理部门应当建立和完善以随机抽查为重点的日常监督检查制度，公布抽查事项目录，明确抽查的依据、频次、方式、内容和程序，随机抽取被检查企业，随机选派检查人员。抽查情况和查处结果应当及时向社会公布。邮政管理部门应当充分利用计算机网络等先进技术手段，加强对快递业务活动的日常检查，提高快递业管理水平。

**第三十六条** 邮政管理部门依法履行职责，有权采取《中华人民共和国邮政法》第六十一条规定的监督检查措施。邮政管理部门实施现场检查，有权查阅经营快递业务的企业管理快递业务的电子数据。国家安全机关、公安机关为维护国家安全和侦查犯罪活动的需要，依法开展执法活动，经营快递业务的企业应当提供技术支持和协助。《中华人民共和国邮政法》第十一条规定的处理场所，包括快件处理场地、设施、设备。

**第三十七条** 邮政管理部门应当向社会公布本部门的联系方式，方便公众举报违法行为。邮政管理部门接到举报的，应当及时依法调查处理，并为举报人保密。对实名举报的，邮政管理部门应当将处理结果告知举报人。

## 第七章　法律责任

**第三十八条** 未取得快递业务经营许可从事快递活动的，由邮政管理部门依照《中华人民共和国邮政法》的规定予以处罚。经营快递业务的企业或者其分支机构有下列行为之一的，由邮政管理部门责令改正，可以处 1 万元以下的罚款；情节严重的，处 1 万元以上 5 万元以下的罚款，并可以责令停业整顿：

（一）开办快递末端网点未向所在地邮政管理部门备案；

（二）停止经营快递业务，未提前 10 日向社会公告，未书面告知邮政管理部门并交回快递业务经营许可证，或者未妥善处理尚未投递的快件；

（三）因不可抗力或者其他特殊原因暂停快递服务，未及时向邮政管理部门报告并向社会公告暂停服务的原因和期限，或者未妥善处理尚未投递的快件。

**第三十九条** 两个以上经营快递业务的企业使用统一的商标、商号或者快递运单经营快递业务，未遵守共同的服务约定，在服务质量、安全保障、业务流程等方面未实行统一管理，或者未向用户提供统一的跟踪查询和投诉处理服务的，由邮政管理部门责令改正，处 1 万元以上 5 万元以下的罚款；情节严重的，处 5 万元以上 10 万元以下的罚款，并可以责令停业整顿。

**第四十条** 冒领、私自开拆、隐匿、毁弃、倒卖或者非法检查他人快件，依法给予治安管理处罚。经营快递业务的企业有前款规定行为，或者非法扣留快件的，由邮政管理部门责令改正，没收违法所得，并处 5 万元以上 10 万元以下的罚款；情节严重的，并处 10 万元以上 20 万元以下的罚款，并可以责令停业整顿直至吊销其快递业务经营许可证。

**第四十一条** 经营快递业务的企业有下列情形之一的，由邮政管理部门依照《中华人民共和国邮政法》《中华人民共和国反恐怖主义法》的规定予以处罚：

（一）不建立或者不执行收寄验视制度；

（二）在收寄、分拣、运输、投递过程中违反法律、行政法规、国务院决定或者国务院有关部门关于禁止寄递或者限制寄递物品的规定；

（三）收寄快件未查验寄件人身份并登记身份信息，或者发现寄件人提供身份信息不实仍予收寄。寄件人在快件中夹带禁止寄递的物品，尚不构成犯罪的，依法给予治安管理处罚。有前两款规定的违法行为，造成人身伤害或者财产损失的，依法承担赔偿责任。

**第四十二条**　经营快递业务的企业有下列行为之一的，由邮政管理部门责令改正，没收违法所得，并处1万元以上5万元以下的罚款；情节严重的，并处5万元以上10万元以下的罚款，并可以责令停业整顿直至吊销其快递业务经营许可证：

（一）未按照规定建立快递运单及电子数据管理制度；

（二）未定期销毁快递运单；

（三）出售、泄露或者向他人非法提供快递服务过程中知悉的用户信息；

（四）发生或者可能发生用户信息泄露的情况，未立即采取补救措施，或者未向所在地邮政管理部门报告。

**第四十三条**　经营快递业务的企业及其从业人员在经营活动中有危害国家安全行为的，依法追究法律责任；对经营快递业务的企业，由邮政管理部门吊销其快递业务经营许可证。

**第四十四条**　邮政管理部门和其他有关部门的工作人员在监督管理工作中滥用职权、玩忽职守、徇私舞弊的，依法给予处分。

**第四十五条**　违反本条例规定，构成犯罪的，依法追究刑事责任。

## 5. 关于加快发展冷链物流保障食品安全促进消费升级实施意见

促进冷链物流规范健康发展，对于提高人民群众生活品质，保障食品药品流通安全具有重要意义。交通运输是冷链物流的基础环节和重要载体，在支撑冷链物流发展中发挥着主体作用。目前，中国冷链物流运输环节“断链”现象较为普遍，运输装备技术水平低、行业监管不足、标准规范执行不到位，影响冷链物流整体服务品质和安全保障能力。为深入贯彻落实《国务院办公厅关于加快发展冷链物流保障食品安全促进消费升级的意见》（国办发〔2017〕29 号）相关要求，推动物流业供给侧结构性改革，加快促进冷链物流健康规范发展，保障鲜活农产品和食品流通安全，支撑产业转型发展和居民消费升级，制定本实施意见。

### 一、总体要求

贯彻落实国务院关于加快发展冷链物流的总体部署和要求，以满足全社会冷链物流需求、提升冷链物流服务品质、保障食品流通安全为目标导向，坚持市场主导、问题导向、创新驱动、协同发展，深入推进物流供给侧结构性改革，充分发挥交通运输在冷链物流发展中的基础性作用，着力提升设施设备技术水平、健全全程温控体系、优化运输组织模式、强化企业运营监管，力争到 2020 年，初步形成全程温控、标准规范、运行高效、安全绿色的冷链物流服务体系，“断链”问题基本解决，全面提升冷链物流服务品质，有效保障食品流通安全。

### 二、加快完善冷链物流设施设备

1. 严格管理冷藏保温车辆的市场准入和退出。制定发布《营运货车安全技术条件》行业标准，将冷藏保温车辆作为专用货运车辆加强管理，并将温度监控设备性能要求作为冷藏保温车辆投入运营的基本条件。对于不符合相关标准要求的，不允许投入冷链物流市场。引导高耗能、低效率、不合规的冷藏保温车须加快退出市场。

2. 严格管理冷藏保温车辆使用过程。做好冷藏保温车辆的年度审验，制定发布《冷藏保温车辆温度记录与监控设备性能要求和检测方法》《冷藏保温车辆分类及技术要求》等行业标准，明确对冷藏保温车辆及其温控、制冷设备等性能要求和检验方法，并纳入营运车辆综合性能检验，确保温控、制冷设备性能合格。

3. 提升冷链物流装备专业化水平。鼓励多温层冷藏车、冷藏集装箱、冷藏厢式半挂车、低温保温容器等标准化运载单元以及轻量化、新能源等节能环保冷藏保温车型在冷链物流中推广使用，提高冷链物流装备的专业化、标准化、轻量化水平。完善冷藏集装箱供需体系，建立跨运输方式的冷藏集装箱循环共享共用系统，提高冷藏集装箱的利用效率。

4. 加强冷链物流基础设施建设。加快建设具有仓储、集配、运输等功能于一体的公共服务型冷链物流园区，加快面向农产品生产基地，特别是中西部农产品规模较大地区的冷链物流园区建设。引导货运枢纽（物流园区）完善冷链物流服务功能，合理规划园区内冷藏库、恒温库、冷冻库等设施的布局，支持标准化冷库、封闭低温装卸货台、温控理货区建设，促进制冷、温控、装卸、分拣包装等先进设备的推广应用。加快农村冷链物流网络体系建设，完善“最先一公里”产地预冷设施。

## 三、鼓励冷链物流企业创新发展

5. 引导传统冷链物流企业转型升级。鼓励传统冷链物流企业扩大经营规模和服务范围，拓展经营网络，创新服务产品，引导单一运输服务向定制化、个性化增值服务转型，提升冷链物流服务品质。鼓励有条件的冷链物流企业延伸服务链条，加强与农产品生产、生鲜食品加工、商贸流通企业在订单管理、仓储管理、物流配送、温度监控等方面的协同对接，推动冷链物流企业向综合物流服务商转型发展，提高冷链物流企业供应链服务水平。

6. 创新企业运营组织模式。依托多式联运示范工程，鼓励冷链物流企业发展“海运＋冷藏班列”海铁联运、“中欧冷藏班列”公铁联运、公水联运、空陆联运等多式联运新模式。加强多式联运冷藏设施设备在技术标准、信息资源、服务规范、作业流程等方面的有效对接，引导冷链物流企业提供全程一站式服务。支持冷链物流企业依托移动互联网等信息技术从事无车、无船承运业务，鼓励企业根据冷链产品消费需求特点，创新运营组织模式，发展甩挂运输、共同配送等先进运输组织方式，提高冷链物流运作效率。

7. 鼓励企业联盟发展。按照“优势互补、资源共享、互信共赢”的原则，鼓励不同类型的企业以资本、产品、信息为纽带，建立冷链物流联盟，加强合作，实现资源整合，促进集约化、规模化发展，提升市场集中度，扭转市场主体过散、过弱的局面，提高企业竞争力和市场抗风险能力。

## 四、提升冷链物流信息化水平

8. 构建冷链物流温度监控系统。鼓励冷链物流企业自建或委托第三方机构建设冷链物流设施设备的远程监控系统，对冷藏保温库、冷藏保温车辆、冷藏集装箱内的温度进行实时监测记录，及时处置温度异常等情况，确保冷链物流运输环节温度控制“不断链”。

9. 促进冷链物流信息互联共享。冷链物流企业应加强物流管理信息系统建设，为收发货人提供全程定位跟踪和温度监控服务，推进冷链上下游企业信息共享，实现订单处理、运输仓储、城市配送、结算等业务环节的有效对接，促进资源优化调度和业务协同。

## 五、提高行业监管水平

10. 强化对冷链物流运输环节温度监控的监管。建立对冷链物流企业温度监控记录的抽检抽查制度，对温控记录、运单数据进行核查比对，作为政府行业监管和企业信用评价的依据。充分发挥社会监督力量，引导形成运输企业和收发货人在货物交付、装卸、运输等环节的温度记录查验机制。

11. 开展冷链物流企业服务和信用评价。制定发布《道路冷链运输服务规则》，引导企业建立完善以温度控制为核心的冷链物流操作规程，建立健全冷链物流服务质量和信用评价体系。开展冷链物流企业信用信息共享，建立与相关部门的企业信用信息联动共享机制，对冷链物流企业信用评价结果进行公示和惩戒。

## 六、健全完善相关政策

12. 优化城市配送冷藏保温车辆通行管理。研究开展城市冷链配送需求量调查预测及冷藏保温车辆标识化管理工作，为科学配置冷链物流资源提供依据。城市交通运输主管部门应积极协调公安部门，调整完善城市配送冷藏保温车辆通行管理制度，合理规划冷链配送停靠装卸设施，推动实现配送车辆便利通行。

13. 降低冷链物流通行成本。继续执行鲜活农产品运输“绿色通道”政策，引导企业按照相关规定运输鲜活农产品，确保冷链物流企业运输鲜活农产品依法享受“绿色通道”政策。

## 七、保障措施

14. 加强部门间协同作业。健全完善部门协同机制，利用信息技术手段建立行业监管的联动机制，规范冷链物流企业经营行为。在冷链物流用地、融资、税收、保险、通行等问题加强协调配合，不断优化政策环境，形成推进冷链物流发展的合力。

15. 注重冷链物流人才培养。鼓励高校、科研机构与国内外著名企业联合建立冷链物流综合培训和试验基地，加强冷链物流学科及研发中心建设，提高冷链物流管理和操作人员知识水平和专业技能。

16. 发挥行业协会作用。充分发挥行业协会在标准制修订、服务质量认证、产品标识化管理、政策建议、交流合作、资质评定和人才培训等方面的积极作用，规范冷链物流企业经营行为，推动行业自律。

交通运输部

2017 年 8 月 22 日

## 6. 深化粤港澳合作推进大湾区建设框架协议

为充分发挥粤港澳地区的综合优势，深化粤港澳合作，推进粤港澳大湾区建设，高水平参与国际合作，提升在国家经济发展和全方位开放中的引领作用，为港澳发展注入新动能，保持港澳长期繁荣稳定，国家发展和改革委员会、广东省人民政府、我国香港特别行政区政府、我国澳门特别行政区政府（以下简称四方）经协商一致，制定本协议。

### 一、总则

（一）合作宗旨。全面准确贯彻“一国两制”方针，完善创新合作机制，建立互利共赢合作关系，共同推进粤港澳大湾区建设。

（二）合作目标。强化广东作为全国改革开放先行区、经济发展重要引擎的作用，构建科技、产业创新中心和先进制造业、现代服务业基地；巩固和提升中国香港国际金融、航运、贸易三大中心地位，强化全球离岸人民币业务枢纽地位和国际资产管理中心功能，推动专业服务和创新及科技事业发展，建设亚太地区国际法律及解决争议服务中心；推进我国澳门建设世界旅游休闲中心，打造中国与葡语国家商贸合作服务平台，建设以中华文化为主流、多元文化共存的交流合作基地，促进我国澳门经济适度多元可持续发展。努力将粤港澳大湾区建设成为更具活力的经济区、宜居、宜业、宜游的优质生活圈和内地与港澳深度合作的示范区，携手打造国际一流大湾区和世界级城市群。

（三）合作原则。

——开放引领，创新驱动。积极构建开放型经济新体制，打造高水平开放平台，对接高标准贸易投资规则，集聚创新资源，完善区域协同创新体系，开展创新及科技合作。

——优势互补，合作共赢。充分发挥各地比较优势，创新完善合作体制机制，加强政策和规划协调对接，推动粤港澳间双向合作，促进区域经济社会协同发展，使合作成果惠及各方。

——市场主导，政府推动。充分发挥市场在资源配置中的决定性作用，更好发挥政府作用，推动各种生产和生活要素在区域内更加便捷流动和优化配置。

——先行先试，重点突破。支持广东全面深化改革，探索粤港澳合作新模式，推动主要合作区域和重点领域的体制机制创新，以点带面深化合作，充分释放改革红利。

——生态优先，绿色发展。着眼于城市群可持续发展，强化环境保护和生态修复，推动形成绿色低碳的生产生活方式和城市建设运营模式，有效提升城市群品质。

### 二、合作重点领域

（四）推进基础设施互联互通。强化内地与港澳交通联系，构建高效便捷的现代综合交通运输体系。发挥我国香港作为国际航运中心优势，带动大湾区其他城市共建世界级港口群和空港群，优化高速公路、铁路、城市轨道交通网络布局，推动各种运输方式综合衔接、一体高效。强化城市内外交通建设，便捷城际交通，共同推进包括港珠澳大桥、广深港高铁、粤澳新通道等区域重点项目建设，打造便捷区域内交通圈。建设稳定安全的能源和水供应体系，进一步提升信息通信网络基础设施水平、扩大网络容量。

（五）进一步提升市场一体化水平。落实内地与我国香港、我国澳门《关于建立更紧密经贸关系的安排》（CEPA）及其系列协议，促进要素便捷流动，提高通关便利化水平，促进人员、货物往来便利化，打造具有全球竞争力的营商环境。推动扩大内地与港澳企业相互投资。鼓励港澳人员赴粤投资及创业就业，为港澳居民发展提供更多机遇，并为港澳居民在内地提供更加便利生活条件。

（六）打造国际科技创新中心。统筹利用全球科技创新资源，完善创新合作体制机制，优化跨区域合作创新发展模式，构建国际化、开放型区域创新体系，不断提高科研成果转化水平和效率，加快形成以创新为主要引领和支撑的经济体系和发展模式。

（七）构建协同发展现代产业体系。充分发挥大湾区不同城市产业优势，推进产业协同发展，完善产业发展格局，加快向全球价值链高端迈进。培育战略性新兴产业集群，建设产业合作发展平台，构建高端引领、协同发展、特色突出、绿色低碳的开放型、创新型产业体系。

（八）共建宜居、宜业、宜游的优质生活圈。以改善民生为重点，提高社会管理和公共服务能力和水平，增加优质公共服务和生产生活产品供给，打造国际化教育高地，完善就业创业服务体系，加强人文交流、促进文化繁荣发展，推进区域旅游发展，支持我国澳门打造旅游教育培训基地，共建健康大湾区，完善生态建设和环境保护合作机制，建设绿色低碳大湾区。

（九）培育国际合作新优势。充分发挥港澳地区独特优势，深化与“一带一路”沿线国家在基础设施互联互通、经贸、金融、生态环保及人文交流领域的合作，携手打造推进“一带一路”建设的重要支撑区。支持粤港澳共同开展国际产能合作和联手“走出去”，进一步完善对外开放平台，更好发挥归侨侨眷纽带作用，推动大湾区在国家高水平参与国际合作中发挥示范带头作用。

（十）支持重大合作平台建设。推进深圳前海、广州南沙、珠海横琴等重大粤港澳合作平台开发建设，充分发挥其在进一步深化改革、扩大开放、促进合作中的试验示范和引领带动作用，并复制推广成功经验。推进港澳青年创业就业基地建设。支持港深创新及科技园、江门大广海湾经济区、中山粤澳全面合作示范区等合作平台建设。发挥合作平台示范作用，拓展港澳中小微企业发展空间。

## 三、体制机制安排

（十一）完善协调机制。编制《粤港澳大湾区城市群发展规划》，推进规划落地实施。四方每年定期召开磋商会议，协调解决大湾区发展中的重大问题和合作事项。

（十二）健全实施机制。四方每年提出推进粤港澳大湾区建设年度重点工作，由国家发展和改革委员会征求广东省人民政府和我国香港、我国澳门特别行政区政府以及国家有关部门意见达成一致后，共同推动落实。广东省人民政府和我国香港、我国澳门特别行政区政府共同建立推进粤港澳大湾区发展日常工作机制，更好发挥广东省发展和改革委员会、我国香港特别行政区政府政制及内地事务局、我国澳门特别行政区政府行政长官办公室在合作中的联络协调作用，推动规划深入实施。

（十三）扩大公众参与。强化粤港澳合作咨询渠道，吸纳内地及港澳各界代表和专家参与，研究探讨各领域合作发展策略、方式及问题。发挥粤港澳地区行业协会、智库等机构的作用，支持工商

企业界、劳工界、专业服务界、学术界等社会各界深化合作交流，共同参与大湾区建设。加强粤港澳大湾区的宣传推介。

## 四、其他

本协议自四方代表正式签署之日起生效，有效期五年。经四方协商同意，可对本协议进行修正和展期。

本协议以中文书就，一式四份。

本协议于 2017 年 7 月 1 日在中国香港签署。

国家发展和改革委员会主任广东省人民政府省长　何立峰　马兴瑞

中国香港特别行政区行政长官中国澳门特别行政区行政长官　林郑月娥　崔世安

## 7. 广东省现代物流业发展规划（2016—2020年）

物流业是融合运输、仓储、货代、信息等产业的复合型服务业，是支撑国民经济发展的基础性、战略性产业。加快发展现代物流业，对于促进产业结构调整、转变发展方式、提高国民经济竞争力和建设生态文明具有重要意义。为贯彻落实《国务院关于印发物流业发展中长期规划（2014—2020年）的通知》（国发〔2014〕42号）等文件精神，促进全省现代物流业健康发展，服务广东经济转型升级，制订本规划。

### 一、发展现状与面临形势

#### （一）发展现状

“十二五”时期特别是《广东省物流业调整和振兴规划》实施以来，全省现代物流业发展环境不断优化，产业规模持续增长，物流运输网络日趋完善，物流服务能力显著提升，物流信息化和标准化建设稳步推进，为进一步加快发展奠定了坚实基础。产业规模持续扩大。2015年，全省实现社会物流总额18.5万亿元，比2010年增长65.3%，年均增长10.6%；物流业增加值5176亿元，比2010年增长69.4%，年均增长11.1%，物流业增加值占地区生产总值（GDP）的比重为7.1%，占服务业增加值的比重达14%；社会物流总费用约为1.1万亿元，与GDP的比率为15%，低于全国平均水平；完成货物运输总量37.6亿吨，增长6.3%；货物运输周转量1.5万亿吨公里，增长0.7%；规模以上港口完成货物吞吐量16.2亿吨，增长3.1%，其中，外贸货物吞吐量5.1亿吨，增长0.1%，内贸货物吞吐量11.1亿吨，增长4.5%；港口集装箱吞吐量5172万标准箱，增长3.3%。物流运输网络日趋完善。全省已基本形成由公路、铁路、水路、航空、管道所构成的综合立体交通运输网络，基本实现对内对外互联互通。公路方面，“十纵五横两环线”高等级公路网主骨架初步形成，截至2015年底，全省高速公路通车总里程达7018公里，居全国第一位，基本实现“县县通高速”的目标；铁路方面，以京广、京九铁路为主的铁路运输网络日趋完善，随着赣韶、南广、贵广铁路的通车，大大缩短了省内外城市之间的距离；水运方面，形成了以广州港、深圳港、珠海港、汕头港、湛江港五大沿海主要港口，佛山港、肇庆港两大内河主要港口为龙头，辐射华南、西南，面向全球的港口发展格局，以珠江三角洲地区为核心的广东沿海港口群，已初步建设成为亚太地区重要的物流中心；航空方面，形成了以广州、深圳机场为枢纽，以珠海、揭阳、湛江、惠州、梅州为干支线机场的航空运输格局。物流服务能力显著提升。全省现有各类物流企业约20万家，其中超过75%是民营企业。截至2015年底，全省共有A级物流企业216家，5A级物流企业达到20家，数量居全国前列，涌现出一批现代化、规模化、品牌化物流领军企业。物流园区发展迅速，全省共有各类物流园区362家，其中规模较大的超过20家，主要集中在珠三角地区。保税物流全国领先，全省有2个综合保税区、2个保税港区、7个保税物流中心（B

型)、4个保税区、2个出口加工区、62个出口监管仓库、130个保税仓库，数量居全国前列。物流技术装备明显改善。全省物流信息化建设步伐加快，物流企业广泛使用物联网、云计算等信息技术，南方现代物流公共信息平台、南方物联网示范工程、宝供第三方物流信息平台、林安物流信息交易平台等一批信息平台项目投入使用，智慧港、智慧仓等物联网项目投入运营，有效促进了物流行业信息交换和共享。物流企业积极推广应用装卸搬运、分拣包装、加工配送等专用物流装备和智能标签、跟踪追溯、路径优化等技术，提高了物流运行效率。物流标准化建设初显成效。2014年，广州市被商务部与国家标准委员会认定为第一批物流标准化试点城市，佛山、东莞、中山、肇庆市为第二批试点城市。一批物流企业被选定为实施《商贸物流标准化专项行动计划》的重点企业和平台。总体上来看，我省现代物流业已步入快速转型升级的新阶段，但与发达国家相比还有较大差距。一是物流成本仍然偏高、效率偏低。2015年全省社会物流总费用与GDP的比率为15%，与欧美国家物流总费用与GDP的比率9%相比，物流成本还有很大压缩空间。二是综合运输体系尚未完善。物流基础设施配套性、兼容性不强，沿海港口优势发挥不充分，公路集疏运比例过高，多式联运仍未实现无缝连接。三是物流信息共享机制尚未形成，公共信息平台作用未能充分发挥。四是物流标准推广力度还不够，各种运输方式之间装备标准不统一，产品包装标准与物流设施标准之间缺乏有效的衔接，信息系统之间缺乏接口标准。五是物流政策法规体系还不够完善，市场秩序不够规范有序，已出台的一些政策措施有待进一步落实，物流信用体系建设滞后。

**(二)面临形势**

当前，经济全球化趋势深入发展，互联网信息技术革命带动新技术新业态不断涌现，现代物流业发展面临的机遇与挑战并存。国际国内物流需求快速增长。经济全球化呈现国际化采购、国际化生产、国际化销售的格局，国家实施“一带一路”战略、自由贸易试验区战略，进一步加快对外开放，我省全面深化与东盟、港澳地区的交流合作，将有效扩大国际物流市场规模。农业现代化将极大释放大宗农产品物流和鲜活农产品冷链物流需求。新型工业化要求加快建立规模化、现代化的制造业物流服务体系。新型城镇化将伴随产生许多生产性、生活性物流需求，并催生新的物流需求。新技术新业态不断涌现。信息技术和供应链管理不断发展并在物流业得到广泛运用，为广大生产流通企业提供低成本、高效率、多样化、精益化的物流服务，推动制造业专注核心业务和商贸业优化内部分工，以新技术、新管理为核心的现代物流体系日益形成。随着城乡居民消费能力增强和消费方式转变，全社会物流服务能力和效率持续提升，物流业市场竞争加剧，必将推动物流业在新的起点上加速发展和转型升级。资源环境约束日益加强。随着社会物流规模快速扩大、能源消耗和环境污染形势加重、城市交通压力加大，传统物流运作模式已难以为继。按照建设生态文明的要求，必须加快运用先进运营管理理念，不断提高信息化、标准化和自动化水平，促进一体化和网络化经营，大力发展绿色物流，推动节能减排，切实降低能耗、减少排放、缓解交通压力。

## 二、总体要求

(一)指导思想。全面贯彻党的十八大和十八届三中、四中、五中、六中全会精神，深入贯彻习近平总书记系列重要讲话精神，牢固树立和贯彻落实创新、协调、绿色、开放、共享的发展理念，以提高物流效率、降低物流成本、减轻资源和环境压力为重点，以市场为导向，以改革开放为动力，以先进技术为支撑，积极营造有利于现代物流业发展的政策环境，着力构建高度社会化、专业化、标准化、智慧化的现代物流体系，推动现代物流业供给侧结构性改革。加快现代信息技术和交通运输技术在物流体系中的应用，大力推进“互联网+”高效物流发展，促进现代物流与工业高效联动发展，为广东制造业转型升级提供高效供应链管理服务。

（二）基本原则。市场运作，政府引导。充分发挥市场在资源配置中的决定性作用，强化企业主体地位，建立和完善社会化、专业化的物流服务体系，形成物流主体多元化、物流服务专业化的发展格局。加强政府在现代物流业发展战略、规划、政策、标准等方面的引导，营造现代物流业发展的良好政策环境。创新驱动，高端发展。加快传统物流发展模式创新，积极探索新型物流业态，大力推动“互联网+”高效物流发展，促进大数据、云计算、物联网等先进信息技术与物流活动深度融合。加快发展供应链管理、衍生服务等高端物流业态，提高现代物流业发展核心竞争力和服务辐射能力。完善标准，降本增效。坚持技术标准化先行，推动物流业技术标准体系建设，加快物流企业品牌培育。提升物流运行质量和效益，降低全社会物流成本。倡导绿色物流理念，积极发展低碳物流。加强一体化运作，实现物流作业各环节、各物流设施设备以及物流信息的衔接配套，促进物流服务体系高效运转。统筹规划，协调联动。加强全省物流业发展总体规划，整合物流基地、物流通道、运输装备等资源，推进多式联运发展。强化跨区域物流合作，完善区域物流网络，实现区域物流协同发展。大力延伸物流产业链条，推进现代物流业与农业、制造业、商贸业、金融业等相关产业联动发展。

（三）发展目标。到2020年，基本建成布局合理、技术先进、便捷高效、绿色环保、安全有序的现代物流服务体系，基本建立与“互联网+”高效物流发展相适应的行业管理政策体系。产业规模进一步扩大。全省社会物流总额年均增长约9.5%，物流业增加值年均增长约9.5%，物流业增加值占GDP比重达到8%左右。物流整体运行效率显著提高。全社会物流总费用与GDP的比率由2015年的15%下降到14.5%左右，物流业对国民经济的支撑和保障能力进一步增强。物流社会化、专业化水平进一步提升。物流新业态、新模式和创新服务不断涌现，第三方物流比重明显提高，新的物流装备、技术广泛应用，物流服务能力和供应链管理能力显著提升，与相关产业融合度进一步提高。物流智能化水平进一步提升。先进信息技术在物流领域广泛应用，仓储、运输、配送等环节智能化水平显著提升，形成以互联网为依托，开放共享、合作共赢、高效便捷、绿色安全的智慧物流生态体系。物流企业竞争力进一步增强。基于互联网的物流新技术、新模式、新业态成为行业发展新动力，物流企业现代化程度明显提高，形成一批智能化水平高、综合服务能力好、国际竞争力强的现代物流企业，培育10家左右营业收入超百亿的物流企业。物流枢纽作用进一步凸显。物流基础设施一体化程度和多式联运发展水平明显提高。农产品冷链物流体系基本形成、流通率显著提升。粤港澳大湾区物流枢纽、国际国内物流大通道建设取得明显进展，物流节点布局更趋合理，逐步建成为具有国际资源配置功能的全国现代物流业发展先导区，实施“一带一路”战略、自由贸易试验区战略和泛珠三角区域合作战略的重要物流枢纽。

## 三、主要任务

（一）推动物流业降本增效。构建市场化、法治化、国际化营商环境，着力解决物流业发展“成本高、负担重、融资难”问题，促进行业降本增效，提高物流业发展质量和竞争力。持续改善物流运行环境，清理、整顿、规范流通环节收费和公路乱收费、乱罚款行为，切实降低流通成本、提高效率。贯彻落实国家统一物流增值税、大宗商品仓储设施用地城镇土地使用税优惠等系列政策措施，鼓励有条件的物流企业积极申报高新技术企业和企业技术中心等，减轻物流企业经营负担。（省交通运输厅、发展改革委、财政厅、科技厅、地税局，省国税局负责）调动社会资本投资的积极性，鼓励金融机构提供整条供应链金融服务，盘活物流企业资金流，解决中小企业融资难、融资贵问题。（省发展改革委、财政厅、金融办，人行广州分行负责）鼓励物流企业加强供应链管理，构建供应链一体化服务体系，提高物流管理水平和运行效益。（省经济和信息化委负责）

（二）提升物流企业规模化、集约化水平。鼓励物流企业通过投资并购、资产重组、强强联合、战略协作、企业联盟等方式，提高物流资源集约度和市场集中度，培育一批具有全球供应链资源整合和调配能力的第三方物流企业、邮政快递企业和供应链管理企业。（省商务厅、发展改革委、经济和信息化委、国资委，省邮政管理局负责）支持物流企业建立与制造企业、商贸企业、农业企业长效合作交流机制，实现多业态资源共享和融合联动发展。（省商务厅、发展改革委、经济和信息化委、农业厅、供销社负责）支持快递业整合资源，推进快递与综合交通运输系统的顺畅对接，积极引导培育形成若干具有较强竞争力的大型骨干快递企业，构建普惠城乡、联通世界的快递服务网络。充分发挥邮政的网络、信息和服务优势，深入推动邮政与电子商务企业的战略合作，发展电商小包等新型邮政业务。完善邮政基础设施网络，鼓励邮政企业因地制宜地发展农村邮政物流服务，推动农资下乡和农产品进城。（省邮政管理局，省交通运输厅、发展改革委、商务厅、农业厅、供销社，广铁集团、民航中南管理局负责）

（三）加强物流基础设施网络建设。加快建设交通物流网络。完善枢纽集疏运系统，实施铁路引入港口、公路货站和物流园区工程，以及枢纽周边道路畅通工程。优化交通枢纽与物流节点空间布局，推进建设广州—佛山全国性综合交通枢纽，加强空港、海港、公路港等枢纽的功能定位、建设标准衔接，强化枢纽物流功能。（省交通运输厅、发展改革委，广铁集团、民航中南管理局负责）构建便捷通畅的骨干物流通道，加强珠江、西江、北江等航道和港口群一体化建设，构建港口物流联盟，建设港口物流大通道。完善公路港建设布局，强化公路港功能，重点构建一批综合型、基地型和驿站型公路港，鼓励龙头企业组建全国公路港联盟，推动行内资源共享和跨区域运输组织。（省交通运输厅、发展改革委负责）

（四）提升物流社会化、专业化水平。引导企业剥离外包物流业务，促进企业内部物流需求社会化。优化制造业、商贸业集聚区物流资源配置，构建中小微企业公共物流服务平台，提供社会化物流服务。（省经济和信息化委、商务厅、交通运输厅、发展改革委，广铁集团、民航中南管理局负责）着力发展第三方物流，鼓励传统物流企业采用现代物流管理理念、信息技术和智能装备，提高传统仓储、运输、货代、快递等服务能力；支持从企业内部剥离出来的物流企业发挥专业化、精益化服务优势，积极为社会提供公共物流服务；鼓励物流企业积极发展定制化物流服务，满足日益增长的个性化物流需求。（省发展改革委、交通运输厅、商务厅、经济和信息化委，省邮政管理局负责）进一步优化物流组织模式，积极发展共同配送、统一配送，提高多式联运比重。（省交通运输厅、商务厅、发展改革委、经济和信息化委，广铁集团、民航中南管理局、省邮政管理局负责）

（五）推进“互联网+”高效物流发展。加强北斗导航、物联网、云计算、大数据、移动互联等先进信息技术在物流领域的应用，推进全程透明、可视、可追踪、智能管理。（省发展改革委、经济和信息化委、交通运输厅、商务厅、科技厅、公安厅，海关广东分署，广东、深圳、珠海出入境检验检疫局，广铁集团、民航中南管理局负责）鼓励物流领域建设科技企业孵化器，提高物流企业信息化水平和技术创新能力。（省发展改革委、科技厅负责）构建物流信息互联共享体系。推广应用电子面单、电子合同等数据化物流活动信息载体，加快实现物流活动信息数据化；促进不同部门、不同交通运输方式之间的信息衔接，鼓励各类专业平台、车货匹配平台等开放数据接口，加强物流运行数据的采集、分析，提供针对社会化物流需求的服务应用，推动物流数据开放；构建全省大数据平台体系，衔接国家交通运输物流公共信息平台，鼓励物流龙头企业搭建面向中小物流企业的物流信息服务平台，促进货源、车（船）源和物流服务等信息高效匹配，有效降低运输载具空驶率，促进物流信息平台协同化发展。（省交通运输厅、发展改革委、经济和信息化委、商务厅、公安厅，海关广东分署，广东、深圳、珠海出入境检验检疫局，广铁集团、民航中南管理局、省邮政管理局负责）

（六）推进物流技术装备现代化。鼓励物流企业加强先进仓储配送技术应用，支持企业建设智能化立体仓库，围绕产品可追溯、在线调度管理、智能配货等重点环节，推动机器人、货物跟踪定位、二维码、无线射频识别、集成传感、可视化、移动信息服务、导航集成系统等技术装备在物流领域应用，提升仓储、运输、分拣、包装等作业效率和仓储管理水平。（省经济和信息化委、科技厅、交通运输厅、商务厅负责）鼓励建设物流配送云服务平台，依托北斗导航、云计算、大数据等技术采集交通路况、气象等信息，加强对物流配送车辆、人员、温控等要素的实时监控，统筹利用相关数据资源，优化配送路线和运力，并依据实时路况动态调整，做好供应商、配送车辆、网点、用户等各环节信息的精准对接，提高配送效率。（省商务厅、交通运输厅、经济和信息化委，广铁集团、民航中南管理局负责）支持企业开展物流核心技术装备研发，对物流技术装备进行原始创新、集成创新和引进消化吸收再创新，推动关键技术装备产业化。（省科技厅、经济和信息化委负责）

（七）加强物流标准化建设。鼓励物流企业、行业协会、研究机构等参与国家物流业标准体系建设，加快物流技术、装备、流程、服务、安全等标准制修订工作，推进物流标准化进程。积极适应物流新业态、新模式、新服务发展需求，制修订一批对现代物流业发展和服务水平提升有重大促进作用的物流标准，完善全省物流标准体系框架。加强物流标准与农业、制造业、商贸业等其他行业标准的衔接，促进各种物流技术标准和服务规范标准协调一致。（省质监局、商务厅、发展改革委、交通运输厅、经济和信息化委、农业厅负责）加强物流信息标准化建设，建立健全物流数据采集、管理、开放、应用等相关标准规范，重点完善包装、托盘、周转箱、货品编码等标准。制修订一批行业急需的企业间物流信息交互标准以及物流公共信息平台应用开发、通用接口、数据传输等标准。（省质监局、经济和信息化委、商务厅、交通运输厅，广铁集团、民航中南管理局负责）加强物流标准化宣传、推广、应用，打造一批物流标准化应用试点示范企业，以点带面推动全行业标准化水平提高。（省商务厅、质监局、交通运输厅、经济和信息化委负责）

（八）推进区域物流协调发展。加快完善全省城市物流节点布局，构建以广州市、深圳市为枢纽，珠海市、佛山市、惠州市、东莞市、中山市、江门市、肇庆市、汕头市、韶关市、湛江市为区域节点，河源市、梅州市、汕尾市、阳江市、茂名市、清远市、潮州市、揭阳市、云浮市为支撑的三级城市物流发展布局，促进区域物流协调、联动发展。（省发展改革委、经济和信息化委、交通运输厅、商务厅，各地级以上市政府负责）着力推动广州市、深圳市建设国家现代物流创新发展试点城市，打造具有国际资源配置功能和国际商务营运功能的全球物流枢纽城市。（广州市、深圳市政府，省发展改革委、经济和信息化委、交通运输厅、商务厅负责）持续推进珠三角物流一体化发展，促进优质物流资源和要素的合理流动，增强珠三角物流在国际市场的核心竞争能力。加快完善粤东西北地区综合交通网络，强化与珠三角地区快速便捷的交通联系，建成较为完善的出省综合运输大通道，大力发展具有特色优势的商贸、大宗货物、农产品物流产业；积极服务珠三角地区产业转移，发展生产性物流业，促进粤东西北地区与珠三角地区产业互联互补互动发展。充分发挥珠三角物流发展的辐射带动和示范作用，推进泛珠三角区域物流设施一体化建设，加快建设区域综合交通枢纽，加强多式联运、甩挂运输等运输方式衔接，推进交通运输物流公共信息平台发展，着力构建泛珠三角区域国际物流主干网络。（省发展改革委、交通运输厅、经济和信息化委、商务厅负责）

（九）推动国际物流发展。充分发挥广东自由贸易试验区先行先试优势，实施海空港联动，发展国际航运与物流业。加强与区外航运产业聚集区协同发展，探索形成具有国际竞争力的航运发展制度和协同运作模式。（广东自由贸易试验区南沙、前海蛇口、横琴片区管委会，省交通运输厅、发展改革委、商务厅、自贸办，海关广东分署，广东、深圳、珠海出入境检验检疫局，民航中南管理局、广东海事局负责）积极建设粤港澳大湾区物流枢纽，深化与港澳在港口、机场、陆路交通、物流组织服务上的对接。依托广州南沙、深圳前海等平台，提高广州物流业发展的辐射带动能力，推动深圳与中国香港共建全球性物流中心。积极推进粤港澳大湾区物流一体化，建设粤港澳航运服务示范区，推动粤港澳航运物流服务自由化。（省交通运输厅、发展改革委、商务厅、自贸办、港澳办，海关广东分署，广东、深圳、珠海出入境检验检疫局，广铁集团、民航中南管理局、广东海事局，广州南沙新区、深圳前海新区、珠海横琴新区管委会负责）积极推动建设东莞石龙（铁路）国际物流基地和广州大田集装箱中心站，充分发挥中欧、中亚货运班列连接俄罗斯、中亚、东北亚市场的作用，打造华南地区连接“一带一路”国际物流枢纽。（广铁集团，省发展改革委、国土资源厅、口岸办、交通运输厅、商务厅负责）依托广东经广西、云南至越南、缅甸、泰国等“一带一路”沿线国家的铁路动脉，构建“粤港澳—西南省份—东盟国家”国际综合物流大通道。支持企业开辟东南亚等国际航线，与“一带一路”沿线国家共建友好港口、临港物流园区，打造“21 世纪海上丝绸之路”的重要航运和物流节点。（省交通运输厅、发展改革委、商务厅、外办，广铁集团、广东海事局、海关广东

分署，广东、深圳、珠海出入境检验检疫局负责）

（十）鼓励发展绿色物流。引导物流企业增强节能环保意识，广泛应用绿色环保的新型物流技术、装备，加快建立绿色物流运作和评估标准体系，研究制定物流设备能耗和排放检测、认证制度。（省经济和信息化委、环境保护厅、质监局负责）推进“绿色物流”体系建设，推动物流包装、仓储、配送绿色发展，推广可多次利用的周转包装，加强对废弃包装物的回收和再生利用，构建低环境负荷的循环物流系统。大力发展废弃物回收物流，鼓励与制造企业、回收利用企业联合开展废旧资源利用，建立工业废料处理物流系统。（省商务厅、交通运输厅、经济和信息化委、发展改革委，省邮政管理局负责）

## 四、重点项目

（一）高效便捷物流模式创新项目。大力推动互联网与物流活动深度融合，创新物流企业经营和服务模式，积极推广多式联运、甩挂运输、无水港、公共外库、无车承运人等新型组织模式。发展“互联网＋”运力匹配，加快公路港等物流信息平台建设，打造线上线下联动公路港网络，加强货物流量、流向的预测预警，优化货物运输路径，实现对配送场站、运输车辆和人员的精准调度。推进“互联网＋”运输协同，建立多式联运信息平台，促进多式联运信息共享，推行物流全程“一单制”，加强多式联运集疏运体系建设。（省交通运输厅、发展改革委、商务厅、经济和信息化委，广铁集团、民航中南管理局负责）支持“互联网＋”物流企业协同发展，整合社会分散的运输、仓储、配送等物流业务资源，推动实现合同签订、车辆调度、运费结算等统筹管理，带动广大中小企业集约发展。（省经济和信息化委、发展改革委负责）积极推进粤港澳—东盟公路甩挂运输联盟试点，整合粤港澳及东盟沿线货运物流枢纽、车辆设施、信息平台等资源，提供甩挂运输公共服务产品、公共信息服务。（省交通运输厅、经济和信息化委负责）加强与“21世纪海上丝绸之路”沿线港口的合作力度，在广州港、深圳港等港口探索发展国际中转集拼、沿海捎带等国际航运业务。（省交通运输厅，海关广东分署，广东、深圳、珠海出入境检验检疫局，广东海事局，广州、深圳市政府负责）进一步优化物流组织模式，积极发展共同配送、统一配送，提高物流资源利用率。（省商务厅负责）大力发展供应链金融，通过创新金融服务，实现线上线下资金流、信息流、商流、物流的畅通。（省经济和信息化委、商务厅、金融办，人行广州分行负责）鼓励物流领域龙头骨干企业、投资机构、高校科研院所等多方协同建设科技企业孵化器，不断提升商业策划、法律咨询和知识产权等创新创业服务的能力和水平。合理引导和搭配财政创业投资资金、市场天使投资和风险投资，在创新活动不同阶段发挥不同资金的最优作用。（省科技厅、财政厅、发展改革委、教育厅、金融办负责）

（二）物流园区项目。鼓励依托综合交通枢纽发展货运枢纽型物流园区及航空快件中心，做大公路港、海港、空港及高铁港物流。（省交通运输厅、发展改革委，广铁集团、民航中南管理局、省邮政管理局负责）支持在专业（批发）市场、城市商圈发展商贸服务型物流园区，提供仓储配送、展示贸易、电子商务、金融保险等一体化综合商贸物流服务。（省商务厅负责）鼓励制造业集聚区发展生产服务型物流园区，为制造业提供采购分销、库存管理、物料计划、流通加工、运输分拨、报关报检、产品回收等全程供应链物流服务。（省发展改革委、经济和信息化委、国土资源厅，海关广东分署，广东、深圳、珠海出入境检验检疫局负责）加快粮食物流园区建设，在珠三角、粤东、粤西、粤北的重要粮食物流节点和粮食消费集中区域，各形成一个以上集粮食储存、加工、配送、物流等为一体的粮食产业集聚区。（省发展改革委、粮食局负责）支持依托口岸、海关特殊监管区域及保税监管场所等发展口岸服务型物流园区，完善报关报检、保税仓储、保税加工、国际采购、国际分销、国际中转、转口贸易等国际物流服务。（省商务厅、口岸办，海关广东分署，广东、深圳、珠海出入境检验检疫局负责）鼓励发展综合服务型物流园区，提供多种物流服务，满足产业发展需求。（省发展改革委、交通运输厅、商务厅、经济和信息化委、国土资源厅、住房城乡建设厅，省邮政管理局负责）

（三）农产品物流项目。着力完善农产品流通体系，加强产地批发市场与区域性农产品物流园区、集散中心建设，加快农产品物流枢纽平台扩容提质。支持农村电商发展，推动快递下乡工程，加强农村邮政基础设施建设，开展农产品物流配送供应试点，与超市、餐饮、学校、企业等建立对接关系。（省商务厅、农业厅、发展改革委、供销社，省邮政管理局负责）着力发展农产品冷链物流，统筹建设以珠三角地区为枢纽，跨区域、全覆盖的全省农产品冷链物流网络。推进冷链物流基础设施建设，重点建设一批农产品大型储备冷库，在粤东西北地区加快建设农产品产地田头冷库。发展农产品冷链物流服务业，鼓励建设低耗节能型冷库，扶持培育农产品冷链物流企业，改善冷链运输车辆装备配置，加强智能冷链物流能力建设。（省农业厅、发展改革委、商务厅、交通运输厅、质监局、供销社，省邮政管理局负责）鼓励企业采用物联网等技术手段，构建覆盖主产区的产地集配体系和重要农产品追溯体系。鼓励发展“基地 + 城市社区”、“批发市场 + 宅配”及“电商 + 冷链共同配送”等农产品配送模式。加快农产品第三方物流企业培育，推动农产品物流集约化、规模化发展。（省商务厅、农业厅、交通运输厅、供销社，省邮政管理局负责）打通南北粮食物流主通道，配合国家跨省“南粮北运”物流通道建设，着力完善中东西三条连接省外粮食产区与省内粮食主销区的跨省水运主干通道。连通国际海运通道，重点形成省内各大港口与北美、南美及东南亚等海外来粮食对接的配套设施。围绕“一系三线”（珠江水系、京广线、广梅汕线、广茂湛线）选点布局，加快建设粮食物流重点线路和关键节点。（省发展改革委、粮食局、交通运输厅，广铁集团负责）

（四）制造业物流项目。深入开展制造业与物流业联动发展试点示范，鼓励制造企业分离外包物流业务，支持物流企业向制造业物流服务商和供应链集成商转变。大力发展装备制造、汽车、石化、家用电器、电子信息等行业制造业物流，培育具备综合服务能力的第三方物流企业。（省经济和信息化委、发展改革委负责）鼓励物流企业发展“互联网 + ”供应链管理，创新发展物流服务模式，为制造企业提供个性化、定制化、精准化、体验式物流服务。鼓励传统制造业企业应用物联网、云计算等新一代信息技术和准时化采购、精益物流、零库存管理、循环取货等先进物流管理技术进行转型升级。（省经济和信息化委、发展改革委、科技厅负责）

（五）电子商务物流项目。加强仓储配送基地、快递转运中心等电子商务物流基础设施建设，提高电子商务物流中转、配送效率。加大农村、社区、机关、学校、地铁站等公共取送点建设，优化电子商务物流末端配送网点布局。支持“网订店取（送）”、智能快件箱（包裹柜）等电子商务物流配送创新模式发展。鼓励物流（快递）企业加强与电子商务平台合作，大力推动电子运单使用。（省商务厅、交通运输厅，省邮政管理局负责）推进电子商务与物流（快递）协同发展，推动城市物流（快递）末端投递车辆的标准化、专业化、规范化发展，合理规划物流（快递）配送车辆通行路线和货物装卸搬运地点，加强快递从业人员基本技能培训，补齐电子商务物流发展短板。（省商务厅、交通运输厅、公安厅、人力资源社会保障厅，省邮政管理局负责）推进“互联网+”仓储交易，鼓励企业依托互联网、物联网等先进信息技术建立全国性或区域性仓储资源网上交易平台，推动仓储资源在线开放和实时交易，整合现有仓储设施资源，提高仓储利用效率，降低企业使用成本。（省商务厅、经济和信息化委负责）

（六）城乡物流配送项目。加快完善物流基地、分拨中心、公共配送中心、末端配送网点四级城市物流配送体系，加强城乡互动的双向物流体系建设。（省商务厅、交通运输厅、农业厅、供销社，省邮政管理局负责）加大城市共同配送设施建设和改造力度，加强城市配送标识、运输与车辆通行管理，推广节能环保车辆在城市配送中的应用，利用城市配送互联网平台和车联网技术，培育城市配送服务平台，提升城市配送管理水平。大力推广应用智能快件箱（包裹柜），新建或改造利用现有资源，组织开展智能快件箱（包裹柜）进社区、进机关、进学校、进商务区专项行动。（省商务厅、交通运输厅、公安厅，省邮政管理局负责）支持供销合作社、邮政企业、快递企业及涉农电子商务企业自营物流加快向农村地区延伸，加快构建县、乡、村三级物流节点体系，切实解决农产品进城“最初一公里”和工业品下乡“最后一公里”配送问题。支持供销合作社基层实体网点升级改造，推动建立网上交易、仓储物流和终端配送一体化的农村流通网络。（省商务厅、农业厅、交通运输厅、供销社，省邮政管理局负责）

（七）跨境物流项目。支持海关特殊监管区域及保税监管场所、国际物流中心、中转站、集装箱集散中心等建设国际物流网点，完善保税、口岸、物流金融、国际贸易、展示等功能。（省商务厅、口岸办，海关广东分署，广东、深圳、珠海出入境检验检疫局负责）支持企业建立全球物流供应链和境外物流服务体系，完善跨境物流网络布局，助推国际贸易和跨境电商发展。积极推进海外物流网点布局，鼓励有实力的企业通过投资、参股、长期租赁等方式，参与建设和经营海外物流园区、港口、跨境物流节点等。支持跨境电子商务公共海外仓建设，将零散国际运输转化为大宗运输，搭建以海外仓为支点的目的国家配送辐射网点，逐步开辟与主要发展中国家的快递专线。（省商务厅、发展改革委、交通运输厅，海关广东分署，广东、深圳、珠海出入境检验检疫局，省邮政管理局负责）积极推进国际贸易通关、检验检疫、结汇、缴进口税等关键环节“单一窗口”综合服务体系建设，推进全省通关一体化改革。（省商务厅，海关广东分署，广东、深圳、珠海出入境检验检疫局，人行广州分行负责）

（八）大宗资源型产品物流项目。加快煤炭、石油、铁矿石等资源型产品中转设施、港口码头设施建设，加强与进口地、消费地物流通道衔接，完善资源型产品物流网络。（省交通运输厅、发展改革委，广铁集团负责）加强煤炭储配基地的港口接卸、配送能力建设，重点完善广州、珠海、茂名等城市煤炭物流节点建设，加快煤炭物流信息化建设。加强珠海、惠州、湛江、茂名等沿海城市石油等能源物流发展，改善危险品存储、运输设施设备条件，增强物流安全防范意识。（省发展改革委、交通运输厅、商务厅、经济和信息化委、安全监管局，广铁集团、广东海事局，广州、珠海、惠州、湛江、茂名市政府负责）加强重点港口疏港铁路等集疏运通体系建设，进一步完善石油、天然气进口运输通道建设，加强油气码头建设，鼓励发展油船、液化天然气船，提高船运能力和护航能力。（省交通运输厅、经济和信息化委、商务厅、发展改革委，广铁集团、广东海事局负责）

（九）物流标准化项目。完善地方物流标准体系，重点在农产品物流、冷链物流、快递物流、医药物流、电子商务物流、商贸物流等领域开展标准制修订工作。（省质监局、商务厅、交通运输厅、经济和信息化委、农业厅、卫生计生委、食品药品监管局，省邮政管理局负责）以国家、行业标准为基础，开展城市共同配送、甩挂运输、多式联运等物流设施设备地方标准研究制定。（省质监局、商务厅、交通运输厅，广铁集团、民航中南管理局负责）推广托盘、周转箱、新鲜食品周转篮、集装箱等标准化载具循环共用。推进广州市、佛山市、东莞市、中山市、肇庆市物流标准化试点工作，构建珠三角托盘循环共用体系，逐步增加试点地区并在全省推广。（省商务厅、质监局，广州市政府、佛山市政府、东莞市政府、中山市政府、肇庆市政府负责）推动物流公共信息平台标准化建设，实现信息联通共享、数据兼容和格式统一。（省质监局、发展改革委负责）加大物流标准宣传解读和贯彻实施力度，引导行业、企业规范发展。（省质监局、商务厅、交通运输厅、经济和信息化委、发展改革委负责）

（十）物流信息与技术项目。扩大自动分拣、快速分拣、智能配货等仓储物流技术的应用，推动电子标签、信息编码、无线射频识别、自动识别技术等标识技术的应用，提高物流运作效率。支持跟踪定位系统、地理信息系统、位置服务系统、智能交通系统等物流跟踪技术的使用，鼓励物流信息采集、移动信息服务、电子数据交换、可视化等信息技术的应用，提升物流信息处理的速度，掌握全程物流运输情况。（省经济和信息化委、科技厅、交通运输厅，广铁集团、民航中南管理局、省邮政管理局负责）整合铁路、公路、水路、民航、邮政、公安、海关、检验检疫、工商、税务等部门资源，继续稳步推进物流公共信息平台建设。统一全省物流信息采集指标、传输格式、接口规范及编码规则，建立物流信息采集、交换、共享机制，逐步实现全省物流信息互联、互通、共享。（省发展改革委、经济和信息化委、交通运输厅、公安厅、地税局、工商局，海关广东分署，广东、深圳、珠海出入境检验检疫局，广铁集团、民航中南管理局、省国税局、省邮政管理局负责）

（十一）再生资源回收物流项目。加强再生资源回收物流技术运用，推动“互联网+回收”模式创新，构建区域性再生资源回收利用信息平台，利用大数据、云计算等技术优化逆向物流网点布局，建立“回收—市场—工厂—循环再生产”的再生资源回收物流体系。（省商务厅负责）扩大再生资源回收种类，重点推动废旧电器电子产品、废旧机动车、废旧金属、废旧塑料、玻璃制品、包装物等废弃物的回收物流发展。加快建设一批集搬运、收集、仓储、分拣、加工、包装、销售等功能于一体的再生资源回收物流中心，推动形成社会化、市场化、规模化的经营机制。（省商务厅、供销社负责）

（十二）应急物流项目。完善全省应急物流指挥体系，构建省、市、县三级应急物流协调联动、信息共享机制，提高应急指挥能力和效率。完善全省应急物流网络布局，以珠三角应急物流网络建设为重点，以粤东、粤西、粤北地区应急物流网络为支撑，构建全省布局合理、功能完备、设施先进、运作规范、分工明确、联动高效、多层级、全辐射的应急物流网络体系。加快建设省级应急物流信息平台，推进应急物流全过程信息采集、处理、分析、交换、传输、共享。（省发展改革委、经济和信息化委、民政厅、交通运输厅、商务厅、三防办、粮食局，省政府应急办，广铁集团、民航中南管理局、省邮政管理局负责）鼓励社会物流企业进入应急物流领域，培育一批社会化骨干应急物流企业。完善应急物流仓储、中转、配送等设施设备的建设，强化运输线路与应急物流节点的衔接。（省经济和信息化委、发展改革委、民政厅、交通运输厅、商务厅、三防办、粮食局，广铁集团、民航中南管理局、省邮政管理局负责）建立多元化的应急物资储备方式，加强应急物资保障能力。（省经济和信息化委、民政厅、三防办、商务厅、粮食局负责）

## 五、保障措施

（一）加强组织协调。建立省级现代物流工作联系机制，加强跨地域、跨部门物流信息共享和工作协同。深化现代物流管理体制改革，完善政府公共服务职能，建立分工合理、执行顺畅、监督有力的现代物流综合管理体系。各地、各有关部门结合本地和相关部门实际情况，加强对现代物流业发展工作的组织指导和推动实施。（省发展改革委、经济和信息化委、交通运输厅、商务厅、教育厅、科技厅、公安厅、财政厅、人力资源社会保障厅、国土资源厅、住房城乡建设厅、农业厅、国资委、地税局、工商局、质监局、供销社，海关广东分署，广东、深圳、珠海出入境检验检疫局，省国税局、广铁集团、民航中南管理局、广东海事局、省邮政管理局，各地级以上市政府负责）充分发挥行业协会和产业联盟在行业自律、产业研究、标准宣贯、统计监测、人员培训、宣传推广等方面的作用，助推行业健康发展。（省发展改革委、经济和信息化委、交通运输厅、商务厅、工商局、质监局，省物流行业协会负责）联合研究机构、高校、企业、行业组织的权威专家，打造物流省级智库，为全省现代物流体系建设和产业发展提供决策咨询。（省发展改革委、经济和信息化委、交通运输厅、商务厅、教育厅负责）

（二）深化改革开放。按照简政放权、深化行政审批制度改革的要求，建立公平透明的市场准入标准，进一步放宽对物流企业资质的行政许可和审批条件，改进审批管理方式。落实物流企业设立非法人分支机构的相关政策，鼓励物流企业开展跨区域网络化经营。（省交通运输厅、商务厅、发展改革委、工商局、财政厅，广铁集团、民航中南管理局、省邮政管理局负责）加强与“一带一路”沿线国家及港澳地区等的政策协调和交流合作，支持物流企业“走出去”。（省发展改革委、商务厅、交通运输厅负责）

（三）规范市场秩序。加强物流业信用体系和信用公示平台建设，建立物流企业和物流人员信用档案，完善物流信用评价、公示、披露、监督、申诉、复核、奖惩等系列制度，构建守信激励和失信惩戒机制，推动行业诚信自律发展。支持建立物流信用评级机制，加强物流服务质量满意度考评和监测，推动行业服务水平提高。鼓励企业整合资源、加强协作，提高物流市场集中度和集约化运作水平，减少无序竞争。（省发展改革委、工商局、交通运输厅、经济和信息化委、商务厅，广铁集团、民航中南管理局、广东海事局、省邮政管理局负责）

（四）加强安全监管。加强对物流企业的安全管理，督促物流企业切实履行安全主体责任，严格执行国家强制标准，保证运输装备产品的一致性。加强对物流车辆和设施设备的检验和检测，确保车辆安全性符合国家规定、设施设备处于良好状态。禁止超载运输，规范超限运输。强化危险货物运输企业经理人员安全管理职责和车辆动态监控。建立健全物流安全监管信息共享机制。推动实行物流活动实名制，道路、铁路、民航、航运、邮政部门要进一步规范货物收运、收寄流程，落实货物安全检查责任，加大对瞒报货物品名行为的查处力度，严防普通货物中夹带违禁品和危险品。推广使用技术手段对集装箱和货运物品进行探测查验，提高对违禁品和危险品的发现能力。加大宣传教育力度，曝光违法违规托运和夹带违禁品、危险品的典型案件和查处结果，增强公众守法意识。（省交通运输厅、公安厅、经济和信息化委、质监局，广东、深圳、珠海出入境检验检疫局，广铁集团、民航中南管理局、广东海事局、省邮政管理局负责）

（五）完善扶持政策。进一步落实支持物流业发展的用地政策，保障物流项目依法依规用地，支持利用工业企业旧厂房、仓库和存量土地资源建设物流设施或者提供物流服务，涉及原划拨土地使用权转让或者租赁的，应按规定办理土地有偿使用手续。（省国土资源厅、住房城乡建设厅负责）认真落实物流企业大宗商品仓储设施城镇土地使用税减半征收等物流业相关税收优惠政策。（省地税局，省国税局负责）从 2017 年 1 月 1 日起，全省各地取消车辆通行费的年票制；开展收费公路清理工作，取消到期或其他不符合规定的公路收费项目。（省交通运输厅、发展改革委、财政厅负责）继续落实鲜活农产品运输绿色通道政策，规范港口服务收费。探索高速公路多元化筹资模式，为降低高速公路使用成本、减轻物流费用负担创造有利条件。（省交通运输厅、农业厅、发展改革委负责）完善城市交通和配送管理政策，解决城市配送及快递车辆通行、停靠等交通管理问题。鼓励采用新能源汽车和符合标准的电动三轮车。（省交通运输厅、公安厅、商务厅，省邮政管理局负责）

（六）拓宽投资融资渠道。完善物流金融服务体系，鼓励有条件的企业开展仓单质押、保税仓、存货质押、融资租赁、供应链金融等物流金融业务。（省发展改革委、经济和信息化委、商务厅，广东银监局负责）引导银行业金融机构加大对物流企业的信贷支持力度。（人行广州分行、广东银监局负责）支持大型现代物流企业进入资本市场和银行间债券市场融资，通过上市、企业债券、短期融资券、中期票据、资产重组、股权置换等方式拓宽融资渠道。（省金融办、发展改革委，人行广州分行、广东证监局负责）鼓励社会资本投资发展现代物流业。（省发展改革委、经济和信息化委、财政厅负责）

（七）加强统计工作。提高物流业统计工作水平，促进物流统计台账和会计核算科目建设，做好社会物流总额和社会物流成本等指标的调查统计工作，及时准确反映物流业的发展规模和运行效率。构建组织体系完善、调查方法科学、技术手段先进、队伍素质优良的现代物流统计体系，推动各市全面开展物流统计工作，进一步提高物流统计数据质量和工作水平，为政府宏观管理和企业经营决策提供参考依据。（省发展改革委、统计局、交通运输厅，省邮政管理局，省物流行业协会负责）

（八）强化人才培养。鼓励企业与高等院校、中职学校（含技工院校）等合作建立产学研基地、实习实训基地，探索现代学徒制、订单培养等校企联合人才培养模式。积极推动现代物流领域产学研用结合，加强供应链管理、冷链物流、快递物流、电子商务物流、跨境物流、金融物流等新业态专业人才培养。加强与港澳台物流人才交流，完善物流人才引进政策，全方位引进高端物流人才。（省教育厅、人力资源社会保障厅负责）

# 附录二　2008—2016年珠海市物流相关统计数据

## 一、珠海市生产总值

**表1　珠海市生产总值增幅情况**

| 年份 | 指标 | 珠海市生产总值 | 第一产业增加值 | 第二产业增加值 | 第三产业增加值 |
|---|---|---|---|---|---|
| 2008 | 增加值（亿元） | 992. 06 | 29. 08 | 542. 49 | 420. 49 |
| | 占珠海市生产总值（%） | — | 2. 9 | 54. 7 | 42. 4 |
| 2009 | 增加值（亿元） | 1037. 69 | 29. 4 | 536. 66 | 471. 63 |
| | 占珠海市生产总值（%） | — | 2. 8 | 51. 7 | 45. 5 |
| 2010 | 增加值（亿元） | 1202. 58 | 32. 9 | 658. 66 | 511. 02 |
| | 占珠海市生产总值（%） | — | 2. 7 | 54. 8 | 42. 5 |
| 2011 | 增加值（亿元） | 1403. 24 | 37. 7 | 786. 42 | 579. 11 |
| | 占珠海市生产总值（%） | — | 2. 7 | 56 | 41. 3 |
| 2012 | 增加值（亿元） | 1503. 81 | 38. 84 | 796. 28 | 668. 7 |
| | 占珠海市生产总值（%） | — | 2. 6 | 52. 9 | 44. 5 |
| 2013 | 增加值（亿元） | 1662. 38 | 43. 11 | 849. 05 | 770. 21 |
| | 占珠海市生产总值（%） | — | 2. 6 | 51. 1 | 46. 3 |
| 2014 | 增加值（亿元） | 1857. 32 | 48. 79 | 939. 04 | 869. 49 |
| | 占珠海市生产总值（%） | — | 2. 6 | 50. 6 | 46. 8 |
| 2015 | 增加值（亿元） | 2024. 98 | 46. 63 | 1006. 01 | 972. 34 |
| | 占珠海市生产总值（%） | — | 2. 3 | 49. 7 | 48 |

续表

| 年份 | 指标 | 珠海市生产总值 | 第一产业增加值 | 第二产业增加值 | 第三产业增加值 |
|---|---|---|---|---|---|
| 2016 | 增加值（亿元） | 2226.37 | 48.21 | 1059.77 | 1118.39 |
| | 占珠海市生产总值（%） | — | 2.2 | 47.6 | 50.2 |

资料来源：根据《珠海市国民经济和社会发展统计公报》（2008—2016年）相关数据整理。

## 二、农业

**表2　主要农产品产量**

单位：吨

| 产品名称＼年份 | 2008 | 2009 | 2010 | 2011 | 2012 | 2013 | 2014 | 2015 | 2016 |
|---|---|---|---|---|---|---|---|---|---|
| 粮食 | 34009 | 41185 | 41789 | 43389 | 44349 | 41383 | 42071 | 41261 | 42800 |
| 糖蔗 | 144544 | 105474 | 96172 | 82506 | 74063 | 82987 | 3549 | 1802 | 4300 |
| 水果 | 145008 | 117639 | 121142 | 77690 | 62601 | 68988 | 73040 | 78421 | 66400 |
| 蔬菜 | 142540 | 132689 | 147292 | 155311 | 140184 | 142506 | 163548 | 157953 | 145300 |
| 肉类 | 37411 | 40898 | 45070 | 45364 | 45008 | 47461 | 53153 | 46984 | 45900 |
| 禽蛋 | 4262 | 7032 | 6772 | 8783 | 8245 | 9083 | 9930 | 9074 | 8524 |
| 水产品 | 182398 | 190894 | 197213 | 205035 | 240025 | 274635 | 281493 | 291544 | 299300 |

资料来源：根据《珠海市国民经济和社会发展统计公报》（2008—2016年）相关数据整理。

## 三、工业

**表3　珠海市规模以上工业企业工业增加值增长情况**

（单位:%）

| 指标＼年份 | 2008 | 2009 | 2010 | 2011 | 2012 | 2013 | 2014 | 2015 | 2016 |
|---|---|---|---|---|---|---|---|---|---|
| 规模以上工业 | 8.8 | 1.2 | 18.2 | 15.5 | 6.3 | 11.2 | 11.2 | 9.6 | 5.9 |
| 1. 按经济类型分 | | | | | | | | | |

续表

| 指标 \ 年份 | 2008 | 2009 | 2010 | 2011 | 2012 | 2013 | 2014 | 2015 | 2016 |
|---|---|---|---|---|---|---|---|---|---|
| 国有及国有控股企业 | 6.4 | 18.2 | 14.3 | 17.5 | 8.7 | 10.5 | 22.3 | 16.8 | 2.2 |
| 民营企业 | — | 14.3 | 9.7 | 18.7 | 17.0 | 16.1 | 10.6 | 5.2 | 18.8 |
| 港澳台及外商投资企业 | 8.3 | -6.5 | 20.2 | 13.4 | -1.8 | 8.7 | 3.3 | 4.2 | 2.7 |
| 股份制企业 | 8.1 | 22.6 | 13.8 | 20.3 | 21.3 | 16.4 | 22.0 | 15.5 | 8.4 |
| 集体企业 | 31.9 | -17.4 | -0.1 | -5.4 | 1.7 | -5.6 | 5.1 | -10.0 | 30.9 |
| 2. 按轻重工业分 | | | | | | | | | |
| 轻工业 | 7.4 | 8.7 | 13.4 | 25.1 | 6.5 | 11.1 | 5.6 | -1.0 | 2.1 |
| 重工业 | 9.3 | -3.9 | 22.0 | 8.8 | 6.0 | 11.3 | 15.7 | 17.3 | 8.2 |
| 3. 按企业规模分 | | | | | | | | | |
| 大中型企业 | — | — | — | — | — | — | 8.3 | 10.2 | 3.6 |
| 4. 按行业分 | | | | | | | | | |
| 医药制造业 | 25.5 | 13.2 | 23.0 | 25.0 | 18.5 | 10.9 | 8.8 | 15.7 | 3.0 |
| 航空、航天器及设备制造业 | — | — | — | 12.3 | 39.4 | -6.3 | 16.3 | 17.6 | 4.7 |
| 电子及通信设备制造业 | — | — | — | -13.3 | -1.6 | 12.3 | 9.4 | 14.6 | 3.0 |
| 计算机及办公设备制造业 | — | — | — | 26.6 | 7.5 | 20.3 | -5.1 | 35.1 | -9.7 |
| 医疗仪器设备及仪器仪表制造业 | — | — | — | 30.0 | 11.1 | 4.6 | 4.7 | 9.8 | 16.1 |
| 信息化学品制造业 | — | — | — | — | — | — | 17.6 | -15.8 | 22.2 |
| 装备制造业 | — | — | — | 5.4 | 5.4 | 13.3 | 13.1 | 17.3 | 11.6 |
| 钢铁冶炼及加工业 | — | — | — | 2.6 | 16.9 | 15.2 | 4.3 | -17.6 | 14.1 |
| 石油及化学行业 | — | — | — | 18.1 | 12.6 | 7.2 | 69.1 | 40.8 | -9.4 |
| 纺织服装业 | — | — | — | -2.9 | 10.2 | 11.0 | -5.8 | -5.5 | -8.9 |
| 食品饮料业 | — | — | — | 12.6 | 0.9 | 14.4 | 8.1 | 23.7 | -4.9 |
| 家具制造业 | 30.4 | -20.2 | 16.4 | 13.3 | 34.3 | 5.6 | 17.7 | -6.1 | -1.2 |

续表

| 指标＼年份 | 2008 | 2009 | 2010 | 2011 | 2012 | 2013 | 2014 | 2015 | 2016 |
|---|---|---|---|---|---|---|---|---|---|
| 建筑材料业 | — | — | — | 15.4 | 3.4 | 9.0 | 0.2 | 5.1 | -3.1 |
| 金属制品业 | 18.6 | 2.5 | 16.0 | 11.3 | 2.8 | 2.4 | 14.9 | 19.3 | -8.6 |
| 家用电力器具制造业 | — | — | — | 20.6 | 17.9 | 9.0 | 2.2 | -0.7 | 6.8 |
| 非金属矿物制品业 | -16.8 | 2.1 | 23.5 | 7.8 | 1.1 | 8.0 | 1.7 | 0.4 | 1.8 |
| 黑色金属冶炼及压延加工业 | 13.9 | 101.2 | 14.2 | 2.6 | 16.7 | 15.0 | 4.4 | -18.0 | -13.5 |
| 有色金属冶炼及压延加工业 | 2.2 | 12.5 | 33.4 | 16.1 | 18.2 | -62.1 | 0.9 | -26.7 | 44.6 |
| 电力、热力生产和供应业 | 11.8 | -3.4 | 12.8 | 9.7 | -7.8 | 1.0 | 7.3 | 12.7 | 4.7 |
| 石油加工、炼焦和核燃料加工业 | — | -3.5 | 1731.8 | 146.9 | 102.2 | 11.0 | 5.2 | 18.8 | 56.4 |
| 化学原料和化学制品制造业 | 16.2 | -1.4 | 26.8 | 10.6 | -2.8 | 5.5 | 1.7 | -2.8 | 11.3 |

资料来源：根据《珠海市国民经济和社会发展统计公报》（2008—2016年）相关数据整理。

**表4　规模以上工业企业实现利润**

（单位：亿元）

| 指标＼年份 | 2008 | 2009 | 2010 | 2011 | 2012 | 2013 | 2014 | 2015 | 2016 |
|---|---|---|---|---|---|---|---|---|---|
| 全市规模以上工业 | 93.8 | 115.12 | 163.6 | 200.33 | 148.73 | 248.52 | 293.62 | 272.84 | 412.58 |
| 其中：国有及国有控股企业 | 28.27 | 48.09 | 69.68 | 2.36 | 77.36 | 159.84 | 189.28 | 180.72 | 278.77 |
| 集体企业 | 0.79 | 0.73 | 0.13 | 0.02 | 0.11 | 0.1 | 0.88 | -0.12 | -0.12 |
| 股份制企业 | 25.94 | 38.76 | 58.44 | 93.36 | 81.71 | 169.28 | 200.73 | 204.41 | 316.76 |
| 外商及港澳台投资企业 | 65.37 | 72.28 | 98.59 | 104.36 | 63.94 | 76.19 | 89.44 | 68.56 | 95.98 |
| 其中：民营企业 | — | 10.84 | — | — | — | 38.11 | 51.06 | 54.23 | 79.27 |

资料来源：根据《珠海市国民经济和社会发展统计公报》（2008—2016年）相关数据整理。

**表 5　主要工业产品产量**

| 产品名称＼年份 | 单位 | 2008 | 2009 | 2010 | 2011 | 2012 | 2013 | 2014 | 2015 | 2016 |
|---|---|---|---|---|---|---|---|---|---|---|
| 饲料 | 万吨 | 50.78 | 53.51 | 56.35 | 56.11 | 49.80 | 41.03 | 39.55 | 42.63 | 42.99 |
| 精制食用植物油 | 万吨 | — | 7.15 | 4.20 | 4.29 | 12.78 | 12.92 | 6.83 | — | — |
| 啤酒 | 万升 | 32321.60 | 28342.30 | 27710.00 | 25762.20 | 27378.50 | 27308.70 | 23985.30 | 23067.60 | 18800.00 |
| 软饮料 | 万吨 | 40.49 | 39.48 | 40.04 | 53.01 | 56.28 | 49.75 | 44.03 | 47.64 | 52.65 |
| 服装 | 万件 | 12460.00 | — | — | — | 9679.00 | 10029.10 | 10685.30 | 7548.30 | 65.86 |
| 家具 | 万件 | — | 54.92 | 73.78 | 52.44 | 47.83 | 42.04 | 42.97 | 48.91 | 46.01 |
| 机制纸及纸板（外购原纸加工除外） | 万吨 | 26.41 | 27.56 | 26.92 | 27.98 | 44.23 | 50.68 | 49.05 | 47.96 | 48.76 |
| 初级形态的塑料 | 万吨 | — | — | — | — | 12.34 | 8.82 | 11.08 | 9.67 | — |
| 合成纤维单体 | 万吨 | 91.66 | 108.89 | 134.99 | 156.88 | 150.07 | 137.57 | 112.62 | 160.16 | 214.00 |
| 合成纤维聚合物 | 万吨 | 22.57 | 20.65 | 13.70 | 9.71 | 8.31 | 7.92 | 8.42 | 7.53 | — |
| 化学药品原药 | 吨 | 663.00 | 463.00 | 438.00 | 281.00 | 500.00 | 397.60 | 847.50 | 1020.00 | — |
| 化学纤维 | 万吨 | — | — | — | 6.40 | 6.64 | 7.57 | 7.78 | 8.72 | — |
| 塑料制品 | 万吨 | 13.55 | 16.62 | 16.45 | 11.44 | 12.26 | 11.86 | 16.49 | 16.62 | 17.91 |
| 水泥 | 万吨 | — | 92.49 | 112.55 | 104.56 | 94.32 | 98.29 | 101.69 | 93.03 | 99.46 |
| 钢材 | 万吨 | — | 150.16 | 162.38 | 164.15 | 181.08 | 218.93 | 241.79 | 245.91 | 238.91 |
| 照相机 | 万台 | 939.44 | 1373.50 | 1016.88 | 1005.51 | 1096.82 | 968.77 | 701.30 | 609.64 | 317.71 |
| 模具 | 套 | — | — | — | — | 1652.00 | 2927.00 | 6455.00 | 6938.00 | — |
| 通信及电子网络用电缆 | 万对/千米 | 34.74 | 36.12 | 33.64 | 42.10 | 33.40 | 33.22 | 35.10 | 34.51 | 39.83 |
| 锂离子电池 | 万只（自然只） | — | 8089.96 | 7399.19 | 7479.79 | 10086.06 | 13671.89 | 17373.74 | 20740.62 | 24707.43 |
| 房间空气调节器 | 万台 | 1553.21 | 1417.22 | 1735.85 | 2204.67 | 1842.29 | 1982.16 | 1822.63 | 1706.72 | 1652.33 |
| 家用电热烘烤器具 | 万个 | 1210.91 | 901.04 | 1417.83 | 1315.28 | 1584.42 | 1501.72 | 1605.03 | — | 385.67 |

续表

| 年份<br>产品名称 | 单位 | 2008 | 2009 | 2010 | 2011 | 2012 | 2013 | 2014 | 2015 | 2016 |
|---|---|---|---|---|---|---|---|---|---|---|
| 程控交换机 | 万台 | — | 55. 11 | 68. 14 | 58. 97 | 89. 80 | 167. 77 | 70. 59 | 59. 51 | 64. 97 |
| 电话单机 | 万台 | 1556. 04 | 1496. 97 | 1703. 96 | 1568. 55 | 1174. 32 | 1178. 84 | 832. 32 | 700. 80 | 543. 55 |
| 移动通信手持机（手机） | 万台 | — | — | — | — | 1230. 95 | 1226. 51 | 1727. 25 | 2489. 75 | 2501. 77 |
| 彩色电视机 | 万台 | — | 201. 53 | 198. 46 | 241. 40 | 255. 01 | 239. 76 | 203. 27 | 191. 73 | 295. 49 |
| 数字激光音、视盘机 | 万台 | 101. 69 | 59. 45 | 48. 66 | 11. 90 | 9. 56 | 59. 96 | 19. 77 | — | — |
| 集成电路 | 亿块 | 13. 80 | 3. 24 | 1. 86 | 2. 15 | 2. 61 | 3. 87 | 3. 07 | 2. 36 | — |
| 表 | 万只 | 42. 57 | 58. 36 | 74. 34 | 95. 25 | 897. 93 | 139. 25 | 176. 24 | 184. 36 | 299. 91 |
| 发电量 | 亿千瓦小时 | 177. 13 | 162. 33 | 169. 36 | 183. 23 | 152. 29 | 148. 72 | 153. 96 | 193. 66 | — |

资料来源：根据《珠海市国民经济和社会发展统计公报》（2008—2016 年）相关数据整理。

## 四、固定资产投资

**表 6　固定资产投资额**

单位：亿元

| 年份<br>指标 | 2008 | 2009 | 2010 | 2011 | 2012 | 2013 | 2014 | 2015 | 2016 |
|---|---|---|---|---|---|---|---|---|---|
| 全社会固定资产投资 | 372. 32 | 410. 51 | 501. 55 | 638. 37 | 787. 62 | 960. 89 | 1135. 05 | 1305. 14 | 1389. 75 |
| 其中：基本建设投资 | 194. 82 | 200. 16 | — | — | — | — | — | — | — |
| 更新改造投资 | 28. 16 | 30. 79 | — | — | — | — | — | — | — |
| 房地产开发投资 | 147. 65 | 168. 44 | 179. 51 | 256. 59 | 242. 08 | 272. 58 | 388. 3 | 524. 12 | 641. 03 |
| 其中：城镇投资 | — | 407. 56 | 486. 05 | 631. 07 | 778. 65 | 947. 64 | — | — | — |
| 农村投资 | — | 2. 95 | 15. 5 | 7. 29 | 8. 97 | 13. 25 | — | — | — |
| 其中：国有经济投资 | — | 140. 01 | 181. 9 | 200. 77 | 289. 75 | 456. 42 | 428. 37 | 459. 98 | 342. 96 |
| 非国有经济投资 | — | 270. 51 | 319. 64 | 437. 6 | 497. 87 | 504. 47 | 706. 68 | 845. 16 | 1046. 79 |

续表

| 年份<br>指标 | 2008 | 2009 | 2010 | 2011 | 2012 | 2013 | 2014 | 2015 | 2016 |
|---|---|---|---|---|---|---|---|---|---|
| 其中：第二产业 | 129.73 | 102.53 | 124.6 | 152.11 | 186.72 | 254.4 | 276.04 | 258.69 | 287.47 |
| 第三产业 | 242.59 | 306.46 | 376.5 | 484.35 | 599.3 | 706.14 | 857.33 | 1044.81 | 1099.25 |

资料来源：根据《珠海市国民经济和社会发展统计公报》（2008—2016年）相关数据整理。

**表7　分行业城镇固定资产投资额**

单位：亿元

| 年份<br>行业 | 2008 | 2009 | 2010 | 2011 | 2012 | 2013 | 2014 | 2015 | 2016 |
|---|---|---|---|---|---|---|---|---|---|
| 总计 | 372.32 | 410.51 | 501.55 | 638.37 | 787.62 | 960.89 | 1135.05 | 1305.14 | 1389.75 |
| 农、林、牧、渔业 | 0 | 1.52 | 0.45 | 1.91 | 1.6 | 0.36 | 1.68 | 1.72 | 3.77 |
| 采矿业 | 0.73 | — | — | — | — | 83.1 | 110.61 | 10.84 | 13.48 |
| 制造业 | 114.36 | 82.39 | 105.58 | 123.17 | 149.03 | 114.17 | 125.35 | 219.61 | 241.28 |
| 其中：农副食品加工业 | — | 0.07 | 1.23 | 0.7 | 0.32 | 0.31 | — | — | — |
| 食品制造业 | — | 2.02 | 0.66 | 1.49 | 1.59 | 0.4 | — | — | — |
| 石油加工、炼焦及核燃料加工业 | — | 4.32 | 6.3 | 6.39 | 8.64 | 5.26 | — | — | — |
| 化学原料及化学制品制造业 | — | 10.5 | 13.54 | 14.34 | 14.65 | 3.72 | — | — | — |
| 非金属矿物制品业 | — | 2.15 | 1.76 | 4.7 | 3.52 | 1.95 | — | — | — |
| 黑色金属冶炼及压延加工业 | — | 4.27 | 0.27 | 2.45 | 7.8 | 0.81 | — | — | — |
| 金属制品业 | — | 4.18 | 4.21 | 8.26 | 5.19 | 4.28 | — | — | — |
| 通用设备制造业 | — | 4.3 | 5.94 | 3.54 | 18.81 | 12.46 | — | — | — |
| 专用设备制造业 | — | 4.07 | 5.58 | 4.59 | 19.11 | 11.4 | — | — | — |
| 汽车制造业 | — | — | — | — | — | 0.91 | — | — | — |
| 交通运输设备制造业 | — | 4.36 | 19.87 | 28.32 | 2.72 | 6.98 | — | — | — |
| 电气机械及器材制造业 | — | 9.23 | 12.09 | 9.93 | 13.31 | 9.71 | — | — | — |

续表

| 行业＼年份 | 2008 | 2009 | 2010 | 2011 | 2012 | 2013 | 2014 | 2015 | 2016 |
|---|---|---|---|---|---|---|---|---|---|
| 通信设备、计算机及其他电子设备制造业 | — | 15.4 | 16.11 | 14.68 | 26.85 | 31.05 | — | — | — |
| 电力、燃气及水的生产和供应业 | 14.3 | 20.1 | 18.87 | 27.79 | 37.1 | 56.98 | 40.08 | 28.24 | 32.71 |
| 建筑业 | 0.35 | 0.04 | 0.15 | 0.24 | — | 0.14 | — | — | — |
| 交通运输、仓储和邮政业 | 39.4 | 29.71 | 42.92 | 46.47 | 113.7 | 146.55 | 165.83 | 205.67 | 123.21 |
| 信息运输、计算机服务和软件业 | 5.02 | 6.64 | 2.58 | 4.89 | 8.03 | 2.76 | 2.94 | 6.95 | 8.75 |
| 批发和零售业 | 3.74 | 5.24 | 5.4 | 2.1 | 3.51 | 4.05 | 6.53 | 13.6 | 12.69 |
| 住宿和餐饮业 | 4.31 | 2.56 | 1.26 | 14.18 | 54.09 | 35.86 | 32.52 | 18.69 | 9.31 |
| 金融业 | 0.32 | — | — | — | — | 0.18 | 0.16 | 0.09 | — |
| 房地产业 | 150.12 | 181.41 | 179.51 | 256.6 | 242.08 | 281.72 | 404.04 | 563.05 | 691.8 |
| 租赁和商务服务业 | 2.7 | 13.52 | 29.78 | 34.01 | 4.26 | 26.38 | 51.52 | 10.23 | 38.87 |
| 科学研究、技术服务和地质勘查业 | 0.27 | 0.64 | 0.88 | 0.91 | 2.96 | 7.23 | 0.96 | 6.1 | 7.12 |
| 水利、环境和公共设施管理业 | 23.22 | 54.43 | 90.41 | 92.53 | 117.25 | 143.95 | 158.46 | 168.2 | 112.29 |
| 居民服务和其他服务业 | 1.45 | 1.16 | 1.25 | 0.98 | 0.47 | 1.5 | 0.15 | 0.15 | 1.66 |
| 教育 | 6.65 | 5.54 | 7.71 | 22.51 | 41.77 | 19.85 | 15.57 | 9.61 | 18.65 |
| 卫生、社会保障和社会福利业 | 0.52 | 2.26 | 1.45 | 0.32 | 0.71 | 7.14 | 4.44 | 7.92 | 2.08 |
| 文化、体育和娱乐业 | 1.45 | 1.1 | 1.57 | 1.72 | 2.75 | 20.56 | 12.61 | 26.9 | 18.61 |
| 公共管理和社会组织 | 3.41 | 2.23 | 7.24 | 4.1 | 6.88 | 8.36 | 1.61 | 7.57 | 53.46 |

资料来源：根据《珠海市国民经济和社会发展统计公报》（2008—2016 年）相关数据整理。

## 五、国内贸易

**表 8　社会消费品零售总额**

单位：亿元

| 类别＼年份 | 2008 | 2009 | 2010 | 2011 | 2012 | 2013 | 2014 | 2015 | 2016 |
|---|---|---|---|---|---|---|---|---|---|
| 社会消费品零售总额 | 359.74 | 413.82 | 486.03 | 567.86 | 635.2 | 720.52 | 815.71 | 913.2 | 1016.13 |
| 其中：批发业零售额 | 51.58 | 64.89 | 67.08 | 83.08 | 94.4 | 107.37 | 125.57 | 198.56 | 225.7 |
| 零售业零售额 | 254.07 | 283.3 | 358.86 | 414.35 | 464.76 | 531.9 | 601.49 | 610.82 | 675.76 |
| 住宿餐饮业零售额 | 54.09 | 65.62 | 60.08 | 70.42 | 76.03 | 81.25 | 88.65 | 103.82 | 114.67 |

资料来源：根据《珠海市国民经济和社会发展统计公报》（2008—2016 年）相关数据整理。

**表 9　限额以上批发零售业零售额增长情况**

单位：%

| 类别＼年份 | 2008 | 2009 | 2010 | 2011 | 2012 | 2013 | 2014 | 2015 | 2016 |
|---|---|---|---|---|---|---|---|---|---|
| 石油及制品类零售额 | 31.1 | -6.3 | 19.9 | 35.9 | 22.2 | 20 | 8.3 | -10.2 | -1 |
| 汽车类零售额 | 6.1 | 17.5 | 39.1 | 26.2 | 12.6 | 23.7 | 28.1 | 25.7 | 12.9 |
| 食品饮料烟酒类零售额 | 19.2 | 9 | 24.2 | 32.6 | 17.8 | 20 | 16.6 | 9 | 15.6 |
| 服装鞋帽针织品类零售额 | 30.9 | 30.1 | 44.4 | 11 | 7.5 | 26.9 | 17.2 | 24.5 | 27.1 |
| 家用电器和音像器材类零售额 | 46.9 | 9.5 | 40.7 | 23.8 | -0.9 | 17.8 | 2.5 | -6.3 | -3.2 |
| 日用品类零售额 | 17.7 | 2.9 | 61.4 | 26 | 14.8 | 13.4 | 20.3 | 42.3 | 10.7 |

资料来源：根据《珠海市国民经济和社会发展统计公报》（2008—2016 年）相关数据整理。

## 六、对外经济

**表 10　进出口主要分类情况**

| 年份<br>指标 | 2008 年（亿美元） | 2009（亿美元） | 2010（亿美元） | 2011（亿美元） | 2012（亿美元） | 2013（亿美元） | 2014（亿美元） | 2015（亿元） | 2016（亿元） |
|---|---|---|---|---|---|---|---|---|---|
| 外贸进出口总额 | 468.36 | 374.40 | 434.80 | 516.39 | 456.69 | 541.69 | 549.98 | 2960.53 | 2753.05 |
| 1. 外贸出口额 | 211.72 | 177.83 | 208.62 | 239.87 | 216.31 | 266.06 | 290.54 | 1793.28 | 1802.26 |
| 其中：一般贸易 | 37.27 | 30.30 | 45.38 | 56.66 | 59.77 | 103.68 | 138.62 | 909.47 | 1015.32 |
| 加工贸易 | 153.31 | 124.93 | 145.95 | 155.11 | 139.19 | 142.32 | 138.48 | 832.04 | 737.24 |
| 其中：机电产品 | 159.37 | 128.87 | 164.56 | 181.21 | 142.71 | 190.15 | 200.03 | 1280.57 | 1278.40 |
| 高新技术产品 | 70.66 | 56.70 | 80.19 | 77.63 | 67.82 | 68.69 | 65.73 | 410.78 | 488.49 |
| 其中：国有企业 | 15.66 | 11.54 | 17.09 | 25.96 | 27.72 | 27.10 | 25.07 | 160.79 | 214.90 |
| 外商投资企业 | 175.91 | 147.80 | 166.03 | 186.38 | 160.08 | 168.60 | 157.70 | 933.04 | 830.77 |
| 其他企业 | 20.14 | 18.49 | 25.50 | 27.53 | 28.51 | 70.36 | 107.77 | 699.45 | 756.58 |
| 2. 外贸进口额 | 256.65 | 196.57 | 226.18 | 276.52 | 240.38 | 275.63 | 259.44 | 1167.25 | 950.80 |
| 其中：一般贸易 | 108.94 | 80.56 | 101.31 | 136.02 | 131.42 | 151.04 | 155.46 | 561.88 | 426.80 |
| 加工贸易 | 102.42 | 77.96 | 90.20 | 90.26 | 69.65 | 66.74 | 50.65 | 311.53 | 255.61 |
| 其中：机电产品 | 104.15 | 81.08 | 98.98 | 103.03 | 80.93 | 99.65 | 89.05 | 582.90 | 496.36 |
| 高新技术产品 | 69.55 | 51.54 | 71.10 | 72.04 | 54.34 | 67.36 | 60.61 | 423.84 | 346.10 |
| 其中：国有企业 | 82.78 | 51.10 | 65.26 | 88.65 | 88.41 | 107.98 | 116.84 | 355.47 | 233.16 |
| 外商投资企业 | 151.68 | 119.75 | 126.69 | 146.42 | 118.12 | 117.40 | 88.82 | 563.75 | 452.08 |
| 其他企业 | 22.19 | 25.72 | 34.23 | 41.45 | 33.85 | 50.25 | 53.78 | 248.03 | 265.55 |
| 进出口差额（出口减进口） | −44.93 | −18.74 | −17.56 | −36.65 | −24.07 | −9.57 | 31.10 | 626.03 | 851.46 |

资料来源：根据《珠海市国民经济和社会发展统计公报》（2008—2016 年）相关数据整理。

**表 11　珠海市对主要国家和地区进出口额**

| 国家和地区＼年份 | 2008 | | 2009 | | 2010 | | 2011 | | 2012 | | 2013 | | 2014 | | 2015 | | 2016 | |
|---|---|---|---|---|---|---|---|---|---|---|---|---|---|---|---|---|---|---|
| | 出口额（亿美元） | 进口额（亿美元） | 出口额（亿美元） | 进口额（亿美元） | 出口额（亿美元） | 进口额（亿美元） | 出口额（亿美元） | 进口额（亿美元） | 出口额（亿美元） | 进口额（亿美元） | 出口额（亿美元） | 进口额（亿美元） | 出口额（亿美元） | 进口额（亿美元） | 出口额（亿元） | 进口额（亿元） | 出口额（亿元） | 进口额（亿元） |
| 美国 | 39.99 | 11.66 | 33.74 | 7.39 | 42.21 | 7.51 | 45.11 | 9.11 | 43.80 | 10.88 | 57.08 | 12.29 | 54.75 | 12.43 | 503.07 | 72.55 | 366.68 | 77.14 |
| 中国香港地区 | 90.47 | 2.32 | 66.34 | 1.81 | 69.72 | 2.68 | 72.74 | 2.27 | 59.77 | 2.10 | 63.03 | 2.69 | 63.17 | 1.81 | 319.95 | 7.65 | 328.97 | — |
| 欧洲联盟 | 28.51 | 9.11 | 27.45 | 7.84 | 31.70 | 12.64 | 37.79 | 15.74 | 29.38 | 15.17 | 37.45 | 15.40 | 40.62 | 11.29 | 321.63 | 68.57 | 282.18 | 70.68 |
| 日本 | 14.79 | 28.26 | 13.46 | 26.17 | 16.70 | 29.86 | 19.33 | 29.51 | 21.39 | 20.46 | 19.39 | 17.92 | 16.62 | 14.51 | 77.47 | 86.26 | 80.36 | 74.96 |
| 东盟 | 8.45 | 28.60 | 10.81 | 25.97 | 11.23 | 30.10 | 20.55 | 38.13 | 19.31 | 24.81 | 32.91 | 28.96 | 33.32 | 25.69 | 141.40 | 162.15 | 194.55 | 149.29 |
| 韩国 | 1.71 | 18.08 | 2.26 | 15.31 | 2.10 | 14.14 | 2.41 | 18.24 | 2.26 | 14.70 | 2.83 | 18.25 | 6.07 | 11.83 | 20.52 | 73.49 | — | — |
| 俄罗斯 | 1.48 | 4.47 | 0.84 | 6.31 | 2.30 | 2.63 | 3.39 | 6.32 | 2.68 | 3.31 | 2.92 | 1.51 | 3.59 | 0.65 | 11.75 | 2.89 | — | — |

资料来源：根据《珠海市国民经济和社会发展统计公报》（2008—2016 年）相关数据整理。

**表 12　外商直接投资分行业情况**

| 行业名称＼年份 | 2008 | | 2009 | | 2010 | | 2011 | | 2012 | | 2013 | | 2014 | | 2015 | | 2016 | |
|---|---|---|---|---|---|---|---|---|---|---|---|---|---|---|---|---|---|---|
| | 新批项目数（个） | 实际吸收金额（万美元） | 新批项目数（个） | 实际吸收金额（万美元） | 新批项目数（个） | 实际吸收金额（万美元） | 新批项目数（个） | 实际吸收金额（万美元） | 新批项目数（个） | 实际吸收金额（万美元） | 新批项目数（个） | 实际吸收金额（万美元） | 新批项目数（个） | 实际吸收金额（亿美元） | 新批项目数（个） | 实际吸收金额（万美元） | 新批项目数（个） | 实际吸收金额（万美元） |
| 总计 | 304 | 114224 | 197 | 118030 | 213 | 122351 | 186 | 133764 | 253 | 144682 | 272 | 168730 | 330 | 19.31 | 651 | 217789 | 803 | 229466 |
| 农、林、牧、渔业 | 2 | — | 2 | 39 | 1 | 189 | — | 166 | 3 | 3 | 1 | 42 | 5 | — | 5 | 37 | 9 | 15 |
| 采矿业 | 0 | 418 | — | 1313 | — | 455 | — | 221 | — | — | — | — | — | — | — | — | 1 | — |
| 制造业 | 81 | 71124 | 68 | 43250 | 68 | 49157 | 43 | 72111 | 51 | 61161 | 52 | 57334 | 38 | 6.25 | 56 | 63177 | 30 | 66079 |
| 电力、燃气及水的生产和供应业 | — | — | — | 745 | — | 11237 | — | 1462 | — | 426 | — | 3165 | — | 0.65 | | | 2 | — |
| 建筑业 | 7 | 833 | 1 | 473 | — | 441 | 3 | 637 | 1 | 7858 | 1 | 1600 | 5 | 0.43 | 11 | 66298 | 19 | 45297 |
| 交通运输、仓储和邮政业 | 10 | 3290 | 7 | 1275 | 5 | 6651 | 6 | 6298 | 8 | 5827 | 8 | 10333 | 7 | 0.35 | 10 | 1604 | 9 | 360 |

续表

| 年份 / 行业名称 | 2008 | | 2009 | | 2010 | | 2011 | | 2012 | | 2013 | | 2014 | | 2015 | | 2016 | |
|---|---|---|---|---|---|---|---|---|---|---|---|---|---|---|---|---|---|---|
| | 新批项目数（个） | 实际吸收金额（万美元） | 新批项目数（个） | 实际吸收金额（万美元） | 新批项目数（个） | 实际吸收金额（万美元） | 新批项目数（个） | 实际吸收金额（万美元） | 新批项目数（个） | 实际吸收金额（万美元） | 新批项目数（个） | 实际吸收金额（万美元） | 新批项目数（个） | 实际吸收金额（亿美元） | 新批项目数（个） | 实际吸收金额（万美元） | 新批项目数（个） | 实际吸收金额（万美元） |
| 信息传输、计算机服务和软件业 | 21 | 1913 | 11 | 3661 | 13 | 3072 | 10 | 4151 | 13 | 197 | 15 | 509 | 15 | 0.06 | 52 | 191 | 52 | 895 |
| 批发和零售业 | 65 | 3229 | 63 | 12111 | 72 | 32466 | 76 | 16902 | 96 | 15345 | 117 | 33809 | 126 | 5.01 | 220 | 15022 | 232 | 4300 |
| 住宿和餐饮业 | 5 | 325 | 1 | 364 | 7 | 338 | 6 | 940 | 8 | 451 | 7 | 2480 | 8 | 0.12 | 21 | 472 | 11 | 33 |
| 金融业 | — | — | — | — | — | — | — | — | — | — | 4 | 16351 | 10 | 0.15 | 18 | 8788 | 57 | 21568 |
| 房地产业 | 3 | 17177 | 3 | 26527 | 2 | 5837 | 4 | 13439 | 8 | 39725 | 4 | 30372 | 14 | 5.09 | 28 | 40796 | 35 | 45208 |
| 租赁和商务服务业 | 102 | 15371 | 38 | 27553 | 35 | 11670 | 24 | 11986 | 40 | 4328 | 47 | 6903 | 69 | 0.37 | 158 | 8754 | 237 | 23651 |
| 科学研究、技术服务和地质勘查业 | 1 | — | 2 | 63 | 8 | 233 | 10 | 5208 | 10 | 4965 | 6 | 261 | 23 | 0.07 | 54 | 141 | 83 | 21743 |
| 居民服务和其他服务业 | 7 | 193 | 1 | 322 | 2 | 92 | 2 | 50 | 12 | 3376 | 9 | 5571 | 8 | 0.57 | 8 | 12509 | 8 | 302 |
| 文化、体育和娱乐业 | — | 351 | — | 334 | — | 513 | — | — | — | — | 1 | — | 2 | 0.19 | 6 | — | 11 | 15 |

资料来源：根据《珠海市国民经济和社会发展统计公报》（2008—2016 年）相关数据整理。

## 七、交通、邮电

**表 13　交通邮电行业指标完成情况**

| 指标 / 年份 | 单位 | 2008 | 2009 | 2010 | 2011 | 2012 | 2013 | 2014 | 2015 | 2016 |
|---|---|---|---|---|---|---|---|---|---|---|
| 交通运输、仓储和邮政业增加值 | 亿元 | — | 31.53 | 25.86 | 24.63 | 29.83 | 30.35 | 35.19 | 39.05 | 46.4 |
| 规模以上港口完成货物吞吐量 | 万吨 | 4086.2 | 4406.79 | 6056.27 | 7154 | 7745 | 10024 | 10693 | 11208.8 | 11778 |
| 其中：外贸货物吞吐量 | 万吨 | — | 1804.19 | 1678.76 | 1699 | 1724 | 2036 | 2410 | 2075.2 | 2523 |
| 港口集装箱吞吐量 | 万标准箱 | 65.5 | 56.39 | 70.27 | 81.88 | 81 | 87.26 | 117.01 | 133.77 | 165 |

资料来源：根据《珠海市国民经济和社会发展统计公报》（2008—2016 年）相关数据整理。

## 八、货运总量和货运周转量

**表 14　各种运输方式完成货物运输量**

| 指标＼年份 | 单位 | 2008 | 2009 | 2010 | 2011 | 2012 | 2013 | 2014 | 2015 | 2016 |
|---|---|---|---|---|---|---|---|---|---|---|
| 货物运输总量 | 万吨 | 3231 | 6683 | 7039 | 6888. 22 | 7582. 19 | 8567. 95 | 11175. 2 | 11925. 6 | 11395. 2 |
| 铁路 | 万吨 | — | — | — | — | — | 109. 73 | 300. 2 | 298 | 524. 4 |
| 公路 | 万吨 | 1735 | 4892 | 5591 | 5839 | 6418 | 7049 | 9241 | 9917. 8 | 9244 |
| 水路 | 万吨 | 1495 | 1790 | 1447 | 1048 | 1163 | 1048 | 1633 | 1708. 5 | 1625 |
| 民航 | 万吨 | 1 | 1 | 1 | 1. 22 | 1. 19 | 1. 22 | 1 | 1. 2 | 1. 5 |
| 货物运输周转量 | 亿吨公里 | 121. 65 | 148. 68 | 168. 3 | 101. 2 | 115. 33 | 135. 62 | 161. 78 | 172. 81 | 159. 13 |
| 铁路 | 亿吨万里 | — | — | — | — | — | 2. 05 | 5. 63 | 5. 6 | 9. 5 |
| 公路 | 亿吨公里 | 13. 16 | 28. 68 | 30. 29 | 33. 33 | 37. 11 | 42. 11 | 50. 5 | 55. 9 | 50. 82 |
| 水路 | 亿吨公里 | 108. 3 | 119. 81 | 137. 83 | 67. 69 | 78. 05 | 91. 28 | 105. 45 | 111. 11 | 98. 56 |
| 航空 | 亿吨公里 | 0. 19 | 0. 19 | 0. 18 | 0. 18 | 0. 17 | 0. 18 | 0. 2 | 0. 2 | 0. 25 |

资料来源：根据《珠海市国民经济和社会发展统计公报》（2008—2016 年）相关数据整理。

# 附录三 珠海市5A、4A级物流企业介绍

## 一、珠海港控股集团有限公司（5A 级物流企业）

珠海港控股集团有限公司（简称“珠海港集团”），是2008年在珠海市原港口企业集团基础上，组建的大型国有独资企业，主要从事港口、土地及其配套设施的开发、建设、管理和经营，承担着推动珠海市港口跨越式发展、带动区域经济崛起的重要历史使命。

经过近10年的奋力拼搏，珠海港人成功推动全港年吞吐能力从3500万吨提升至1.55亿吨、年吞吐量从3712万吨增至1亿吨以上、集装箱吞吐量增长至160多万标箱。珠海港集团成为珠西地区最大的港航企业，资产规模由28亿元增长至200多亿元。

珠海港集团大力构建“港口物流、综合能源、港城配套”三大发展引擎，目前控股42家企业、参股12家企业，包括一家A股上市公司（珠海港股份有限公司）、两家新三板挂牌企业（珠海港信息技术股份有限公司、珠海港昇新能源股份有限公司）和珠海市首家5A级物流企业（珠海港物流发展有限公司）。集团业务覆盖集装箱码头、干散货码头、油气化学品仓储物流、船代、理货、报关、水上运输、专业运输、拖轮、航道疏浚、供应链管理、软件开发与维护、工程建设与管理、管道燃气供应、电力能源投资、物流地产开发等行业。

“十三五”时期，面对国家深入推进“一带一路”建设、港珠澳大桥即将建成通车、粤港澳大湾区加快建设等重大机遇，珠海港集团大力发挥珠海港坐拥西江主海口、毗邻港澳、铁路直达港区等独特优势，秉承“弘毅共进　至善共赢”的核心文化理念，积极参与国家“一带一路”建设，坚持特色发展，全力推进海港枢纽建设，加快打造华南地区重要

## 四、吉泰物流（珠海）有限公司（4A 级物流企业）

吉泰物流有限公司创立于 1994 年，总部设于北京，是一家最具铁路物流实力且开行铁路“五定班列”最多的大型第三方物流公司。

吉泰物流（珠海）有限公司自创立伊始，把铁路物流和物流供应链方案设计（3PL）等现代物流发展方向确定为公司经营的基本方向。为此，公司依托自有的物流产品设计能力、实施能力、公司信息平台和铁路组织资源，在珠海市建立了首个“无轨车站”。

在吉泰物流发展的十四年里，公司始终坚持将产品创新、品牌创新放在首位，多年来为青岛海尔、珠海格力、顺德美的、深圳康佳、四川长虹、海信、华泰、三星、云南铜业、云天化等数百家知名企业提供物流服务，并成为全国前十名电器企业物流服务供应商。

# 参考文献


［1］王之泰．新编现代物流学［M］．3版．北京：首都经济贸易大学出版社，2012.

［2］吴润涛，等．物流学及其应用［M］．北京：经济科学出版社，1987.

［3］金若楠，张文杰．现代综合物流管理［M］．北京：中国铁道出版社，1994.

［4］翁心刚．物流管理基础［M］．4版．北京：中国财富出版社，2013.

［5］崔介何．物流学概论［M］．北京：中国计划出版社，1997.

［6］吴清一．物流学［M］．北京：中国建材工业出版社，1996.

［7］唐纳德·鲍尔索克斯，戴维·克劳斯．物流管理—供应链过程的一体化［M］．北京：机械工业出版社，1999.

［8］汤浅和夫．物流管理入门［M］．北京：中国铁道出版社，1982.

［9］中田信哉．物流浅论［M］．北京：新华出版社，1983.

［10］日通综合研究所．物流手册［M］．北京：中国物资出版社，1986.

［11］丁俊发．中国物流［M］．北京：中国物资出版社，2002.

［12］王宗喜．军事物流学概论［M］．上海：海潮出版社，1994.

［13］马士华．供应链管理［M］．北京：机械工业出版社，2000.

［14］何明珂．物流系统论［M］．北京：中国审计出版社，2001.

［15］董千里．高级物流学［M］．北京：人民交通出版社，1999.

［16］骆温平．第三方物流：理论、操作与案例［M］．上海：上海社会科学出版社，2001.

［17］宋华，胡左浩．现代物流与供应链管理［M］．北京：经济管理出版社，2000.

［18］孙前进．北京农产品流通体系规划与建设［M］．北京：中国物资出版社，2011.

［19］魏国辰，肖为群．基于供应链管理的农产品流通模式研究［M］．北京：中国物资出版社，2009.

［20］荆林波，黄浩，赵京桥．中国城市电子商务影响力报告［M］．北京：社会科学文献出版社．2012.

［21］深圳发展银行、中欧国际工商学院“供应链金融”课题组．供应链金融，新经济下的新金融［M］．上海：上海远东出版社，2009.

［22］曲衍国．道路运输企业的发展策略［J］．交通标准化，2003.12.

［23］崔振武，李雅平，王万金．道路货运企业如何导入第三方物流经营模式［J］．黑龙江交通科技，2004.

［24］吴斌．道路货运企业向现代物流企业的转型［J］．综合运输，2006.

［25］物流业调整和振兴规划（国发〔2009〕8号）．

［26］杨蓉，童年成．“一带一路”与中国国际物流新战略［M］．北京：中国经济出版社，2016.

［27］《珠海市城市总体规划（2001—2020）》．

［28］杨蓉，燕珍．物流学基础［M］．北京：清华大学出版社，2017.

［29］吴景丰．港珠澳大桥建设对大珠三角物流格局的影响［J］．改革与开放，2015.

［30］珠海市统计局，珠海市经济普查办公室，《珠海市第一次全国经济普查主要数据公报（第二号）》，2005－12.

［31］珠海市统计局，珠海市经济普查办公室，《珠海市第一次全国经济普查主要数据公报（第三号）》，2005－12.

［32］珠海市统计局，珠海市经济普查办公室，《珠海市第二次全国经济普查主要数据公报（第二号）》，2009－11.

［33］珠海市统计局，珠海市经济普查办公室，《珠海市第二次全国经济普查主要数据公报（第三号）》，2009－11.

［34］珠海市统计局，珠海市经济普查办公室，《珠海市第三次全国经济普查主要数据公报（第二号）》，2015－03.

［35］珠海市统计局，珠海市经济普查办公室，《珠海市第三次全国经济普查主要数据公报（第三号）》，2015－03.

［36］珠海市统计局，珠海统计信息网，《2016年统计年鉴》，2016－12.

［37］珠海市统计局，珠海统计信息网，《2013年统计年鉴》，2013－10.

［38］珠海市统计局，《2016年珠海规模以上服务业发展情况分析》，2017－01.

［39］中国物流与采购联合会，中国物流园区发展报告2015［R］．中国财富出版社，2015.

［40］程军，袁炎清．珠三角港口群如何在竞合中走向共赢［J］．交通企业管理，2008（11）：11－13.

［41］邓凯志．深圳港口物流现状与发展对策［J］．知识经济，2015（2）：134－136.

［42］汪媛媛，郑雪梅，莫宝民．中国港口发展的七大新趋势分析［J］．中国港口，2007（2）：13－15.

［43］李铭，张伟．深圳港口物流发展经验借鉴［J］．江苏城市规划，2006（10）：31－35.

［44］韦琦．港口物流与城市经济协调发展研究——以珠三角为例［A］．广东商学院、中共广东省委宣传部、广东省社会科学界联合会．

［45］陶琴，王朔．“一带一路”战略下珠海港的发展策略研究［J］．中国水运（下半月），2016（10）：52－53.

［46］郑晗，彭磊，姜美莲．珠海港发展江海联运内外部环境探析［J］．企业经济，

2012（4）：132－135.

［47］彭磊，杨喜瑞，陈艺芳．珠海港在西江流域江海联运中的竞争力分析［J］．北京师范大学学报（自然科学版），2012（2）：198－200.

［48］杜建国．浅析港珠澳大桥广珠铁路对珠海港的影响［J］．中国水运（下半月），2010（2）：32－33.

［49］汤霞，刘阳阳．横琴自贸区建设契机下加快珠海港发展的探讨［J］．对外经贸实务，2016（10）：43－46.

［50］秦雯．“一带一路”背景下珠海港发展海铁联运的影响因素研究［J］．物流科技，2016（5）：72－76.

［51］黄一添．珠海港口物流竞争优势研究［D］．大连海事大学，2014.

［52］珠海港口发展“十三五”规划．

［53］2017年珠海市政府工作报告．

［54］珠海市统计局　国家统计局珠海调查队，2016年珠海市国民经济和社会发展统计公报，2017－03－20.

［55］段春晖，高飞．发展商贸物流，促进安庆现代物流业发展［J］．湖北经济学院学报（人文社会科学版），2016（1）：33－35.

［56］珠海市统计局公众网．2016年珠海市国民经济和社会发展统计公报．

［57］罗列英．温州商贸物流发展模式分析［J］．物流工程与理，2010（5）：35－36.

［58］续媞特．国内应急物流发展现状及对策研究［J］．内蒙古农业大学学报（社会科学版），2013，15（4）：32－36.

# 后　记

2016年8月，珠海市政府成立珠海市现代物流业领导小组，领导小组办公室设在市商务局。9月，北京师范大学珠海分校物流学院与珠海市商务局商议决定，联合编制《珠海市物流发展蓝皮书（2017）》，随即成立以物流学院教师为主要研究力量的课题组，北京师范大学珠海分校也将其列为校级智库支持项目。市商务局为课题组开展调查工作提供了多方面协助，并多次组织交流讨论，经过历时一年的调查和研究工作，《珠海市物流发展蓝皮书（2017）》终于完成。这一成果是政府与高校合作，运用高校智力资源服务地方经济建设的一种有益尝试。

《珠海市物流发展蓝皮书（2017）》具体研究及撰写分工如下：周知宇编写第一章；孙晓波博士编写第二章和第九章；杨喜瑞编写第三章和第十章；余振宁编写第四章；沈凯博士编写第五章和第十一章；朱江副教授编写第六章；杨蓉教授、杜金涛、吴映雄、丁泽编写第七章；燕珍副教授编写第八章；罗凌妍副教授编写第十二章；林纯博士编写第十三章；王冬良高级实验师编写第十四章；王小磊副教授编写第十五章；陈利民副教授、赵卓副教授编写第十六章；彭磊、郑晗编写第十七章；彭磊编写第二十章；童年成教授编写第十八章；杨彩梅编写第十九章；逯登宇、吴映雄编写第二十一章。姚永松、李屿灼、陈智恒整理附录一；蔡晓丽、赖曼莎整理附录二；廖珣、于成、欧雅怡整理附录三。全书由杨蓉教授、童年成教授负责总纂。

在撰写过程中，我们走访了市政府有关部门和许多企业，并得到他们的热情帮助，提供了大量的诸多方面的资料，使编写工作顺利完成。为此，向所有给予我们帮助的部门和企业表示深深的谢意。

由于编写《珠海市物流发展蓝皮书（2017）》是一项开创性的工作，尽管编写组成员竭尽努力，但限于知识水平和能力，书中难免会存在漏缺和不足，恳请各位读者批评指正。

《珠海市物流发展蓝皮书（2017）》编写组

2017年9月30日